现代法学
试题系列
4

高校法学专业
核心课程配套测试

依行政法与行政诉讼法核心课程教材
最新版本体例组编

第十一版

行政法与行政诉讼法
配套测试

依据最新立法及学术动态修订升级
新增考试习题、2021~2023年考研真题

教学辅导中心 / 组编

中国法制出版社
CHINA LEGAL PUBLISHING HOUSE

第十一版出版说明

《高校法学专业核心课程配套测试丛书》是我社教学辅导中心组织编写的一套教辅丛书。该丛书专为法学院校学生掌握法律专业知识、培养法律思维能力而精心设计，分册设置涵盖法学专业核心课程，因考点全面、题量充足、解答详尽、应试性强等优点，受到广大师生的普遍欢迎，使得该丛书成为法学教辅图书中口碑相传的实力品牌。

《行政法与行政诉讼法配套测试》为上述丛书中的一本，自2005年首次出版后，历经多次改版重印，很多读者还来电、来信向我们表达感谢和期待。正是基于这种信赖，为及时体现该领域法学最新研究成果，并与我国立法发展相适应，在承继该书原有优点的基础上，我们对其全面修订。特点如下：

一、配套教材

本书结构上与行政法与行政诉讼法核心课程教材相配套，便于随学随练。

二、内容及时更新

1. 根据最新法律、司法解释及文件等进行全面修订。

2. 增加新考试习题、部分高校2021~2023年考研真题等，并对陈旧题目进行替换。

三、加工精细考究

1. 章节前面设置“基础知识图解”，归纳每章的知识体系和基本概念，帮助读者梳理知识点并检验学习成果。

2. 对重点题目的答案以脚注形式提醒注意要点，拓展解题思路。

3. 试题答案讲解细致，重点突出，为培养法律思维和提高应试能力提供有效指导。

4. 本书专门收录两套期末测试题，便于读者进行整体复习和预演自测。

四、附录全面实用

1. 收录全国部分高校行政法与行政诉讼法学专业历年研究生入学考试真题，为准备考研的读者提供更多帮助。

2. 收录行政法与行政诉讼法学习所涉及的主要法律文件列表，方便读者了解规则体系。

3. 收录参考书目，为读者顺利完成学习任务、全面掌握行政法与行政诉讼法的相关知识、深入研究该学科提供扩展阅读的指引。

4. 随书赠送课程相关法律单行本一册，方便读者随时查阅我国现行法律规定。

教学辅导中心

2023年9月

目　录

第一章　行政法学的基本概念

基础知识图解

- 行政法学的基本概念
  - 行政
    - 行政、国家行政与公行政
    - 行政权与公权力
    - 行政与行政国家、法治国家
  - 行政法
    - 行政法是调整行政关系的法—行政关系
      - 行政管理关系
      - 行政法制监督关系
      - 行政救济关系
      - 内部行政关系
    - 行政法是控制与规范行政权的法
    - 行政法是难以制定统一法典的法
  - 行政法学：研究行政法现象的正在发展中的法学的分支学科

配套测试

一、单项选择题

1. 实体行政法与程序行政法是以行政法的（　　）为标准对其所作的划分。

A. 调整对象的范围　　B. 作用
C. 性质　　D. 功能

2. （　　）是产生行政关系的前提。

A. 行政职权的产生
B. 行政职权的变更
C. 行政职权的消灭
D. 行政职权的行使

3. 监督行政法律关系的客体是（　　）。

A. 行政主体
B. 行政管理相对方
C. 行政主体的行政行为
D. 行政主体的行为

4. 行政法是（　　）。

A. 各种行政法规的总称
B. 行政法律规范的总称
C. 行政机关制定的法律规范的总称
D. 行政管理法规的总称

5. 下列何项不属于行政法律关系的构成要素？（　　）

A. 行政法律关系的主体
B. 行政法律关系的客体
C. 行政法律关系的内容
D. 行政法律关系的变动

6. 行政法的一个重要特点是（　　）。

A. 没有一部统一的法典
B. 有一部统一的法典
C. 我国没有一部统一的法典，但多数国家有一部统一的法典
D. 我国有一部统一的法典，但多数国家没有一部统一的法典

7. 下述社会关系中属行政法调整范围的是（　　）。

A. 各社会组织内部的管理关系
B. 行政机关缔结买卖合同而形成的关系
C. 法律法规授权的组织行使某一行政管理权所发生的社会关系
D. 行政机关与相对方当事人之间发生的民事关系

二、多项选择题

1. 行政组织法包括（　　）。

A. 公务员法　　B. 行政机关组织法

C. 行政编制法　　D. 行政复议法

2. 下列关于行政救济关系和行政法制监督关系说法正确的有（　　）。
A. 二者的侧重点不同，前者侧重于对相对人权利的补救，后者侧重于对行政权行使的监督
B. 二者的主体范围不同
C. 二者的启动都是被动的，都需要以行政相对人申请为前提
D. 二者的当事人地位都是不完全对等的

3. 关于行政法律关系主体的权利义务的表述，正确的是（　　）。
A. 行政法律关系主体的权利义务可以由双方当事人约定
B. 行政法律关系主体的权利义务具有不对等性
C. 行政法律关系主体的权利义务是由法律规范事先规定的
D. 行政法律关系主体的权利义务是重合的

4. 行政复议法律关系是一种（　　）。
A. 内部行政法律关系
B. 监督行政法律关系
C. 外部行政法律关系
D. 行政程序法律关系

5. 某市交通局与该队交警甲签订了承包该队所属车辆检验合同。后交通局发现甲私买发票作检验收费凭证，对当事人乱罚、滥罚，遂单方终止了合同。甲不服，诉至法院。法院判决合同无效，追缴检验罚款。甲败诉的原因是（　　）。
A. 承包合同无效
B. 混淆了民事和行政两类不同的行为
C. 违反合同规定而败诉
D. 国家行政权不能承包，合同因此无效

6. 下列选项中正确的有（　　）。
A. 行政权是一种可以强制他人服从的力量
B. 行政权是一种必须加以控制的权力
C. 行政权只能为行政机关所享有
D. 行政权是职权与职责的统一

7. 行政权相对于其他国家权力而言，具有下列（　　）的特点。
A. 自由裁量性　　B. 强制性
C. 主动性和广泛性　　D. 单方意志性

8. 下列有关行政法上的行政概念的说法正确的是（　　）。
A. 执行与管理没有截然的区分
B. 公行政就是国家行政
C. 静态行政是指行政机关、行政组织和行政人员
D. 动态行政是指行政活动、行政行为

9. 内部行政关系（　　）。
A. 包括行政机关与公务员之间的关系
B. 在行政关系中居于从属的地位
C. 受行政法调整的范围大于外部行政关系
D. 各类主体处于平等地位

10. 行政法规范的行政具有特定的含义，下列选项中关于行政法所研究的行政的正确说法是（　　）。
A. 行政法所研究的行政是指事业单位的组织管理活动
B. 行政法所研究的行政并非指所有由行政机关所实施的活动
C. 行政法所研究的行政是指所有由行政机关所实施的活动
D. 行政法所研究的行政以形式意义上的行政为主，以实质意义上的行政为补充

11. 下列属于行政法调整对象的有（　　）。
A. 行政管理关系
B. 行政法制监督关系
C. 行政救济关系
D. 内部行政关系

12. 行政救济关系（　　）。
A. 主体包括行政救济机关、行政主体和行政相对人
B. 部分与行政法制监督关系重合
C. 行政主体在其中居主导地位
D. 是行政法的调整对象之一

13. 下列哪些活动形成的关系属于行政法律关系？（　　）
A. 公安局给派出所干警纪律处分

B. 税务局干部上街宣传税法
C. 财政局取消不合法的收费项目
D. 人民法院审查市场监督管理局处罚决定

14. 某省卫生行政部门依《药品管理法》对所属药品公司进行管理而形成的相互关系，是（　　）。
A. 行政关系
B. 行政法律关系
C. 内部行政法律关系
D. 外部行政法律关系

15. 袁某代表所在公安机关，对殴打公民乙的公民甲处以拘留5日的处罚。在本案中，下列何项可能属于行政法律关系（　　）。
A. 公安机关与甲的关系
B. 公安机关与乙的关系
C. 袁某与甲、乙的关系
D. 公安机关与袁某的关系

16. 下列何项属于行政法律关系的特征（　　）。
A. 权利义务的不对等性
B. 权利义务的可处分性
C. 权利义务的重合性
D. 权利义务的法定性

17. 下列何项能引起行政法律关系的发生、变更或消灭（　　）。
A. 行政机关所作的行政处罚决定
B. 行政机关所作的行政许可决定
C. 行政机关租借办公用品的行为
D. 行政机关拒不履行法定职责的行为

18. 下列各项中的正确命题有（　　）。
A. 行政法律关系中的争议一律由法院按司法程序解决
B. 行政法律关系中总有一方主体是行政主体
C. 行政法律关系具有非对等性
D. 行政法律关系主体可以相互约定权利义务

19. 下列何项属于行政法形式上的特点（　　）。
A. 行政法没有统一、完整的法典
B. 行政法法规易于变动
C. 行政法规范的数量特别多
D. 行政法的实体性规范与程序性规范相互交织

20. 下列各项中正确的命题有（　　）。
A. 监督行政法律关系的存在是基于控制行政权的需要
B. 行政机关因参与民事诉讼而与人民法院之间的关系，属于监督行政法律关系
C. 监督行政法律关系主要是监督行政主体的行政行为
D. 行政诉讼法律关系是一种监督行政法律关系

三、名词解释

1. 行政
2. 行政法
3. 行政关系
4. 行政法关系
5. 行政管理关系
6. 行政法制监督关系
7. 行政救济关系
8. 内部行政关系
9. 行政法律关系
10. 行政主体

四、简答题

1. 行政法有哪些特点？
2. 行政权作用的双重性是什么？
3. 简述行政法所调整的行政关系的种类。
4. 简析行政关系与行政法律关系。（武汉大学2006年考研真题）①

五、论述题

试述对“行政法是控制和规范行政权的法”的理解？并说明它是怎样控制和规范行政权的？

① 编者注：本书中收录的考研题目为编者收集整理，仅供拓展参考。

参考答案

一、单项选择题

1. **答案**：C。B项以行政法的作用为标准，可分为三类：一是有关行政组织的规范；二是有关行政行为的规范；三是有关行政监督的规范。
2. **答案**：D。行政关系的建立以行政职权的行使为前提。
3. **答案**：C。本题考查监督行政法律关系的客体的内容。
4. **答案**：B。本题考查行政法的概念。
5. **答案**：D。本题考查行政法律关系构成的三要素。
6. **答案**：A。本题考查对行政法形式特点的了解。
7. **答案**：C。本题考查行政法调整范围，其调整行政关系和监督行政关系。

二、多项选择题

1. **答案**：ABC。行政复议属于行政救济的内容。
2. **答案**：ABD。C答案错误，因为有的关系的产生是由行政机关主动引起的，如行政法制监督关系的引起可以是主动的。
3. **答案**：BC。本题考查行政法律关系的特点。注意：D项正确的表述应为：行政主体的权利义务是重合的。
4. **答案**：BC。行政复议在这里仅指狭义的行政复议，所以作为行政复议的客体的行政争议仅指外部行政争议。行政复议是监督行政行为正确实施的方式之一。
5. **答案**：ABD。本题中甲败诉的原因在于混淆了民事和行政两类不同的行为，国家行政权不能承包，因此该承包合同无效。
6. **答案**：ABD。A对，行政机关必须享有权力，作为公共秩序的维持者、公共利益的维护者的行政机关应当享有履行职责的必要权力，行政权力是一种可以强制他人服从的力量。B对，由于行政机关所从事的活动可能对公民或其他社会组织的利益造成一定的损害，因此必须对行政活动进行法律规范和约束。行政权力的行使应当受到法律的限制，超出法律的限制就要承担相应的法律后果，因此行政权是一种必须加以控制的权力。C错，行政权除由国家行政机关享有外，行政机关以外的其他社会组织依授权或委托也可享有。D对，行政权是职权与职责的统一。
7. **答案**：AC。本题考查行政权与其他国家权力的区别。
8. **答案**：ACD。行政法上的行政，主要是指国家行政机关的执行、管理活动，但是也包括国家之外的公共组织根据法律、法规的授权进行行政。前者是国家行政，前者和后者的结合构成了公共行政。行政机关的执行、管理活动不是截然分开的，相对于政治和法律来说，行政是对政策或法律的执行，而对行政相对人来说，行政又是对社会的管理活动。
9. **答案**：AB。有的内部行政关系主体双方处于平等地位，如双方都是行政机关时；有的则不是处于平等地位。内部行政关系较多地受政策和行政机关内部规则的调整，受行政法调整的范围要小于行政管理关系。因此，选项C、D是错误的。
10. **答案**：BD。行政法学研究的行政是公共行政，公共行政除国家行政外，还包括法律、法规授权的组织行政。A选项中的事业单位只有在得到法律、法规授权时，其根据法律、法规的授权所进行的行政管理活动才属于行政法的研究对象，其非行使行政职权的组织、管理活动并不属于行政法所研究的行政的范围。公共行政又有形式行政和实质行政之分。形式行政是从行政的主体，实质行政是从行政的执行和管理的性质进行的界分。形式行政指的是行政机关的活动，但行政机关的活动除了行政活动之外，还包括民事活动等其他活动，因此，行政法研究的行政是以形式行政为主，以实质意义上的行政为补充。
11. **答案**：ABCD。本题考查行政法调整对象。
12. **答案**：ABD。C答案是错误的，行政主体在其中居被动地位，要受监督主体的监督。

13. 答案：ACD。这道题在法律上没有规定，只能凭考生对基础知识的把握与理解。本题考行政法律关系。行政法律关系是经行政法调整的，因实施国家行政权而发生的行政主体之间，行政主体与行政相对人之间的权利与义务关系。A 项属内部行政法律关系；C 项属行政法制监督关系，属行政机关对行政机关的监督；D 项亦属行政法制监督关系，属司法机关对行政机关的监督。

B 项不属行政法律关系，因其不产生任何法律上的权利与义务。

14. 答案：BD。行政法调整的行政关系即行政法律关系。

15. 答案：ABD。C 答案的关系不对，因为工作人员袁某没有与甲、乙形成任何关系，其只是代行政机关行使职权，后果由行政机关承担。

16. 答案：AD。B 项不对，因为行政法律关系的权利义务是由法律规定的，不可处分。C 项表述不准确，应为：行政主体权利义务的重合性。

17. 答案：ABD。C 答案属于民事法律关系，没有发生行政法律关系。

18. 答案：BC。行政法律关系中的争议可以通过行政复议解决。行政法律关系主体之间的权利义务由法律规定。

19. 答案：AC。B、D 的内容是行政法内容上的特点。

20. 答案：ACD。行政机关因参与民事诉讼而与人民法院之间的关系是民事关系。

三、名词解释

1. 答案：行政是国家行政主体依法对国家和社会事务进行组织和管理的活动。换句话说，行政是国家行政主体实施国家行政权的行为。行政的这一定义可以引申出两层意思：(1) 行政是行政主体的活动。在我国，行政主体主要是国家行政机关及其机构，并包括得到行政授权的企业、事业单位和社会组织。(2) 行政并不是行政主体的所有活动。它限于指行政主体对国家和社会事务进行管理的活动，行政主体的非管理活动（如借用、租赁、买卖等）不属于行政。行政具有如下特征：(1) 国家意志性；(2) 执行性；(3) 法律性；(4) 强制性。

2. 答案：行政法是调整行政关系的、规范和控制行政权的法律规范系统。具有如下含义：(1) 行政法的调整对象是行政关系；(2) 行政法在实质上是规范和控制行政权的法；(3) 行政法在形式上没有统一的法典。

3. 答案：行政关系是指行政主体行使行政职能和接受行政法制监督而与行政相对人、行政法制监督主体发生的各种关系，以及行政主体内部发生的各种关系。

4. 答案：行政法关系是由行政法调整的具有权利义务内容的社会关系。行政法关系的含义可以从以下几个方面理解：(1) 受行政法调整的社会关系主要是行政关系和监督行政关系。(2) 行政法关系是由行政法调整而形成的。(3) 行政法关系具有行政法上的权利义务内容。

5. 答案：行政管理关系是行政主体在行使行政职权过程中与行政相对人发生的各种关系。和其他行政关系相比，行政管理关系有两个特点：(1) 行政管理关系的双方当事人只能是行政主体和行政相对人；(2) 行政主体在行政管理关系中占主导地位。

6. 答案：行政法制监督关系是行政法制监督主体在对行政主体、国家公务员和其他行政执法组织、人员进行监督时所发生的各种关系。具有如下特征：(1) 关系双方的主体具有多元性；(2) 关系的内容因具体参与主体的不同而具有较大的差别性；(3) 行政法制监督主体在其中占主导地位。

7. 答案：行政救济关系是行政相对人认为其权益受到行政主体作出的行政行为的侵犯，向行政救济主体申请救济，行政救济主体对其申请予以审查，作出向相对人提供或者不予提供救济的决定而发生的各种关系。具有如下特征：(1) 存在三方主体，即行政相对人、行政主体、行政救济机关；(2) 行政救济主体在行政救济关系中占主导地位；(3) 部分行政救济关系与行政法制监督关系重合。

8. 答案：内部行政关系是行政主体内部发生的

各种关系，包括上下级行政机关之间的关系，平行行政机关之间的关系，行政机关与所属机构、派出机构之间的关系，行政机关与国家公务员的关系，行政机关与其委托行使某种特定行政职权的组织的关系，行政机关与法律、法规授权组织的关系，等等。内部行政关系具有如下特征：(1) 行政关系的主体是多元的，关系的类别非常多；(2) 部分内部行政关系（如平行行政机关之间的关系）的双方主体处于平等地位，不存在一方起主导作用的情形；(3) 内部行政关系受法律调整的范围和程度小于外部行政关系。

9. 答案：行政法律关系是由行政法调整的具有行政法上权利义务内容的行政关系，由行政法律关系的主体、客体和内容等要素构成，具有如下特征：(1) 行政法律关系中必有一方是行政主体；(2) 行政法律关系具有非对等性；(3) 行政法律关系主体的权利义务一般是法定的；(4) 行政主体实体上的权利义务是重合的；(5) 大多数的行政法律关系争议由行政机关或行政裁判机构依照行政程序或准司法程序加以解决，只有在法律有规定的情况下，才由法院通过司法程序解决。

10. 答案：行政主体是能以自己的名义行使国家行政职权，作出影响公民、法人和其他组织的权利、义务的行政行为，并能由其本身对外承担行政法律责任，在行政诉讼中通常能作为被告应诉的行政机关和法律、法规授权的组织。具有如下特征：(1) 行政主体能够依法行使行政职权；(2) 行政主体能够以自己的名义行使行政职权；(3) 行政主体能够独立对自己行使行政职权的行为承担法律责任。

四、简答题

1. 答案：行政法的特点如下：(1) 在形式上的特点：①没有统一、完整的法典；②行政法规的规范赖以存在的法律形式、法律文件的数量特别多。(2) 在内容上的特点：①内容广泛；②以行政法规、规章形式表现的行政法规范易于变动；③行政法的实体性规范与程序性规范总是交织在一起，并往往共存于一个法律文件之中。

2. 答案：行政权是指国家行政机关执行法律规范、实施行政管理活动的权力，是国家权力的一个重要组成部分。国家行政机关对国家和公共事务实施管理活动的过程就是运用行政权的过程，在现代社会，行政权的内容极其广泛，包括行政立法、行政执法、行政司法等。

行政权的作用具有双重性,① 一方面，行政权在维护社会秩序、增进公共利益、保护公民、法人或其他组织的合法权益方面，具有积极能动的作用，社会离开行政权的积极作用，就会出现无序、混乱，甚至会在相互对抗中同归于尽。另一方面，由于执掌权力者主客观情况的复杂性，加上行政权又是一种支配力量，是一种可以不顾及相对方是否情愿强制相对方服从的力量，如果不根据一定原则通过一定的制度和程序来加以制约，它就可能发生消极的甚至破坏性的作用。权力不受制约和控制势必会发生腐败，这是历史和现实一再证明的一条真理，行政违法，侵犯公民的权益，要受法律的追究，这是法治社会的一项基本要求。

3. 答案：行政法所调整的行政关系是指行政主体行使行政职能和接受行政法制监督而与行政相对人、行政法制监督主体发生的各种关系，以及行政主体内部发生的各种关系。包括：(1) 行政管理关系，指行政主体在行使行政职权过程中与行政相对人发生的各种关系。(2) 行政法制监督关系，指行政法制监督主体在对行政主体、国家公务员和其他行政执法组织人员进行监督时发生的各种关系。(3) 行政救济关系，指行政相对人认为其权益受到行政主体作出的行政行为的侵犯，向行政救济主体申请救济，行政救济主体对其申请予以审查，作出向相对人提供或不予提供救济的决定而发生的各种关系。(4) 内部行政关系，指行政主体内部发生的

① 编者注：行政权的双重性是我们把握行政权本质的关键，也是考试的重点内容之一。

各种关系。

4. **答案**：行政法律关系是指特定利益关系经行政法规范调整后而形成的行政主体与相对人之间的权利义务关系。行政关系即一定层次的公共利益与个人利益之间的关系。但是行政关系只是一种事实关系，它们必须经过行政法规范的调整才转变为行政法律关系。行政法律关系的具体内容表现为行政主体与相对人之间的权利义务关系。

二者之间的区别主要体现在：

区别	行政关系	行政法律关系
性质	行政关系是行政法律关系的实体内容，行政关系是一种事实上的社会关系，具有物质关系的属性	行政法律关系是行政关系的法律表现形式，行政法律关系更多地体现了国家的意志，具有思想关系的属性
与行政法的关系	行政关系是行政法的调整对象	行政法律关系是行政法对行政关系调整后的结果
内容范围	行政关系作为一种事实上的社会关系，在内容范围上要比行政法律关系更为广泛	国家为实现行政管理目标，往往需要制定相应的行政法规范，而制定的行政法规范并不可能对所有的行政关系都进行调整，只是将部分行政关系作为其调整对象
形成时间	行政关系是一种事实上的社会关系，往往先于行政法律关系的存在而存在	后于行政关系而存在

五、论述题

答案：“行政法是控制和规范行政权的法”是对行政法本质的概括。

首先，从行政权的作用来看，行政权的作用具有双重性：一方面，它可以为人们提供秩序，起到积极的组织、协调、指导的作用，促进社会经济的发展；另一方面，行政权力也可以被滥用，给人民的生活、自由、财产带来严重的威胁，阻碍以至于破坏社会经济的发展。绝对的权力导致绝对的腐败，不受制约的行政权必然会导致权力的滥用。

其次，从行政权的特性来看，行政权与公民个人、组织有着经常、广泛、直接的联系，对行政相对人权益的影响是广泛直接的，而行政权实施的程序远不及立法权、司法权行使的程序严格、公开，从而行政权最容易导致滥用和腐败。因此，行政权需要予以控制和制约。

最后，从行政权的发展趋势来看，在现代社会，行政权有膨胀和扩张的趋势，现代行政权已不再是纯粹的执行管理权，而是包含了越来越多的准立法权和准司法权。如果没有控制和制约机制，权力的滥用将是不可避免的。

正是由于以上原因，建立和完善对行政权的控制、制约、规范机制是必要的、必需的，而控制、规范行政权机制的最重要的环节就是行政法。

行政法对行政权的控制是多方面的、全方位的，主要从行政组织法、行政程序法和行政法制监督法、行政责任法、行政救济法等方面对行政权进行制约。

第二章　行政法的法源

基础知识图解

- 行政法的法源
  - 概述：含义（法存在形式说、法原动力说、法原因说、法制定机关说、法前规范说、法事实说）
  - 制定法法源
    - 宪法与法律
    - 地方性法规与自治条例、单行条例
    - 行政立法
    - 条约与协定
  - 非制定法法源
    - 法律解释
    - 判例
    - 习惯和惯例
    - 行政法理

配套测试

一、单项选择题

下列选项中不是行政立法机关的有（　　）。

A. 中华人民共和国商务部

B. 河南省人民政府办公厅

C. 深圳市人民政府

D. 国家税务总局

二、多项选择题

1. 下列属于我国行政法法源的有（　　）。

A. 国务院某部委的会议纪要

B. 某市政府发布的征收过桥费的通知

C. 最高人民法院关于适用《中华人民共和国行政诉讼法》的解释

D. 修改后的婚姻法

2. 根据我国宪法和组织法的规定，有权制定规章的有（　　）。

A. 北京市人大及其常委会

B. 汕头市人民政府

C. 大连市人民政府

D. 云南迪庆藏族自治州人民政府

3. 作为行政法特殊法律渊源的法律解释包括（　　）。

A. 立法解释　　B. 司法解释

C. 行政解释　　D. 地方解释

4. 在我国属于行政法的特殊渊源的有（　　）。

A. 法律解释和国际条约、惯例

B. 理论学说

C. 规章

D. 中共中央与国务院联合发布的规范性文件

5. 下列各项中的正确命题有（　　）。

A. 行政法律规范只能由国家权力机关制定

B. 行政法律规范是行政法学的研究对象之一

C. 行政法律规范可以出现在不同效力等级的规范性文件中

D. 行政法律规范可以分为实体规范和程序规范

三、名词解释

1. 行政法的法源

2. 行政法规

3. 自治条例和单行条例

4. 行政规章
5. 行政解释

四、简答题

宪法作为行政法法源，其中包含哪些行政法规范。

五、论述题

试述我国的行政立法。

参考答案

一、单项选择题

答案：B。本题考查行政立法主体。河南省人民政府办公厅不是行政立法主体，应是河南省人民政府。

二、多项选择题

1. **答案**：CD。应该注意的是，我国法学教科书所称的行政法的法源，指的是行政法的外部渊源，而不包括行政法的内部渊源。A项属于行政机关内部规范文件，不对外发生法律效力，故不是行政法的法源。B项是行政机关针对不特定对象发布的具有普遍约束力的决定和命令，但法规和规章一般都不采用通知的形式，因而只能是一般规范性文件，不属于行政法的法源。D项主要是民法的法源，但是其中规定的内容亦有和行政法相关的，因而也是行政法的法源。应该注意的是，“修改后的”限定词主要起干扰作用，即便没有这一限定词，亦不影响答案的成立。
2. **答案**：BCD。《立法法》第93条第1款规定：“省、自治区、直辖市和设区的市、自治州的人民政府，可以根据法律、行政法规和本省、自治区、直辖市的地方性法规，制定规章。”
3. **答案**：ABCD。本题考查行政法特殊法律渊源。
4. **答案**：AD。理论学说不是行政法的渊源，规章是一般渊源。
5. **答案**：BCD。行政法律规范可以由行政机关制定。

三、名词解释

1. **答案**：行政法的法源是行政法规范和原则的表现形式，亦即行政法法律规范的来源、出处。行政法的一般法源包括宪法、法律、行政法规与行政规章、地方性法规、自治条例和单行条例，特殊法源包括法律解释、其他规范性文件和国际条约、惯例。
2. **答案**：行政法规是国务院根据宪法和法律所制定的规范性法律文件。具有如下特征：(1) 从主体上看：行政法规的制定权专属于国务院，其他任何组织都无权制定行政法规。(2) 从依据上看：行政法规是依据宪法与法律而制定的，因此它具有从属国家法律性，其内容不得与宪法和法律相抵触。(3) 从性质上看：行政法规属于法律规范的一种形式，属于“法”的范畴。(4) 从内容上看：除专属于宪法和法律规定的内容外，它可以规范政治、经济、教育、科技、文化、外事等各个领域的国家和社会管理事务。
3. **答案**：自治条例和单行条例是我国民族自治区、自治州、自治县的人民代表大会，依照当地民族的政治、经济和文化的特点，经法律程序制定的，在本自治地方有效的规范性法律文件。我国是统一的多民族国家，各少数民族聚居的地方实行区域自治，这是宪法所确立的原则。自治条例和单行条例是我国行政诉讼法律规范的表现形式之一，它在行政诉讼中享有法律依据之地位。
4. **答案**：行政规章是国务院部、委，省、自治区、直辖市人民政府，设区的市、自治州的人民政府按照法律规定的权限、程序和形式，制定发布的规范性法律文件。
5. **答案**：行政解释是具有法定解释权的国家行政机关对制定法所作的能够产生法律拘束力的解释。在我国，作为行政法渊源的行政解释包括最高国家权力机构的解释、国家司法机关的解释、中央国家行政机关的解释、地方国家权力机关和行政机关的解释。

四、简答题

答案：《宪法》作为行政法法源，其包含的行政法规范主要有：

（1）关于行政管理活动基本原则的规范。（2）关于国家行政机关组织、基本工作制度和职权的规范。（3）关于国家行政区域划分和设立特别行政区的规范。（4）关于公民基本权利和义务的规范。（5）关于保护外国人合法权益和关于外国人义务的规范。（6）关于国有经济组织、集体经济组织、外资或合资经济组织以及个体劳动者在行政法律关系中的权利、义务的规范。（7）关于国家发展教育、科学、医疗卫生、体育、文学艺术、新闻广播、出版发行等事业方针政策的规范；关于发挥知识分子作用，建设社会主义精神文明，推行计划生育，保护环境，防止污染和其他公害的规范；关于加强国防、保卫国家安全和维护社会秩序的规范等。

五、论述题

答案：（1）行政立法的含义与性质。

就我国的情况而言，行政立法一般是指特定国家行政机关依照立法程序制定行政法规和规章的活动。如果从静态角度讲，行政立法则是指特定国家行政机关依准立法程序所制定的行政法规和规章。首先，行政立法仅指行政机关制定行政法规和规章，而不包括全国人大和全国人大常委会制定行政法律、地方人大和地方人大常委会制定作为行政法渊源的地方性法规。其次，行政立法的主体只限于特定国家行政机关，行政法规只能由国务院制定，规章只能由国务院部委和具有外部行政管理职权的直属机构以及省、自治区、直辖市人民政府和设区的市、自治州的人民政府制定，其他行政机关制定具有普遍约束力的规范性文件不属于行政立法的范畴。最后，行政立法遵循准立法程序，这种程序既具有行政程序的特征，又具有立法程序的特征，我国行政立法的这些特征，决定了其性质的二元性：既属于（主要或本质上属于）行政行为——抽象行政行为，又属于立法——准立法或从属性立法。

（2）行政立法的调整范围。

关于我国行政立法的调整范围，《立法法》作了一般的原则性的规定。首先，该法确定了全国人大和全国人大常委会的专属立法领域。对于该领域的立法事项，行政立法未经特别授权不能调整。这些事项包括下列11项，下列事项只能制定法律：①国家主权的事项；②各级人民代表大会、人民政府、监察委员会、人民法院和人民检察院的产生、组织和职权；③民族区域自治制度、特别行政区制度、基层群众自治制度；④犯罪和刑罚；⑤对公民政治权利的剥夺、限制人身自由的强制措施和处罚；⑥税种的设立、税率的确定和税收征收管理等税收基本制度；⑦对非国有财产的征收、征用；⑧民事基本制度；⑨基本经济制度以及财政、海关、金融和外贸的基本制度；⑩诉讼制度和仲裁基本制度；⑪必须由全国人民代表大会及其常务委员会制定法律的其他事项。其次，《立法法》专门规定了国务院的行政立法权限。根据《立法法》的规定，国务院可以就下列事项制定行政法规：①为执行法律的规定需要制定行政法规的事项；②《宪法》第89条规定的国务院行政管理职权的事项。此外，《立法法》还分别规定了国务院部门的行政立法权限和地方人民政府的行政立法权限。部门规章规定的事项限于有关执行法律和国务院的行政法规、决定、命令的事项。地方政府规章可以就下列事项作出规定：①为执行法律、行政法规、地方性法规的规定需要制定规章的事项；②属于本行政区域的具体行政管理事项。

（3）行政立法的法律效力。

我国行政立法的效力主要体现在三个方面：第一，行政立法是从属性立法，它在法律体系中的位阶低于人大及其常委会的立法。第二，行政立法对行政相对人具有拘束力，相对人必须履行行政立法为之确定的义务；对行政机关亦具有拘束力，行政机关实施行政行为必须遵循行政立法；对法院审判，特别是行政审判具有适用力，法院裁判案件，特别是裁判行政案件，必须适用行政立法。行政立法的法律效力是以其符合授权法、不越权、不违反上位阶法、不违反行政立法程序为前提的。

(4) 对行政立法效力异议的处理。

在我国，对行政立法效力异议处理进行立法审查和行政审查，一般来说，对行政法规进行立法审查，对规章进行行政审查。根据《立法法》的规定，全国人大及其常委会对行政法规进行监督审查的主要程序包括：①国务院、中央军事委员会、国家监察委员会、最高人民法院、最高人民检察院和各省、自治区、直辖市的人民代表大会常务委员会认为行政法规同宪法或者法律相抵触，或者存在合宪性、合法性问题的，可以向全国人民代表大会常务委员会书面提出进行审查的要求，由全国人民代表大会有关的专门委员会和常务委员会工作机构进行审查、提出意见。其他国家机关和社会团体、企业事业组织以及公民认为行政法规同宪法或者法律相抵触的，可以向全国人民代表大会常务委员会书面提出进行审查的建议，由常务委员会工作机构进行审查；必要时，送有关的专门委员会进行审查、提出意见。②全国人民代表大会专门委员会、常务委员会工作机构在审查中认为行政法规同宪法或者法律相抵触，或者存在合宪性、合法性问题的，可以向制定机关提出书面审查意见；也可以由宪法和法律委员会与有关的专门委员会、常务委员会工作机构召开联合审查会议，要求制定机关到会说明情况，再向制定机关提出书面审查意见。制定机关应当在两个月内研究提出是否修改或者废止的意见，并向全国人民代表大会宪法和法律委员会、有关的专门委员会或者常务委员会工作机构反馈。全国人民代表大会宪法和法律委员会、有关的专门委员会、常务委员会工作机构根据前述规定，向制定机关提出审查意见，制定机关按照所提意见对行政法规进行修改或者废止的，审查终止。③全国人民代表大会宪法和法律委员会、有关的专门委员会、常务委员会工作机构经审查认为行政法规同宪法或者法律相抵触，或者存在合宪性、合法性问题需要修改或者废止，而制定机关不予修改或者废止的，应当向委员长会议提出予以撤销的议案、建议，由委员长会议决定提请常务委员会会议审议决定。

第三章 行政法的基本原则[①]

基础知识图解

- 行政法的基本原则
  - 概述
    - 含义
    - 性质和功能（基础性规范；普遍性规范；高度抽象；宏观指导立法、执法、司法）
    - 形成和确定
  - 实体性基本原则
    - 依法行政原则
    - 越权无效原则
    - 信赖保护原则
    - 权责一致原则
    - 比例原则（最小损害原则）
  - 程序性基本原则
    - 正当法律程序原则
    - 行政公开原则
    - 行政公正原则
    - 行政公平原则
    - 高效便民原则

配套测试

一、单项选择题

1. 合理性原则产生的主要原因在于（　　）。

A. 行政违法行为的存在

B. 行政自由裁量权的存在

C. 公务员政治、业务素质的差异

D. 行政管理事项的复杂性、易变性

2. （　　）不符合行政合法性原则。

A. 行政机关在法定限度内行使行政自由裁量权

B. 地方政府制定并实施地方规章

C. 市场监督管理部门吊销违法企业的营业执照

D. 行政机关任意将行政职权委托给社会组织行使

3. 行政法的基本原则是（　　）。

A. 合法性原则　　B. 行政法治原则

C. 合理性原则　　D. 应急性原则

4. 关于行政法的比例原则，下列哪一说法是正确的？（　　）（司考 2010. 2. 39）[②]

A. 是权责统一原则的基本内容之一

B. 主要适用于羁束行政行为

C. 是合法行政的必然要求

D. 属于实质行政法治范畴

5. 关于合理行政原则，下列哪一选项是正确的？（　　）（司考 2008. 2. 46）

A. 遵循合理行政原则是行政活动区别于民事活动的主要标志

B. 合理行政原则属实质行政法治范畴

C. 合理行政原则是一项独立的原则，与

---

① 编者注：本章内容应重点掌握，各高校考研题常考行政法各原则。

② 编者注：部分题号内标注了司法考试真题序号，以本题为例，表示本题为 2010 年司法考试卷二第 39 题。以下不再特别注明。

合法行政原则无关

D. 行政机关发布的信息应准确是合理行政原则的要求之一

6. 行政机关公开的信息应当准确，是下列哪一项行政法原则的要求？（　　）（司考2015. 2. 43）

A. 合理行政　　B. 高效便民

C. 诚实守信　　D. 程序正当

7. 在不使用行政强制措施也能实现行政管理目的的情况下，应当放弃实施行政强制措施。

以下哪个原则体现了此种说法？（　　）

A. 比例原则　　B. 公平公正原则

C. 考虑相关因素原则 D. 行政效率原则

8. 某自然资源与规划局以张某未取得建筑工程规划许可证在其经营的商铺外侧加建小棚为由，作出责令立即停止建设通知书，同时，查封了违法建设施工现场和正在经营的商铺。该查封违反下列哪一原则？（　　）

A. 诚实守信　　B. 高效便民

C. 权责一致　　D. 合理行政

二、多项选择题

1. 行政合理性原则的内在含义包括（　　）。

A. 行政行为必须符合法律的目的、精神

B. 行政行为必须符合公正法则

C. 行政行为必须具有合理的动机

D. 行政行为必须考虑相关的因素

2. 关于行政法基本原则说法正确的有（　　）。

A. 行政法基本原则过于宏观和抽象，不能作为行政行为实施和处理行政争议的依据

B. 从调整范围上来讲，基本原则大于原则，原则大于规则

C. 行政法的基本原则具有思想性，是由学者加以概括、归纳和提炼的

D. 世界上没有一个各国共有和学者们普遍接受的基本原则，所以我们应该从我国国情出发，大力推进法制的本土化，无须借鉴国外经验

3. 依法行政原则的基本含义为（　　）。

A. 是指政府的一切行政行为都应依法而为，受法之拘束

B. 该原则包括三项子原则，即法律保留原则、法律创制原则、法律优越原则

C. 依法行政中的“法”应是善法，而不能是恶法

D. 行政指导是法律没有规定的行为，行政机关实施行政指导行为是与依法行政的原则相冲突的

4. 越权无效原则中的“越权”包括（　　）。

A. 事项上的越权

B. 属地管辖上的越权

C. 属人管辖上的越权

D. 违反法律规定的行政行为的形式

5. 下列做法不符合比例原则的有（　　）。

A. 甲、乙两人因纠纷发生口角，公安机关以扰乱社会秩序为由给予两人 15 天的行政拘留

B. 李某经过房管局批准建一栋五层小楼，但在施工过程中，私自加至七层，房管局以其违章建房要求把楼房全部拆除

C. 某文化主管部门在打击盗版活动中指示，要把盗版者打个倾家荡产

D. 某国计划在某海湾建立第十座核电站，经过多方面论证后，认为核辐射可能污染海水，对当地居民生活造成不良影响，并使栖居此地的一种珍贵海鸟绝迹，遂取消建设计划，而改用成本较低的风力发电

6. 下列属于行政公正原则实体公正要求的有（　　）。

A. 依法办事，不偏私

B. 自己不做自己的法官

C. 不单方接触

D. 合理考虑相关因素，不专断

7. 行政效率的原则要求（　　）。

A. 效率第一，公正第二

B. 在决策时，进行行政行为的成本—效益分析

C. 精简行政机构、精简人员

D. 严格遵循行政程序和时限

8. 下列属于行政公正原则程序公正要求的有（　　）。

A. 自己不做自己的法官
B. 不单方接触
C. 不在事先未通知和听取相对人申辩意见的情况下作出对相对人不利的行政行为
D. 平等对待相对人，不歧视

9. “应急性原则”往往在以下哪种情况下适用？（　　）

A. 战争　　B. 流行病害
C. 动乱　　D. 重大自然灾害

10. 下列何项属于行政应急权力应具备的条件（　　）。

A. 存在明确无误的紧急危险
B. 行使前应经过严格的审批程序
C. 行政机关作出应急行为应受有权机关的监督
D. 应急权力的行使应该适度，应将负面损害控制在最小的程度和范围内

11. 程序正当是行政法的基本原则。下列哪些选项是程序正当要求的体现？（　　）（司考 2012. 2. 77）

A. 实施行政管理活动，注意听取公民、法人或其他组织的意见
B. 对因违法行政给当事人造成的损失主动进行赔偿
C. 严格在法律授权的范围内实施行政管理活动
D. 行政执法中要求与其管理事项有利害关系的公务员回避

12. 合理行政是依法行政的基本要求之一。下列哪些做法体现了合理行政的要求？（　　）（司考 2012. 2. 78）

A. 行政机关在作出重要决定时充分听取公众的意见
B. 行政机关要平等对待行政管理相对人
C. 行政机关行使裁量权所采取的措施符合法律目的
D. 非因法定事由并经法定程序，行政机关不得撤销已生效的行政决定

13. 权责一致是社会主义法治理念的要求，也是行政法的基本原则。下列哪些做法是权责一致的直接体现？（　　）（司考 2011. 2. 76）

A. 某建设局发现所作出的行政决定违法后，主动纠正错误并赔偿当事人损失
B. 某镇政府定期向公众公布本镇公款接待费用情况
C. 某国土资源局局长因违规征地受到行政记过处分
D. 某政府召开座谈会听取群众对政府的意见

14. 高效便民是社会主义法治理念的要求，也是行政法的基本原则。关于高效便民，下列哪些说法是正确的？（　　）（司考 2011. 2. 76）

A. 是依法行政的重要补充
B. 要求行政机关积极履行法定职责
C. 要求行政机关提高办事效率
D. 要求行政机关在实施行政管理时排除不相关因素的干扰

15. 依法行政是法治国家对政府行政活动提出的基本要求，而合法行政则是依法行政的根本。下列哪些做法违反合法行政的要求？（　　）（司考 2011. 2. 78）

A. 因蔬菜价格上涨销路看好，某镇政府要求村民拔掉麦子改种蔬菜
B. 为解决残疾人就业难，某市政府发布《促进残疾人就业指导意见》，对录用残疾人达一定数量的企业予以奖励
C. 孙某受他人胁迫而殴打他人致轻微伤，某公安局决定对孙某从轻处罚
D. 某市政府发布文件规定，外地物流公司到本地运输货物，应事先得到当地交通管理部门的准许，并缴纳道路特别通行费

16. 高效便民是行政管理的基本要求，是服务型政府的具体体现。下列哪些选项体现了这一要求？（　　）（司考 2014. 2. 76）

A. 简化行政机关内部办理行政许可流程
B. 非因法定事由并经法定程序，行政机关不得撤回和变更已生效的行政许可
C. 对办理行政许可的当事人提出的问题给予及时、耐心的答复
D. 对违法实施行政许可给当事人造成侵

害的执法人员予以责任追究

17. 程序正当是当代行政法的基本原则，遵守程序是行政行为合法的要求之一。下列哪些做法违背了这一要求？（　　）（司考 2014.2.77）

A. 某环保局对当事人的处罚听证，由本案的调查人员担任听证主持人

B. 某县政府自行决定征收基本农田 35 公顷

C. 某公安局拟给予甲拘留 10 日的治安处罚，告知其可以申请听证

D. 乙违反治安管理的事实清楚，某公安派出所当场对其作出罚款 500 元的处罚决定

18. 廖某在某镇沿街路边搭建小棚经营杂货，县建设局下发限期拆除通知后强制拆除，并对廖某作出罚款 2 万元的处罚。廖某起诉，法院审理认为廖某所建小棚未占用主干道，其违法行为没有严重到既需要拆除又需要实施顶格处罚的程度，判决将罚款改为 1000 元。法院判决适用了下列哪些原则？（　　）（司考 2014.2.78）

A. 行政公开原则　　B. 比例原则

C. 合理行政原则　　D. 诚实守信原则

19. 合法行政是行政法的重要原则。下列哪些做法违反了合法行政要求？（　　）（司考 2013.2.76）

A. 某规章规定行政机关对行政许可事项进行监督时，不得妨碍被许可人正常的生产经营活动

B. 行政机关要求行政处罚听证申请人承担组织听证的费用

C. 行政机关将行政强制措施权委托给另一行政机关行使

D. 行政机关对行政许可事项进行监督时发现直接关系公共安全、人身健康的重要设备存在安全隐患，责令停止使用和立即改正

20. 权责一致是行政法的基本要求。下列哪些选项符合权责一致的要求？（　　）（司考 2013.2.77）

A. 行政机关有权力必有责任

B. 行政机关作出决定时不得考虑不相关因素

C. 行政机关行使权力应当依法接受监督

D. 行政机关依法履行职责，法律、法规应赋予其相应的执法手段

21. 某县政府发布通知，对直接介绍外地企业到本县投资的单位和个人按照投资项目实际到位资金金额的 1‰奖励。经张某引荐，某外地企业到该县投资 500 万元，但县政府拒绝支付奖励金。县政府的行为不违反下列哪些原则或要求？（　　）（司考 2013.2.78）

A. 比例原则　　B. 行政公开

C. 程序正当　　D. 权责一致

22. 鹿某为引起政府对其利益诉求的重视，以生产、生活和科研需要为由，在两年内向十几个行政机关提起近百次与其实际利益诉求无关的政府信息公开申请，在接到公开答复后又反复提起行政复议和行政诉讼，向相关部门施加压力。对此，下列哪些说法是正确的？（　　）

A. 鹿某为向相关部门施压而恶意提起政府信息公开申请的做法不符合法治精神

B. 滥用知情权和诉权造成了行政和司法资源的浪费

C. 法治国家以权利为本位，公民行使权利时不受任何限制

D. 诉求即使合理合法，也应按照法律规定和程序寻求解决

23. 比例原则是行政法的重要原则，下列说法哪些是比例原则的要求？（　　）

A. 行政机关行使行政裁量权所采取的行政管理措施必须符合法律目的

B. 行政机关作出行政决定只能考虑符合立法授权目的的因素，不得考虑无关因素

C. 行政机关作出行政处罚决定前应当听取当事人的意见

D. 具体行政行为应当选择对当事人合法权益损害最小的措施

三、名词解释

1. 依法行政原则①
2. 信赖保护原则②
3. 比例原则③
4. 正当程序原则
5. 行政公正原则
6. 行政公开原则④
7. 自然正义原则
8. 行政公平原则

四、简答题

1. 简述行政合法性原则的含义及其具体内容。
2. 试简述行政法中的越权无效原则。
3. 谈一下行政法中的法律保留原则。⑤（北京大学2006年考研真题）

五、论述题

行政法的基本原则及其特点是什么？（中山大学2007年考研真题）

六、案例分析题

王某系从事饮食业的个体工商户，出售自制的雪糕，其雪糕未经有关部门检验。这一行为被某市场监管所查获。根据当时实施的相关部门规章的规定，对此类违法行为，应予以警告、没收违禁食品和违法所得，并处以违法所得一倍以上五倍以下罚款，没有违法所得的，处以1万元以下罚款；情节严重的，可责令停业整顿或者吊销其营业执照。在市场监管所查获前王某出售雪糕共获利230元。根据上述有关规定，市场监管所没收了王某尚未出售的雪糕，没收其违法所得230元，并且市场监管所认为王某曾因伤害罪而被判刑3年，一年前刚出狱，因此要重罚，又处以王某1150元的罚款。

问题：市场监管所对王某的违法行为进行的行政处罚是否合法适当，是否符合行政法的基本原则？

参考答案

一、单项选择题

1. **答案：** B。合理性原则是基于行政自由裁量权的存在而产生的。
2. **答案：** D。本题考查对行政合法性原则内涵的把握。
3. **答案：** B。A、C、D是行政法治原则的具体要求。
4. **答案：** D。合法性原则和合理性原则是行政法最重要的基本原则。这两个原则是有层次性的，即行政行为只有在合法的前提下，才能讨论其合理性。合理性原则中的一个重要原则便是比例原则，因此行政法的比例原则是合理行政的必然要求，而非合法行政的必然要求，C选项错误。所谓行政法的比例原则，是指行政主体实施行政行为应兼顾行政目标的实现和保护相对人的权益，如果行政目标的实现可能对相对人的权益造成不利影响，则这种不利影响应被限制在尽可能小的范围和限度之内，二者有适当的比例。学界通说认为，比例原则包含适当性原则、必要性原则和狭义比例原则三个子原则。行政法的权责统一原则基本内涵是“有权必有责”，是与合理性原则并列的行政法基本原则之一，即行政权力必须伴随着行政责任，也可以理解为：法律赋予行政机关的职权，实际上是赋予行政机关的义务和责任，行政机关必须采取积极的措施和行动依法履行其职责，擅自放弃、不履行其法定职责或者违法、不当行使其职权，要承担相应的法律责任。据此，A选项错误。一般认为，行政法的比例原则主要适用于裁量行政行为，在少

---

① 编者注：本原则中南财经政法大学2007年考过简答题。
② 编者注：本原则在中国人民大学2007年考研真题中以论述题形式考查过，即“试析政府信赖利益保护原则”。
③ 编者注：本原则北京大学2008年、中国人民大学2007年考过简答题。
④ 编者注：本原则中南财经政法大学2003年考过论述题，武汉大学2012年考过辨析题。
⑤ 编者注：清华大学2012年考查《行政强制法》如何体现法律保留原则。

数羁束行政行为也存在适用比例原则的需要。据此B选项错误。一般认为，合法行政是一种形式行政法治，而合理行政是实质行政法治，因此行政法的比例原则属于实质行政法治范畴，D选项正确。

5. **答案：**B。本题考查合理行政原则。合理行政原则是指行政决定应当具有理性，主要包括三个子原则：公平公正原则，即平等对待行政相对人；考虑相关因素原则；比例原则。合理行政原则是与合法行政原则并列的行政法两大基本原则。在对某一行政活动评价时，先对行政活动的合法性进行评价，再对行政活动的合理性进行评价。某一行政活动，只有在符合合法行政原则的情况下才有可能符合合理行政原则，合理行政是较合法行政更高的要求。因此，合理行政属于实质行政法治的范畴，与合法行政原则有着密切的关系，并不是一项独立的原则。故B选项正确，C选项错误。不仅行政活动需要具有理性，民事活动也需要具有理性，行政活动与民事活动最主要的区别在于行政活动中的行政权力因素的存在，因此A选项错误。根据《政府信息公开条例》第6条第1款的规定，行政机关应当及时、准确地公开政府信息。因此，行政机关发布的信息应当准确是行政法规规定的要求，是行政机关在实施该行为时的合法性要求——行政机关发布的信息不准确即违法。故D选项错误。正确答案是B。

6. **答案：**C。行政法基本原则中诚实守信原则包括以下三个子原则：(1) 行政信息真实原则，行政机关公布的信息应当真实、准确、可信。不能提供虚假信息和材料。(2) 信赖保护原则，行政机关非因法定事由并经法定程序不得撤销、变更已经生效的行政（许可）决定。不能撤回生效的赋权行政行为是原则，如果出现特殊的情况，基于公共利益的需要则可以撤回，但应尽可能留出过渡期并对由此给相对人造成的损害给予补偿。可以撤回行政行为的情况主要有两种：一是颁发行政许可等有利行政行为所依据的法律、法规、规章修改或者废止；二是颁发行政许可等有利行政行为所依据的客观情况发生重大变化。(3) 行政允诺应予兑现，行政机关应作其诺言的“奴隶”。

A选项的合理行政、B选项的高效便民、D选项的程序正当原则均为干扰项。C选项行政信息的准确也是行政机关讲究诚信的表现。

7. **答案：**A。BC选项虽然属于合理行政原则，但与题干无关。D选项中的行政效率原则的内容是要求行政机关积极履行法定职责、遵守法定时限，与题干不符。

8. **答案：**D。张某的违法行为是“未取得建筑工程规划许可证在其经营的商铺外侧加建小棚”，根据《行政强制法》的规定，查封仅限于和违法行为有关的场所、设施和物品，故行政机关查封的对象应该仅限于违法建设施工现场，正在经营的商铺属于合法经营则不得查封。自然资源与规划局同时查封建设施工现场和正在经营的商铺，不是对当事人合法权益损害最小的措施，违反了比例原则“必要性”的要求，也就违反了合理行政原则。

二、多项选择题

1. **答案：**ABCD。本题考查行政合理性原则的具体要求。

2. **答案：**BC。一般来说，行政法基本原则不直接调整和规范行政行为的实施和行政争议的处理。但是在相应问题缺少行政法具体规则的调整，或者法律给行政主体或行政争议的处理留下了较广泛的自由裁量余地时，行政行为的实施或行政争议的处理就要受行政法基本原则的拘束。所以，选项A是错误的。选项C讲的是行政法的基本原则有时候并非直接在法律中加以规定，而是学者们归纳总结出来的。

3. **答案：**AB。选项C和D谈的是依法行政对消极行政和积极行政的不同要求。对消极行政，强调严格的依法行政，行政行为不仅应具有组织法上的依据，还应该具备行为法上的依据，但不论其依据的“法”是善法还是恶法。对积极行政有时只要求具备组织法上的依据，而无须行为法上的依据。特别是对非强制性的行政行为，如行政指导、行政合同等，由于不具有强制性，是否接受取决于相对人的合意或者是同意，在这种情况下，依法行政并不要求行政指导亦具有行为法上的依据，但仍需具备组织法上的依据，所以说行政指导是法律没有规定的行为是不确切的，而且行政指导与行政法治的原则并不冲突。

4. **答案**：ABCD。本题考查越权无效原则的基本内容。

5. **答案**：ABC。比例原则有三个子原则即妥当性原则、必要性原则和比例性原则。比例原则的本质在于公益目的与损害私权的手段之间的适度。妥当性原则强调的是手段必须能够达到目的，而不是南辕北辙，抱薪救火；必要性原则要求在多个能达到公益目的的手段中选择给私人权益造成的侵害最小的手段，而不能“以大炮轰小鸟”，“杀鸡用牛刀”；比例性原则要求，如果在多个手段中给相对人权益造成侵害最小的那个手段所造成的侵害，还要大于其所达到的公益目的，则这样的目的就不再值得追求，应当放弃。题目给出的四个选项中，A 项的做法违背了妥当性原则的要求。A 项中甲、乙双方仅因口角，就被处以行政处罚中最为严厉的处罚种类和幅度中最重的判罚，这对于实现行政目的并不适当。B 项和 C 项违反了必要性原则的要求，B 项中李某建楼是经过批准的行为，按照必要性原则的要求，则只应要求拆除私自加建的部分，而不必全部拆除；C 项也是如此，打击盗版者应该按照法律的规定进行，而不能以“倾家荡产”的过火方式处理。D 项的做法符合狭义比例原则的要求。

6. **答案**：AD。行政公正原则包括实体公正和程序公正两个方面的要求。前者主要包括：依法办事、不偏私；平等对待相对人，不歧视；合理考虑相关因素，不专断。后者主要包括：自己不做自己案件的法官；不单方接触；不在事先未通知和听取相对人申辩意见的情况下作出对相对人不利的行政行为。

7. **答案**：BCD。行政效率的原则是非常重要的，“迟到的正义即非正义”，但是行政效率原则并非强调效率凌驾于公正之上，故选项 A 是错误的。

8. **答案**：ABC。

9. **答案**：ABCD。本题考查“应急性原则”的使用范围。

10. **答案**：ACD。行政应急权力的特点是行使前不需审批程序。

11. **答案**：AD。根据程序正当原则，行政机关实施行政管理，除涉及国家秘密和依法受到保护的商业秘密、个人隐私外，应当公开，注意听取公民、法人和其他组织的意见，故 A 项应选。要严格遵循法定程序，依法保障行政管理相对人、利害关系人的知情权、参与权和救济权；行政机关工作人员履行职责，与行政管理相对人存在利害关系时，应当回避，故 D 项应选。B 项是权责一致原则的体现，C 项是合法行政原则的体现，故均应排除。

12. **答案**：BC。根据合理行政原则，行政机关实施行政管理，应当遵循公平、公正的原则；要平等对待行政管理相对人，故 B 项应选，不偏私、不歧视；行使自由裁量权应当符合法律目的，故 C 项应选，排除不相关因素的干扰；所采取的措施和手段应当必要、适当；行政机关实施行政管理可以采用多种方式实现行政目的的，应当避免采用损害当事人权益的方式。A 项是程序正当原则的体现，D 项是诚实守信原则的体现，故均应排除。

13. **答案**：AC。根据国务院《全面推进依法行政实施纲要》，权责统一原则要求：“行政机关依法履行经济、社会和文化事务管理职责，要由法律、法规赋予其相应的执法手段。行政机关违法或者不当行使职权，应当依法承担法律责任，实现权力和责任的统一。依法做到执法有保障、有权必有责、用权受监督、违法受追究、侵权须赔偿。”简言之，“职权与职责的统一”“权力与责任的统一”。选项 A、C 均直接体现了“权力与责任的统一”，故应选。

根据国务院《全面推进依法行政实施

纲要》，程序正当原则要求："行政机关实施行政管理，除涉及国家秘密和依法受到保护的商业秘密、个人隐私的外，应当公开，注意听取公民、法人和其他组织的意见；要严格遵循法定程序，依法保障行政管理相对人、利害关系人的知情权、参与权和救济权。行政机关工作人员履行职责，与行政管理相对人存在利害关系时，应当回避。"简言之，"程序公开""程序参与""程序公正"。选项B直接体现的是"程序公开"，选项D直接体现的是"程序参与"，故均不应选。

14. 答案：BC。根据国务院《全面推进依法行政实施纲要》，合法行政、合理行政、程序正当、高效便民、诚实守信和权责统一，均是依法行政原则的基本要求。高效便民原则是依法行政原则的内涵之一，而非外在的"重要补充"，故A项不应选。

根据国务院《全面推进依法行政实施纲要》，合理行政原则要求："行政机关实施行政管理，应当遵循公平、公正的原则。要平等对待行政管理相对人，不偏私、不歧视。行使自由裁量权应当符合法律目的，排除不相关因素的干扰；所采取的措施和手段应当必要、适当；行政机关实施行政管理可以采用多种方式实现行政目的的，应当避免采用损害当事人权益的方式。"据此，"排除不相关因素的干扰"，是合理行政原则的要求，而非高效便民原则的要求，故D项不应选。

根据国务院《全面推进依法行政实施纲要》，高效便民原则要求："行政机关实施行政管理，应当遵守法定时限，积极履行法定职责，提高办事效率，提供优质服务，方便公民、法人和其他组织。"据此，选项B、C说法正确。

15. 答案：ACD。根据国务院《全面推进依法行政实施纲要》，合法行政原则要求："行政机关实施行政管理，应当依照法律、法规、规章的规定进行；没有法律、法规、规章的规定，行政机关不得作出影响公民、法人和其他组织合法权益或者增加公民、法人和其他组织义务的决定。"简言之，"有法必依""无法不为"。

根据《农村土地承包法》第17条第1项，农村土地承包方有权自主组织生产经营，故选项A中镇政府的做法违反合法行政的要求。

《残疾人保障法》第13条规定："对在社会主义建设中做出显著成绩的残疾人，对维护残疾人合法权益、发展残疾人事业、为残疾人服务做出显著成绩的单位和个人，各级人民政府和有关部门给予表彰和奖励。"据此，选项B中某市政府的做法，符合合法行政的要求，选项B不应选。

根据《行政处罚法》第32条第2项的规定，受他人胁迫有违法行为的，应当从轻或减轻处罚；而根据《治安管理处罚法》第19条第3项的规定，出于他人胁迫违反治安管理的，应当减轻或不予处罚。很显然，上述两法对因胁迫违法的处理不同，前者是"从轻或减轻处罚"，后者是"减轻或不予处罚"。《治安管理处罚法》，相对于《行政处罚法》是特别法，故应当优先适用。故选项C中某公安局的做法，是否合法，应当根据《治安管理处罚法》判断。根据《治安管理处罚法》第19条第3项的规定，选项C"从轻"的表述错误，故违反合法行政的要求，选项C应选。

选项D中某市政府的做法违反合法行政的要求，理由有三：首先，根据《行政许可法》第14条、第15条和第17条的规定，能够设定行政许可的文件，只能是法律、行政法规、国务院决定、地方性法规和省级政府规章。选项D"某市政府发布文件规定，外地物流公司到本地运输货物，应事先得到当地交通管理部门的准许"，这是设定行政许可。而"市政府文件"是无权设定行政许可的。此为设定许可的主体不合法。其次，根据《行政许可法》第15条第2款的规定，地方性法规和省、自治区、直辖市人民政府规章设定的行政许可，不得限制其他地区的个人或者企业到本地区从事生产经营和提供服务，不得限制其他地区的商品进入本地区市场。D项“某市政府发布文件规定，外地物流公司到本地运输货物，应事先得到当地交通管理部门的准许”，此显然违反上述规定。最后，“某市政府发布文件规定……并缴纳道路特别通行费”也是违法的。《行政许可法》第58条第1款规定：“行政机关实施行政许可和对行政许可事项进行监督检查，不得收取任何费用。但是，法律、行政法规另有规定的，依照其规定。”据此，行政许可事项收费，必须由法律、行政法规规定。市政府文件规定收费，显然违法。

16. 答案：AC。高效便民原则体现在：(1)行政效率原则。(2)便利当事人原则。A选项简化行政机关办理行政许可流程当然体现的是高效——同样的单位时间内输出的公务服务多了，当然体现的是行政效率原则。C选项“对办理行政许可的当事人提出的问题给予及时、耐心的答复”也当然体现了方便申请人、处处替行政相对人着想，便利其到行政机关办理政务的精神，故而C选项当选。B选项体现的是正当程序原则，D选项则体现的是行政法上的权责统一原则。

17. 答案：AD。程序正当原则包括以下三方面的子原则：

第一，行政公开原则，即除涉及国家秘密和依法受到保护的商业秘密、个人隐私外，行政机关实施行政管理应当公开，以实现公民的知情权、了解权。

第二，公众参与原则，即行政机关作出重要规定或决定，应当听取公民、法人和其他组织的意见，特别是作出对行政相对人不利的决定，要听取他们的陈述和申辩——听证。

第三，回避原则，行政机关工作人员履行职责，与行政相对人存在利害关系的，应当回避。A选项听证主持人应当由法制部门工作人员担任，由调查人员担任主持人违反了该项子原则的内在要求。所以A选项符合题意当选。

依据《土地管理法》第45条的规定，征收基本农田应当由国务院批准，县政府的做法违反了依法行政的要求。B选项不当选。

关于C选项，行政拘留是不适用听证程序的，这种告知缺乏法律依据，且是违反依法行政原则的，不符合题意不当选。

关于D选项，虽然D选项符合《治安管理处罚法》第91条“治安管理处罚由县级以上人民政府公安机关决定；其中警告、五百元以下的罚款可以由公安派出所决定”的规定，但是，依照《治安管理处罚法》第100条的规定，治安处罚当场处罚的应当是警告或者200元以下罚款。当场罚款500元违反了正当程序的基本要求。

18. 答案：BC。行政公开原则，是程序正当原则下的子原则，即除涉及国家秘密和依法受到保护的商业秘密、个人隐私外，行政机关实施行政管理应当公开，以实现公民的知情权、了解权。通过题干案情可知，本题未涉及该原则，A选项不当选。

比例原则，也是合理行政原则下的子原则，即行政机关采取的措施和手段应当是必要、适当的；有多种手段可选择时应当避免采用损害行政相对人权益的方式，如果为达至行政目的必须对相对人的权益形成不利影响，那么这种不利影响应当被限制在尽可能小的范围和限度内，并且使失去利益与得到保护的利益之间处于适当的比例之中。违反此子原则就表现为行政机关采取的措施和手段与针对的对象不相称。法院的判决适用了比例原则。故而B选项当选。

合理行政原则主要含义是行政行为应当具有理性基础，禁止行政主体的武断专横和随意。最低限度的理性，是行政行为应当具有一个有正常理智的普通人所能达到的合理与适当，并且能够符合科学公理和社会公德。本案中廖某所建小棚未占用主干道，其违法行为没有严重到既需要拆除又需要实施顶格处罚的程度，因此法院适用合理行政原则，判决对其进行罚款。所以C选项当选。

诚实守信原则有三个子原则：一是行政信息真实原则，行政机关公布的信息应当真实、准确、可信。不能提供虚假信息和材料。二是信赖保护原则，非因法定事由并经法定程序，行政机关不得撤销、变更已经生效的行政（许可）决定。行政许可所依据的法律、法规、规章修改或者废止，或者准予行政许可所依据的客观情况发生重大变化的，为了公共利益的需要，行政机关可以依法变更或者撤回已经生效的行政许可。为此给公民、法人或者其他组织造成财产损失的，行政机关应当依法给予补偿。三是行政允诺应予兑现，行政机关应作其诺言的“奴隶”。法院的判决未适用诚实守信原则，D选项不当选。

19. 答案：BC。合法行政原则是行政法的首要原则和灵魂，其具体要求行政机关实施管理活动时，依照法律、法规、规章的明确授权行事。没有相关明确条文规定，不得作出影响相对人权益或增加其义务的决定。

A选项符合合法行政要求，《行政许可法》第63条规定，行政机关实施监督检查，不得妨碍被许可人正常的生产经营活动，不得索取或者收受被许可人的财物，不得谋取其他利益。

B选项违反合法行政要求，《行政处罚法》第63条第2款规定，行政处罚中当事人不承担行政机关组织听证的费用。

C选项违反合法行政要求，行政强制措施的实施组织为国家有权机关和法律、行政法规授权的组织。《行政强制法》第17条明文规定行政强制措施的实施不得委托。

D选项符合合法行政要求，《行政许可法》第68条第2款规定，行政机关在监督检查时，发现直接关系公共安全、人身健康、生命财产安全的重要设备、设施存在安全隐患的，应当责令停止建造、安装和使用，并责令设计、建造、安装和使用单位立即改正。

综上，本题选BC。

20. 答案：ACD。权责一致要求行政机关在行政管理中有权必有责，用权受监督，违法受追究。行政机关在进行行政管理时，由法律、法规赋予其行政手段，体现了行政机关行政职权与职责的统一。行政机关违法或不当行使职权时，应当依法承担责任，体现了职权和责任的统一。据此，ACD选项符合权责一致的要求，当选。B选项中行政机关作出决定时不得考虑不相关因素是合理行政原则的体现，不当选。

21. 答案：ABCD。A选项，比例原则属于合理行政原则的内容，它要求行政机关在行政活动中所采用的手段必须能达到其行政目的或者至少有利于目的的达成，且在有多种手段可供选择时，采用必要且对相对人侵害最小（保护最大）的手段，最终手段侵害的利益要小于目的所追求的利益。县政府的行为不违反比例原则。B选项，行政公开要求行政机关的信息和行政行为的过程、结果等的公开。县政府的行为不违反行政公开的要求。C选项，程序正当原则即行政程序合理原则，其内容包括程序公正、程序公开和程序参与。县政府的行为并不违反程序公正、公开和参与的要求。D选项，权责一致要求行政机关在行政活动中有权必有责，用权受监督，违法受追究。行政机关在进行行政管理时，由法律、法规赋予其行政手段，行政机关违法或不当行使职权时，应当依法承担责任。县政府的行为并不违反权责一致的要求。

信赖保护原则是行政法的另一项基本原则，是指行政管理相对人对行政权力的正当合理信赖应当予以保护，行政机关不得擅自改变已生效的行政行为，确需改变行政行为的，对于由此给相对人造成的损失应当给予补偿。综上，本题中张某因信赖县政府的奖励通知因而作出了引荐的行为，事后县政府否认奖励通知，违反了信赖保护原则。综上，本题应选ABCD。

22. 答案：ABD。

23. 答案：AD。

三、名词解释

1. 答案：依法行政原则是指政府的一切行政行

为应依法而为，受法之拘束。该原则具体又可分为三项原则：(1) 法律创制原则。指法律对行政权的运作、产生具有绝对有效的拘束力，行政权不可逾越法律而行为。(2) 法律优越原则。指法律位阶高于行政法规、行政规章和行政命令，一切行政法规、行政规章和行政命令皆不得与法律相抵触。(3) 法律保留原则。指宪法关于人民基本权利限制等专属立法事项，必须由立法机关通过法律规定，行政机关不得代为规定，行政机关实施任何行政行为皆必须有法律授权，否则，其合法性将受到质疑。

2. **答案**：信赖保护原则是指行政主体对自己作出的行为或者承诺应守信用，不得随意变更，不得反复无常。信赖保护原则有以下几个要求：(1) 行政行为作出以后，没有法定事由和经过法定程序不得随意撤销、废止或者改变，行政行为具有确定力和公定力；(2) 行政主体作出授益行政行为以后，发现有违法情形，除非该行政行为会严重损害公共利益，否则不能撤销或者改变该行为；(3) 行政主体作出行政行为以后，该行为所依据的法律规范修改或者废止，可以撤销或者改变该行为；(4) 行政主体撤销或者改变其违法作出的行政行为，应当对相对人遭受的损失予以赔偿。

3. **答案**：比例原则是指行政机关实施行政行为应兼顾行政目标的实现和保护相对人的合法权益，如果为了实现行政目标可能对相对人的权益造成不利影响时，应当将这种影响限制在尽可能小的范围和限度内，使二者处于适度的比例。

4. **答案**：正当程序原则是指行政机关作出影响行政相对人权益的行政行为，必须遵循正当法律程序，包括事先告知相对人、向相对人说明行为的根据、理由，听取相对人的陈述、申辩，事后为相对人提供相应的救济途径等。它包含两条基本规则：(1) 任何人不应成为自己案件的法官；(2) 任何人在受到惩罚或其他不利处分前，应为之提供公正的听证或其他听取其意见的机会。

5. **答案**：行政公正原则是指行政主体及其工作人员应当办事公道，不徇私情，平等对待不同身份、民族、性别和不同宗教信仰的行政相对人。而实现这种要求的重要保障则是公正的行政程序。行政公正原则包括实体公正和程序公正两个方面的要求。实体公正的要求主要包括：(1) 依法办事，不偏私；(2) 平等对待相对人，不歧视；(3) 合理考虑相关因素，不专断。程序公正的要求主要包括：(1) 自己不做自己的法官；(2) 不单方接触；(3) 不在事先未通知和听取相对人申辩意见的情况下作出对相对人不利的行政行为。

6. **答案**：行政公开原则是指政府行为除了依法应保密的以外，应一律公开进行；行政法规、规章、行政政策以及行政机关作出影响行政相对人权利、义务的行为的标准、条件、程序应依法公布，让相对人依法查阅、复制；有关行政会议、会议决议、决定以及行政机关及其工作人员的活动情况，除了依法应保密的以外，应允许新闻媒介依法采访、报道和评论。行政公开原则的主要要求包括：(1) 行政立法和行政政策公开；(2) 行政执法行为公开；(3) 行政裁决和行政复议行为公开；(4) 行政信息。

7. **答案**：自然正义原则是要求一切行使权力的人或团体公正行使权力的程序方面的原则，这个原则不仅适用于行政机关和法院，而且适用于各种社会团体。由于这是一个最低限度的公正原则，适用范围很广，因而称为自然公正原则。在英国普通法上，它包括两个最基本的程序规则：(1) 任何人或团体在行使权力可能使别人受到不利影响时必须听取对方意见，每个人都有为自己辩护和防卫的权利；(2) 任何人或团体不能作为自己案件的法官。

8. **答案**：行政公平原则是指全体人民在自己的国家内应当平等地享有同等的权利和同等的机会，行政主体应当平等地对待任何人，不能厚此薄彼，不能凭某种关系或自己的好恶赋予某些人以特别的权利，加以某些人以特别的义务。即行政公平原则的基本要求就是平等地对待相对人，不歧视。

四、简答题

1. **答案**：行政合法性原则，是指行政权的存在和行使必须依据法律，符合法律，不得与法律相抵触。具体内容如下：（1）行政职权必须基于法律的授权才能存在；（2）行政职权必须依据法律行使；（3）行政授权、行政委托必须有法律依据，符合法律要旨。

2. **答案**：越权无效原则在行政法基本原则中有非常重要的地位，英国行政法学权威韦德教授对之有很高的评价，他认为该原则是行政法的“核心原则”(central principle)。

　　越权无效原则的基本含义是行政机关必须在法定权限范围内行为，一切超越法定权限的行为无效，不具有公定力、确定力、拘束力和执行力。

　　《行政诉讼法》第70条规定：“行政行为有下列情形之一的，人民法院判决撤销或者部分撤销，并可以判决被告重新作出行政行为：（一）主要证据不足的；（二）适用法律、法规错误的；（三）违反法定程序的；（四）超越职权的；（五）滥用职权的；（六）明显不当的。”其中越权（超越职权）包括下述四种情形：

　　其一，无权限。即行政机关做了应由行政相对人自行解决的，或者应由市场调节解决的，或者应由社会团体、组织自律解决的事项。此种情形称行政“错位”。

　　其二，级别越权。即下级行政机关行使了应由上级行政机关行使的职权，或者行政机关的内部机构行使了应由行政机关本身行使的职权，或者行政机关的工作人员行使了应由行政机关负责人行使的职权。此种情形称行政“越位”。

　　其三，事务越权。即主管甲事务的行政机关行使了主管乙事务的行政机关的职权。

　　其四，地域越权。即甲地域的行政机关行使了乙地域的行政机关的职权，如北京市市场监督管理局处理了应由河北省市场监督管理局处理的相对人的不正当竞争行为。此种情形亦属“越位”。

　　根据越权无效原则，行政机关所有的越权行为都是无效的。但是，这种无效是广义的“无效”，包括狭义的无效和可撤销的行政行为。狭义的无效只适用于重大和明显的违法。

3. **答案**：行政法中的法律保留原则指行政权的作用仅在法律有授权的情况下才可以为之。如果没有法律授权行政机关即不能合法地作出行政行为。此原则是近代法治发展的产物。行政权力源于法律授予，权力被逐一授予的同时就意味着权力的有限性。这与公民权利不同，法律对公民权利的规定，并不意味着授予，而只是意味着法律的重申和保护。

　　我国《行政处罚法》明确规定处罚法定：行政处罚中的限制人身自由，只能由法律设定；其他处罚的设定，实际上是由《行政处罚法》作了一个授权，使得行政法规、地方性法规、规章都只能设定一定种类的行政处罚。其后《立法法》更为明确地规定了法律保留原则，在表述上直接使用了法律保留的字样：“下列事项只能制定法律”。

　　法律保留原则要求行政主体树立这样一种观念，即公民的权利是无限的，只要法律没有明确禁止，公民都可以自由为之；而行政主体的权力是有限的。当然该原则并不禁止行政主体在没有法律规定时，从事不妨碍其履行职责的且有益于相对人的事，可见，此原则要求，凡属对相对人“不利益”的权力，行政主体的行使要有法律授权，反之，法律并不禁止行政主体为之。

五、论述题

答案：[①] 行政法的基本原则，是指指导行政

---

① 编者注：行政法基本原则是行政法学中最基础且最重要的问题之一，几乎是各个学校行政法专业的必考试题，尽管各个学校指定教材的观点不尽相同，但基本都承认了依法行政原则作为行政法的基本原则。答此题需要将依法行政原则下位阶的几个次级原则也一并阐述清楚。行政法基本原则（即依法行政原则）包含法律优先、法律保留等原则内容，是近年来新提出来的，改变了过去统一的行政合法原则与行政合理原则的提法。考生还应注意依法行政原则的地位和作用，以及其在依法治国中的地位。

法制定、执行、遵守以及解决行政争议的基本准则，贯穿于行政立法、行政执法、行政司法和行政法制监督的各个环节之中。其基本特点是：①普遍性。基本原则应该覆盖行政法的各个领域，指导行政法制的各个环节，它是纷繁复杂的行政法制中的统一因素，是变动极多的行政法制中的稳定因素。②特殊性。行政法的基本原则是行政法所特有的但又是最高层次的原则。③有效性。行政法的各个环节，都必须贯彻基本原则的精神，行政主体的一切行为都必须与基本原则的精神保持一致，否则就是无效的，应予撤销。我国行政法的基本原则，是依法行政原则，这是我国社会主义国家的性质所决定的，是人民当家作主的必然结论。

依法行政就是行政机关依法行使行政权力，或者说，行政机关行使行政权力，管理公共事务，必须由法律授权，并依据法律规定。法律是行政机关据以活动和人们对该活动进行评价的标准。依法行政大致包括以下几项原则。

（1）职权法定。行政机关的职权，在我国主要是指中央政府及其所属部门和地方各级政府的职权，必须由法律规定。

（2）法律优先，或称法律优位。法律优先包含以下含义：①在已有法律规定的情况下，任何其他法律规范，包括行政法规、地方性法规和规章，都不得与法律相抵触。凡有抵触，都以法律为准。法律优于其他任何法律规范。②在法律尚无规定，其他法律规范作了规定时，一旦法律就此事项作出规定，法律优先，其他法律规范的规定都必须服从法律。

（3）法律授权。凡属宪法、法律规定只能由法律规定的事项，则或者只能由法律规定，或者必须在法律明确授权的情况下，行政机关才有权在其所制定的行政规范中作出规定。

（4）依据法律。行政机关的行为必须依据法律，或者说，必须有法律依据。即行政机关的抽象行政行为必须根据法律制定，具体行政行为则必须有法律依据，必须依据法律规定作出。

（5）职权与职责统一。这是行政机关行使职权的一个重要原则。职权，就是宪法、法律授予行政机关管理经济和管理社会的权力。行政机关的职权是公权力，不仅可以行使，而且必须行使，不能放弃。因此，行政机关的职权从另一角度说，就是职责。职权与职责是统一的。放弃职权，不依法行使职权，就是不履行义务，就是失职，应该追究法律责任。

六、案例分析题

答案：市场监管所的行政处罚行为是合法的，但不合理，违背了行政合理的原则。主要表现在对王某的罚款行为上。

行政法的基本原则是行政合法性原则与行政合理性原则。合法性原则是指行政权力的设定、行使必须依据法律、符合法律、不能与法律相抵触。合理性原则是指行政决定的内容要客观、适度、符合理性，即合理行使行政自由裁量权。合理性原则的具体要求是行政行为的动因应符合行政目的；行政行为应建立在正当考虑的基础上；行政行为的内容应合乎理性。本案中，根据法定罚款幅度的规定，市场监管所对王某处以1150元的罚款属于法定的幅度内，其行为没有超越法律，不与法律相抵触，是合法的。但市场监管所在法定幅度内的自由裁量权行使不恰当，对王某进行1150元的罚款，除以其违法事实情节等为依据外，还考虑了王某曾经有过的犯罪行为，是出于一种不正当的考虑而作出的行政处罚行为，违背了行政合理性原则的要求，属于不合理的行为。

第四章　行政法主体概述

基础知识图解

- 行政法主体概述
  - 概念
    - 含义：行政法律关系中权利义务的承受者
    - 行政法主体与行政主体
    - 行政主体与行政机关
  - 行政法主体与行政组织法
    - 行政法主体与行政组织
    - 行政组织法的内容和体系

配套测试

一、单项选择题

1. 某村村干部乙批给甲一处宅基地，甲随即开始建房，村委会以其不同意为名阻止甲。甲以宅基地已批给自己使用和持有县政府颁发的房屋确权证为由继续建房。村委会报告乡政府并经同意后，限甲 15 日内拆除所建房屋，甲不服，应以（　　）为被告。

A. 乡政府　　B. 县政府
C. 村干部　　D. 村委会

2. 某市市场监督管理局把没收的假药卖给当地某医院，该医院出售这批假药时被市卫生行政部门发现，经查实对市市场监督管理局及医院分别进行了行政处罚，本案中的行政主体是（　　）。

A. 市市场监督管理局
B. 医院
C. 市人民政府
D. 市卫生行政部门

3. 行政主体（　　）。

A. 即行政法律关系主体
B. 包括行政机关及其公务员
C. 必须是能以自己名义进行行政行为的组织
D. 还包括法律、法规授权的组织及受行政机关委托行使行政权力的组织

4. 某县市场监督管理局委托该县农业技术推广站对贩卖假种子的单位和个人行使处罚权，技术推广站应当以谁的名义行使处罚权？（　　）

A. 县市场监督管理局
B. 农业技术推广站
C. 农业技术推广站执法队
D. 县人民政府

5. 国务院某部拟合并处级内设机构。关于机构合并，下列哪一说法是正确的？（　　）（司考 2010. 2. 40）

A. 该部决定，报国务院机构编制管理机关备案
B. 该部提出方案，报国务院机构编制管理机关批准
C. 国务院机构编制管理机关决定，报国务院备案
D. 国务院机构编制管理机关提出方案，报国务院决定

6. 经某市人民政府批准，市节水办受市公用事业管理局的委托对某企业进行了处罚。这里的行政主体是（　　）。

A. 市人民政府
B. 市公用事业管理局
C. 市节水办
D. 实施处罚的公务员

7. 下列各项中，不具有行政主体资格的是（　　）。

A. 乡、镇人民政府
B. 公安派出所
C. 街道办事处
D. 公安局法制科

8. 根据《国务院组织法》的规定，国务院发布行政法规由（　　）签署。
A. 总理
B. 主管的副总理
C. 秘书长
D. 国务委员

二、多项选择题

1. 下列可以成为行政主体的是（　　）。
A. 法律、法规授权的组织
B. 行政机关
C. 公务员
D. 受行政机关委托的组织

2. 根据行政职权的产生方式，行政主体可以划分为（　　）。
A. 授权性行政主体
B. 内部行政主体
C. 职权性行政主体
D. 外部行政主体

3. 下列属于行政组织法研究内容的有（　　）。
A. 国家行政机关的性质和法律地位
B. 国家行政机关的组成及结构
C. 国家行政机关的职权
D. 国家行政机关设立、变更、撤销的程序

4. 关于我国行政组织法体系说法正确的有（　　）。
A. 从总体上来讲，行政组织法包括中央行政组织法和地方行政组织法
B. 目前我国中央行政组织法只有《国务院组织法》
C. 行政组织法体系不健全，是造成我国机构改革走不出"精简—膨胀—再精简—再膨胀"怪圈的重要原因之一
D. 我国目前尚没有关于地方人民政府的组织法

5. 下列有关行政机关、行政主体和行政法主体关系说法正确的是（　　）。
A. 行政法主体是行政法调整的各种行政关系的参加人
B. 行政法主体是行政主体的一种
C. 行政主体只有在行政管理关系中才具有真正的行政主体的地位
D. 行政机关是最重要的一种行政主体

三、名词解释

1. 行政法主体
2. 国家行政组织
3. 行政机构

四、简答题

1. 简述行政主体与行政机关的区别。（中南财经政法大学 2006 年考研真题）
2. 如何理解行政法主体地位的"不对等性"？（武汉大学 2006 年考研真题）

参考答案

一、单项选择题

1. 答案： A。行政主体，是指能以自己的名义行使国家行政职权，作出影响行政相对人权利义务的行政行为，由其自身对外承担行政法律责任，在行政诉讼中作为被告应诉的行政机关和法律、法规授权的组织。

2. 答案： D。行政机关只在行使行政职权时才是行政主体。市场监督管理局在这里是行政相对人。

3. 答案： C。本题考查行政主体的概念。受委托组织、国家公务员都不是行政主体；行政法律关系主体除行政主体外还包括行政管理相对方。

4. 答案： A。本题考查行政主体资格。A 对 B 错，《行政处罚法》第 20 条第 1 款规定，行政机关依照法律、法规或者规章的规定，可以在其法定权限内委托符合本法第 21 条规定条件的组织实施行政处罚。行政机关不得委托其他组织或者个人实施行政处罚。

《行政处罚法》第 20 条第 4 款规定："受委托组织在委托范围内，以委托行政机

关名义实施行政处罚；不得再委托其他组织或者个人实施行政处罚。"

本题中，某县市场监督管理局是有行政处罚权的行政机关，农业技术推广站受该县市场监督管理局委托行使处罚权，是受委托的组织，受委托者不能以自己的名义而只能以委托机关的名义行使处罚权，故农业技术推广站应当以县市场监督管理局的名义行使处罚权。

CD错，CD两项在本题中未出现，且与行政处罚行为无关。

5. **答案**：A。根据《国务院行政机构设置和编制管理条例》第14条第2款规定："国务院行政机构的处级内设机构的设立、撤销或者合并，由国务院行政机构根据国家有关规定决定，按年度报国务院机构编制管理机关备案。"答案A为正确答案。
6. **答案**：B。市节水办是受委托的组织。
7. **答案**：D。公安局法制科是公安局的办事部门，对外是公安局承担责任，不具有行政主体资格。
8. **答案**：A。根据《国务院组织法》的规定，国务院发布行政法规由总理签署。

二、多项选择题

1. **答案**：AB。行政主体包括行政机关和法律、法规授权的组织，行政主体的活动虽然都是由行政公务人员作出的，但行政公务人员是代表行政主体，并不是行政主体。行政机关委托的组织应以行政主体的名义行为，由此而产生的责任由委托行政机关承担。
2. **答案**：AC。严格来讲，行政主体只存在于行政管理法律关系中，行政主体主要是管理对外事务的，因此，对内行政主体和对外行政主体这种说法本身并不十分确切。对于职权性行政主体和授权性行政主体，前者是指根据组织法，一旦成立就具有行政主体的资格；而后者需要经过法律或法规特别授权其行使某项行政职权才具备行政主体资格。当然这里所说的职权和授权并非绝对的，因为相对于权力机关来说，职权性行政主体的职权也是被授予的。
3. **答案**：ABCD。本题考查行政组织法研究内容。
4. **答案**：ABC。本题考查我国行政组织法体系的内容。
5. **答案**：ACD。B答案是错误的，混淆了行政主体和行政法主体的概念。

三、名词解释

1. **答案**：行政法主体是行政法调整的各种行政关系的参加人——组织和个人。组织包括国家机关（主要是行政机关）、企事业组织、社会团体和其他组织；个人包括国家公务员以及作为行政相对人的公民、外国人、无国籍人等。行政法主体是行政关系的参加人（即行政关系的主体），不是行政关系参加人的个人、组织不能成为行政法主体。但是行政关系的参加人不等于行政法主体，行政关系只有被行政法调整时才为行政法律关系，行政法律关系的参加人均为行政法主体。因此，行政法主体等于行政法律关系主体，而不等于行政关系主体。
2. **答案**：国家行政组织是为实现对社会公共事务的有效管理，由国家按照宪法、组织法和法律规定的条件和程序设立并负责国家行政管理事务的特殊社会组织，包括国家行政机关和国家行政机构。行政法上所谓的行政组织，是指一切行政机关与行政机构的综合体，包括机关和机构相互间的横向联系和纵向结构。
3. **答案**：行政机构是构成国家行政机关的内部各单位，它是为行政机关行使行政权服务的，对外不能以自己的名义发布决定和命令，其行为的一切法律后果皆归属于其所属行政机关。行政机关是联结各行政机构的综合体。行政机构具有以下特征：（1）行政机构是一种行政组织。（2）行政机构设立的法律根据，多为行政组织法，也有其他法律、法规，但其设立的过程，都是指行政组织内部程序，并由相应行政机关根据需要和精简原则而决定。（3）行政机构依照法定授权，方能成为行政主体。（4）行政机构通过法定授权取得行政主体资格，并不意味着其同时取得法律上的其他权利能力和行为能力。行政机构在取得行政主体资格以前，只是行政机关的内部机构。通过法定的授权，行政机构在授权范围内具有行政主体的法律地位，但其依然不具有一般性法人资格和地位。

四、简答题

1. **答案**：(1) 行政主体与行政机关两个概念的关系极为密切，二者具有包容关系，行政机关是行政主体的一种，是行政主体中最重要的一种。在行政主体中，法律法规授权的组织和其他社会公权力组织只占较小的比重，国家基本的主要行政职权都是由行政机关行使。以致在很多情况下，人们把行政机关作为行政主体的代名词。

(2) 行政机关与行政主体的重要区别具体表现在：

行政机关	行政主体
行政机关是行政法律关系具体当事人的称谓，与法律、法规授权的组织，以及法律关系对方当事人的公民、法人、其他组织等并列	行政主体是行政法律关系一方当事人的总称
行政机关是一个具体法律概念，用以指称享有某种法律地位，具有某种权利（权力）、义务（职责）的法律组织	行政主体主要是学理概念，它是行政法学为研究行政法律关系而对关系参加人进行抽象而创制的概念
行政机关不是行政主体的全部	行政主体除行政机关外，还包括法律、法规授权的组织和其他社会公权力组织

2. **答案**：主体地位的不对等性是行政法律关系一个显著特征。与之相比，民事法律关系具有双方主体平等、自由、等价有偿和意思表示一致性的特点。在行政法律关系中，行政主体作为社会公共利益的代表，以国家的名义参与法律关系并以国家强制力保证公共利益的实现，因而决定了行政主体在行政法律关系中处于主导地位，行政相对人则处于从属地位，这就是行政法主体地位的不对等性。当行政相对人不依法履行其行政法上的义务时，行政主体可以运用国家权力对相对人进行制裁或强制相对人履行；而当相对人认为行政主体的行为不当或违法，相对人不能直接否认其行为的效力或加以抵制，而只能通过行政复议、行政诉讼等救济途径获得解决。同时，在行政法律关系中，行政主体单方面的意思表示往往能够决定一个行政法律关系的产生、变更、消灭，而无须征得行政相对人的同意，不以同行政相对人取得意思表示一致为前提。从行政法律关系双方当事人所处的地位来看，行政主体始终处于主导地位，享有较大的行政优益权。

当然，行政法律关系中主体地位的不对等性也不是固定不变的。伴随现代公共行政改革的发展，行政管理实践中逐渐产生了一些带有更多对等性色彩的行政方式，如行政契约、行政指导等，这些新的行政方式对行政法学将产生重大的影响。

第五章　行政机关

基础知识图解

- 行政机关
  - 概念：含义、性质及特征（依法行政；从属制；首长负责制；主动服务性；联系广泛性）
  - 分类
    - 一般行政机关与部门行政机关
    - 职能性行政机关与专业性行政机关
    - 常设性行政机关与非常设性行政机关
    - 专门执法机关与普通管理机关
    - 派出行政机关与被派出行政机关
  - 行政机关的职责、职权与管理手段
    - 一般职责（国家安全；社会稳定；经济发展；文化进步；公民福利；生态保护）
    - 主要职权（监督、裁决、强制、处罚）
    - 主要管理手段（与职权相对应）
  - 我国现行行政机关体系
    - 中央行政机关
    - 一般地方行政机关
    - 民族自治地方行政机关
    - 特别行政区行政机关

配套测试

一、单项选择题

1. （　　）在一般情况下是各类行政法律关系的必要当事人。

A. 行政机关　　B. 法人

C. 其他组织　　D. 公民

2. 下列有关国家公职关系的说法错误的是（　　）。

A. 国家公职关系包括人事管理关系与特别劳动关系

B. 调任可以导致国家公职关系的产生

C. 辞退可以导致国家公职关系的消灭

D. 国家公职关系是国家公务员与行政机关之间发生的关系

3. 专门执法机关和普通管理机关的区分标准是（　　）。

A. 根据权限的范围

B. 根据管理的客体和内容

C. 是否依宪法和行政组织法设置和存在时间的长短

D. 根据行使职能的情况以及与行政相对人的关系

4. 有关我国行政机关说法正确的是（　　）。

A. 地方人民政府的工作部门由本级人民政府自行决定

B. 民族自治地方的人民政府既是民族自治地方人民代表大会的执行机关，也是民族自治地方的行政机关

C. 烟草专卖局是国务院的直属机构

D. 我国行政机关实行双重领导制

5. 下列有关行政机关的管理手段的说法错误的是（　　）。

A. 在市场经济条件下计划手段仍然有重要的作用

B. 税收和财政是政府宏观调控国家经济的重要手段

C. 行政合同广泛适用于各个行政管理领域

D. 行政指导也应接受法律的规范

6. 正赶赴火场的消防队、消防车、消防器材需要铁路运输时，铁路部门应免费优先载运，这体现了行政主体享有（　　）。

A. 获得社会协助权

B. 行政特权

C. 行政受益权

D. 先行处置权

7. 我国实行国务院总理负责属于（　　）。

A. 委员会　　B. 合议制

C. 集体负责制　　D. 首长负责制

8. 国务院总理由（　　）提名。

A. 全国人大常委会

B. 国家主席

C. 委员长

D. 前任国务院总理

9. 下列关于行政机关的说法，错误的是（　　）。

A. 是行使国家行政权力的机关

B. 在组织体系行政上实行领导—从属制

C. 在决策体制上一般实行集体负责制

D. 通常主动行使职权

10. 下列关于中央行政机关的说法，正确的是（　　）。

A. 中央行政机关包括国务院及其各部委

B. 国务院实行总理负责制，各项问题都由总理听取各方面意见后作出决定

C. 国务院直属机构、办事机构由国务院根据工作需要及精简的原则设立，无需全国人大或全国人大常委会批准

D. 国务院的工作部门的设立须由全国人大决定

11. 我国各自治区人民政府实行自治区（　　）。

A. 区长负责制

B. 主席负责制

C. 政府委员会负责制

D. 政府委员会主任负责制

12. 海关总署属于国务院的（　　）。

A. 职能机构

B. 直属机构

C. 办事机构

D. 归口管理机构

13. 我国国务院各部、委的设立、撤销或合并，依法应由（　　）。

A. 全国人大决定

B. 国务院总理决定

C. 国务院常务会议决定

D. 国务院全体会议决定

14. 行政优先权是指行政机关行使职权时，依法享有的种种优先资格。例如：（　　）。

A. 获得社会协助权

B. 作为债权人时的优先受偿权

C. 依法实施行政强制权

D. 进行行政处罚权

15. 国家行政机关最基本的属性是（　　）。

A. 执行性和从属法律性

B. 统一领导、分级管理

C. 拥有广泛的行政权力

D. 强调行政管理的效率性

16. 关于地方政府机构设置和编制管理，下列哪一选项是正确的？（　　）（司考 2009.3.50）

A. 政府机构编制管理机关实行省以下垂直管理体制

B. 地方政府在设置机构时应当充分考虑财政的供养能力

C. 县级以上政府的行政机构可以要求下级政府设立与其业务对口的行政机构

D. 地方事业单位机构设置和编制管理办法，由国务院机构编制管理机关审核发布

17. 根据行政法规规定，县级以上地方各级政府机构编制管理机关应当评估行政机构和编制的执行情况。关于此评估，下列哪一说法是正确的？（　　）（司考 2012.2.44）

A. 评估应当定期进行

B. 评估具体办法由国务院制定

C. 评估结果是调整机构编制的直接依据

D. 评估同样适用于国务院行政机构和编制的调整

18. 国家海洋局为国务院组成部门管理的国家局。关于国家海洋局，下列哪一说法是正确的？（　　）（司考 2013.2.44）

A. 有权制定规章

B. 主管国务院的某项专门业务，具有独

立的行政管理职能

C. 该局的设立由国务院机构编制管理机关提出方案，报国务院决定

D. 该局增设司级内设机构，由国务院机构编制管理机关审核批准

19. 甲市某县环保局与水利局对职责划分有异议，双方协商无法达成一致意见。关于异议的处理，下列哪一说法是正确的？（　　）（司考 2015. 2. 45）

A. 提请双方各自上一级主管机关协商确定

B. 提请县政府机构编制管理机关决定

C. 提请县政府机构编制管理机关提出协调意见，并由该机构编制管理机关报县政府决定

D. 提请县政府提出处理方案，经甲市政府机构编制管理机关审核后报甲市政府批准

20. 关于国务院行政机构设置和编制管理的说法，下列哪一选项是正确的？（　　）（司考 2017. 2. 43）

A. 国务院议事协调机构的撤销经由国务院常务会议讨论通过后，由国务院总理提交国务院全体会议讨论决定

B. 国务院行政机构增设司级内设机构，由国务院机构编制管理机关提出方案，报国务院决定

C. 国务院议事协调机构的编制根据工作需要单独确定

D. 国务院行政机构的编制在国务院行政机构设立时确定

21. 原国务院扶贫开发领导小组是国务院的议事协调机构。为了建立防止返贫的长效机制，保证脱贫成效持续稳定发展，2021 年 2 月，在国务院扶贫开发领导小组办公室的基础上组建国务院的直属机构国家乡村振兴局。下列哪一选项是正确的？（　　）

A. 国务院扶贫开发领导小组有独立的人员编制

B. 国务院扶贫开发领导小组主管特定业务，行使行政管理职能

C. 国家乡村振兴局的设立由国务院决定

D. 国家乡村振兴局无权制定规章

22. 国家税务总局为国务院直属机构，就其设置及编制，下列哪一说法是正确的？（　　）

A. 设立由全国人大及其常委会最终决定

B. 合并由国务院最终决定

C. 编制的增加由国务院机构编制管理机关最终决定

D. 依法履行国务院基本的行政管理职能

23. 甲省乙市政府拟将本市的规划局与自然资源局合并为自然资源与规划局，应当报下列哪一机关批准？（　　）

A. 国务院　　B. 乙市政府

C. 甲省政府　　D. 乙市人大常委会

二、多项选择题

1. 判断行政机关是否是行政主体需要通过一定的标准，以下的选项中是行政主体的资格条件有（　　）。

A. 是否具有行政职权

B. 能否以自己的名义行使职权

C. 能否成为行政诉讼的被告

D. 管理的是内部事务还是外部事务

2. 下列属于国务院组成人员的是（　　）。

A. 国务委员

B. 中国人民银行行长

C. 海关总署署长

D. 国家税务总局局长

3. 根据《国务院组织法》的规定，国务院部、委的设立程序是（　　）。

A. 总理提出，全国人民代表大会决定

B. 总理提出，国家主席决定

C. 总理提出，全国人大常委会决定

D. 总理提出，在全国人民代表大会闭会期间由全国人大常委会决定

4. 根据行政机关的权力来源，行政机关可分为（　　）。

A. 一般权限行政机关

B. 实体行政机关

C. 派出行政机关

D. 部门权限行政机关

5. 下列（　　）属于行政职权。

A. 行政立法权　　B. 自由裁量权
C. 规章制定权　　D. 行政处罚权

6. 根据行政法学对行政机关的分类理论，下列哪些选项是正确的表述？(　　)
A. 乡政府是一般权限行政机关
B. 地区行署是省政府的派出机关
C. 审计局是专业性行政机关
D. 国家税务总局是国务院的工作部门

7. 下列哪项属于我国行政机构的设置原则？(　　)
A. 公正合理原则　　B. 适应需要原则
C. 依法设置原则　　D. 精简效能原则

8. 中华人民共和国体育运动委员会的设立、撤销或合并（　　）。
A. 应由国务院总理决定
B. 应由国务院全体会议决定
C. 应由全国人民代表大会决定
D. 在全国人大闭会期间，应由全国人大常委会决定

9. 下列哪些事项属于国务院行政机构编制管理的内容？(　　)（司考 2009. 2. 83）
A. 机构的名称
B. 机构的职能
C. 机构人员的数量定额
D. 机构的领导职数

10. 甲市为乙省政府所在地的市。关于甲市政府行政机构设置和编制管理，下列说法正确的是：(　　)
A. 在一届政府任期内，甲市政府的工作部门应保持相对稳定
B. 乙省机构编制管理机关与甲市机构编制管理机关为上下级领导关系
C. 甲市政府的行政编制总额，由甲市政府提出，报乙省政府批准
D. 甲市政府根据调整职责的需要，可以在行政编制总额内调整市政府有关部门的行政编制

三、名词解释

1. 行政机关
2. 地方国家行政机关
3. 地方人民政府的派出机关（派出行政机关）
4. 非常设性行政机关

四、简答题

1. 简述行政职责的内容及其特点。
2. 简述行政机关职权的内容及其特点。
3. 简述行政机关的主要管理手段。

五、论述题

试论行政机关职责与职权的关系。（武汉大学 2007 年考研真题）

参考答案

一、单项选择题

1. 答案：A。本题考查行政法律关系的特点之一：对主体的要求。这里需要注意的是，能够成为行政主体的包括行政机关和非政府组织。

2. 答案：D。国家公职关系是国家公务员与国家发生的法律关系，虽然直接相对主体为行政机关。

3. 答案：D。要根据行使职能的情况以及与行政相对人的关系来区分专门执法机关和普通管理机关。

4. 答案：B。地方人民政府工作部门的设立由本级人民政府提出，报上一级人民政府批准。烟草专卖局为国务院部委管理的国家局。我国行政机关的上下级关系为领导—服从制，所以，选项 A、C 和 D 都是错误的。

5. 答案：C。行政合同作为一种行政管理手段能够广泛适用于行政管理领域，但并非能够适用于所有行政领域和行政管理事项。在国家安全、社会秩序和许多涉及重要国家和公共利益的领域，一般不适用行政合同。

6. 答案：A。本题考查行政协助权的体现。此外行政机关还有行政受益权。

7. 答案：D。我国实行首长负责制，国务院总理负责正体现首长负责制。

8. 答案：B。根据《宪法》第 62 条的规定可知。

9. 答案： C。本题考查行政机关的特点。行政机关决策体制上一般实行首长负责制，行政机关的各项特征都是与其行使行政权力、追求速度和效率分不开的。

10. 答案： A。本题考查中央行政机关的基本内容。

11. 答案： B。我国各自治区人民政府实行自治区主席负责制。

12. 答案： B。海关总署属于国务院的直属机构。

13. 答案： A。我国国务院各部、委的设立、撤销或合并依法应由总理提名，全国人大决定。在人大闭会期间由人大常委会决定。

14. 答案： A。获得社会协助权就体现了行政优先权。

15. 答案： A。国家行政机关最基本的属性是执行性和从属法律性。

16. 答案： B。根据《地方各级人民政府机构设置和编制管理条例》第 4 条的规定，地方各级人民政府的机构编制工作，实行中央统一领导、地方分级管理的体制。据此，A 项错误。根据该条例第 6 条第 2 款的规定，县级以上各级人民政府应当建立机构编制、人员工资与财政预算相互制约的机制，在设置机构、核定编制时，应当充分考虑财政的供养能力。据此，B 项正确。根据该条例第 7 条规定，县级以上各级人民政府行政机构不得干预下级人民政府行政机构的设置和编制管理工作，不得要求下级人民政府设立与其业务对口的行政机构。据此，C 项错误。根据该条例第 29 条规定，地方的事业单位机构和编制管理办法，由省、自治区、直辖市人民政府机构编制管理机关拟定，报国务院机构编制管理机关审核后，由省、自治区、直辖市人民政府发布。据此，D 项错误。本题应选 B。

17. 答案： A。根据《地方各级人民政府机构设置和编制管理条例》第 24 条的规定，县级以上各级人民政府机构编制管理机关应当定期评估（故 A 项正确）机构和编制的执行情况，并将评估结果作为调整机构编制的参考依据（故 C 项称“直接依据”错误）。评估的具体办法，由国务院机构编制管理机关制定（故 B 项称“国务院制定”错误）。《国务院行政机构设置和编制管理条例》并未规定“评估”，故 D 项错误。

18. 答案： C。国务院组成部门有权制定规章，国务院组成部门管理的国家局无权制定规章。所以 A 项错误。根据《国务院行政机构设置和编制管理条例》第 6 条第 4 款的规定，国务院直属机构主管国务院的某项专门业务，具有独立的行政管理职能。《国务院行政机构设置和编制管理条例》第 6 条第 6 款规定，国务院组成部门管理的国家行政机构由国务院组成部门管理，主管特定业务，行使行政管理职能。B 项准确描述的是国务院组成部门的职能，所以 B 项错误。C 项符合《国务院行政机构设置和编制管理条例》第 8 条的规定，正确。根据《国务院行政机构设置和编制管理条例》第 14 条的规定，国务院行政机构的司级内设机构的增设、撤销或者合并，经国务院机构编制管理机关审核方案，报国务院批准。所以 D 项错误。综上，本题选 C。

19. 答案： C。根据《地方各级人民政府机构设置和编制管理条例》第 10 条规定：“地方各级人民政府行政机构职责相同或者相近的，原则上由一个行政机构承担。行政机构之间对职责划分有异议的，应当主动协商解决。协商一致的，报本级人民政府机构编制管理机关备案；协商不一致的，应当提请本级人民政府机构编制管理机关提出协调意见，由机构编制管理机关报本级人民政府决定。”本案情形属于上条规定的调整对象，C 选项即解决这类冲突唯一合法途径。其中 A、B 选项均不符合该条规定。D 选项报（甲市）设区的市人民政府批准层级太高了。

20. 答案： D。关于 A 选项，依据《国务院行政机构设置和编制管理条例》第 11 条规定：“国务院议事协调机构的设立、撤销或者合并，由国务院机构编制管理机关提出方案，报国务院决定。”故 A 选项错误。

关于 B 选项，依据《国务院行政机构

设置和编制管理条例》第 14 条第 1 款规定："国务院行政机构的司级内设机构的增设、撤销或者合并，经国务院机构编制管理机关审核方案，报国务院批准。"故 B 选项错误。

关于 C 选项，依据《国务院行政机构设置和编制管理条例》第 20 条规定："国务院议事协调机构不单独确定编制，所需要的编制由承担具体工作的国务院行政机构解决。"故 C 选项错误。

关于 D 选项，依据《国务院行政机构设置和编制管理条例》第 18 条第 1 款规定："国务院行政机构的编制在国务院行政机构设立时确定。"D 选项正确。

21. 答案：C。国务院议事协调机构议定的事项，经国务院同意，由有关行政机构按照各自的职责负责办理。在特殊或者紧急的情况下，经国务院同意，国务院议事机构可以规定临时性的行政管理措施。由此可见，议事协调机构负责在国务院的各部门之间牵线搭桥，如原国务院扶贫开发领导小组就负责在国家发改委、财政部、民政部、人力资源和社会保障部、农业农村部、水利部等部委之间的协调工作，A、B 选项错误。国家乡村振兴局作为国务院的直属机构有权制定部门规章。D 选项错误。

22. 答案：B。有关国务院直属机构的设置和编制问题应由国务院机构编制管理机关提出方案，报国务院决定。A、C 选项错误，B 选项正确。D 选项的关键词是"基本"，这显然应该由国务院的核心即国务院组成部门来完成的，直属机构并没有如此的地位和职能，D 选项错误。

23. 答案：C。乙市政府拟将本市的规划局与自然资源局合并为自然资源与规划局，属于地方政府行政机构的合并，应当报上一级政府批准，乙市政府对应的上一级政府就是甲省政府。

二、多项选择题

1. 答案：ABD。根据行政主体的定义，可以很容易选出 ABD 三个选项。C 选项在逻辑上是颠倒的。通常情况是一个组织是行政主体，所以才可以成为行政诉讼中的被告，当然行政主体也不一定就能够成为行政诉讼中的被告，二者并非完全对应。

2. 答案：AB。B 选项虽然在宪法当中没有明确提到，但按照惯例中国人民银行亦是国务院组成部门，其行政首长是国务院组成人员。同样情况的还有审计署审计长。

3. 答案：AD。根据《国务院组织法》规定的国务院部、委的设立程序就可看出答案 AD 正确。

4. 答案：BC。一般权限行政机关与部门权限行政机关是根据行政机关权限的性质所作的分类。

5. 答案：ABCD。行政职权对外部发生效力。

6. 答案：AB。本题考查行政机关的分类。A 对，根据行政机关权限的性质，行政机关分为一般权限行政机关与部门权限行政机关。一般权限行政机关的权限是全方位的，涉及各个行政领域和各种行政事务，如国务院和地方各级人民政府；而部门权限行政机关是指权限仅涉及特定行政领域和特定行政事项的行政机关，如国务院各部委、地方人民政府的各工作部门。乡政府是基层人民政府，所以应为一般权限行政机关。

B 对，地方行政机关包括地方各级人民政府及其工作部门，地方行政机关一般分为三级：①省、自治区、直辖市的人民政府；②县、自治区、县级市人民政府；③乡、民族乡、镇人民政府。在某些地方，省级地方行政机关与县级地方行政机关之间还设有一级人民政府，这些地方的行政机关即为四级而不是三级。在省、自治区人民政府之下设立的地区行署，在县、自治区人民政府之下设立的区公所，在市、市辖区人民政府之下设立的街道办事处，均不是一级地方行政机关，而只是相应的地方人民政府的派出机关。此外，我国地方行政机关还包括特别行政区政府，如中华人民共和国香港特别行政区政府。

C 错。职能性行政机关管理的客体和内容是综合性、跨部门、跨行业的，如市场监管、税务、统计、环保、财政、人事等行政管理机关；专业性行政机关管理的客体和内容是专门性、部门性、行业性的，如农业、林业、自然资源、水电等行政管理机关。据此，本题中的审计局所管理的客体是综合性、跨部门、跨行业的行政机关，因而是职能性行政机关，而不是专业性行政机关。

D错，国家税务总局是国务院的直属机关，而不是其工作部门。国务院各部委才是国务院的工作部门。

7. **答案**：BCD。本题考查我国行政机构的设置原则。

8. **答案**：CD。在全国人大闭会期间，应由全国人大常务委员会决定，由总理提名。

9. **答案**：CD。根据《国务院行政机构设置和编制管理条例》第9条规定，机构名称、职能的规定属于机构设置管理的内容。故A、B项不当选。根据该条例第17条第2款规定，国务院机构编制管理包括人员的数量定额和领导职数。据此，CD项正确。

10. **答案**：AD。上级机构编制管理机关和下级机构编制管理机关之间的关系是指导关系，而非领导关系，B选项错误。不是乙省政府批准，而是国务院批准地方各级政府的行政编制总额，C选项错误。

三、名词解释

1. **答案**：行政机关是依照宪法或者行政组织法的规定而设置的行使国家行政职能的国家机关。行政机关具有双重属性：相对于国家权力机关——人民代表大会，它是执行机关，其基本职能是执行最高国家权力机关制定的法律和各级国家权力机关作出的决议；相对于相对人，它是行政主体。行政机关具有如下特征：(1) 行使国家行政职能，管理国家行政事务；(2) 行政机关在组织体系上实行领导从属制；(3) 行政机关在决策体制上一般实行首长负责制；(4) 行政机关行使职能通常是主动的、经常的和不间断的；(5) 行政机关具有统一性和层级性；(6) 行政机关具有社会性、专业性和服务性。

2. **答案**：地方国家行政机关，其活动范围仅限于国家一定行政区域范围内，其管辖事项仅限于地方性行政事务的行政机关，亦称地方人民政府，即各级地方人民政府。根据宪法和有关组织法的规定，按照行政区域的划分，我国地方各级人民政府分为省（自治区、直辖市）、县（县级市及市）、乡（镇）三级建置，个别地区省级地方行政机关与县级地方行政机关之间还设有市（即下设区、县的市），因而此种地方行政机关为四级建置。地方各级人民政府实行首长负责制。

3. **答案**：地方人民政府的派出机关是由县级以上地方人民政府经有权机关批准，在一定区域内设立的行政机关。根据地方各级人民代表大会和人民政府组织法规定，我国地方人民政府的派出机关有三种类型：省、自治区的人民政府在必要的时候，经国务院批准，可以设立若干派出机关。县、自治县的人民政府在必要的时候，经省、自治区、直辖市的人民政府批准，可以设立若干区公所，作为它的派出机关。市辖区、不设区的市的人民政府，经上一级人民政府批准，可以设立若干街道办事处，作为它的派出机关。地方人民政府的派出机关不是一级人民政府，但是依据有关组织法的规定，实际上履行着一级人民政府的职能，在一定的区域内对所有的行政事务享有组织与管理权，能以自己的名义作出行政行为，并能对其行为后果承担法律责任。因此，地方人民政府的派出机关具有行政主体的资格。

4. **答案**：非常设性行政机关是由权力机关或人民政府根据某一临时性任务或工作的需要设置的行政机关，在相应任务或工作完成后该机构即予撤销。

四、简答题

1. **答案**：行政职责的内容及特点有：
(1) 履行职责，不失职；(2) 遵守权限，不越权；(3) 符合法定目的，不滥用职权；(4) 遵循程序；(5) 行政合理，避免失当，行政职责的核心是“依法行政”；(6) 行政职责作为一种义务，不能抛弃和违反，否则将承担行政法律责任。

2. **答案**：总体说来有以下内容：（1）行政立法权；（2）行政决策权；（3）行政命令权；（4）行政处置权；（5）行政决定权；（6）行政强制执行权；（7）行政裁决权；（8）行政司法权；等等。特点：具有强制性、单方性、优先性与职责的统一性等。

3. **答案**：行政机关管理手段是行政机关职权行使的表现形式。行政机关运用的主要行政管理手段有：（1）制定规范和发布命令、禁令；（2）编制和执行计划、规划；（3）实施行政许可；（4）征收税费和给予财政资助；（5）调查统计和发布信息；（6）处理和裁决争议、纠纷；（7）采取行政强制措施；（8）实施行政制裁；（9）签订行政合同；（10）提供行政指导。

五、论述题

答案：行政机关的职责与职权是两个既相互联系又相互区别的概念。正确处理二者关系，涉及行政权能否顺利实现，行政目的能否完成等方方面面的问题。

（1）行政职权是国家行政权的转化形式，是行政主体实施国家管理活动的资格及其权能。行政职责是行政主体在行使国家行政权力、管理行政事务中所必须履行的职务责任。

（2）行政职权与行政职责的关系是：职权因职责而产生，法律首先赋予了行政机关各种职责，为保证这些职责的完成，然后授予行政机关以相应的职权。离开了职责，职权就失去了存在的根据。而离开了职权，职责就无法实现。可以说，没有无职责的职权，亦没有无职权的职责。二者是相辅相成、不可分割的。

（3）行政职权和行政职责又有所区别。在逻辑上，职责是先于职权的，是职权产生的依据。另外，职权和职责并非一一对应的关系，为了实现某项行政职责，可能需要多项行政职权。

第六章　其他行政主体

基础知识图解

其他行政主体
- 概述：含义及种类
- 法律、法规授权的组织
  - 含义
  - 条件和范围（基层群众性自治组织、行业组织、工青妇等社会团体、事业与企业组织、内设及派出机构）
  - 法律地位
- 其他社会公权力组织
  - 含义
  - 行政主体资格
  - 范围
- 行政委托情形下的行政主体（受委托组织）
  - 含义
  - 条件和范围
  - 法律地位

配套测试

一、单项选择题

1. 以下各项中可能成为行政主体的是（　　）。

A. 被委托的组织　　B. 被委托的个人

C. 被授权的组织　　D. 公务员

2. 下列哪项属于行政授权？（　　）

A.《植物检疫条例》规定，县级以上地方各级农业部门所属的植物检疫机构负责行使植物检疫权

B. 某县政府的文件规定，县自来水公司行使节约用水、计划用水的行政执法权

C. 某生态环境局局长要求一副局长代行其外出期间的局长职权

D. 宪法规定国务院行使省、自治区、直辖市范围内部分地区的戒严权

3. 下列各项中，不属于行政职权的是（　　）。

A. 行政处罚权　　B. 行政复议权

C. 行政指导权　　D. 行政审判权

二、多项选择题

1. 根据《行政处罚法》的规定，接受委托行使行政处罚权的组织应当具备的条件有（　　）。

A. 是依法成立的管理公共事务的事业组织

B. 有熟悉有关法律、法规、规章和业务的人员

C. 受委托组织必须是县级以上

D. 对违法行为需要进行技术检查或者技术鉴定的，应当有条件组织进行相应的技术检查或者技术鉴定

2. 在现代社会法律、法规授权国家行政机关以外的组织行使行政职能有其必然性，下列说法正确的有（　　）。

A. 此举符合民主发展的趋势，国家职能将不断向社会转移，并最终由社会行政代替国家行政

B. 有些行政职能由社会组织行使比行政机关行使更加适合

C. 社会进入“行政国”以后，行政职能大量增加，如果全部由国家行使，可能助长官僚主义和不正之风

D. 行政机关以外的某些组织本身就向社会提供公共物品，授权其行使某些行政职能可以精简行政机构，提高行政效率

3. 关于被授权组织法律地位说法正确的有（　　）。

A. 因为被授权组织是行政主体，所以与行政机关具有完全相同的法律地位

B. 被授权组织只有在行使被授职能时，才成为行政主体

C. 被授权组织以自己名义行使法律、法规所授权的职能，并由其本身就行使被授职能的行为对外承担法律责任

D. 被授权组织在非行使行政职能的场合，不享有行政权，不具有行政主体地位

4. 有关行政机关委托的组织说法正确的有（　　）。

A. 受委托组织行使职能是以委托行政机关的名义，其行为对外的法律责任应由委托行政机关承担

B. 接受委托的组织不得再次委托

C. 受委托组织不是行政主体

D. 受委托组织不是行政机关，也不是其他国家机关，其基本职能是从事其他非国家职能性质的活动

5. 下列（　　）属于派出机关。

A. 北京市丰台区洋桥派出所

B. 北京市海淀区紫竹院街道办事处

C. 山西省某地区公所

D. 四季青乡税务所

三、名词解释

1. 法律、法规授权的组织

2. 行政授权

3. 公法人

四、简答题

1. 简述法律、法规授权组织的法律地位。

2. 简述行政授权和行政委托的区别。

五、论述题

论行政委托情形下的行政主体。

六、案例分析题

2018 年 9 月田某考入北京某大学，取得本科生学籍。2020 年 2 月，田某在参加一课程补考过程中，随身携带有该课程公式的纸条，中途去厕所时，纸条掉出，被监考老师发现。监考老师虽未发现田某有偷看纸条的行为，但还是按照考场纪律，当即停止了田某的考试。同时，北京某大学于同年 3 月 5 日按照该校《关于严格考试管理的紧急通知》之规定，决定对田某按退学处理。田某不服，遂向法院提起诉讼。

问：北京某大学对田某退学处理的行为，是否属于行政法意义上的行政？①

参考答案

一、单项选择题

1. 答案：C。被委托的组织和个人只能以委托组织名义行使行政权，不是行政主体。但被授权的组织就是行政主体。

2. 答案：A。行政授权需要以法律法规为依据。

3. 答案：D。行政审判权是司法权的体现。

二、多项选择题

1. 答案：ABD。受委托组织不一定是县级以上的组织。

2. 答案：ABCD。国家是一定历史阶段的产物，将随着民主的发展而消亡，之后，社会行政将取代国家行政。

3. 答案：BCD。被授权组织法律地位不等同于行政机关，其只能行使授权范围内的职权。

4. 答案：ABCD。本题说明了委托的要件。

5. 答案：BC。

---

① 编者注：清华大学 2012 年考查了相似案例。

三、名词解释

1. **答案**：依具体法律、法规授权而行使特定行政职能的非国家机关组织。具有如下特征：(1) 法律、法规授权的组织是指非国家机关的组织。(2) 法律、法规授权的组织行使的是特定行政职能而非一般行政职能。(3) 法律、法规授权的组织行使的职能为具体法律、法规所授，而非行政组织法所授，且具体法律、法规对相应组织的授权通常是有期限的，通常限于办理某一具体行政事务，该行政事务完成，相应授权即结束。
2. **答案**：法律、法规将某项或某一方面的行政职权的一部分或全部，通过法定方式授予某个组织的法律行为。
3. **答案**：与私法人相对称，指按照公法成立的具有法人资格的组织。有的国家把国家机关称为公法人，公法人行使国家的统治权，其法律关系由归属于公法的行政法等法律来调整。

四、简答题

1. **答案**：被授权组织的法律地位表现在三个方面：

    (1) 被授权组织在行使法律、法规所授行政职能时，是行政主体，具有与行政机关基本相同的法律地位。可以依授权发布行政命令，采取行政措施，实施行政行为，对违法不履行其义务或违反行政管理秩序的相对人采取行政强制措施或实施行政处罚。

    (2) 被授权组织以自己名义行使法律、法规所授职能，并由其本身就行使所授职能的行为对外承担法律责任。通常被授权组织是具有法人地位的社会团体或企事业组织，其本身也具有对外承担法律责任的能力。

    (3) 被授权组织在非行使行政职能的场合，不享有行政权，不具有行政主体的地位。
2. **答案**：行政委托不同于行政授权，被授权组织是以自己的名义行使职权，并由自己对行使被授权行为负责，具备行政主体资格；而行政委托中受委托机关只能以委托机关的名义行使职权，行为后果归属于委托机关，因而不是行政主体，具体而言二者的区别主要表现在：

区别	行政授权	行政委托
依据	行政授权必须以法律、法规和规章的明文规定为依据	行政委托在没有法律、法规、规章明文规定的情形下，可以根据行政法的原则、精神等进行委托
对象	行政授权具有单方性，不以被授权者的同意为授权成立的前提，被授权者不得拒绝，具有单向性	行政委托除非是发生在具有上下级隶属关系的行政机关之间，一般都要征得受托方同意，具有对向性
方式	行政授权是要式行为，需要有法律、法规、规章的明文规定	行政委托通常是要式的，但在某些情况下可以口头作出
名义	被授权组织可以以自己的名义行使所授予的行政职权，并承担由此产生的责任	受托方只能以委托方的名义行使行政职权，并由委托方承担由此产生的法律责任

五、论述题

答案：(1) 行政委托不同于法律、法规授权。法律、法规授权，被授权组织是以自己的名义行使职权，并由自己对行使被授权行为负责，从而自己就是行政主体；而对于行政委托来说，受委托组织是以委托行政机关的名义行使职权，并由委托行政机关对受委托组织的行为负责，受委托组织不是行政主体，行政主体是委托行政机关。

(2) 受委托组织是指受行政机关委托行使一定行政职能的非国家行政机关的组织。

首先，受委托的组织不是行政机关，也不是其他国家机关。它们的基本职能不是行使行政职能或其他国家职能，而是从事其他非国家职能性质的活动。

其次，受委托的组织仅能根据委托行使一定的行政职能，而不能行使一般的行政职能。

再次，受委托的组织行使一定的行政职能是基于行政机关的委托，而非基于法律、法规的授权。因此，它行使职能是以委托行政机关的名义，而不是以受委托组织自己的名义进行。

最后，受委托组织与委托行政机关的关系不同于行政机关内部的委托、代理关系。

(3) 在现行法律、法规中，《行政处罚法》第一次明确规定了受委托（行使行政处罚职权的）组织的下述条件：

①受委托组织应是依法成立的管理公共事务的事业组织。其一，受委托组织只能是事业组织而不能是企业组织或其他社会组织；其二，受委托组织只能是以管理公共事务为基本职能的事业组织，而不能是以从事经营性或其他经济、社会活动为基本职能的事业组织；其三，受委托组织只能是依法成立的事业组织，而不能是行政机关临时决定成立的组织。

②受委托组织具有熟悉有关法律、法规、规章和任务的工作人员。其一，受委托组织必须有了解和掌握与受托行使的行政职能有关的法律知识和业务知识的工作人员。其二，“有关”是指与相应行政职能有关，而不是指与委托机关所在的整个管理领域职能有关，更不是与整个行政职能有关。其三，受委托组织内应具有熟悉相应法律知识和业务知识的人员，这是法定条件。

③受委托组织履行受委托职能需要进行检查或者技术鉴定的，应有条件组织进行相应的技术检查或者技术鉴定。

(4) 受委托组织不是行政主体，它行使一定行政职能必须以委托行政机关的名义，且由委托行政机关对其行为向外部承担法律责任。

受委托组织在内部行政法律关系上，是作为与委托行政机关相对的独立一方当事人，即内部行政法律关系主体，它享有相应的法定权利和负有相应的法定义务。

受委托组织的主要权利有：①取得履行职责所应有的权力、管理手段和工作条件；②依法行使被委托的职权和办理被委托的事项；③取得履行职责所需要的经费和报酬；④请求有关行政机关协助排除其在履行职责中所遇到的障碍；⑤向委托行政机关提出变更委托范围和改进相应领域行政管理的建议。

受委托组织的主要义务有：①在委托行政机关委托的范围内行使职权，不超越委托权限；②依法办事，不徇私舞弊、以权谋私；③接受委托行政机关的监督、指导，向委托行政机关请示、汇报和报告工作；④认真履行被委托的职责，热情为行政相对人服务，听取相对人的意见，接受相对人的监督。

六、案例分析题

答案： 本案中，北京某大学对田某退学处理的行为属于行政法意义上的行政。根据行政法学理论，作为行政法调整对象的行政是公行政，包括国家行政和非国家行政。非国家行政是指国家行政机关以外的组织根据法律、法规的授权代表国家对外行使公共权力的行为。北京某大学对田某作出的退学处理是代表国家行使公共权力的一种方式。因此，本案中北京某大学属于法律、法规授权的一种公共组织，其对田某退学处理的行为是基于法律授予其学籍管理权而作出的，因而属于行政法意义上的行政。

值得指出的是，传统行政法学的某些概念正面临重大的挑战，如行政、法律、法规授权的组织等。

第七章　公务员

基础知识图解

公务员
- 概述：概念、分类及法律地位
- 公职关系
  - 概念
  - 发生
  - 内容
  - 消灭

配套测试

一、单项选择题

1. 科员以上职务的公务员在定期考核中被确定为不称职，应按照规定予以（　　）。

A. 降级　　B. 降职
C. 辞退　　D. 开除

2. 新录用的公务员，试用期为（　　）。

A. 6 个月　　B. 3 个月
C. 1 年　　D. 2 年

3. 公务员（　　）。

A. 是在中央和地方各级国家行政机关工作的全体人员
B. 须经法定方式和程序任用
C. 分为政务类和业务类公务员
D. 可在行政法律关系中充当一方当事人

4. 以公务员的工作成绩大小为晋升基础的晋升制是（　　）。

A. 年资晋升制　　B. 考虑晋升制
C. 越级晋升制　　D. 功绩晋升制

5. 关于国家机关公务员处分的做法或说法，下列哪一选项是正确的？（　　）（司考 2010. 3. 41）

A. 张某受记过处分期间，因表现突出被晋升一档工资
B. 孙某撤职处分被解除后，虽不能恢复原职但应恢复原级别
C. 童某受到记大过处分，处分期间为 24 个月
D. 田某主动交代违纪行为，主动采取措施有效避免损失，应减轻处分

6. 王某经过考试成为某县财政局新录用的公务员，但因试用期满不合格，被取消录用。下列哪一说法是正确的？（　　）（司考 2014. 2. 44）

A. 对王某的试用期限，由某县财政局确定
B. 对王某的取消录用，应当适用辞退公务员的规定
C. 王某不服取消录用向法院提起行政诉讼的，法院应当不予受理
D. 对王某的取消录用，在性质上属于对王某的不予录用

7. 某县工商局科员李某因旷工被给予警告处分。关于李某的处分，下列哪一说法是正确的？（　　）（司考 2017. 2. 44）

A. 处分决定可以口头方式通知李某
B. 处分决定自作出之日起生效
C. 受处分期间为 12 个月
D. 李某在受处分期间不得晋升工资档次

8. 某机关干部王某因玩忽职守被要求引咎辞职，该引咎辞职属于（　　）。

A. 刑事处罚的必经程序
B. 取消公务员资格
C. 行政处分
D. 行政问责

9. 根据《公务员法》规定，下列哪一选项不是公务员应当履行的义务？（　　）

A. 公道正派　　B. 忠于职守

C. 恪守职业道德　　D. 参加培训

10. 某县市场监督管理局科员李某因旷工被给予警告处分。关于李某的处分，下列哪一说法是正确的？（　　）

A. 处分决定可以口头方式通知李某

B. 处分决定自作出之日起生效

C. 受处分期间为 12 个月

D. 李某在受处分期间不得晋升工资档次

11. 李某是某区政府公务员，因工作疏忽造成损失，机关对其进行了诫勉。关于公务员的诫勉，下列哪一说法是正确的？（　　）

A. 诫勉的性质是公务员行政处分

B. 诫勉是机关对公务员的监督措施

C. 被诫勉的公务员十二个月内不得涨工资

D. 公务员可以对诫勉行为提出申诉

12. 关于公务员职务、职级，下列哪一说法是错误的？（　　）

A. 国家实行公务员职务与职级并行制度

B. 公务员的职务、职级与级别是确定公务员工资福利待遇的依据

C. 职级在县处级以下设置

D. 公务员职级实行委任制和聘任制

13. 关于公务员录用的做法，下列哪一选项是正确的？（　　）

A. 县公安局经市公安局批准，简化程序录用一名特殊职位的公务员

B. 区财政局录用一名曾被开除过公职但业务和能力优秀的人为公务员

C. 市生态环境局以新录用的公务员李某试用期满不合格为由，决定取消录用

D. 国务院卫生行政部门规定公务员录用体检项目和标准，报中央公务员主管部门备案

二、多项选择题

1. 下列人员中属于公务员的有哪些？（　　）

A. 乡政府的办事员

B. 通过某政府部门公务员考试，但尚在试用期的人员

C. 某县人民法院法官

D. 某省政府大楼的保安

2. 我国公务员权利义务的特点有（　　）。

A. 公务员的义务同时又都是权利

B. 公务员享有公民所不能享有的某些权利

C. 公务员的权利因公职而受到一定限制

D. 公务员的义务与职业道德规范有密切联系

3. 按照我国现行法律的规定，公务员任用的主要方式有（　　）。

A. 选任　　B. 考任

C. 聘任　　D. 调任

4. 下列有关公务员回避说法正确的是（　　）。

A. 公务员之间有夫妻关系、直系血亲关系、三代以内旁系血亲以及近姻亲关系的，不得在同一机关担任双方直接隶属于同一领导人员的职务或者有直接上下级领导关系的职务，也不得在其中一方担任领导职务的机关从事组织、人事、纪检、监察、审计和财务工作

B. 公务员执行公务时，涉及本人或涉及与本人有上述亲属关系人员的利害关系的，必须回避

C. 公务员担任县级以下人民政府领导职务的，不得在原籍任职

D. 回避是为保障公务员公正执行公务和树立行政机关的公正形象

5. 公务员可以成为（　　）法律关系的当事人。

A. 行政诉讼　　B. 外部行政

C. 内部行政　　D. 行政法制监督

6. 下列哪些做法不符合有关公务员管理的法律法规规定？（　　）（司考 2005. 3. 90）

A. 县公安局法制科科员李某因 2002 年和 2004 年年度考核不称职被辞退

B. 小王 2004 年 7 月通过公务员考试进入市法制办工作，因表现突出于 2005 年 1 月转正

C. 办事员张某辞职离开县政府，单位要

求他在离职前办理公务交接手续

D. 县财政局办事员田某对单位的开除决定不服向县人事局申诉，在申诉期间财政局应当保留田某的工作

7.《公务员法》规定的辞退有（　　）。

A. 在年度考核中，连续两年被确定为不称职的

B. 不能胜任现职工作，又不接受其他安排的

C. 因所在单位调整、撤销合并或缩减编制员额需要调整工作，本人拒绝合理安排的

D. 旷工或者因公外出、请假期满无正当理由逾期不归连续超过15天，或者一年内累计超过30天的

8. 引起公务员法律关系变更的，主要包括（　　）。

A. 降职　　B. 交流

C. 撤职　　D. 晋升

9. 区公安分局干警甲"五一"休假外出游玩，突遇到两伙人打架斗殴，甲随即拔枪上前准备过去制止。不料枪支走火，将旁观者乙打伤。甲的行为属于什么性质？（　　）

A. 个人行为，因为未穿制服

B. 职务行为，因为制止犯罪是干警的职责

C. 个人行为，因为是在下班期间

D. 职务行为，因为是在执行职务

10. 下列说法中正确的有（　　）。

A. 公务员执行首长命令的行为是公务行为

B. 警察在下班期间制止犯罪的行为是公务行为

C. 公务员上班期间的行为是公务行为

D. 公务员在其管辖区域内所为的行为是公务行为

11. 我国行政机关法定代表人指（　　）。

A. 行政机关单位的正职行政负责人

B. 在没有正职行政负责人的条件下，主持工作的副职行政负责人

C. 在没有正、副职的情况下，主持工作的行政负责人

D. 行政机关的任何公务员

12. 下列哪些选项属于对公务员的处分？（　　）（司考2009.2.82）

A. 降级　　B. 免职

C. 撤职　　D. 责令辞职

13. 根据《公务员法》的规定，下列哪些选项属于公务员交流方式？（　　）

A. 调任　　B. 转任

C. 锻炼　　D. 接受培训

14. 孙某为某行政机关的聘任制公务员，双方签订聘任合同。下列哪些说法是正确的？（　　）

A. 对孙某的聘任须按照公务员考试录用程序进行公开招聘

B. 该机关应按照《公务员法》和聘任合同对孙某进行管理

C. 对孙某的工资可以实行协议工资

D. 如孙某与该机关因履行聘任合同发生争议，可以申请仲裁

15. 关于公务员的辞职和辞退，下列哪些说法是正确的？（　　）（司考2015.2.76）

A. 重要公务尚未处理完毕的公务员，不得辞去公职

B. 领导成员对重大事故负有领导责任的，应引咎辞去公职

C. 对患病且在规定的医疗期内的公务员，不得辞退

D. 被辞退的公务员，可根据国家有关规定享受失业保险

16. 财政局干部李某在机关外兼职。关于李某兼职，下列哪些说法是正确的？（　　）（司考2016.2.76）

A. 为发挥个人专长可在外兼职

B. 兼职应经有关机关批准

C. 不得领取兼职报酬

D. 兼职情况应向社会公示

17. 根据《公务员法》规定，经省级以上公务员主管部门批准，机关根据工作需要可以对下列哪些职位实行聘任制？（　　）（司考2017.2.76）

A. 涉及国家秘密的职位

B. 专业性较强的职位

C. 辅助性职位

D. 机关急需的职位

三、不定项选择题

1. 王某为某县劳动与社会保障局的一名科长，因违纪受到降级处分。下列何种说法不符合《公务员法》的规定？（　　）（司考 2006. 2. 93）
   A. 王某对处分不服，可自接到处分决定之日起 30 日内向某县人事局提出申诉
   B. 王某对处分不服申请复核时，复核期间应暂停对王某的处分
   C. 王某受处分期间，不得晋升级别和享受年终奖金
   D. 处分解除后，王某的原级别即自行恢复
2. 某行政机关负责人孙某因同时违反财经纪律和玩忽职守被分别给予撤职和记过处分。下列说法正确的是：（　　）（司考 2008. 2. 98）
   A. 应只对孙某执行撤职处分
   B. 应同时降低孙某的级别
   C. 对孙某的处分期为 36 个月
   D. 解除对孙某的处分后，即应恢复其原职务
3. 关于聘任制公务员，下列做法正确的是：（　　）
   A. 某县保密局聘任两名负责保密工作的计算机程序员
   B. 某县财政局与所聘任的一名精算师实行协议工资制
   C. 某市林业局聘任公务员的合同期限为十年
   D. 某县公安局聘任网络管理员的合同需经上级公安机关批准

四、名词解释

1. 公务员
2. 公务员法律关系
3. 调任
4. 公务员的责任
5. 公务员考核制度
6. 公务员回避制度
7. 公职关系

五、简答题

1. 简述我国公务员的惩戒制度和奖励制度。
2. 简述导致公务员公职关系消灭的事由。
3. 简析职位分类与品位分类。（武汉大学 2006 年考研真题）

六、论述题

论我国公务员的法律地位。

参考答案

一、单项选择题

1. **答案**：B。本题考查行政职务变更之一降职的条件，其可以作为行政处分的形式。
2. **答案**：C。新录用的公务员的试用期为 1 年。
3. **答案**：B。在外部行政法律关系中公务员不具有主体资格，是在中央和地方各级国家行政机关从事公职的工作人员。
4. **答案**：D。以公务员的工作成绩大小为晋升基础的晋升制是功绩晋升制。
5. **答案**：D。公务员的处分包括：警告、记过、记大过、降级、撤职、开除。根据《公务员法》第 64 条的规定："公务员在受处分期间不得晋升职务、职级和级别，其中受记过、记大过、降级、撤职处分的，不得晋升工资档次。受处分的期间为：警告，六个月；记过，十二个月；记大过，十八个月；降级、撤职，二十四个月。受撤职处分的，按照规定降低级别。"张某受记过处分期间，不得晋升工资档次，故 A 选项错误。根据《公务员法》第 65 条第 2 款的规定："解除处分后，晋升工资档次、级别和职务、职级不再受原处分的影响。但是，解除降级、撤职处分的，不视为恢复原级别、原职务、原职级。"所以孙某撤职处分被解除后，不能恢复原职也不能恢复原级别，故 B 选项错误。公务员处分期间分别为：警告，6 个月；记过，12 个月；记大过，18 个月；降级、撤职，24 个月。童某受到记大过处分，处分期

间为十八个月，故C选项错误。根据《行政机关公务员处分条例》第14条第1款的规定："行政机关公务员主动交代违法违纪行为，并主动采取措施有效避免或者挽回损失的，应当减轻处分。"故D选项正确。注意行政机关公务员处分中应当从轻处分和免予处分的情形。有下列情形之一的，应当从轻处分：（一）主动交代违法违纪行为的；（二）主动采取措施，有效避免或者挽回损失的；（三）检举他人重大违法违纪行为，情况属实的。行政机关公务员违纪行为情节轻微，经过批评教育后改正的，可以免予处分。

6. **答案**：C。A选项错误。《公务员法》第34条规定，新录用的公务员试用期为1年。试用期满合格的，予以任职；不合格的，取消录用。因此，新录用的公务员试用期由《公务员法》统一规定，而不是由县财政局确定。

B选项不符合《公务员法》第88条中规定的应当予以辞退的任何一项法定情形。该条规定，公务员有下列情形之一的，予以辞退：（1）在年度考核中，连续2年被确定为不称职的；（2）不胜任现职工作，又不接受其他安排的；（3）因所在机关调整、撤销、合并或者缩减编制员额需要调整工作，本人拒绝合理安排的；（4）不履行公务员义务，不遵守法律和公务员纪律，经教育仍无转变，不适合继续在机关工作，又不宜给予开除处分的；（5）旷工或者因公外出、请假期满无正当理由逾期不归连续超过15天，或者1年内累计超过30天的。故而取消录用不属于辞退，B选项错误。

关于C选项，王某经过考试成为某县财政局新录用的公务员，已经取得公务员身份，但由于试用期不合格，被取消录用，属于《行政诉讼法》第13条规定的行政机关对行政机关工作人员的奖惩、任免等决定，对此不服提起行政诉讼的，人民法院不受理。因此，C选项正确，当选。

关于D选项，取消录用的前提是符合录用条件并已经录用——取得了公务员身份后的"丧失"，而不予录用是因为不符合录用条件、资格的"门槛"，一直没有被录用，从未取得公务员身份，两者具有"质"的差别。因此，D项错误。

7. **答案**：B。关于A选项，依据《行政机关公务员处分条例》第39条第1款第6项的规定，任免机关应当将处分决定以书面形式通知受处分的公务员本人。因此不得以口头方式通知，故A选项错误。

关于B选项，依据《行政机关公务员处分条例》第46条的规定："处分决定、解除处分决定自作出之日起生效。"故而B选项正确。提醒注意，根据2018年《公务员法》，处分自动解除，不需要专门作出解除处分决定。

关于C选项，依据《行政机关公务员处分条例》第7条的规定，行政机关公务员受处分的期间为：（1）警告，6个月；（2）记过，12个月；（3）记大过，18个月；（4）降级、撤职，24个月。警告处分期间应为6个月。故C选项错误。

关于D选项，依据《行政机关公务员处分条例》第8条的规定，公务员在受处分期间不得晋升职务和级别，其中，受记过、记大过、降级、撤职处分的，不得晋升工资档次。而在警告处分期间是可以晋升工资档次的，故D选项错误。

8. **答案**：D。在实践中，追究公务员刑事责任前往往要求其辞职，但辞职并非追究刑事责任的前置程序，故A项错误。引咎辞职辞去的是领导职务，不影响其公务员身份，故B项错误。处分不包括引咎辞职，故C选项错误。根据《关于实行党政领导干部问责的暂行规定》第7条的规定，对党政领导干部实行问责的方式分为：责令公开道歉、停职检查、引咎辞职、责令辞职、免职，故D选项正确。

9. **答案**：D。

10. **答案**：B。

11. **答案**：B。《公务员法》第57条规定："机关应当对公务员的思想政治、履行职责、作风表现、遵纪守法等情况进行监督，开展勤政廉政教育，建立日常管理监督制度。

对公务员监督发现问题的，应当区分不同情况，予以谈话提醒、批评教育、责令检查、诫勉、组织调整、处分。对公务员涉嫌职务违法和职务犯罪的，应当依法移送监察机关处理。”诫勉是机关对公务员的监督措施，不同于公务员的处分。选项 A 错误，选项 B 正确。《公务员法》第 64 条规定：“公务员在受处分期间不得晋升职务、职级和级别，其中受记过、记大过、降级、撤职处分的，不得晋升工资档次。受处分的期间为：警告，六个月；记过，十二个月；记大过，十八个月；降级、撤职，二十四个月。受撤职处分的，按照规定降低级别。”公务员的处分存在处分期间且工资收入会受到一定影响，但对诫勉无此规定，选项 C 错误。《公务员法》第 95 条规定：“公务员对涉及本人的下列人事处理不服的，可以自知道该人事处理之日起三十日内向原处理机关申请复核；对复核结果不服的，可以自接到复核决定之日起十五日内，按照规定向同级公务员主管部门或者作出该人事处理的机关的上一级机关提出申诉；也可以不经复核，自知道该人事处理之日起三十日内直接提出申诉：（一）处分；（二）辞退或者取消录用；（三）降职；（四）定期考核定为不称职；（五）免职；（六）申请辞职、提前退休未予批准；（七）不按照规定确定或者扣减工资、福利、保险待遇；（八）法律、法规规定可以申诉的其他情形……”故诫勉不在申诉范围之内，选项 D 错误。

12. 答案：C。“职级在县处级以下设置”这个说法是错误的，如一级巡视员、二级巡视员这样的职级就是厅局级。

13. 答案：C。录用特殊职位的公务员，应当经省级以上公务员主管部门批准，才可以简化程序或者采用其他测评办法，A 选项错误。曾被开除公职的公务员，说明其不适合再继续为人民服务了，不得再被录用为公务员，B 选项错误。体检的项目和标准根据职位要求确定，具体办法由中央公务员主管部门会同国务院卫生健康行政部门规定。D 选项错误。

二、多项选择题

1. 答案：ABC。本题考查考点“公务员的概念”。《公务员法》第 2 条第 1 款规定：“本法所称公务员，是指依法履行公职、纳入国家行政编制、由国家财政负担工资福利的工作人员。”由此来看，A、B 都属于公务员，根据《公务员法》的规定，法官属于国家公务员，D 项政府大楼保安属于工勤人员。

2. 答案：BCD。本题考查我国公务员权利义务的特点。

3. 答案：ABCD。本题考查公务员任用的主要方式，其四种方式都存在。

4. 答案：ABD。公务员担任乡级机关、县级机关及其有关部门主要领导职务的，应当实行地域回避，法律另有规定的除外。

5. 答案：CD。本题考查公务员的法律地位。

6. 答案：ABD。本题考查公务员的聘任和辞退制度。《公务员法》第 88 条规定：“公务员有下列情形之一的，予以辞退：（一）在年度考核中，连续两年被确定为不称职的；……”因为李某不是连读不合格，所以 A 应选。《公务员法》第 34 条规定：“新录用的公务员试用期为一年。试用期满合格的，予以任职；不合格的，取消录用。”B 项中，小王没有一年转正，因此应选。《公务员法》第 91 条规定：“公务员辞职或者被辞退，离职前应当办理公务交接手续，必要时按照规定接受审计。”C 正确，不应选。《公务员法》第 96 条第 2 款规定：“复核、申诉期间不停止人事处理的执行。”D 项中的情况不符合法律规定，应选。

7. 答案：ABCD。本题考查公务员辞退的有关制度。

8. 答案：ACD。交流不能使公务员的法律关系变更。其他几种可以。

9. 答案：BD。本题中由于制止犯罪是干警的职责，因此甲的行为是职务行为。

10. 答案：AB。A 对，公务员按行政首长的命令、指示或委托实施的行为通常可以认为是公务行为。B 对，公务员在下班时间和工作场所实施的行为如果与其职责有关，通常认为是公务行为。据此，警察在下班期间制止犯罪的行为与其职责有关，应认定为公务行为。C错，公务员上班期间的行为不一定都是公务行为，如上班期间上网打游戏等。D错，公务员在其管辖区域内所为的行为也不一定都是公务行为，如市场监督管理局的公务员在其管辖区域内买东西，警察在其管辖区域内的酒店吃饭、喝酒、洗桑拿等都不是公务行为。

11. **答案**：ABC。本题考查我国行政机关法定代表人的内容。

12. **答案**：AC。根据《公务员法》第62条规定，对公务员的处分分为：警告、记过、记大过、降级、撤职、开除。据此，A、C项正确。

13. **答案**：AB。公务员的交流，是指国家机关根据工作需要或公务员个人愿望，通过法定形式在机关内部调整公务员的工作职位，或者将非公务员身份的公职人员调入机关担任一定层次公务员职务的管理活动。把这一系列的活动和过程通过法规的形式确定下来就形成了公务员的交流制度。我国《公务员法》第69条第3款规定：交流的方式包括调任、转任。

14. **答案**：BCD。A选项错误，《公务员法》第101条第1款规定，机关聘任公务员可以参照公务员考试录用的程序进行公开招聘，也可以从符合条件的人员中直接选聘。公开招聘并非必需。

    B选项正确，《公务员法》第104条规定，机关依据本法和聘任合同对所聘公务员进行管理。

    C选项正确，《公务员法》第103条第3款规定，聘任制公务员实行协议工资制，具体办法由中央公务员主管部门规定。

    D选项正确，《公务员法》第105条第1款规定，聘任制公务员与所在机关之间因履行聘任合同发生争议的，可以自争议发生之日起60日内申请仲裁。

    综上，本题选BCD。

15. **答案**：CD。《公务员法》第86条第3项规定，公务员重要公务尚未处理完毕，且须由本人继续处理的，不得辞去公职。对重要公务尚未处理完毕的公务员，且须由本人继续处理的，才不得辞去公职，所以A选项错误。《公务员法》第87条第3款规定，领导成员因工作严重失误、失职造成重大损失或者恶劣社会影响的，或者对重大事故负有领导责任的，应当引咎辞去领导职务。公职不等于领导职务，所以B选项错误。《公务员法》第89条第2项规定，患病或者负伤，在规定的医疗期内的，不得辞退。所以C选项正确。《公务员法》第90条第2款规定，被辞退的公务员，可以领取辞退费或者根据国家有关规定享受失业保险。D选项正确。因此，本题的正确答案为CD。

16. **答案**：BC。关于A、B、C选项，《公务员法》第44条规定：“公务员因工作需要在机关外兼职，应当经有关机关批准，并不得领取兼职报酬。”兼职须是为了工作需要，故A项错误；B、C项正解。D选项缺乏法律依据。

17. **答案**：BC。《公务员法》第100条规定：“机关根据工作需要，经省级以上公务员主管部门批准，可以对专业性较强的职位和辅助性职位实行聘任制。前款所列职位涉及国家秘密的，不实行聘任制。”所以B、C正确。

三、不定项选择题

1. **答案**：ABCD。本题考查公务员的处分。根据《公务员法》第95条第1款的规定，公务员对涉及本人的处分不服，也可以不经复核，自知道该处分之日起30日内直接向同级公务员主管部门或作出处分决定的机关的上级机关提出申诉，而不是自接到处分决定之日起30日内。A所指的申诉期限的起算点错误，应选。第96条第2款规定，复核、申诉期间不停止人事处理决定的执行。B错误，应选。第64条规定，公务员在受处分期间不得晋升职务、职级和级别，其中受记过、记大过、降级、撤职处分的，不得晋升工资档次，并未指明不能享受年终奖金，所以C错误，应选。根据第65条第2款规定，解除处分后，晋升工资档次、级别和职务、职级不再受原处分的影响。但是，解除降级、撤职处分的，不视为恢复原级别、原职务、原职级。D项错误，应选。

2. **答案**：AB。本题考查行政处分。根据《行政机关公务员处分条例》第10条第1款规定，行政机关公务员同时有两种以上需要给予处分的行为的，应当分别确定其处分。应当给予的处分种类不同的，执行其中最重的处分；应当给予撤职以下多个相同种类处分的，执行该处分，并在一个处分期以上、多个处分期之和以下，决定处分期。孙某被给予撤职和记过处分，按条例规定应该只执行较重的撤职处分。故A选项正确。撤职处分和记过处分属于不同的处分种类，因此对孙某的处分期不需要合并执行，只需按《公务员法》第64条第2款规定执行24个月的撤职处分期。故C项错误。根据《公务员法》第64条第3款规定，受撤职处分的，按照规定降低级别。故B选项正确。根据《公务员法》第65条第2款规定，解除降级、撤职处分的，不视为恢复原级别、原职务、原职级。因此，孙某的处分被解除后并不当然恢复职务。故D项错误。

3. **答案**：B。根据《公务员法》第100条的规定，机关根据工作需要，经省级以上公务员主管部门批准，可以对专业性较强的职位和辅助性职位实行聘任制，但是职位涉及国家秘密的，不实行聘任制。据此保密局不能聘任负责保密工作的计算机程序员，A选项错误。根据《公务员法》第103条第3款规定，“聘任制公务员实行协议工资制……”B选项正确。根据《公务员法》第103条第2款规定，“聘任合同期限为一年至五年……”，据此C选项错误。《公务员法》中没有规定聘任公务员的合同须经上级机关批准，D选项错误。

四、名词解释

1. **答案**：公务员是国家依法定方式任用的，依法履行公职、纳入国家行政编制、由国家财政负担工资福利的工作人员。根据《公务员法》的规定，公务员是指依法履行公职、纳入国家行政编制、由国家财政负担工资福利的工作人员。

2. **答案**：公务员法律关系是一般公民经过一定的法定程序成为公务员，基于其所担任的行政职务而与国家之间构成的权利和义务关系。内容包括公务员和国家行政机关的关系、公务员作为行政主体的代表和行政相对人的关系两个方面。

3. **答案**：调任是公务员交流的一种外部交流形式。在我国，指国家行政机关以外的工作人员调入国家行政机关担任领导职务或担任副处级以上非领导职务；或者国家公务员调出国家行政机关，从公务员系统调至公务员系统以外的其他系统去任职。调任包括调入和调出两个方面，是我国公务员与其他机关或企业、事业单位工作人员之间的一种外部交流形式，它标志着我国公务员队伍是一个可以对外交流的开放系统。

4. **答案**：公务员的责任是当公务员不依法履行或不能履行其法定义务时，所必须承担的法律后果。公务员的责任一般包括接受行政处分、承担行政赔偿责任和承担刑事责任三种。

5. **答案**：公务员考核制度是指国家行政机关根据有关法律规定，按照管理权限，对公务员的思想品德、业务能力、工作态度和工作成绩等进行考察，作出评价，并以此作为使用、奖惩、培训公务员的依据，作为对公务员晋升增资依据的制度。

6. **答案**：公务员回避制度是规定国家公务员回避的条件、范围、程序等法律制度的总称。我国的公务员回避制度，具有两个重要的特点：（1）公务员回避制度具有强制性。回避，作为一种法律制度，是所有公务员都必须遵守的，不论公务员本人是否愿意回避，都必须按规定实行回避。（2）公务员回避制度具有事前预防性。即只要具备了回避的法定理由，不管实际上会不会产生对公务的不良影响，都必须按规定实行回避。

7. **答案**：公职关系属于内部行政法律关系，是内部行政法律关系的一种。其主体双方分别是公务员和国家。是公务员因担任国家公职、执行国家事务而与国家（直接相对主体为行政机关）发生的法律关系。

五、简答题

1. **答案**：公务员的惩戒制度和奖励制度都是行政机关因对公务员管理而产生的关系。

（1）惩戒是行政机关对违反政纪的公务员通过给予行政处分以示警诫的制度。我国公务员惩戒制度主要包括：①惩戒的适用条件：公务员违反了其应当遵守的纪律；②惩戒的种类：警告、记过、记大过、降级、撤职、开除等；③惩戒的解除：公务员受开除以外的行政处分，可分别在半年至两年内由原处理机关解除行政处分，有特殊贡献的，可提前解除行政处分。

（2）奖励是行政机关对表现突出，有显著成绩和贡献或其他突出事迹的公务员予以精神和物质鼓励的制度。我国公务员奖励制度主要包括：①奖励适用的条件；②奖励的形式：嘉奖、记三等功、二等功、一等功，授予荣誉称号等，授奖同时授予奖品、奖金等物质奖励；③奖励与考核相联系，从而与工资级别的晋升相联系。

2. **答案**：公职关系依一定的法律事实发生而消灭。导致国家公职关系消灭的法律事实主要有下述五项：

（1）公务员退休：公务员达到法律规定的一定年龄或符合其他条件依法应当或可以退休；（2）公务员辞职：公务员享有辞职权，其向行政机关提出辞职申请后，行政机关应在3个月内审批；（3）公务员辞退：公务员具有某种法定情形，行政机关可以予以辞退，单方面终止国家公职关系；（4）公务员死亡；（5）开除：公务员因违反政纪受到开除处分，意味着行政机关强制其退出公职系统。

3. **答案**：职位分类与品位分类是两种基本的公务员分类方式。职位分类，通常是根据职位的工作性质、责任轻重、难易程度和所需资格条件等进行分类。品位分类，通常以人的职务高低、资历深浅和应获得报酬的多少为标准进行分类。两种分类方式互有长短。品位分类是以“人”为中心的分类，侧重人的资历条件；职位分类是以“事”为中心的分类，侧重职位的职务、职责与职权。两种分类方式近年来有相互兼容融合的发展趋势。

根据《公务员法》之规定，我国实行以职位分类为主，职位分类和品位分类相结合的公务员职位分类制度，公务员职位类别按照公务员职位的性质、特点和管理需要，划分为综合管理类、专业技术类和行政执法类等。国务院对于具有职位特殊性，需要单独管理的，可以增设其他职位类别。职位分类制度主要体现在两个方面：一是划分职位类别；二是职位设置。

六、论述题

答案：公务员是指国家依法定方式任用的，在中央和地方各级国家行政机关中工作的，依法行使国家行政权、执行国家公务的人员。

首先，公务员是经法定方式和程序任用的人员。我国现行法律规定公务员任用的主要方式有选任、考任、聘任、调任四种方式。

其次，公务员是在中央和地方各级国家行政机关中工作的人员。

最后，根据《公务员法》的规定，公务员是指依法履行公职、纳入国家行政编制、由国家财政负担工资福利的工作人员。

公务员在内外行政法律关系中的法律地位主要由其法定权利和法定义务决定。

根据《公务员法》的规定，公务员享有下述权利：（1）职位保障权。公务员非因法定事由和非经法定程序不得被免职、降职、辞退或受到行政处分。（2）执行职务权。公务员有权依法执行职务，获得履行职务所应有的权力和工作条件。（3）工资福利权。公务员有权获得劳动报酬和享受保险、福利待遇。（4）参加培训权。公务员有权参加政治和业务知识的培训。（5）批评建议权。公务员有权对国家行政机关及其领导人员的工作提出批评和建议。（6）申诉、控告权。公务员合法权益被侵犯或受到不公平待遇时，有权向有关机关提出申诉或控告。（7）辞职权。公务员有权根据法定条件和法定程序辞职。（8）宪法和法律规定的公务员的其他权利。

根据《公务员法》的规定，公务员应当履行下列义务：（1）忠于宪法，模范遵守、自觉维护宪法和法律，自觉接受中国共产党领导；（2）忠于国家，维护国家的安全、荣誉和利益；（3）忠于人民，全心全意为人民服务，接受人民监督；（4）忠于职守，勤勉尽责，服从和执行上级依法作出的决定和命令，按照规定的权限和程序履行职责，努力提高工作质量和效率；（5）保守国家秘密和工作秘密；（6）带头践行社会主义核心价值观，坚守法治，遵守纪律，恪守职业道德，模范遵守社会公德、家庭美德；（7）清正廉洁，公道正派；（8）法律规定的其他义务。

第八章　行政相对人

基础知识图解

- 行政相对人
  - 概述
  - 概念
  - 分类
    - 个人相对人与组织相对人
    - 直接相对人与间接相对人
    - 作为行为的相对人与不作为行为的相对人
    - 抽象相对人与具体相对人
    - 授益相对人与侵益相对人
  - 法律地位与权利、义务
    - 法律地位
    - 权利
    - 义务

配套测试

一、单项选择题

1. 下列说法正确的是（　　）。

A. 行政相对人是受行政行为直接影响的个人、组织

B. 非法人组织不能作为行政相对人

C. 行政机关、非法人组织也可能作为行政相对人

D. 国家公务员不可能作为行政相对人

2. 下列说法错误的是（　　）。

A. 间接相对人有时不能提起行政诉讼

B. 抽象行政行为的相对人就是抽象相对人

C. 区分授益相对人和侵益相对人的标准是行政行为对相对人权益影响的性质而不是行政主体行为的种类

D. 行政相对人也是行政管理的参与人

二、多项选择题

1. 下列可以成为行政相对人的有（　　）。

A. 某区公安局

B. 国家公务员

C. 某外资企业

D. 一个在中国旅游的菲律宾人

2. 有关行政相对人说法正确的是（　　）。

A. 行政相对人是指处在行政管理法律关系中的个人、组织

B. 行政相对人是指在行政管理法律关系中，其权益受到行政主体行政行为影响的个人、组织

C. 行政相对人受行政行为的影响，指的是直接影响，而非间接影响

D. 行政相对人是指行政管理法律关系中作为与行政主体相对应的另一方当事人的个人、组织

3. 下列属于行政相对人权利的有（　　）。

A. 申请权

B. 参与权

C. 维护公益的权利

D. 申诉、控告、检举权

4. 下列说法正确的有（　　）。

A. 当法律完全是为了实现公共利益，而不是以保护特定个人利益为目的时，行政行为依法实施给私人带来的利益是反射性利益，该反射性利益受到侵害的行政

相对人无权以此为由申请救济
B. 行政相对人只能对侵益性行政行为申请法律救济，而对授益性行政行为不能申请救济
C. 行政相对人的法律地位包括实体法上的地位和程序法上的地位
D. 行政相对人既是行政主体行政管理的对象，又是行政管理的参与人

5. 某市人民法院从商场购买办公用品，商场将办公用品送至法院，市人民法院发现办公用品为次品，要求商场退货，商场迟迟不予退货。于是，市人民法院向市消费者协会投诉，消费者协会查证属实后，向县市场监督管理局反映，县市场监督管理局对商场作出责令退货与罚款的决定。在这个行政管理活动中，行政管理相对人为（　　）。
A. 市人民法院
B. 商场
C. 消费者协会
D. 县市场监督管理局

三、名词解释

1. 行政相对人
2. 正当程序权

四、简答题

简述行政相对人的分类。

五、论述题

1. 论行政参与。(中国人民大学 2008 年考研真题)
2. 个人、组织在行政法上的权利有哪些？

参考答案

一、单项选择题

1. **答案**：C。行政相对人是受行政行为直接或间接影响的个人、组织，非法人组织、国家公务员、行政机关非法人组织都可以成为行政相对人。
2. **答案**：B。抽象行政行为的相对人具有普遍性，行政相对人也是行政管理的参与人，这是宪法赋予公民权利的体现。

二、多项选择题

1. **答案**：ABCD。本题考查行政相对人的范围。注意国家机关和公务员也可以成为行政相对人。行政相对人是指处在行政管理法律关系中的个人、组织。
2. **答案**：ABD。不仅受行政行为直接影响的个人或组织是行政相对人，受行政行为间接影响的个人或组织也是行政相对人。
3. **答案**：ABD。维护公益是每个公民应尽的义务。
4. **答案**：CD。随着公民对行政依赖度的提高以及公民权利意识的提高，传统上认为是反射利益的事项尽量被解释为法律保护的利益，当难以判断时，则推定其为个人的法律利益，以此加强对行政相对人利益的保护，所以 A 是错误的。行政相对人不仅能对侵益性行政行为申请法律救济，而且对授益性行政行为也能申请救济。
5. **答案**：AB。消费者协会、县市场监督管理局在这里是行政主体，行使行政权，对市人民法院和商场作出行政管理活动。

三、名词解释

1. **答案**：行政相对人是行政管理法律关系中与行政主体相对应的另一方当事人，即行政主体行政行为影响其权益的个人、组织。具有以下特征：(1) 行政相对人是处在行政管理法律关系中的个人、组织；(2) 行政相对人指行政管理法律关系中作为与行政主体相对应的另一方当事人的个人、组织；(3) 行政相对人是在行政管理法律关系中，权益受到行政主体行政行为影响的个人、组织。
2. **答案**：正当程序权是指行政相对人在行政主体作出与其自身权益有关，特别是不利的行为时，有权要求行政主体告知行为的根据，说明理由；有权陈述自己的意见看法，提供有关证据材料，进行说明和申辩，必要时可为之举行听证。

四、简答题

答案：依据不同的标准，可以对行政相对人进行不同的分类。

（1）行政相对人以其是否有一定的组织体为标准，可以分为个人相对人和组织相对人。个人相对人不一定是单个的个人，在一定的具体行政法律关系中，行政主体的行为可能涉及多个个人。只要这些个人不构成一定的组织体，相互之间无组织上的联系，即使这些个人数量再多，他们仍为个人相对人，而非组织相对人。

作为行政相对人的组织主要是指各种具有法人地位的企业组织、事业组织和社会团体，包括在我国取得法人资格的外国企事业组织。

（2）行政相对人以与行政主体行政行为的关系为标准，可以分为直接相对人和间接相对人。直接相对人是行政主体行政行为的直接对象，其权益受到行政行为的直接影响；间接相对人是行政主体行政行为的间接对象，其权益受到行政行为的间接影响。

（3）行政相对人以影响其权益的行政行为的方式为标准，可分为作为行为的相对人与不作为行为的相对人。行政相对人权益受到行政行为作为方式影响的称为“作为行为的相对人”，行政相对人的权益受到行政行为不作为方式影响的称为“不作为行为的相对人”。

（4）行政相对人以行政主体行政行为影响其权益是否产生实际效果为标准，可以分为抽象相对人与具体相对人。行政行为对其权益尚未产生实际影响而仅仅具有潜在影响的相对人是抽象相对人，行政行为对其权益已产生实际影响的相对人是具体相对人。

（5）行政相对人以行政主体行政行为对其权益影响的性质为标准，可以分为授益相对人与侵益相对人。行政行为对其权益产生有利影响，即通过行政行为获取某种权益的相对人为授益相对人；行政行为对其权益产生不利影响，即因为行政行为而失去某种利益或使其利益受到损害的相对人，为侵益相对人。

五、论述题

1. 答案：[①] 行政参与是指行政主体在实施行政行为过程中，行政相对人有权参与行政过程，并有权对行政行为发表意见，而且有权要求行政主体对所发表的意见予以重视。促进行政参与，应当从两个方面入手：

（1）政府信息公开是行政参与的外在条件

政府信息公开，是指政府机构通过多种方式公开其政务活动，允许用户通过查询、阅览、复制、下载、摘录、收听、观看等形式，依法利用各级政府部门所控制的信息。政府信息公开是现代政府的一项职责和义务，其实质，从政府角度而言，就是提供信息服务；从公民角度看，就是实现其知情权利。

没有政府信息公开，不可能有公民参与。参与的前提是了解，公民只有在充分、确实了解政府活动的基础上才能有的放矢，有效参与国家和社会事务的管理，使自己的主体地位得到彰显，使自身的利益得到维护和增进。

（2）增强公民权利意识是促进公民行政参与的内在要求

公民权利意识是指人格独立、平等、理性的公民对宪法和法律赋予自身的政治、经济、社会、文化权利的认知、主张和要求的意识。公民行政参与的实质是在对自身权利和义务认知的基础上（在宪法及法律允许和道德不反对的前提下）对权利的主张和要求，可见，对公民行政参与而言，对权利的正确认知是基础和前提，而认知的核心就是公民的权利意识。而培养公民的权利意识可以从以下四个方面入手：

一是要正确处理行政权力和公民权利的关系；二是要通过发展市场经济培育公民的

① 参见蒋朝京：《试论行政程序中行政参与的实现》，载《政府法制研究》2008年第15期。

权利意识；三是要公正司法，维护宪法和法律的权威；四是要提高公民的科学文化素质。

2. 答案：[1] 根据我国的行政法律规范，个人、组织在行政法上的权利大致有：(1) 参加行政管理权。人民群众可通过合法途径加入国家行政管理的行列，行政机关必须提供正当、平等的机会让公民选择。(2) 受益权。个人、组织可以依据法律从行政机关中获得利益。(3) 了解权。作为个人、组织在行政法上的一项基本权利，了解权主要指相对一方对国家行政管理活动的了解权。(4) 隐私保密权。行政机关在行政活动中，非经法定程序，不得公开个人隐私。个人享有对自己的隐私保密的权利，行政机关有为公民的隐私保密的义务。隐私权作为个人、组织在行政法上的权利包括以下内容：①行政机关除公务的特别需要并按法律程序，不得获取个人的隐私资料和信息，否则个人有权拒绝提供。②行政机关对业已掌握的有关个人的隐私资料不得向社会公开（法律另有规定除外）。(5) 得到合法、正当、平等保护的权利。(6) 协助行政权，即在法定条件下，个人、组织可以协助行政机关做某些管理活动。(7) 建议、批评、控告、揭发权。(8) 复议、申请、诉讼和申诉权，个人、组织不服行政机关的行政处理决定，有权依法申请行政复议和提起行政诉讼。(9) 获得补偿、赔偿权。个人、组织的合法权益受到行政机关职务行为的影响时，有获得行政补偿的权利；个人、组织的合法权益受到行政机关及其公务员的不法侵害时，个人、组织有权获得行政赔偿。

---

① 编者注：个人、组织在行政法上享有的权利，是宪法赋予当事人的基本权利在行政管理领域中的具体化。个人、组织的权利是与行政机关的义务相辅相成的；个人、组织的权利同时构成行政机关的义务。个人、组织的具体权利在《宪法》和各行政法规中都有规定。

第九章　行政行为概述

基础知识图解

行政行为概述
- 概念和特征：享有行政权能的组织或个人运用行政权对行政相对人所作的法律行为
  - 单方性
  - 强制性
  - 无偿性
- 分类
  - 抽象行政行为和具体行政行为（以相对人是否特定为标准）
  - 羁束行政行为与自由裁量行政行为（以行政主体对行政规范的适用有无灵活性为标准）
  - 依职权行政行为和应申请行政行为（以行政主体是否主动实施为标准）
  - 附款行政行为和无附款行政行为（以是否有附款为标准）
  - 授益行政行为和不利行政行为（以行政相对人是否受益为标准）
  - 要式行政行为和非要式行政行为（以是否必备某种法定形式为标准）
  - 作为行政行为和不作为行政行为（以是否改变现有法律状态为标准）
  - 独立行政行为和需补充行政行为（以是否需要其他行为作为补充为标准）
  - 内部行政行为和外部行政行为（以相对人的身份为标准）
- 模式
  - 概念
  - 价值
  - 模式化及定位

配套测试

一、单项选择题

1. 下列选项中的哪一组是关于行政行为从属性的正确理解？（　　）

①行政行为的实施必须有法律依据；②行政行为必须在行政首长指令的范围内实施；③行政行为一经作出，相对人必须遵守和服从；④行政行为是受法律约束的行为。

A. ①③④　　B. ①④

C. ②④　　D. ①②③④

2. 某市税务局行为属于外部行政行为的是（　　）。

A. 征收税款的行为

B. 购买办公用品的行为

C. 租用办公用房的行为

D. 分配内部公用车辆的行为

3. 下列有关自由裁量行政行为说法错误的是（　　）。

A. 是相对于羁束行政行为而言的

B. 也称任意裁量

C. 其中也有羁束的因素

D. 应服从法律的授权目的

4. 某地连续发生数起以低价出售物品引诱当事人至屋内后实施抢劫的事件，当地公安局通过手机短信告知居民保持警惕以免上当受骗。公安局的行为属于下列哪一性质？（　　）（司考 2015. 2. 46）

A. 履行行政职务的行为

B. 负担性的行为

C. 准备性行政行为

D. 强制行为

二、多项选择题

1. 依照有关法律规定，具有法人资格的社会团体应当自批准成立之日起60日内向登记管理机关备案，登记管理机关自收到备案文件之日起30日内发给《社团登记证书》。社团登记管理机关的上述行为是下列哪种行为？（　　）

A. 依职权行政行为

B. 要式行政行为

C. 自由裁量行政行为

D. 羁束行政行为

2. 下列关于抽象行政行为与具体行政行为区别的选项中正确的有（　　）。

A. 抽象行政行为一般调整不特定的多数人和事，而具体行政行为仅仅针对特定的对象

B. 抽象行政行为针对未来发生的事，而具体行政行为都是针对已经发生的事

C. 抽象行政行为主要表现为规范性，而具体行政行为表现为确定性

D. 抽象行政行为可以反复适用，具体行政行为只适用一次

3. 下列有关区分抽象行政行为与具体行政行为的意义表述中正确的有（　　）。

A. 抽象行政行为与具体行政行为的成立与生效要件不同

B. 抽象行政行为与具体行政行为受监督与审查的范围与程序不同

C. 行政机关对于抽象行政行为与具体行政行为所拥有的自由裁量权不同

D. 抽象行政行为与具体行政行为的表现形式各不相同

4. 下列行为中，属于行政行为的有（　　）。

A. 一个行政机关购买办公用品

B. 行政机关制定规范性文件

C. 街道办事处与居委会签订卫生管理承包合同

D. 发布天气预报

5. 下列行政行为中不属于内部行政行为的是（　　）。

A. 某区市场监督管理局向市规划局申请在某区域盖房

B. 某税务局对其机关的公务员分配住院房

C. 某市公安局对某市政府公务员的嫖娼行为给予处罚

D. 某行政机关对其公务员的违法乱纪行为给予行政处分

6. 下列有关行政行为效力说法正确的有（　　）。

A. 公定力是指行政行为一经成立，即具有被推定为合法而要求所有机关、组织或个人予以遵守的一种法律效力

B. 不是所有的行政行为都同时具备公定力、确定力、拘束力和执行力，有时会存在四力缺损的情况

C. 行政行为一经作出即发生法律效力

D. 行政行为的确定力是相对的，行政主体若发现自己的行政行为确实具有违法情形，可依法予以改变

7. 下列属于行政行为废止条件的是（　　）。

A. 行政行为所依据的法律被撤销后，行政行为与新的法律相抵触

B. 行政行为作出的主体不合法

C. 行政行为已完成原定目标

D. 因为形势的变化行政行为的继续存在将会损害公共利益

8. 某纺织厂系国有企业某机械厂为安置待业人员创办的集体企业。两厂因隶属关系发生纠纷。市国有资产管理局以国资局字第6号文件的形式对两厂产权作出界定。国资字第6号文属于什么种类的行政行为？（　　）

A. 抽象行政行为　　B. 具体行政行为

C. 内部行政行为　　D. 行政裁决行为

9. 行政行为与其他法律行为相比，特殊性在于（　　）。

A. 从属性　　B. 单方性

C. 被动性　　D. 强制性

10. 下列哪些行为属于具体行政行为？（　　）

A. 市场监督管理局发文要求某电商平台合法合规经营

B. 防汛指挥部发布大雨蓝色预警，请市民出行注意安全

C. 中国证监会对某公司负责人采取终身禁入证券市场措施

D. 某省证监局向某证券公司出具警示函，指出其执业过程中存在的问题并责令采取整改措施

三、名词解释

1. 行政行为
2. 内部行政行为
3. 外部行政行为
4. 依职权行政行为
5. 依申请行政行为
6. 授益行政行为
7. 不利行政行为
8. 作为行政行为
9. 不作为行政行为
10. 独立行政行为
11. 需补充行政行为
12. 行政裁量

四、简答题

简述行政行为分类中的独立行政行为和需补充行政行为的内容及其区分意义。

五、案例分析题

为庆祝某自治州建州20周年，该州政府所在地的市政府要求市政府办公室做好有关工作。为此，市政府办公室以自己的名义发布了有关市容卫生、文明礼貌和清理、整顿秩序的通知，要求全市各行各业单位和全体市民切实遵守执行。

试析该通知行为的合法性。

参考答案

一、单项选择题

1. **答案**：B。本题考查行政行为。行政行为从属于法律。行政行为的从属性是指从属于法律的性质。具体说来，是指行政行为的实施必须具有法律的依据，其是受法律约束的行为。

   行政行为从属于法律而非行政首长的意志。故②错。③表现的是行政行为的约束力，故ACD不对。
2. **答案**：A。购买办公用品的行为、租用办公用房的行为都不属于行政行为。
3. **答案**：B。自由裁量行政行为是和羁束行政行为相对而言的，自由裁量行政行为虽然对行政法规范的适用具有较大的选择，但并非没有任何限制，仍应符合法律的基本原则和精神，不能称为任意裁量。
4. **答案**：A。A选项属于履行行政职务的行为正确，或者表述为行使职权的行为，属于公安机关的法定职权。实践中，各地市政府、市旅游局等主管机关经常以手机短信的形式提醒广大市民、消费者或外地漫游至本市的游客注意防止诈骗、防止消费欺诈，报正规旅游团队等提示短信。负担性行政行为以行政强制措施、行政处罚和行政强制执行三者为典型代表。B选项这类提示短信肯定不是负担、损益性行政行为。CD选项亦为干扰项。

二、多项选择题

1. **答案**：BD。此题涉及行政行为的分类，行政行为一章非常重要，每年必考。本题考查行政行为。要式行政行为是指法律、行政法规必须具备某种方式或形式才能产生法律效力的行政行为。比如，颁发证书，本题中《社团登记证书》的颁发即属此类，故B对。羁束行政行为是指由法律法规对行政行为范围、条件、形式、程序、方法等都作了详细、明确而具体的规定，行政主体只能依据法律的规定，不能自由裁量而作出的行政行为。本题中“30日”以及收到备案文件必须发证即属此类，故D对。自由裁量行政行为是与羁束行政行为相对的。故C不选。

   依职权行政行为是与依申请行政行为相对的，是指由行政主体依法定职权主动实施而无须行政相对人申请启动的行政行为。而本题中发证必须依相对人申请，故A错。
2. **答案**：ACD。具体行政行为与抽象行政行为的区别为：①调整范围不同。具体行政行为仅针对特定的人和事，是否属于特定的对象，并不以对象数量的多少而定，而是以数

量是否确定来定；抽象行政行为一般针对不特定的多数人和事。②能否反复适用不同。具体行政行为表现为确定性，只适用一次，对于其他事项则不适用；抽象行政行为主要表现为规范性，一般以规范性文件的形式表现出来，这些规范性文件在同样条件的情况下，可以反复适用。③影响相对人权利义务的方式不同。具体行政行为对于相对人的权利义务直接作出决定，直接影响相对人的权利义务；但抽象行政行为一般表现为规范，本身一般并不直接影响相对人权利义务，只有通过具体行政行为的实施活动，才能实现抽象行政行为的目标和作用。④行为程序不同。具体行政行为强调调查程序以及听证程序；抽象行政行为程序接近于立法程序，一般要求有征求意见程序以及公布。

3. **答案**：ABD。区分具体行政行为和抽象行政行为的意义在于：① 两者的表现形式和效力各不相同。具体行政行为受到审查后，其效力可由复议机关和人民法院直接予以认定，或者撤销；对于违法的抽象行政行为，一般只是在案件中不予适用。②两者的成立与生效要件不同。③两者受监督与审查的范围与程序不同。
4. **答案**：BC。A 为行政机关以民事身份从事的行为，D 为行政事实行为，二者都不是行政行为。
5. **答案**：AC。本题考查内部行政行为的概念。
6. **答案**：BD。行政行为公定力更为确切的表述应为，“行政行为除明显、重大违法乱纪的情形外，一经成立，不论是否合法即具有被推定为合法而要求所有机关、组织或个人予以尊重的一种法律效力”。
7. **答案**：ACD。行政行为的主体不合法属于行政行为无效。
8. **答案**：BD。本题考查行政行为。行政裁决是指行政主体依照法律授权和法定程序，以第三者的身份，对平等主体间发生的、与行政管理活动密切相关的特定民事、经济纠纷进行裁决的具体行政行为。本题中情况属行政裁决中的权属纠纷裁决，故选 D。内部行政行为指上级行政机关与下级行政机关间，以及行政主体与公务员之间的行政行为，而某纺织厂与某机械厂都不是行政机关，故 C 错。
9. **答案**：ABD。本题考查行政行为的特征。
10. **答案**：CD。

三、名词解释

1. **答案**：行政行为是行政主体在实施行政管理活动、行使行政职权过程中所作出的具有法律意义的行为。它包括三层意思：(1) 行政行为是行政主体所作出的行为；(2) 行政行为是行政主体行使行政职权、履行行政职责的行为；(3) 行政行为是具有法律意义的行为。行政行为具有以下特征：(1) 行政行为具有从属法律性；(2) 行政行为具有裁量性；(3) 行政行为具有单方意志性；(4) 行政行为具有效力先定性；(5) 行政行为具有强制性。
2. **答案**：内部行政行为是行政主体在内部行政组织管理过程中所作的只对行政组织内部产生法律效力的行政行为，如行政处分及上级机关对下级机关所下达的行政命令等。
3. **答案**：外部行政行为是行政主体在对社会实施行政管理活动过程中针对公民、法人或其他组织所作出的行政行为，如行政许可行为、行政处罚行为等。
4. **答案**：依职权行政行为是指行政主体根据其职权而无需行政相对人申请就能主动实施的行政行为，也称主动行政行为和积极行政行为。
5. **答案**：依申请行政行为是指行政主体只有在行政相对人提出申请后才能实施而不能主动实施的行政行为，又称为被动行政行为和消极行政行为。
6. **答案**：授益行政行为是指行政主体为行政相对人设定权益或免除其义务的行政行为。
7. **答案**：不利行政行为是指行政主体为行政相对人设定义务或剥夺、限制其权益的行政行为，又称负担性行政行为。
8. **答案**：作为行政行为是指行政主体积极改变现有法律状态的行政行为，如行政征收和颁发营业执照等。

9. **答案**：不作为行政行为是指行政主体消极维持现有法律状态，通常表现为不履行法定职责的行政行为，如对相对人的请求不予答复或者拒绝颁发营业执照。

10. **答案**：独立行政行为是指行政主体作出的不需要其他补充行为就能够生效的行政行为。

11. **答案**：需补充行政行为是指必须具备补充行为才能生效的行政行为。这个补充行为往往就是上级机关的审批行为。当该补充行为是由行政法规范规定时，需补充行政行为是一个无附款行政行为；当该补充行为并非基于行政法规范的规定，而是由行政主体自行设定或要求时，需补充行政行为是一个附款行政行为。

12. **答案**：行政裁量是指行政主体凭借国家行政权实施行政管理的过程中，在法律规定的范围或者幅度内可以自由或者自主地判断和处理问题的情况。这种可以自由或者自主的判断和处理问题的权力叫作自由裁量权。

四、简答题

答案：行政行为以是否需要其他行为作为补充为标准，可以分为独立行政行为和需补充行政行为。独立行政行为是指不需要其他补充行为就能够生效的行政行为，需补充行政行为是指必须具备补充行为才能生效的行政行为。这个补充行为往往是上级机关的审批或备案行为。当该补充行为是由行政法规范规定时，需补充行政行为是一个无附款行政行为；当该补充行为并非基于行政法规范的规定，而是由行政主体自行设定或要求时，需补充行政行为是一个附款行政行为。行政行为之所以需要另一行为的补充，既是由行政行为的复杂性涉及其他行政主体决定的，也是在行政系统内部实现权力相互制约监督的需要。行政行为的这一分类，有利于分析行政行为的合法性和确定责任的分担。

五、案例分析题

答案：该通知行为是非法的。理由如下：

①该市政府办公室只是其所在市政府的内部机构或办事机构，不具有行政主体资格，不具有以自己的名义对外实施行政行为的权利能力和行为能力，不能针对外部相对人实施行政行为，因而，以自己的名义要求全市各行各业各单位和全体市民遵守执行的通知行为是主体不合格的行政行为。

②该通知行为是针对外部相对人即单位和市民的，并为其设定了义务，其主体应当是该市人民政府。当然，市政府可委托其办公室实施该行为，但该市政府办公室在实施该行为时依法应以市政府的名义进行而不能以自己的名义进行。因此，该市政府办公室的通知行为，即使有市政府的委托，因未以市政府的名义进行，也是非法的。作为内部机构的市政府办公室，如果有法律、法规和规章的授权，也可以以自己的名义对外实施行政行为，但在这里却没有这项授权。因此，从这一角度上看，市政府办公室的通知行为也是不合法的。

第十章 行政立法

基础知识图解

行政立法
- 概念和性质
- 分类
- 程序：提议⟶起草⟶审查⟶审议⟶发布⟶修改⟶废止
- 监督

配套测试

一、单项选择题

1. 行政立法是（　　）。
A. 立法性质的
B. 行政性质的
C. 行政性质和立法性质的结合
D. 行政机关和立法机关的共同行为

2. 宪法规定，（　　）有权制定行政法规。
A. 全国人大常委会
B. 国务院
C. 省级人民政府
D. 省级人大

3. 下列判断，（　　）是正确的。
A. 抽象行政行为具有不可诉性
B. 执行性立法可创设新的法律规则
C. 行政规章和其他规范性文件均可为相对方设定权利和义务
D. 乡人民政府不能作出抽象行政行为

4. 下列有关行政立法位阶说法正确的是（　　）。
A. 所有行政立法处于同一位阶
B. 行政规章的效力高于行政法规
C. 规范内容越具体位阶越高
D. 行政法规的效力高于部门规章

5. 关于行政法规，下列哪一选项是正确的？（　　）（司考 2007. 2. 46）
A. 行政法规可以设定行政拘留处罚
B. 行政法规对法律设定的行政许可作出具体规定时可以增设行政许可
C. 行政法规的决定程序依照国务院组织法的有关规定办理
D. 行政法规之间对同一事项的新的一般规定与旧的特别规定不一致，不能确定如何适用时，由国务院法制办裁决

6. 对不适当的部委规章有权予以改变和撤销的国家机关是（　　）。
A. 全国人大及其常委会
B. 国务院
C. 最高人民法院
D. 最高人民检察院

7. 关于行政立法监督认识错误的是（　　）。
A. 全国人大常委会有权撤销与法律相抵触的行政法规
B. 国务院有权改变或撤销不适当的部门规章和地方政府规章
C. 地方人民代表大会常务委员会有权改变或撤销本级人民政府不适当的规章
D. 省、自治区的人民政府有权改变或撤销下一级人民政府制定的不适当的规章

8. 省、自治区人民政府有权制定（　　）。
A. 地方政府规章　　B. 地方性法规
C. 行政法规　　D. 部门规章

9. 行政法规有权设定（　　）。
A. 限制人身自由的行政强制措施和行政处罚
B. 对非国有财产的征收

C. 有关财政、税收、海关的基本制度
D. 没收违法所得、责令停产停业、吊销许可证件的行政处罚

10. 根据特别授权可以进行行政立法的主体是（　　）。
A. 国务院
B. 全国人大常委会
C. 国务院各部委
D. 省级权力机关

11. 关于行政法规的决定与公布，下列哪一说法是正确的？（　　）（司考 2010. 2. 42）
A. 行政法规均应由国务院常务会议审议通过
B. 行政法规草案在国务院常务会议审议时，可由起草部门作说明
C. 行政法规草案经国务院审议报国务院总理签署前，不得再作修改
D. 行政法规公布后由国务院法制办报全国人大常委会备案

12. 有关行政主体所制定的行政规章（　　）。
A. 应报经国务院批准
B. 应报经国务院备案
C. 经国务院批准后才能生效
D. 经国务院备案后才能生效

13. 行政立法权来源于宪法和组织法的规定，是下列何项立法的一个特点？（　　）
A. 特别授权立法
B. 一般授权立法
C. 职权立法
D. 补充性立法

14. 职权立法的行政立法权来源于（　　）。
A. 宪法和行政机关组织法的规定
B. 宪法和行政机关组织法以外的法律规定
C. 国务院制定的行政法规的规定
D. 最高权力机关通过的“决定”

15. 关于部门规章的权限，下列哪一说法是正确的？（　　）
A. 尚未制定法律、行政法规，对违反管理秩序的行为，可以设定暂扣许可证的行政处罚
B. 尚未制定法律、行政法规，且属于规章制定部门职权的，可以设定扣押财物的行政强制措施
C. 可以在上位法设定的行政许可事项范围内，对实施该许可作出具体规定
D. 可以设定除限制人身自由以外的行政处罚

16. 某省会城市的市政府拟制定限制电动自行车通行的规章。关于此规章的制定，下列哪些说法是不正确的？（　　）
A. 应先列入市政府年度规章制定工作计划中，未列入不得制定
B. 起草该规章应广泛听取有关机关、组织和公民的意见
C. 此规章送审稿的说明应对制定规章的必要性、规定的主要措施和有关方面的意见其协调处理情况作出说明
D. 市政府法制机构认为制定此规章基本条件尚不成熟，可将规章送审稿退回起草单位

17. 关于行政法规的立项，下列哪一说法是正确的？（　　）（司考 2017. 2. 45）
A. 省政府认为需要制定行政法规的，可于每年年初编制国务院年度立法工作计划前向国务院报请立项
B. 国务院法制机构根据有关部门报送的立项申请汇总研究，确定国务院年度立法工作计划
C. 列入国务院年度立法工作计划的行政法规项目应适应改革、发展、稳定的需要
D. 国务院年度立法工作计划一旦确定不得调整

18. 下列哪一选项符合规章制定的要求？（　　）
A. 某省政府所在地的市政府将其制定的规章定名为“条例”
B. 某省政府在规章公布后 60 日向省人大常委会备案
C. 基于简化行政管理手续考虑，对涉及国务院甲、乙两部委职权范围的事项，甲部单独制定规章加以规范
D. 某省政府制定的规章既规定行政机关

必要的职权，又规定行使该职权应承担的责任

二、多项选择题

1. 下列关于授权立法的说法正确的是（　　）。
A. 授权立法的事项仅限于法律相对保留的事项
B. 授权立法关系仅发生于全国人民代表大会及其常务委员会与国务院之间，国务院不能再转授权
C. 授权立法可能因为授权机关撤销授权而终止
D. 授权机关可以根据实际情况明确授权的目的与范围，但为发挥国务院的能动性也可不明确

2. 下列关于行政立法程序的说法中正确的有（　　）。
A. 一般而言，行政立法要经过起草与立项、审查、决定和公布几个步骤
B. 起草过程中必须广泛听取有关机关、组织和公民的意见，听取意见必须采取听证会的形式
C. 其审查机构是国务院法制机构
D. 审查机构应当向国务院提出审查报告和草案修改稿，对于草案主要的不同意见可以酌情作出说明

3. 根据《立法法》的规定，以下哪些是规章的制定主体？（　　）
A. 国务院各部、各委员会
B. 中国人民银行
C. 国务院办公厅
D. 具有行政管理职权的国务院直属机构

4. 下列属于法律绝对保留的立法事项有（　　）。
A. 民族区域自治制度，特别行政区制度，基层群众自治制度
B. 民事基本制度
C. 有关犯罪与刑罚
D. 国家主权的事项

5. 依据国务院某行政法规“各省人民政府可根据本辖区情况制订实施细则，报国务院批准后执行”之规定，广东省人民政府制订该行政法规的实施细则的行为属于（　　）。
A. 特别授权立法　　B. 补充性立法
C. 地方行政立法　　D. 执行性立法

6. 下列选项中有权进行行政立法的有（　　）。
A. 共青团中央
B. 国家发展和改革委员会
C. 河南省财政厅
D. 商务部

7. 下列属于抽象行政行为的是（　　）。
A. 县级人民政府制定规章以下的规范性文件
B. 行政机关对某大学家属院作出的拆迁决定
C. 国务院制定行政法规
D. 国务院各部门和有权的地方人民政府制定规章

8. 在我国，下列（　　）能够制定地方性法规。
A. 省、自治区、直辖市人民代表大会及其常务委员会
B. 自治县的人民代表大会及其常务委员会
C. 省级人民政府所在地市的人民代表大会及其常务委员会
D. 设区的市的人民代表大会及其常务委员会

9. 下列有关法律规范的适用和备案的说法哪一项是不正确的？（　　）
A. 地方性法规与部门规章对同一事项的规定不一致，不能确定如何适用时，由国务院作出最终裁决
B. 不同行政法规的特别规定与一般规定不一致不能确定如何适用时，由国务院裁决
C. 地方政府规章内容不适当的，国务院应当予以改变或者撤销
D. 凡被授权机关制定的法规违背授权目的的，授权和所制定的法规应当一并被撤销

10. 省人民政府所在地的市人民政府制定的行政规章应当报请备案的机关有（　　）。
A. 市人民代表大会

B. 省人民代表大会常务委员会
C. 市人民代表大会常务委员会
D. 省人民政府

11. 下列有关行政法规制定程序的说法正确的有（　　）。
A. 行政法规在起草过程中应当广泛听取有关机关、组织或个人的意见
B. 行政法规的起草工作可以由国务院确定由一个部门具体负责
C. 行政法规由总理签署国务院令发布
D. 国务院法制机构对行政法规送审稿应当举行听证会听取意见

12. 下列属于行政立法程序的有（　　）。
A. 提案和起草　　B. 审查
C. 审议　　D. 修改和废止

13. 行政规章可以采用的名称有（　　）。
A. 条例　　B. 规定
C. 实施细则　　D. 规则

14. 职权行政立法的主体有（　　）。
A. 民政部
B. 中国语言文字改革委员会
C. 成都市人民政府
D. 杭州市人大常务委员会

15. 下列何项属于抽象行政行为的特征？（　　）
A. 对象的普遍性　　B. 效力的持续性
C. 可诉性　　D. 准立法性

16. 下列何项属于抽象行政行为？（　　）
A. 某长江大桥桥头有一块牌子，上面写着“6：00—21：00，非机动车辆不得上桥”，落款为该市公安局
B. 某公安局对违反规定驾驶人力三轮车上长江大桥的人员处以50元的罚款
C. 某劳动局规定，本辖区内某企业与员工间的劳动合同应报经本局鉴证
D. 某劳动局对辖区内某企业与员工间的劳动合同予以鉴证

17. 关于规章的起草和审查，下列哪些说法是正确的？（　　）（司考 2017. 2. 77）
A. 起草规章可邀请专家参加，但不能委托专家起草
B. 起草单位就规章起草举行听证会，应制作笔录，如实记录发言人的主要观点和理由
C. 起草规章应广泛听取有关机关、组织和公民的意见
D. 如制定规章的基本条件不成熟，法制机构应将规章送审稿退回起草单位

三、不定项选择题

有关规章的决定和公布，下列说法正确的是：（　　）（司考 2014. 2. 97）
A. 审议规章草案时须由起草单位作说明
B. 地方政府规章须经政府全体会议决定
C. 部门联合规章须由联合制定的部门首长共同署名公布，使用主办机关的命令序号
D. 规章公布后须及时在全国范围内发行的有关报纸上刊登

四、名词解释

1. 抽象行政行为
2. 行政立法（中国人民大学 2004 年、复旦大学 2016 年考研真题）
3. 授权立法
4. 职权立法

五、简答题

1. 简述行政立法程序。
2. 我国行政立法的主体有哪些？

参考答案

一、单项选择题

1. 答案：C。本题考查行政立法的性质。
2. 答案：B。国务院有权制定行政法规。
3. 答案：A。执行性立法不可以创设新的法律规则，只能执行已有法律。
4. 答案：D。本题考查行政立法位阶的效力。
5. 答案：C。本题考查行政法规的权限、决定程序及适用。《行政处罚法》第 11 条第 1 款规定：“行政法规可以设定除限制人身自由以外的行政处罚。”第 2 款规定：“法律对违法行为已经作出行政处罚规定，行政法规需要作出具体规定的，必须在法律规定的给予

行政处罚的行为、种类和幅度的范围内规定。”因行政拘留属于限制人身自由的行政处罚，故行政法规不得设定。据此，A说法错误，不当选。《行政许可法》第16条第4款规定：“法规、规章对实施上位法设定的行政许可作出的具体规定，不得增设行政许可；对行政许可条件作出的具体规定，不得增设违反上位法的其他条件。”据此，B说法错误，行政法规“不得增设行政许可”。《立法法》第76条规定：“行政法规的决定程序依照中华人民共和国国务院组织法的有关规定办理。”因此，C说法正确，应当选。第105条第2款规定：“行政法规之间对同一事项的新的一般规定与旧的特别规定不一致，不能确定如何适用时，由国务院裁决。”据此，D说法错误，有权裁决的主体为“国务院”，而不是“国务院法制办”。

6. **答案**：B。国务院对不适当的部委规章有权予以改变和撤销。

7. **答案**：C。本题考查立法权限。

8. **答案**：A。参照《立法法》立法权限的规定。

9. **答案**：D。本题考查行政法规可以设定的内容。ABC由法律设定。

10. **答案**：A。国务院可以根据特别授权进行行政立法。

11. **答案**：B。根据《行政法规制定程序条例》第26条第1款规定：“行政法规草案由国务院常务会议审议，或者由国务院审批。”据此，A选项错误。同条第2款规定：“国务院常务会议审议行政法规草案时，由国务院法制机构或者起草部门作说明。”据此B选项正确。《行政法规制定程序条例》第27条第1款规定：“国务院法制机构应当根据国务院对行政法规草案的审议意见，对行政法规草案进行修改，形成草案修改稿，报请总理签署国务院令公布施行。”据此C选项错误。《行政法规制定程序条例》第30条规定：“行政法规在公布后的30日内由国务院办公厅报全国人民代表大会常务委员会备案。”据此，D选项错误。

12. **答案**：B。应报经国务院备案是程序性的规定，不是生效前提。

13. **答案**：C。行政立法权总的来说都是职权性立法。

14. **答案**：A。职权立法的行政立法权来源于宪法和行政机关组织法的规定。

15. **答案**：C。根据《行政处罚法》第13条的规定，国务院部门规章可以在法律、行政法规规定的给予行政处罚的行为、种类和幅度的范围内作出具体规定。尚未制定法律、行政法规的，国务院部门规章对违反行政管理秩序的行为，可以设定警告、通报批评或者一定数额罚款的行政处罚。罚款的限额由国务院规定。综上，部门规章仅可以设定警告和小额罚款，故而A、D选项错误。

    B项错误不选。根据《行政强制法》第9条、第10条规定，行政强制措施由法律设定。尚未制定法律，且属于国务院行政管理职权事项的，行政法规可以设定除限制公民人身自由、冻结存款汇款和应当由法律规定的行政强制措施以外的其他行政强制措施。尚未制定法律、行政法规，且属于地方性事务的，地方性法规可以设定查封场所、设施或财物以及扣押财物的行政强制措施。法律、法规以外的其他规范性文件不得设定行政强制措施。综上，部门规章无权设定行政强制措施。

    C项正确应选。《行政许可法》第16条规定，规章可以在上位法设定的行政许可事项范围内，对实施该行政许可作出具体规定。C选项的表述符合上述规定。

16. **答案**：A。关于A选项，根据《规章制定程序条例》第13条第3款规定，年度规章制定工作计划在执行中，可以根据实际情况予以调整，对拟增加的规章项目应当进行补充论证。

    关于B选项，根据《规章制定程序条例》第15条规定，起草规章，应当深入调查研究，总结实践经验，广泛听取有关机关、组织和公民的意见。听取意见可以采取书面征求意见、座谈会、论证会、听证会等多种形式。

    关于C选项，根据《规章制定程序条例》第18条第3款规定，规章送审稿的说明应当对制定规章的必要性、规定的主要措施、有关方面的意见及其协调处理情况等作出说明。

关于D选项，根据《规章制定程序条例》第20条规定："规章送审稿有下列情形之一的，法制机构可以缓办或者退回起草单位：(一) 制定规章的基本条件尚不成熟或者发生重大变化的；(二) 有关机构或者部门对规章送审稿规定的主要制度存在较大争议，起草单位未与有关机构或者部门充分协商的；(三) 未按照本条例有关规定公开征求意见的；(四) 上报送审稿不符合本条例第十八条规定的。"

17. 答案：C。关于A选项，依据《行政法规制定程序条例》第8条第1款规定："国务院有关部门认为需要制定行政法规的，应当于国务院编制年度立法工作计划前，向国务院报请立项。"A选项应该是国务院有关部门而非省政府，故A选项错误。

关于B选项，依据《行政法规制定程序条例》第9条第1款规定："国务院法制机构应当根据国家总体工作部署，对行政法规立项申请和公开征集的行政法规制定项目建议进行评估论证，突出重点，统筹兼顾，拟订国务院年度立法工作计划，报党中央、国务院批准后向社会公布。"应根据国家总体工作部署进行汇总研究，而不是根据有关部门报送的立项申请汇总研究；是拟订而非确认年度立法工作计划，还须报党中央、国务院审批。故B选项错误。

关于C选项，依据《行政法规制定程序条例》第9条第2款规定："列入国务院年度立法工作计划的行政法规项目应当符合下列要求：(一) 贯彻落实党的路线方针政策和决策部署，适应改革、发展、稳定的需要；……"C选项正确。

关于D选项，依据《行政法规制定程序条例》第10条第3款规定："国务院年度立法工作计划在执行中可以根据实际情况予以调整。"从实际工作角度看，常常是"计划赶不上变化"，也应当容许根据实际情况予以调整，故D选项错误。

18. 答案：D。

二、多项选择题

1. 答案：ABC。授权立法应遵循的规则是：授权立法的范围仅限于法律相对保留的事项；授权决定应当明确授权的目的、范围；被授权机关即国务院应严格按照授权目的和范围行使该项权力，不得将该项权利转授给其他机关；根据授权制定的法规应当报授权决定规定的机关备案，授权机关有权撤销被授权机关制定的超越授权范围或者违背授权目的的法规，必要时可以撤销授权；成熟后要及时制定法律。

2. 答案：ACD。B错，听取意见可以采取召开座谈会、听证会等多种形式。

3. 答案：ABD。《立法法》第91条第1款规定："国务院各部、委员会、中国人民银行、审计署和具有行政管理职能的直属机构以及法律规定的机构，可以根据法律和国务院的行政法规、决定、命令，在本部门的权限范围内，制定规章"。

《立法法》第93条第1款规定："省、自治区、直辖市和设区的市、自治州人民政府，可以根据法律、行政法规和本省、自治区、直辖市的地方性法规，制定规章"。

综上所述，规章的制定主体包括：①国务院各部、委员会、中国人民银行、审计署和具有行政管理职能的直属机构以及法律规定的机构；②省、自治区、直辖市和设区的市、自治州人民政府。

4. 答案：ABCD。根据《立法法》第11条的规定，属于法律绝对保留的立法事项包括：有关犯罪和刑罚、对公民政治权利的剥夺和限制人身自由的强制措施和处罚、民事基本制度等事项。

5. 答案：ACD。本题考查行政立法的分类。特别授权立法专指根据最高国家权力机关专门的授权决议所进行的授权立法。

6. 答案：BD。本题考查行政立法主体。

7. 答案：ACD。抽象行政行为，是指特定的国家行政机关在行使行政权过程中，制定和发布普遍性行为规则的行为。具体包括制定法规、规章和发布决定、命令等行为。具体行政行为，是指行政主体针对特定的对象，就特定的事项作出的处理决定。

8. **答案**：ACD。

9. **答案**：ABD。本题考查法律规范冲突时的选择适用。《立法法》第106条规定："地方性法规、规章之间不一致时，由有关机关依照下列规定的权限作出裁决：……（二）地方性法规与部门规章之间对同一事项的规定不一致，不能确定如何适用时，由国务院提出意见，国务院认为应当适用地方性法规的，应当决定在该地方适用地方性法规的规定；认为应当适用部门规章的，应当提请全国人民代表大会常务委员会裁决；……"故A错误。

《立法法》第103条规定："同一机关制定的法律、行政法规、地方性法规、自治条例和单行条例、规章，特别规定与一般规定不一致的，适用特别规定；新的规定与旧的规定不一致的，适用新的规定。"故B错误。

《立法法》第108条规定："改变或者撤销法律、行政法规、地方性法规、自治条例和单行条例、规章的权限是：……（三）国务院有权改变或者撤销不适当的部门规章和地方政府规章；……"故C正确。

《立法法》第108条规定："改变或者撤销法律、行政法规、地方性法规、自治条例和单行条例、规章的权限是：……（七）授权机关有权撤销被授权机关制定的超越授权范围或者违背授权目的的法规，必要时可以撤销授权。"故D错误。

10. **答案**：BCD。本题考查备案程序。

11. **答案**：ABC。《行政法规制定程序条例》规定：行政法规送审稿直接涉及公民、法人或者其他组织的切身利益的，国务院法制机构可以举行听证会，听取有关机关、组织和公民的意见。因此，行政法规制定过程中的听证并非必需，而是属于国务院法制机构自由裁量的范围，用"应当举行听证"的说法是错误的。

12. **答案**：ABCD。本题考查行政立法程序的内容。

13. **答案**：BCD。《规章制定程序条例》第7条规定："规章的名称一般称'规定'、'办法'，但不得称'条例'。"实践中，规章有时也采用"实施细则""规则"的名称。《行政法规制定程序条例》第5条规定，"行政法规的名称一般称'条例'，也可以称'规定'、'办法'等"。

14. **答案**：AC。中国语言文字改革委员会、杭州市人大常务委员会不是职权行政立法主体。

15. **答案**：ABD。不可对抽象行政行为提起行政诉讼。

16. **答案**：AC。抽象行政行为具有普遍性。B是具体行政行为。

17. **答案**：BC。A选项错误。《规章制定程序条例》第15条第3款规定，起草规章可以邀请有关专家、组织参加，也可以委托有关专家、组织起草。

B选项正确。《规章制定程序条例》第16条第2款第3项规定，听证会应当制作笔录，如实记录发言人的主要观点和理由。

C选项正确。《规章制定程序条例》第15条规定，起草规章，应当深入调查研究，总结实践经验，广泛听取有关机关、组织和公民的意见。

D选项错误。《规章制定程序条例》第20条规定："规章送审稿有下列情形之一的，法制机构可以缓办或者退回起草单位：（一）制定规章的基本条件尚不成熟或者发生重大变化的；……"所以不是必须退回起草单位，还可以缓办。

三、不定项选择题

答案：C。《规章制定程序条例》第28条规定：审议规章草案时，由法制机构作说明，也可以由起草单位作说明。所以A选项错误。

《规章制定程序条例》第27条规定：部门规章应当经部务会议或者委员会会议决定。地方政府规章应当经政府常务会议或者全体会议决定。所以B选项错误。

《规章制定程序条例》第30条第2款规定：部门联合规章由联合制定的部门首长共同署名公布，使用主办机关的命令序号。所以 C 选项正确。

《规章制定程序条例》第 31 条第 2 款规定，地方政府规章签署公布后，及时在本级人民政府公报和中国政府法制信息网以及在本行政区域范围内发行的报纸上刊载。不一定在全国范围发行的有关报纸上刊登。所以 D 选项错误。

四、名词解释

1. **答案**：从动态方面看，抽象行政行为是指行政主体针对不特定的人和不特定的事，制定具有普遍约束力的行为规则的行为。从静态方面看，是指行政主体针对不特定的人和不特定的事，制定的具有普遍约束力的行为规则，包括行政法规、行政规章和其他具有普遍约束力的法律文件。具有以下特征：(1) 对象的普遍性。抽象行政行为以普遍的、不特定的人或事为行为对象。(2) 效力的普遍性和持续性。首先，抽象行政行为具有普遍的效力，它对某一类人或事具有约束力。其次，抽象行政行为具有后及力，它不仅适用于当时的行为或事件，而且适用于以后将要发生的同类行为或事件。(3) 准立法性。抽象行政行为在性质上属于行政行为，但它具有普遍性、规范性和强制性的法律特征，并须经过起草、征求意见、审查、审议、通过、签署、发布等一系列程序。(4) 不可诉性。抽象行政行为不能成为行政诉讼的直接对象。
2. **答案**：行政立法是国家行政机关依照法律规定的权限和程序，制定行政法规和行政规章的活动。我国的行政立法，是行政性质和立法性质的有机结合。它既具有行政的性质，是一种抽象行政行为，又具有立法的性质，是一种准立法行为。行政立法符合以下条件即有效成立：(1) 行政立法经享有相应行政立法权的行政机关讨论决定；(2) 行政立法经行政首长签署；(3) 行政立法公开发布。
3. **答案**：授权立法是行政主体根据单行法律和法规或授权决议所授予的立法权而进行的立法。授权立法的根据有两类，即宪法和组织法以外的单行法律、法规和最高国家权力机关专门的授权决议。根据单行法律、法规所进行的授权立法一般称为普通授权立法；根据最高国家权力机关专门的授权决议所进行的授权立法称为特别授权立法。
4. **答案**：职权立法是行政主体根据宪法和组织法所赋予的行政立法权进行的行政立法活动。

五、简答题

1. **答案**：①规划；②起草；③征求意见；④审查审议；⑤通过；⑥审批和备案；⑦公布。
2. **答案**：行政立法的主体：①国务院；②国务院各部、各委员会；③国务院直属机构；④省、自治区、直辖市人民政府；⑤设区的市、自治州的人民政府。

第十一章　行政规范性文件

基础知识图解

- 行政规范性文件
  - 含义
  - 分类
    - 创制性文件
      - 依职权
      - 依授权
    - 解释性文件
      - 法定
      - 自主
    - 指导性文件
  - 监督
    - 合法性标准
    - 途径

配套测试

一、单项选择题

1. 下列关于行政法规解释的哪种说法是正确的？（　　）（司考 2006.2.39）

A. 国务院各部门可以根据国务院授权解释行政法规

B. 行政法规条文本身需要作出补充规定的，由国务院解释

C. 在审判活动中行政法规条文本身需要进一步明确界限的，由最高人民法院解释

D. 对具体应用行政法规的问题，各级政府可以请求国务院法制机构解释

2. 某县人民政府作出有关规范该县集贸市场秩序的决定，这一行为属（　　）。

A. 行政立法行为　　B. 抽象行政行为

C. 具体行政行为　　D. 行政执法行为

3. 关于行政规范性文件的说法，正确的是（　　）。

A. 制定主体只能是行政机关

B. 目的是仅仅执行法律的规定

C. 包含部门规章

D. 俗称“红头文件”

4. 关于行政规范性文件制定程序的说法，错误的是（　　）。

A. 不必经过听证程序

B. 必须经过会议讨论

C. 行政首长审批通过即可

D. 没有行政立法程序严格

5. （　　）不是依职权创设性文件的必备要件。

A. 职权上的依据

B. 法律规范的缺位

C. 内容上的创设性

D. 不违反禁止性规定

二、多项选择题

1. 关于行政规范性文件说法正确的有（　　）。

A. 行政规范性文件对属于行政管理相对人的个人、组织具有拘束力和强制执行力

B. 对行政机关本身具有确定力，对具体行政行为具有适用力

C. 行政规范性文件可以是行政复议的客体

D. 我国各级人民政府都有权制定行政规范性文件

2. 根据我国宪法的规定，下列哪些项有权撤销某市 A 区人民政府的规范性文件？（　　）

A. 中国共产党 A 区委员会
B. 该市人民政府
C. A 区人大常委会
D. 该市人民政府的司法局

3. 行政规范性文件的形式有（　　）。
A. 决定、命令
B. 会议纪要、报告
C. 关于××××的意见或答复
D. 关于××××的解释或说明

4. 行政法规条文本身需进一步明确界限或作出补充规定的，应对行政法规进行解释。关于行政法规的解释，下列说法正确的是：（　　）
A. 解释权属于国务院
B. 解释行政法规的程序，适用行政法规制定程序
C. 解释可由国务院授权国务院有关部门公布
D. 行政法规的解释与行政法规具有同等效力

三、名词解释

1. 创制性立法
2. 行政规范性文件
3. 行政解释性文件
4. 行政指导性文件

四、简答题

1. 行政机关依职权制定创设性文件的法律依据有哪些？
2. 如何理解行政规范性文件的监督机制？

参考答案

一、单项选择题

1. **答案**：B。本题考查行政法规的解释。《行政法规制定程序条例》第 31 条规定，行政法规有下列情形之一的，由国务院解释：(1) 行政法规的规定需要进一步明确具体含义的；(2) 行政法规制定后出现新的情况，需要明确适用行政法规依据的。国务院法制机构研究拟订行政法规解释草案，报国务院同意后，由国务院公布或者由国务院授权国务院有关部门公布。行政法规的解释与行政法规具有同等效力。

第 32 条规定，国务院各部门和省、自治区、直辖市人民政府可以向国务院提出行政法规解释要求。

第 33 条规定，对属于行政工作中具体应用行政法规的问题，省、自治区、直辖市人民政府法制机构以及国务院有关部门法制机构请求国务院法制机构解释的，国务院法制机构可以研究答复；其中涉及重大问题的，由国务院法制机构提出意见，报国务院同意后答复。

由此，行政法规的解释权属于国务院，国务院各部门和最高人民法院都无权解释，A、C 错误。另外对属于行政工作中具体应用行政法规的问题只有省、自治区、直辖市人民政府一级法制机构有权请求国务院法制机构解释，D 错误。

2. **答案**：B。本题考查行政行为的分类。
3. **答案**：D。行政规范性文件的制定主体还可以是被授权组织，目的还可以是执行政策，范围排除了行政法规和规章，所以选 D。
4. **答案**：B。行政规范性文件的制定程序更为简单，注重效率，不必经过会议讨论。
5. **答案**：C。C 项应该为内容上的授益性。

二、多项选择题

1. **答案**：ABCD。本题考查行政规范性文件的特点。
2. **答案**：BC。参见《立法法》的相关规定。
3. **答案**：ABCD。此外常见的形式还有“关于××××的函”“关于××××的通知”。
4. **答案**：ACD。行政法规有下列情形之一的，由国务院解释：(1) 行政法规的规定需要进一步明确具体含义的；(2) 行政法规制定后出现新的情况，需要明确适用行政法规依据的。国务院法制机构研究拟订行政法规解释草案，报国务院同意后，由国务院公布或者由国务院授权国务院有关部门公布。A、C 选项正确。因为行政法规是国务院制定的，

这里的行政法规的解释也是国务院作出的，因此，行政法规的解释与行政法规具有同等效力。D选项正确。B选项错误，行政法规的制定程序是有严格的法律规范的，“立项、起草、审查、决定、公布、施行、备案”，相对来说比较烦琐，而行政法规的解释程序无需如此，只需国务院各部门和省、自治区、直辖市人民政府向国务院提出行政法规的解释要求即可。

三、名词解释

1. **答案**：创制性立法是行政主体为了填补法律和法规的空白，或者变通法律和法规的个别规定以实现行政职能而进行的立法。其中，为了填补法律和法规的空白而进行的创制性立法，即在还没有相应法律、法规规定的前提下，行政主体运用宪法和组织法所赋予的立法权所进行的立法，称为自主性立法。为了补充法律、法规的规定而进行的创制性立法，称为补充性立法。
2. **答案**：行政规范性文件是国家行政机关为执行法律、法规和规章，对社会实施管理，依法定权限和法定程序发布的规范公民、法人和其他组织行为的具有普遍约束力的文件。具有以下特征：(1) 行政规范性文件是一种特殊文件，而不是行政立法。(2) 行政规范性文件不是一般文件，而是一种具有普遍约束力的文件。(3) 行政规范性文件是行政机关为执行法律、法规、规章，对社会进行管理而实施的一种抽象行政行为。(4) 行政规范性文件是行政机关发布的用以对社会进行管理，规范公民、法人和其他组织行为的文件。行政规范性文件可以分为三类：(1) 享有行政立法权的行政机关发布的行政规范性文件；(2) 不享有行政立法权的国务院工作部门发布的行政规范性文件；(3) 不享有行政立法权的地方人民政府发布的行政规范性文件。
3. **答案**：所谓行政解释性文件，就是指行政机关为了实施法律、法规和规章，统一各个行政机关及其公务员对法律、法规和规章的理解及执行活动，对法律、法规和规章进行解释而形成的规范性文件。它可以分为行政法定解释性文件和行政自主解释性文件两类。
4. **答案**：所谓行政指导性文件，就是行政机关对不特定相对人事先实施书面行政指导时所形成的一种行政规范性文件。行政指导所针对的对象可以是特定的也可以是不特定的。其形式可以是书面的也可以是口头的。当行政指导以口头形式进行时，并没有形成一种行政规范性文件。当行政指导针对特定相对人时，即使以书面形式作出，也并没有形成行政规范性文件。然而，当行政机关对不特定相对人，以书面形式进行行政指导并予以公布时，则形成了我们所说的行政规范。

四、简答题

1. **答案**：一个合法的依职权行政创制性文件，应当在行政机关的职责权限内予以制定。行政机关制定这类行政规范性文件应当有宪法和组织法上的职权依据。我国《宪法》第89条第1项规定，国务院根据宪法和法律，规定行政措施，制定行政法规，发布决定和命令；第90条第2款规定，各部、各委员会根据法律和国务院的行政法规、决定、命令，在本部门的权限内，发布命令、指示和规章；第107条第1款规定，县级以上地方各级人民政府依照法律规定的权限发布决定和命令。《地方各级人民代表大会和地方各级人民政府组织法》第73条第1项规定，县级以上的地方各级人民政府执行本级人民代表大会及其常务委员会的决议，以及上级国家行政机关的决定和命令，规定行政措施，发布决定和命令；第76条第1项规定，乡、民族乡、镇的人民政府执行本级人民代表大会的决议和上级国家行政机关的决定和命令，发布决定和命令。根据上述规定，行政机关有权制定行政创制性文件，而无需其他行政法规范或行政规范性文件的特别授权。并且，既然是制定主体的固有职权，那么在其职权的有效期间内，这种创制权一直有效，并可经常、反复地运用。
2. **答案**：(1) 树立合法性标准，以合法性作为考察行政规范性文件本身性质的标尺。

(2) 对于违法的行政规范性文件，人民代表可以在人代会议上提出质询。

(3) 上级行政机关可以通过备案制度来监控并有权撤销或者改变。

(4) 制定机关本身也可以自我纠正。

(5) 法院并不具有撤销或者改变行政规范性文件的权力，但是可以通过个案确认合法性，得以引用裁判。

(6) 公民个人、法人、其他组织可以对行政复议机关行政规范性文件的合法性提出审查申请。

第十二章　具体行政行为

基础知识图解

- 具体行政行为
  - 成立要件
    - 具体行政行为的成立
    - 行政权能的存在
    - 行政权的实际运用
    - 法律效果的存在
    - 意思表示行为的存在
  - 合法要件
    - 行为主体合法
    - 行为权限合法
    - 行为内容合法
    - 行为程序合法
    - 行为形式合法
  - 错误和违法（瑕疵）
    - 错误
    - 违法
  - 效力
    - 效力内容：公定力、确定力、拘束力、执行力
    - 生效和失效

配套测试

一、单项选择题

1. 行政行为无效的法律后果体现的方面，下列不正确的是（　　）。

A. 司法机关可以不受时效限制审查该行为

B. 行政机关应将行政行为实施取得的利益返还

C. 行政行为自宣布无效之日起失去法律效力

D. 行政相对人可以自行决定不履行该行为设定的义务

2. 下列哪一选项是关于具体行政行为拘束力的正确理解？（　　）（司考 2006.2.40）

①具体行政行为具有不再争议性，相对人不得改变具体行政行为

②行政主体非经法定程序不得任意改变或撤销具体行政行为

③相对人必须遵守和实际履行具体行政行为规定的义务

④具体行政行为在行政复议或行政诉讼期间不停止执行

A. ①②　　B. ①②④

C. ②③　　D. ③④

3. 下列行为中的（　　），行政相对人不可以以其无效为由拒绝执行。

A. 某乡政府对未交提留款的农民进行行政拘留

B. 某行政机关在处罚当事人时应适用听证程序而未适用

C. 个体户李某以暴力威胁手段迫使市场监督管理局同意吊销其竞争对手王某的营业执照

D. 某市场监督管理局公务员不表明身份即向摊贩收取市场管理费用

4. 行政行为执行力的含义是（　　）。

A. 行政行为一旦作出，相对人必须履行，

相对人不履行该行为，行政机关有权自行强制执行或申请人民法院强制执行
B. 行政行为的执行力是指行政行为生效后所具有的拘束、限制相对人的效力
C. 作出行政行为的行政机关有强制执行该行为的权力
D. 行政行为一旦作出，相对人必须履行，相对人不履行该行为，行政机关有权向法院提起行政诉讼

5. 为落实淘汰落后产能政策，某区政府发布通告：凡在本通告附件所列名单中的企业两年内关闭。提前关闭或者积极配合的给予一定补贴，逾期不履行的强制关闭。关于通告的性质，下列哪一选项是正确的？（　　）（司考 2016.2.44）
A. 行政规范性文件
B. 具体行政行为
C. 行政给付
D. 行政强制

6. 行政机关所实施的下列行为中，哪一项属于具体行政行为？（　　）（司考 2017.2.46）
A. 公安交管局在辖区内城市快速路入口处悬挂“危险路段，谨慎驾驶”的横幅
B. 县公安局依照《刑事诉讼法》对李某进行拘留
C. 区政府对王某作出房屋征收决定
D. 因民间纠纷引起的打架斗殴双方经公安派出所调解达成的协议

7. 某县政府依田某申请作出复议决定，撤销某县公安局对田某车辆的错误登记，责令在 30 日内重新登记，但某县公安局拒绝进行重新登记。田某可以采取下列哪一项措施？（　　）
A. 申请法院强制执行
B. 对某县公安局的行为申请行政复议
C. 向法院提起行政诉讼
D. 请求某县政府责令某县公安局登记

二、多项选择题

1. 两厂因隶属关系发生纠纷，某市国有资产管理局以某国资局第 6 号文的形式对两厂产权作出界定，该文件属于（　　）。
A. 抽象行政行为
B. 具体行政行为
C. 内部行政行为
D. 行政裁决行为

2. 行政行为无效的法律后果有（　　）。
A. 司法机关可以不受时效限制审查该行为
B. 行政机关应将行政行为实施取得的利益返还
C. 行政行为自宣布无效之日起失去法律效力
D. 行政相对人对该行为有抵抗权

3. 被废止的行政行为（　　）。
A. 自废止之日起丧失法律效力
B. 在废止前所产生的法律效果不受法律保护
C. 在废止前所产生的法律效果仍受法律保护
D. 自始不具有法律效力

4. 下列对行政行为无效与撤销的相同点叙述错误的是（　　）。
A. 被宣布无效或被撤销后即自始不发生法律效力
B. 均因行政行为违法或不适当引起
C. 在任何时候都可能被有权机关审查并作出宣告无效或撤销的决定
D. 在被宣布无效或被撤销前，行政相对人均应执行该行为

5. 行政行为的合法要件包括（　　）。
A. 行为主体合法　　B. 行为内容合法
C. 行为程序合法　　D. 行为权限合法

6. 下列情形，不符合“正确适用法律、法规”要求的是（　　）。
A. 具体行政行为应适用这一法律、法规，而行政机关适用了另一法律、法规
B. 具体行政行为应适用法律、法规的这一条款，而行政机关适用了另一条款
C. 具体行政行为应适用特别法，而行政机关适用了一般法
D. 具体行政行为适用了过时的、已被废

止的、撤销了的或尚未生效的法律、法规

7. 下列行政行为属于“滥用职权”的是（　　）。

A. 某行政机关工作人员，在政府采购中与自己有特殊关系的供应商签订合同

B. 某民警对相对人罚款 100 元，但在行政处罚决定书上将罚款金额写成 1000 元

C. 某市场监督管理局负责人在审批相对人营业执照的时候，反复无常，没有确定标准

D. 某公安抓住一小偷，发现该小偷与自己往日有仇，于是对其痛打一顿以泄旧恨

8. 行政行为成立的共同要件有（　　）。

A. 行为主体是行政主体

B. 行为本身具有行政管理的内容

C. 行政行为证据确凿、适用法律法规正确

D. 行政决定送达给行政相对人

9. 行政处理行为可以因下列哪种情形而无效？（　　）

A. 行政处理行为实施主体不明确

B. 行政处理行为所依据的法律规范或国家政策发生了变化

C. 行政处理行为违法或不当

D. 行政处理行为有明显或重大违法情形

10. 下列哪些行为属于行政行为可撤销的情形？（　　）

A. 行政行为适用法律错误

B. 行政行为程序违法

C. 行政主体没有权限或超越权限

D. 行政行为不具有行政管理内容

11. 下列关于行政行为确定力的表述正确的有（　　）。

A. 行政行为一旦生效，行政相对人不得擅自改变

B. 行政行为一旦生效，行政机关不能任意更改

C. 行政行为一旦生效，相对人不能提起行政诉讼或申请行政复议，只能通过向行政机关申诉的途径解决

D. 行政行为生效后，行政机关认为确有错误且符合改变条件时，行政机关可以按照法定程序改变或撤销该行为

12. 下列属于行政处理行为的有（　　）。

A. 某市人民政府针对减轻小学生课业负担问题所作的具体规定

B. 某县市场监督管理局对该县农贸市场经营情况进行的监督检查活动

C. 某区公安机关对违法行为人进行警告

D. 税务机关向某人收取个人所得税

13. 关于具体行政行为的成立和效力，下列哪些选项是错误的？（　　）（司考 2009. 2. 80）

A. 与抽象行政行为不同，具体行政行为一经成立即生效

B. 行政强制执行是实现具体行政行为执行力的制度保障

C. 未经送达领受程序的具体行政行为也具有法律约束力

D. 因废止具体行政行为给当事人造成损失的，国家应当给予赔偿

14. 关于具体行政行为的效力，下列哪些说法是正确的？（　　）（司考 2010. 2. 81）

A. 可撤销的具体行政行为在被撤销之前，当事人应受其约束

B. 具体行政行为废止前给予当事人的利益，在该行为废止后应收回

C. 为某人设定专属权益的行政行为，如此人死亡其效力应终止

D. 对无效具体行政行为，任何人都可以向法院起诉主张其无效

15. 关于具体行政行为的合法性与效力，下列哪些说法是正确的？（　　）（司考 2013. 2. 85）

A. 遵守法定程序是具体行政行为合法的必要条件

B. 无效行政行为可能有多种表现形式，无法完全列举

C. 因具体行政行为废止致使当事人的合法权益受到损失的，应给予赔偿

D. 申请行政复议会导致具体行政行为丧失拘束力

16. 关于具体行政行为，下列哪些说法是错

误的？（　　）

A. 行政许可为依职权的行政行为

B. 具体行政行为皆为要式行政行为

C. 法律效力是具体行政行为法律制度中的核心因素

D. 当事人不履行具体行政行为确定的义务，行政机关予以执行是具体行政行为确定力的表现

三、不定项选择题

1. 下列情况属于或可以视为行政诉讼中被告改变被诉具体行政行为的是：（　　）（司考 2009. 2. 99）

A. 被诉公安局把拘留三日的处罚决定改为罚款 500 元

B. 被诉土地局更正被诉处罚决定中不影响决定性质和内容的文字错误

C. 被诉工商局未在法定期限答复原告的请求，在二审期间作出书面答复

D. 县政府针对甲、乙两村土地使用权争议作出的处理决定被诉后，甲、乙两村达成和解，县政府书面予以认可

2. 有关具体行政行为的效力和合法性，下列说法正确的是：（　　）（司考 2014. 2. 99）

A. 具体行政行为一经成立即生效

B. 具体行政行为违法是导致其效力终止的唯一原因

C. 行政机关的职权主要源自行政组织法和授权法的规定

D. 滥用职权是具体行政行为构成违法的独立理由

四、名词解释

1. 具体行政行为
2. 行政行为的确定力
3. 形式确定力和实质确定力
4. 行政行为的拘束力
5. 行政行为的公定力
6. 行政行为的执行力

五、简答题

1. 简述具体行政行为的有效成立要件。
2. 行政行为的内容上具有哪些效力？（复旦大学 2012 年考研真题）
3. 简述行政行为撤销的条件与法律结果。[①]
4. 行政不作为与行政不能行为。（武汉大学 2006 年考研真题）

六、论述题

1. 论行政行为的合法要件与行政诉讼中人民法院审查具体行政行为的标准。[②]
2. 论行政行为的先定力原理及其实践意义。（武汉大学 2006 年考研真题）

参考答案

一、单项选择题

1. **答案**：C。行政行为无效是指其自始就没有法律效力。行政行为无效是指行政行为有明显或重大违法情形，自始至终不产生法律效力。行政行为无效的法律后果有：①自始至终不产生法律效力；②行政相对人可以不受无效行政行为的拘束，自行决定不履行该行为设定的义务，并不承担法律责任；③有权的国家机关可以在任何时候审查并宣布相应行政行为无效，而不受时效限制；④行政主体因该无效行政行为而取得的一切利益均应返还相对人，并对因此而给相对人带来的损失承担赔偿责任。同时也收回因行政行为而给予相对人的权益，如相对人无过错，应对之进行适当的补偿。

　　可撤销的行政行为是自被撤销之日失去法律效力。而无效行政行为是自始无效，故 C 不正确。

2. **答案**：C。本题考查行政行为的效力。行政行为的效力一般包括确定力、拘束力、执行

① 编者注：中南财经政法大学 2009 年研究生人学考试就该知识点设计了一道辨析题——行政行为的撤销与行政行为的废止。

② 编者注：中国政法大学 2008 年考研真题——试论具体行政行为合法性审查，与此知识点类似。

力。行政行为的拘束力是指行政行为一经生效，行政机关和行政相对人都必须遵守，其他国家机关和社会成员都必须予以尊重的效力。①是确定力的表现，④是执行力的表现。

3. **答案**：B。考查点为无效行政行为。

4. **答案**：A。行政行为的执行力，是指行政行为生效后，行政主体依法有权采取一定手段，使其所确定的内容得以实现的效力。当行政相对人不履行其应该履行的法定义务时，行政机关可依法强制执行或申请人民法院强制执行，使义务得以实现。这种行政强制执行是由行政机关依职权所作的行政行为的一种，不需要事先得到法院的判决。

5. **答案**：B。关于A选项，行政规范性文件是行政机关对不特定的主体作出的具有反复适用效力的法律文件，最经典的为各类行政立法，也包括行政机关制定发布的具有普遍约束力的决定、命令。非规范性文件是国家机关对特定主体作出的具有一次性效力的法律文件，最经典的是法院的判决书、行政机关的行政处罚决定书。“所列名单中的企业”表明行政相对人的主体特定，不属于行政规范性文件。

关于B选项，具体行政行为，是指国家行政机关及其工作人员针对特定的公民、法人或者其他组织，就特定的具体事项，作出的有关该公民、法人或者其他组织权利义务的单方行为。与之相对，抽象行政行为是针对不特定主体作出的，具有反复适用性。本通知针对的主体特定（附件所列名单中的企业），针对的事项特定（为淘汰落后产能强制企业关闭），因此是针对特性主体和特定事项作出的一次性行政行为，属于具体行政行为。故B项正确。

关于C选项，行政给付是指行政主体在特定情况下，依法向符合条件的申请人提供物质利益或赋予其与物质利益有关的权益的行为。与题目不符。

关于D选项，行政强制包括行政强制措施与行政强制执行。行政强制措施，是指行政机关在行政管理过程中，为制止违法行为、防止证据损毁、避免危害发生、控制危险扩大等情形，依法对公民的人身自由实施暂时性限制，或者对公民、法人或者其他组织的财物实施暂时性控制的行为。本通告不属于行政强制措施。行政强制执行，是指行政机关或者行政机关申请人民法院，对不履行行政决定的公民、法人或者其他组织，依法强制履行义务的行为。本通告是一种行政决定，是实施强制执行的前提，其本身不属于行政强制执行。

6. **答案**：C。具体行政行为是行政法学上源自法国的一个最基本的理论概念，指行政主体针对特定行政相对人实施的一次性发生法律效力、影响相对人行政法上权利、义务得丧、变更的行政决定。

关于A选项，（1）挂横幅的提示是公安交管局针对所有潜在不特定车辆及其驾驶员的警示行为，具有抽象行政行为的色彩；（2）挂横幅的提示属于在行使职权过程中作出不以设定、变更或消灭行政法律关系为直接目的的行政事实行为而非有文号载体的、作为的具体行政行为；（3）就其“谨慎驾驶”提示、示范、指引的作用功能而言，还带有行政指导的性质。故A选项表述的行为不具有行政法上具体行政行为的法律属性，所以不当选。

关于B选项，县公安局依照《刑事诉讼法》的规定对李某进行刑事拘留是公安机关作出的刑事司法行为，不是具体行政行为，故B选项错误。

关于C选项，区政府对王某房屋的征收决定属于具体行政行为中的行政征收行为。

关于D选项，经公安派出所调解达成的协议并非基于派出所单方面行使权力而对当事人的权利、义务产生直接影响，而只是一种规劝、示范、引导，是否接受并达成一致完全取决于打架斗殴双方当事人处分、让渡权利，因此行政调解不属于具体行政行为的范畴，故D选项错误。

7. **答案**：D。

二、多项选择题

1. **答案**：BD。行政裁决是行政机关依照法律授权，对当事人之间发生的与行政管理活动密切相关的而与合同无关的民事纠纷进行审查，并作出裁决的行政行为。

2. **答案**：ABD。行政相对人对无效行政行为的抵抗权指的是行政相对人可以不受该行为的拘束，不履行该行为为之确定的任何义务，并且对此种不履行不承担法律责任。行政行为自作出之日就无法律效力。

3. **答案**：AC。本题考查废止的行政行为的法律效力。AC 的表达正确。

4. **答案**：ABCD。本题考查行政行为的无效与撤销。A 行政行为被撤销通常不发生溯及既往的效力；B 行政行为不适当仅是撤销行政行为的原因；C 撤销行政行为一般应受时效的限制；D 无效的行政行为行政相对人可以其无效为由拒绝执行而无论其是否已被有权机关宣布为无效。

5. **答案**：ABCD。本题考查行政行为的合法要件。

6. **答案**：ABCD。本题考查正确适用法律、法规。这几项都是错误适用法律、法规的表现形式，但并不是全部的形式。比如，具体行政行为应同时适用两个或几个相关法律、法规（或条款），而行政机关只适用了其中某一个法律、法规（或条款）等。

7. **答案**：ACD。本题考查不得滥用职权。A 项属于滥用职权中的以权谋私；B 项不属于滥用职权，没有主观的非法意图，只是一种笔误；C 项是滥用职权中的反复无常；D 项也是滥用职权中的以权谋私，即所谓的公报私仇。另外，滥用职权的表现形式还有武断专横、故意拖延等，其本质就在于利用合法的形式掩盖其个人非法获取私利的目的。

8. **答案**：ABD。行政行为成立的共同要件是：(1) 行为主体是行政主体；(2) 行为本身具有行政管理的内容；(3) 行政决定送达给行政相对人。

9. **答案**：AD。行政处理无效，是指处理行为存在明显或重大违法情形时，则自始不产生法律效力。行政处理无效的原因有：(1) 实施处理行为的行政主体不明确；(2) 严重欠缺法定的形式要件；(3) 行政处理行为有明显或重大违法情形；(4) 行政主体因受胁迫、欺骗而作出的处理行为；(5) 没有可能实施的行政行为。

10. **答案**：ABC。行政行为的撤销，是指已经生效的行政行为，因其违法或不当，由有权机关依法对其撤销，否定其效力。被撤销的行政行为从撤销之日起无效，并可以一直追溯到行政行为作出之日。行政行为可撤销的情形包括：行政主体没有权限或超越权限；行政行为适用法律错误；行政行为程序违法等。D 错，行政行为如果不具有行政管理的内容，则不存在撤销的问题。

11. **答案**：ABD。行政行为的法律效力包括拘束力、确定力和执行力。行政行为的确定力，是指行政行为成立生效后，其内容具有稳定性，非经法定程序和因法定事由不得随意改变。行政行为一旦生效，行政相对人不得擅自改变；行政机关不能任意更改；行政行为生效后，行政机关认为确有错误且符合改变条件时，行政机关可以按照法定程序改变或撤销该行为。

12. **答案**：CD。A 选项是抽象行政行为；B 选项的行为没有为行政相对人设定权利义务，因而不是行政处理行为；C 选项是行政处罚行为；D 选项是行政征收行为。

13. **答案**：ACD。具体行政行为的成立，是指具体行政行为在法律上被认定为存在。其成立的一般条件是：(1) 在主体上，作出具体行政行为的是享有行政职权的行政机关，实施该具体行政行为的工作人员意志健全且具有行为能力；(2) 在内容上，向对方当事人作出具有效果意思的表示；(3) 在程序上，按照法律规定的时间和方式进行送达。可见，送达是具体行政行为成立的条件，未经送达则具体行政行为不成立，遑论其法律约束力。据此，C 选项错误当选。而 A 选项忽略了附条件、附期限的具体行政行为；D 选项违反了“违法赔偿原则”。

14. **答案**：AC。具体行政行为的撤销是指对违法或不当但已生效的具体行政行为依法使其失去法律效力，恢复具体行政行为作出前的状态。一般情况下，具体行政行为一经撤销，自始无效；特殊情况下，自撤销或确认违法之日起失效。但具体行政行为一经作出生效，即具备拘束力，当事人在其被撤销之前应受其约束，A选项正确。具体行政行为的废止是指因客观条件的变化，没有必要继续保持其效力；被废止的具体行政行为自废止之日起无效。具体行政行为废止的原因都是当事人所能控制之外的客观原因，当事人没有过错，因此具体行政行为废止前给予当事人的利益，在该行为废止后也不能收回，B选项错误。专属权益的行为的效力具有专属性，则特定人死亡之后其效力自然也应该终止，C选项正确。无效的具体行政行为不存在公定力问题，自始确定无效，但是并非任何人都可以向法律起诉主张其无效，因为向法院起诉的一个条件是"与该具体行政行为有利害关系"，据此D选项不正确。

注意：具体行政行为具有公定力、确定力、拘束力和执行力。公定力是指具体行政行为一旦作出，假定该行为合法；具体行政行为不因复议或诉讼而停止执行；但是无效的具体行政行为没有公定力，自始无效。具体行政行为的确定力是指具体行政行为一旦作出，不得随意更改：已确定的行政决定，公民无权自行变更；已确定的行政执法行为，非经法定程序行政机关不得随意改变。具体行政行为的拘束力是指具体行政行为生效后，必须按照已经确定的内容实施行为——相对人必须遵守和实际履行行政行为规定的义务。具体行政行为的执行力是指国家强制当事人实施具体行政行为所要求的义务。

15. 答案：AB。A选项，行政行为合法的必要条件有5个：(1) 有事实依据（证据确凿）；(2) 有法律依据（适用法律、法规正确）；(3) 遵守法定程序；(4) 未超越职权；(5) 未滥用职权。五者缺一不可。A项正确应选。

B选项，行政行为无效是指行政行为因明显、重大违法，导致该行为自始至终不产生法律效力。重大的违法情形必须根据各个具体行政行为的情况以及相关法律的规定是否严格或者宽松来判断。比如，《行政处罚法》第38条规定，行政处罚没有依据或者实施主体不具有行政主体资格的，行政处罚无效。违反法定程序构成重大且明显违法的，行政处罚无效。另外，包括明显超越职权、滥用职权等情形都会导致行政行为无效，所以无效行政行为的表现方式多种多样，无法完全列举。B项正确应选。

C选项，具体行政行为的废止主要有3种情形：(1) 行政行为所依据的法律、法规、规章、政策经有权机关修改、废止或者撤销，相应行为如果继续存在，则与新的法律、法规、规章、政策相抵触；(2) 客观形势发生重大变化，原行为继续存在将有碍于社会政治、经济、文化的发展，甚至给国家和社会利益造成重大损失；(3) 行政行为已经完成原定的目标、任务，实现了其历史使命，从而没有继续存在的必要。如果说行政行为的废止是因为前两个原因引起的，且给相对人的合法权益造成比较大的损失，则应当给予行政相对人适当的补偿。因此，行政行为的废止引发的后果应当是补偿而不是赔偿。C项错误不选。

D选项，《行政复议法》第42条规定，行政复议期间具体行政行为不停止执行。也就是说在复议期间行政行为仍然被推定为有效，需要行政相对人（申请人）予以全面履行，只要推定行政行为有效，则行政行为就具有拘束力。D项错误不选。综上，本题选AB。

16. 答案：ABD。

三、不定项选择题

1. 答案：ACD。根据《最高人民法院关于行政诉讼撤诉若干问题的规定》第3条规定，下列3种情况属于行政诉讼中"被告改变其所作的具体行政行为"：(1) 改变被诉具体行政行为所认定的主要事实和证据；(2) 改变被诉具体行政行为所适用的规范依据且对定性产生影响；(3) 撤销、部分撤销或者变更被诉具体行政行为处理结果。根据该规定第4条，下列三种情形可以视为行政诉讼中“被告改变其所作的具体行政行为”：（1）根据原告的请求依法履行法定职责；（2）采取相应的补救、补偿等措施；（3）在行政裁决案件中，书面认可原告与第三人达成的和解。据此，A项中公安局把拘留改为罚款，变更了具体行政行为的处理结果。故A项当选。B项中，土地局虽然更正了处罚决定的文字错误，但是没有影响该处罚决定的性质和内容，故不属于具体行政行为的改变。故B项不当选。C项中，被诉工商局在诉讼期间做出书面答复，属于“根据原告的请求依法履行法定职责”的情形，故可以被视为改变被诉具体行政行为。据此，C项当选。D项中，县政府在作出处理决定后书面认可甲、乙的和解，属于可以被视为“被告改变其所作的具体行政行为”的情形。据此，D项当选。

2. **答案**：CD。A选项错误，因为成立只是符合成立要件，仅仅表明这个行政行为在法律形态上是存在的，并不一定符合生效要件，可能成立之后无效。

B选项撤销该具体法律行为使其效力终止，还可能因为法律修改、政策变化、情势变更等基于合法的撤回、收回、关闭、停止的原因而使其效力终止。

C选项从行政法一般原理的角度看是对的，当选。

D选项“滥用职权是具体行政行为构成违法的独立理由”正确当选。

四、名词解释

1. **答案**：具体行政行为是在行政管理过程中，针对特定的人或事所采取具体措施的行为。其行为的内容和结果将直接影响某一个人或组织的权益，具体行政行为最突出的特点，就是行为对象的特定性和具体化，属于某个个人或组织，或者某一具体社会事项。
2. **答案**：有效成立的行政行为，具有不可变更力，即非依法不得随意变更或撤销；还具有不可争辩力，即对于行政主体来说，非依法定理由和程序，不得随意改变其行为内容，或就同一事项重新作出行为；对于行政相对方来说，不得否认行政行为的内容或随意改变行为内容，非依法也不得请求改变行政行为。
3. **答案**：形式确定力指具体行政行为对行政相对人的法律效力，是指除无效具体行政行为以外，在行政复议和行政诉讼期限届满以后相对人不能要求改变具体行政行为。

   实质确定力指行政主体不得随意改变自己作出的具体行政行为，否则应当承担相应的法律责任。
4. **答案**：行政行为成立后，其内容对有关人员或组织所产生的法律上的约束效力，有关人员和组织必须遵守、服从。行政行为的拘束力具体表现在以下两个方面：（1）对行政主体的拘束力；（2）对行政相对人的拘束力。
5. **答案**：行政主体作出的行政行为，不论是合法还是违法，都推定为合法有效。相关的当事人都应加以遵守或服从，这是行政效率原则的要求。
6. **答案**：行政行为的执行力是行政行为生效后，行政主体依法有权采取一定手段，使行政行为的内容得以实现的效力。

五、简答题

1. **答案**：①具体行政行为的主体须合法。②具体行政行为须在行政机关的权限内作出。③具体行政行为的内容须合法。④具体行政行为须符合法定程序。⑤具体行政行为须符合法定形式。
2. **答案**：①确定力。确定力是指已生效具体行政行为对行政主体和行政相对人所具有的不受任意改变的法律效力。②拘束力。拘束力是指已生效的具体行政行为所具有的约束和限制行政主体和行政相对人行为的法律效力。③执行力。执行力是指已生效的具体行政行为要求行政主体和行政相对人对其内容予以实现的法律效力。④公定力。公定力是指具体行政行为一经成立，不论是否合法，即具有被推定为合法而要求所有机关，组织或个人表示尊重的一种法律效力。

3. **答案**：[①] 行政行为撤销是在相应行为具备可撤销的情形下，由有权国家机关作出撤销决定而使之失去法律效力。

行政行为撤销的条件如下：①行政行为合法要件缺损。合法的行政行为必须具备主体合法、内容合法、程序合法等要件。某种行政行为只要缺损其中一个要件，该行政行为就是可被撤销的行政行为。②行政行为不适当。所谓“不适当”是指相应行为具有不合理、不公正、不符合现行政策、不合时宜、不合乎有关善良风俗习惯等情况。不适当的行政行为在很多情形下同时是不合法的行为，从而可以“违法”为由撤销。

行政行为被撤销后有下述法律结果：行政行为被撤销后通常自始失去法律效力，但根据社会公益的需要或行政相对人是否存在过错等情况，撤销也可仅使行政行为自撤销之日起失效。如果行政行为的撤销是因行政主体的过错引起，而依社会公益的需要又必须让行政行为的撤销效力追溯到行为作出之日起，那么，由此给相对人造成的一切实际损失应由行政主体予以赔偿。如果行政行为的撤销是因行政相对人的过错或行政主体与相对人的共同过错所引起的，行政行为撤销的效力通常应追溯到行为作出之日。行政主体通过相应行为给予相对人的利益应收回，相对人因行为撤销所造成损失由其自己负责，国家和社会利益受到损失的应由相对人就其过错程度予以赔偿，行政机关工作人员对其过错也应承担相应的法律责任。

4. **答案**：行政不作为是指行政主体以不作为的方式实施的行政行为。它是与行政作为相对应的一个范畴。它以消极不作为的方式表现出来，无明确的意思表示或外在动作行为。行政不作为必须具备以下条件：一是行政主体及其工作人员负有作为的法定义务。这种义务来源于法律、法规对行政主体职权和职责的规定，且具体可以依申请或依职权而发生。二是在程序上表现为消极地有所不为，即没有履行该作为的法定义务。既有程序上的特点——消极地不作为或没有完成一定的程序行为；也有实体上的特征——不履行作为的法定义务。并且，行政不作为中的“不为”或“不履行”是指行为人在当时情况下，能够“为”或履行而出于故意或过失没有“为”或“履行”，并不是由于不可抗力的原因使其不能“为”或“履行”，且是逾期没有“为”或“履行”，如果法定期限尚未届满，应视为行政主体还没有作为，如果法定期限届满而“为”或“履行”，则是作为迟延，都不能视为是行政不作为。行政不能行为是指行政主体因客观因素的约束而无法将行为过程推进到法定终端的行为，它既具有作为行为的积极性特征，又具有不作为行为的表现形态，即没有把行为过程推进到法定的行为过程终端。

不作为行为与行政不能行为的主要区别是：不作为行为是由申请人申请引起，也就是说，只有经过公民、法人与其他组织提出申请，行政机关的法定职责才能成为一种具体内容的有实质内容的法定职责，行政机关对这种具体的有实质内容的法定职责拒绝履行、不予答复或拖延履行时，就构成不作为。行政不能行为可发生在职权行为过程中，也可发生在职责行为过程中。发生在职权行为过程中的不能行为，不以相对人先行申请为启动条件，而是由某一事件的发生引起，也就是说，某一事件发生后，行政主体享有的职权就成为一种有具体内容的职权，行政主体不行使这种职权，就是失职；当行为环境阻却这种职权行使时，就构成不能行为。

六、论述题

1. **答案**：行政行为的合法要件是指合法行政行为所必须具备的法定条件。

（1）行为主体合法。只有行为主体合法

① 编者注：行政行为是行政法学研究的核心内容之一，行政行为的效力是行政行为理论的重要部分。在行政行为效力当中，撤销是其中很重要的一种，在撤销的法律结果当中，还应特别注意受益行政行为的撤销其法律结果之一是引起行政补偿或行政赔偿。此外，还应注意区分行政行为无效、撤销和废止的区别。

的行政行为才是合法的行政行为。这就要求：①行为主体应具备行政主体资格。即只有具备法定资格的行政主体所作的行政行为才是合法行政行为。这里的资格，指能够以自己的名义实施行政行为，并能够独立承担相应的法律效果，即形式资格。②合议制行政主体应以会议的决议作出行政行为。该会议应符合要求，即应由合法的公务员召集和主持，有法定多数人的参加和通过。③实施行为的公职人员应具有合法的身份，即代表行政主体实施行政行为的公职人员，必须是合法取得公职人员身份（包括通过授权或委托取得实施行政行为的资格）的人员。

（2）行为权限合法。只有权限合法的行政行为才是合法的行政行为。这就要求：①行政行为必须是在行政主体法定权限内所作的作为。也就是说行政主体必须在自己的事务管辖权、地域管辖权和级别管辖权的范围内作出行政行为，被授权组织必须在授权范围内，被委托组织必须在委托范围内作出行政行为。②行政行为的实施没有滥用职权的情形。

（3）行为内容合法。只有内容合法的行政行为才是合法的行政行为。这就要求：①行政行为具有事实根据，意思表示真实、完整和确定。②抽象行政行为具有法律依据。具体行政行为适用法律、法规正确。③行政行为的目的符合立法本意，而不能曲解立法意图或背离法律的宗旨和原则。

（4）行为程序合法。只有符合法定程序的行政行为才是合法的行政行为。这就要求行政行为既要符合行政程序的基本原则（如先取证、查明事实，后裁判、作出处理决定的顺序原则），又要符合行政程序的制度（如听证制度和说明理由制度等）

（5）行为形式合法。只有形式合法的行政行为才是合法的行政行为。这就要求行政行为必须具备法律所要求的形式。人民法院对具体行政行为进行合法性审查，基本按照行政行为的合法性要求来进行。《行政诉讼法》第 69 条规定，行政行为证据确凿，适用法律、法规正确，符合法定程序的，或者原告申请被告履行法定职责或者给付义务理由不成立的，人民法院判决驳回原告的诉讼请求。人民法院在具体行政行为同时具备以下三个条件时，可以判决驳回诉讼请求：①证据确凿；②适用法律法规正确；③符合法定程序。[①]

2. 答案：行政行为具有先定力、公定力、确定力、拘束力和执行力等效力，它们既相互独立，又互相依存，共同组成了行政行为效力的完整内容。行政行为的效力即行政行为所发生的法律效果，表现为一种特定的法律约束力和强制力。行政行为只有发生预期的法律效果才能达到其应有的目的，并在社会生活中发挥其应有的作用。因此，行政行为的效力是行政行为研究中的一个重要问题。行政行为的先定力、公定力、确定力、拘束力和执行力五种效力中的每一种效力都是后列效力的前提，也是前列效力的目的，它们共同组成了行政行为效力的完整内容。行政行为的先定力是指行政行为的作出受行政主体单方面意思表示决定的效力。相对于其他效力而言，它是行政主体对于相对人而言的、意思表示过程中的一种法律效力，表现为行政行为的单方面性。首先，它是行政主体对于相对人而言的一种法律效力，而非针对行政主体和相对人双方而发生的一种法律效力。其次，它是行政主体意思表示过程中即行政行为的作出过程中的一种法律效力，而非行政行为作出之后才发生的法律效力。所以，它是其他所有效力的前提，正是由于这一效力在先，才会产生其他效力。最后，这种效力表现为行政行为的单方面性。行政行

① 编者注：人民法院对行政行为的合法性审查原则可以说是行政诉讼的基本原则。对行政行为合法性审查的理论基础是行政行为的合法要件。行政行为是广义的法律行为的一种，其合法生效必须具备一般法律行为的生效要件，但其又具有行政行为的特征，因此，还要看到行政行为生效要件的特殊性。可以说，行政行为的合法要件是行政法中重要的理论问题，而法院对行政行为的合法性审查则是行政诉讼中重要的理论和实际问题。这道论述题可以说将两者都结合起来，是一道综合性强的论述题。

为是行政主体行使行政权维护和分配公共利益的行为。基于公共利益相对于个人利益的主导地位，代表公共利益的行政主体在地位和权利上优于个人利益的主体即相对人。这就决定了行政主体能够单方面决定行政行为的内容，即单方面设定相对人的权利和义务，而无须征得相对人的同意。行政行为在其作出过程中所表现出来的行政主体单方面设定相对人权利和义务的法律效力即为行政行为的先定力。

第十三章　行政处理（一）
——依申请行政行为

基础知识图解

- 依申请行政行为
  - 概述
    - 行政处理
    - 依申请行政行为
  - 行政许可
    - 概念及种类、作用
    - 《行政许可法》所确立的基本制度和原则
  - 行政给付
    - 概念及种类
    - 作用原则
  - 行政确认
    - 概念、主要形式与基本分类
    - 作用与原则
  - 行政裁决
    - 概念及种类
    - 作用及原则

配套测试

一、单项选择题

1. 下列说法正确的是（　　）。

A. 行政法规可以在法律设定的行政许可事项范围内，对实施该行政许可作出具体规定

B. 公民、法人或者其他组织能够自主决定的不得设立行政许可

C. 地方性法规不可以在法律、行政法规设定的行政许可事项范围内，对实施该行政许可作出具体规定

D. 省、自治区、直辖市人民政府规章不可以设定临时性的行政许可

2. 行政机关在其法定职权范围内，依照法律、法规、规章的规定，可以委托其他行政机关实施行政许可。下列选项中正确的是（　　）。

A. 委托机关应当将受委托行政机关和受委托实施行政许可的内容予以公告

B. 受委托行政机关在委托范围内，以自己名义实施行政许可

C. 受委托行政机关在委托范围内，可以再委托其他组织或者个人实施行政许可

D. 委托行政机关对受委托行政机关实施行政许可的行为后果不承担法律责任

3. 除可以当场作出行政许可决定的外，行政机关应当自受理行政许可申请之日起多少日内作出行政许可决定？（　　）

A. 15　　B. 20　　C. 30　　D. 45

4. 根据行政许可法的规定，下列有关行政许可的审查和决定的哪一种说法是正确的？（　　）

A. 对行政许可申请人提交的申请材料的审查，均应由行政机关两名以上工作人员进行

B. 行政机关作出准予行政许可决定和不予行政许可决定，均应采用书面形式

C. 行政机关作出准予行政许可决定后，均应向申请人颁发加盖本行政机关印章的行政许可证件

D. 所有的行政许可均在全国范围内有效

5. 下列判断，（　　）是正确的。

A. 任何许可只要依法取得就永远具有法律效力

B. 行政许可是行政机关对国家经济和其他事务进行管理和控制的一种方式

C. 许可证就是营业执照

D. 许可取得后就意味着行政机关丧失对被许可人及许可事项的行政监督检查权

6. 刘某向卫生局申请在小区设立个体诊所，卫生局受理申请。小区居民陈某等人提出，诊所的医疗废物会造成环境污染，要求卫生局不予批准。对此，下列哪一选项符合《行政许可法》规定？（　　）（司考 2010. 2. 43）

A. 刘某既可以书面也可以口头申请设立个体诊所

B. 卫生局受理刘某申请后，应当向其出具加盖本机关专用印章和注明日期的书面凭证

C. 如陈某等人提出听证要求，卫生局同意并听证的，组织听证的费用应由陈某承担

D. 如卫生局拒绝刘某申请，原则上应作出书面决定，必要时口头告知即可

7. 下列（　　）属于附义务的行政许可。

A. 律师资格证　　B. 驾驶证

C. 排污许可证　　D. 营业执照

8. 下列关于行政处理效力问题的表述中正确的有（　　）。

A. 行政处理行为一旦作出，就不能加以改变

B. 所有行政处理行为都具有执行力

C. 行政处理行为不仅对行政相对人有拘束力，对行政机关也有拘束力

D. 行政机关作出行政处理行为之日就是行政处理行为生效之日

9. 下列许可形式中，属于排他性许可的是（　　）。

A. 专利许可　　B. 驾驶执照

C. 营业执照　　D. 护照

10. 下列表述中，与行政许可合理裁量原则不符的是（　　）。

A. 考虑公共利益和个体利益的取舍

B. 考虑个体利益之间的均衡

C. 确保每个申请人都能获得许可

D. 公平、公正地对待每个申请人

11. 某甲获得县市场监督管理局颁发的营业执照，在县广场附近开了一家字号为“广场小吃”的饭店，生意很火。几年后，县广场整修，并根据县的城市规划，某甲的饭店必须搬迁。于是某甲将饭店搬到离新广场稍远的一个地方，仍然挂着“广场小吃”的牌子。在某饭店营业执照期限即将届满时，某甲依法申请延续该执照许可。县市场监督管理局经审查认为其符合延续许可的条件，但是认为该店已经搬离广场，故没有批准其继续使用“广场小吃”的字号。根据《行政许可法》，下面说法正确的是（　　）。

A. 县市场监督管理局的做法虽然不合理，但在其自由裁量权之内

B. 某甲只需向县市场监督管理局申请营业执照的延续，字号无需市场监督管理局批准

C. 某甲饭店字号须经县市场监督管理局批准，但市场监督管理局不予批准的理由不成立

D. 县市场监督管理局的行为完全合法

12. 某甲于 5 月 11 日向行政机关提出某项行政许可的申请，但是申请材料不齐全，行政机关当场并没有告知其需要补正的其他全部材料，直到 5 月 20 日电话告知某甲应该补正的全部内容，那么，如果根据《行政许可法》的要求，什么时候为行政机关受理某甲申请之日？（　　）

A. 5 月 16 日

B. 5 月 20 日

C. 5 月 11 日

D. 某甲补正所有材料并交给行政机关之日

13. 下列关于实施行政许可特别程序的规定，错误的是（　　）。

A. 某地行政机关对公交运营路线的审批通过招标方式作出，符合法律规定
B. 行政机关按照招标程序确定中标人后，应当作出准予行政许可的决定
C. 进出口食品检疫机关实施检疫，应当自受理申请之日起 5 日内指派三人以上检疫人员进行
D. 检疫机关根据检疫结果，作出不予行政许可决定的，应当书面说明依据的技术标准、技术规范

14. 下列哪些情形行政机关不应当办理有关行政许可的注销手续？（　　）
A. 被许可人的有效期届满且未申请延续
B. 被申请人依法申请延续许可，行政机关未予答复
C. 行政许可依法被撤销
D. 行政许可证件依法被吊销

15. 刘某系某工厂职工，该厂经区政府批准后改制。刘某向区政府申请公开该厂进行改制的全部档案、拖欠原职工工资如何处理等信息。区政府作出拒绝公开的答复，刘某向法院起诉。下列哪一说法是正确的？（　　）（司考 2011. 2. 43）
A. 区政府在作出拒绝答复时，应告知刘某并说明理由
B. 刘某向法院起诉的期限为两个月
C. 此案应由区政府所在地的区法院管辖
D. 因刘某与所申请的信息无利害关系，区政府拒绝公开答复是合法的

16. 某公司向规划局交纳了一定费用后获得了该局发放的建设用地规划许可证。刘某的房屋紧邻该许可规划用地，刘某认为建筑工程完成后将遮挡其房屋采光，向法院起诉请求撤销该许可决定。下列哪一说法是正确的？（　　）（司考 2013. 2. 47）
A. 规划局发放许可证不得向某公司收取任何费用
B. 因刘某不是该许可的利害关系人，规划局审查和决定发放许可证无需听取其意见
C. 因刘某不是该许可的相对人，不具有原告资格
D. 因建筑工程尚未建设，刘某权益受侵犯不具有现实性，不具有原告资格

17. 食品药品监督管理局向一药店发放药品经营许可证。后接到举报称，该药店存在大量非法出售处方药的行为，该局在调查中发现药店的药品经营许可证系提供虚假材料欺骗所得。关于对许可证的处理，该局下列哪一做法是正确的？（　　）（司考 2015. 2. 47）
A. 撤回　　B. 撤销
C. 吊销　　D. 待有效期限届满后注销

18. 某房地产开发有限公司拟兴建某小区项目，向市规划局申请办理建设工程规划许可证，并提交了相关材料。下列哪一说法是正确的？（　　）（司考 2017. 2. 47）
A. 公司应到市规划局办公场所提出申请
B. 公司应对其申请材料实质内容的真实性负责
C. 公司的申请材料不齐全的，市规划局应作出不受理决定
D. 市规划局为公司提供的申请格式文本可收取工本费

19. 某市应急管理局向甲公司发放《烟花爆竹生产企业安全生产许可证》后，发现甲公司所提交的申请材料系伪造。对于该许可证的处理，下列哪一选项是正确的？（　　）
A. 吊销　　B. 撤销
C. 撤回　　D. 注销

20. 关于规章，下列哪一说法是正确的？（　　）
A. 较大的市的人民政府制定的规章可以在上位法设定的行政许可事项范围内，对实施该行政许可作出具体规定
B. 行政机关实施许可不得收取任何费用，但规章另有规定的，依照其规定
C. 规章可以授权具有管理公共事务职能的组织实施行政处罚
D. 违法行为在 2 年内未被发现的，不再给予行政处罚，但规章另有规定的除外

二、多项选择题

1. 《执业医师法》[①] 规定，执业医师需依法取得卫生行政主管部门发放的执业医师资格，并经注册后方能执业。关于执业医师资格，下列哪些说法是正确的？（　　）（司考 2016. 2. 78）

A. 该资格属于直接关系人身健康，需按照技术规范通过检验、检测确定申请人条件的许可

B. 对《执业医师法》规定的取得资格的条件和要求，部门规章不得作出具体规定

C. 卫生行政主管部门组织执业医师资格考试，应公开举行

D. 卫生行政主管部门组织执业医师资格考试，不得组织强制性考前培训

2. 关于行政许可的设定权限，下列哪些说法是不正确的？（　　）（司考 2016. 2. 79）

A. 必要时省政府制定的规章可设定企业的设立登记及其前置性行政许可

B. 地方性法规可设定应由国家统一确定的公民、法人或者其他组织的资格、资质的行政许可

C. 必要时国务院部门可采用发布决定的方式设定临时性行政许可

D. 省政府报国务院批准后可在本区域停止实施行政法规设定的有关经济事务的行政许可

3. 行政处理（　　）。

A. 既包括外部行政行为又有内部行政行为

B. 是具体行政行为最主要的内容

C. 不具有惩罚性

D. 包括行政调解、行政裁决等多种形式

4. 行政许可（　　）。

A. 以许可的性质为标准可分为一般许可和特别许可

B. 是双方行为

C. 是依申请的行政行为

D. 须以明确的法律规定为前提

5. 行政确认是（　　）的行政行为。

A. 要式　　B. 自由裁量

C. 羁束　　D. 默示

6. 行政给付（　　）。

A. 是面对社会大多数人的福利事业

B. 是依职权的行政行为

C. 包括抚恤金、社会救济金、灾民生活救济、独生子女补贴等

D. 是单方行政行为

7. 关于行政裁决，下列说法正确的是（　　）。

A. 以法律的明确授权为前提

B. 由行政机关依职权作出

C. 一般为终局性决定

D. 以特定民事经济纠纷为对象

8. 行政给付在我国主要有以下形式：（　　）。

A. 安置　　B. 补助

C. 抚恤　　D. 救灾扶贫

9. 我国行政裁决主要适用于解决（　　）。

A. 行政纠纷　　B. 侵权纠纷

C. 知识产权纠纷　　D. 权属纠纷

10. 某公司准备在某市郊区建一座化工厂，向某市规划局、土地管理局、环境保护局和建设局等职能部门申请有关证照。下列哪些说法是正确的？（　　）（司考 2005. 2. 88）

A. 某公司应当对其申请材料实质内容的真实性负责

B. 某市人民政府应当组织上述四个职能部门联合为某公司办理手续

C. 拟建化工厂附近居民对核发该项目许可证照享有听证权利

D. 如果某公司的申请符合条件，某市人民政府相关职能部门应在 45 个工作日内为其办结全部证照

11. 根据行政许可法的规定，下列关于行政许可的撤销、撤回、注销的哪些说法是正确的？（　　）（司考 2006. 2. 86）

A. 行政许可的撤销和撤回都涉及被许可人实体权利

① 编者注：《执业医师法》于 2022 年 3 月 1 日失效。

B. 规章的修改可以作为行政机关撤回已经生效的行政许可的理由
C. 因行政机关工作人员滥用职权授予的行政许可被撤销的，行政机关应予赔偿
D. 注销是行政许可被撤销和撤回后的法定程序

12. 下列行政裁决中，属于专门行政机关裁决的有（　　）。
A. 专利争议的复审
B. 商标争议的裁决
C. 土地所有权争议的处理
D. 土地使用权争议的处理

13. 行政裁决公正、平等的原则意味着（　　）。
A. 裁决机关必须在法律上处于独立的第三人地位
B. 裁决者必须实行严格的回避制度
C. 裁决机关必须客观而全面地认定事实
D. 裁决机关必须正确地适用法律规范

14. 关于行政处罚和行政许可行为，下列哪些说法是不正确的？（　　）
A. 行政处罚和行政许可的设定机关均应定期对其设定的行政处罚和行政许可进行评价
B. 法律、法规授权的具有管理公共事务职能的组织，可依授权行使行政处罚权和行政许可权
C. 行政机关委托实施行政处罚和行政许可的组织应当是依法成立的管理公共事务的事业组织
D. 行政机关依法举行听证的，应当根据听证笔录作出行政处罚决定和行政许可决定

15. 我国《行政许可法》规定的基本原则有（　　）。
①许可法定和依法许可原则；②公平、公正、公开原则；③便民、高效原则；④救济原则；⑤不收费原则；⑥信赖保护原则；⑦不得转让原则；⑧监督原则。
A. ①②　　B. ③④
C. ⑤⑥　　D. ⑦⑧

16. 下列关于《行政许可法》第 12 条的理解正确的是（　　）。
A. “设定”意为创设性的规定或者首次规定
B. “设定”也包括行政法规对法律设定的行政许可事项的具体规定
C. “可以”表明设定行政许可的特别法不能超出本条列举的事项
D. 本条所列举的事项不具有直接的执行性

17. 下列关于行政许可设定权和规定权的说法中，哪些是正确的？（　　）
A. 国务院决定对纺织品进出口实行配额限制
B. 珠海作为特区，其市政府有权创设行政许可
C. 教育部对法律设定的行政许可作出具体规定
D. 杭州市政府对行政法规设定的行政许可作出具体规定

18. 如果人民政府要在本行政区域内停止实施某项行政许可，根据《行政许可法》的要求，下列说法正确的有哪些？（　　）
A. 如果该行政许可是行政法规设定的，必须经过国务院的批准
B. 必须是省级人民政府才能停止实施某项行政许可
C. 该行政许可事项必须是行政法规设定的
D. 该行政许可事项必须是有关经济事务的

19. 下列关于行政许可实施主体的说法中，哪些是正确的？（　　）
①行政许可由具有行政许可权的行政机关实施；②行政许可权可以由法定授权组织实施；③行政许可权可以由有行政机关授权的社会组织实施；④行政机关可以委托其他行政机关实施行政许可；⑤行政许可可以委托其他社会组织实施。
A. ①④　　B. ②③
C. ③⑤　　D. ②④

20. 某甲打算开一家饭店，经打听，需要分别取得某市市场监督管理局、卫生健康

委员会、消防局等政府部门的行政许可，根据《行政许可法》的规定，下列做法合法的是（　　）。

A. 该市人民政府决定由市场监督管理局统一行使原来由三个部门分别行使的行政许可权

B. 该市人民政府决定组织三个部门在同一个办公地点联合、集中办理许可

C. 该市人民政府决定由市场监督管理局统一受理许可申请，然后再由市场监督管理局转告其他两个部门分别提出意见后统一办理

D. 该市人民政府决定仍然由三个部门分别在各自的办公地点办理许可事宜

21. 《行政许可法》对相对人向行政机关提出申请有哪些要求？（　　）

A. 必须书面提出申请

B. 可以通过信函、电子邮件的方式向行政机关提出申请

C. 必须亲自到行政机关办公地点申请

D. 应当如实向行政机关提交有关材料和反映真实情况

22. 某公民向行政机关提出获得驾驶执照的申请，根据《行政许可法》的要求，他可以（　　）。

A. 向行政机关索要申请书格式文本

B. 要求行政机关对公示内容予以说明、解释

C. 拒绝提交与其申请的行政许可事项无关的技术资料和其他材料

D. 委托代理人提出行政许可申请

23. 某公司申请在某住宅小区不远处开办一家通宵营业的歌舞厅，向市场监督管理局提出申请，市场监督管理局经审查，发现该歌舞厅可能会影响小区夜间的休息。根据《行政许可法》的要求，下面说法错误的是（　　）。

A. 市场监督管理局应当告知该小区的住户

B. 该小区住户有权陈述其意见

C. 该公司无权要求举行听证

D. 如果要举行听证，费用由该公司承担

24. 某甲向某市A区公安分局申请某项行政许可，法律、法规没有特殊规定，那么按照《行政许可法》的规定，下列关于行政机关审查、决定行政许可期限的说法，正确的有哪些？（　　）

A. 除可以当场作出行政许可决定的外，该公安分局应当自受理行政许可申请之日起20个工作日内作出行政许可决定

B. 该公安分局20日内不能作出决定的，必须经该市公安局负责人批准，才可以延长10日

C. 该公安分局20日内不能作出决定的，经该公安分局负责人批准，可以延长10日

D. 该公安分局应当自受理行政许可申请之日起30个工作日内作出行政许可决定

25. 行政机关对某养殖场的生猪进行检疫，下列说法正确的是（　　）。

A. 行政机关应当自受理申请之日起5日内指派两名以上工作人员按照技术标准、技术规范进行检疫

B. 如果不需要对检疫结果作进一步技术分析即可认定是否符合技术标准、技术规范的，行政机关应当当场作出行政许可决定

C. 如果检疫合格，行政机关应当当场在生猪身上加盖检疫印章

D. 如果检疫合格，行政机关应当在10日之内在生猪身上加盖检疫印章

26. 下列有关行政许可听证程序的选项中，哪些是正确的？（　　）

A. 无论是依职权还是应申请的听证，行政机关都需要事前公告

B. 听证即有关各方提出意见和证据，并进行质证和辩论

C. 未依据听证笔录作出的行政许可决定是无效的

D. 听证主持人由于不是行政许可的审查人，因此无须回避

27. 下列何种情况下，行政机关应当在作出行

政许可前依职权主动进行听证？（　　）
A. 法律、法规规定实施行政许可应当听证的事项
B. 规章规定实施行政许可应当听证的事项
C. 行政机关认为需要听证的其他涉及公共利益的重大行政许可事项
D. 行政机关对行政许可申请进行审查时，发现行政许可事项直接关系他人重大利益的

28. 某甲向行政机关申请行政许可，某乙向行政机关提出行政许可的延续申请，下面哪些说法是不正确的？（　　）
A. 行政机关必须在法定期限内答复甲的申请，否则视为准予许可
B. 如果甲的申请材料不齐全或者不符合法定形式，行政机关应当当场或者在5日内一次告知甲需要补正的全部内容，逾期不告知的，自收到申请材料之日起即为受理
C. 行政机关必须在法定期限内答复乙的申请，否则视为准予延续
D. 行政机关必须在法定期限内答复乙的申请，否则视为不准予延续

29. 根据《行政许可法》关于“加强对下级行政机关实施行政许可的监督检查”的规定，下列说法正确的是（　　）。
A. 加强对下级行政机关实施行政许可的监督检查的主体不限于上一级行政机关
B. 对被授权实施行政许可的组织进行监督检查的是其主管行政机关及所有上级行政机关
C. 该条规定排除了人大对行政机关实施行政许可的监督
D. 该条规定排除了法院对行政机关实施行政许可的监督

30. 对下列哪些情形，行政机关应当办理行政许可的注销手续？（　　）（司考2008.2.87）
A. 张某取得律师执业证书后，发生交通事故成为植物人
B. 田某违法经营的网吧被吊销许可证
C. 李某依法向国土资源管理部门申请延续采矿许可，国土资源管理部门在规定期限内未予答复
D. 刘某通过行贿取得行政许可证后，被行政机关发现并撤销其许可

31. 刘某参加考试并取得《医师资格证书》。后市卫生局查明刘某在报名时提供的系虚假材料，于是向刘某送达《行政许可证件撤销告知书》。刘某提出听证申请，被拒绝。市卫生局随后撤销了刘某的《医师资格证书》。下列哪些选项是正确的？（　　）（司考2007.2.81）
A. 市卫生局有权撤销《医师资格证书》
B. 撤销《医师资格证书》的行为应当履行听证程序
C. 市政府有权撤销《医师资格证书》
D. 市卫生局撤销《医师资格证书》后，应依照法定程序将其注销

32. 关于公告，下列哪些选项是正确的？（　　）（司考2009.2.90）
A. 行政机关认为需要听证的涉及公共利益的重大许可事项应当向社会公告
B. 行政许可直接涉及申请人与他人之间重大利益关系的，申请人、利害关系人提出听证申请的，行政机关应当予以公告
C. 行政机关在其法定权限范围内，依据法律委托其他行政机关实施行政许可，对受委托行政机关和受委托实施许可的内容应予以公告
D. 被许可人以欺骗、贿赂等不正当手段取得行政许可，行政机关予以撤销的，应当向社会公告

33. 下列哪些地方性法规的规定违反《行政许可法》？（　　）（司考2010.2.82）
A. 申请餐饮服务许可证，须到当地餐饮行业协会办理认证手续
B. 申请娱乐场所表演许可证，文化主管部门收取的费用由财政部门按一定比例返还
C. 外地人员到本地经营网吧，应当到本

地电信管理部门注册并缴纳特别管理费

D. 申请建设工程规划许可证，需安装建设主管部门指定的节能设施

34. 田某认为区人社局记载有关他的社会保障信息有误，要求更正，该局拒绝。田某向法院起诉。下列哪些说法是正确的？（　　）（司考 2012. 2. 81）

A. 田某应先申请行政复议再向法院起诉

B. 区人社局应对拒绝更正的理由进行举证和说明

C. 田某应提供区人社局记载有关他的社会保障信息有误的事实根据

D. 法院应判决区人社局在一定期限内更正

35. 法院应当受理下列哪些对政府信息公开行为提起的诉讼？（　　）（司考 2012. 2. 85）

A. 黄某要求市政府提供公开发行的 2010 年市政府公报，遭拒绝后向法院起诉

B. 某公司认为工商局向李某公开的政府信息侵犯其商业秘密向法院起诉

C. 村民申请乡政府公开财政收支信息，因乡政府拒绝公开向法院起诉

D. 甲市居民高某向乙市政府申请公开该市副市长的兼职情况，乙市政府以其不具有申请人资格为由拒绝公开，高某向法院起诉

36. 对下列哪些拟作出的决定，行政机关应告知当事人有权要求听证？（　　）（司考 2015. 2. 77）

A. 税务局扣押不缴纳税款的某企业价值 200 万元的商品

B. 交通局吊销某运输公司的道路运输经营许可证

C. 规划局发放的建设用地规划许可证，直接涉及申请人与附近居民之间的重大利益关系

D. 公安局处以张某行政拘留 10 天的处罚

37. 下列哪些情形中，行政机关应依法办理行政许可的注销手续？（　　）（司考 2017. 2. 78）

A. 某企业的产品生产许可证有效期限届满未申请延续的

B. 某企业的旅馆业特种经营许可证被认定为以贿赂手段取得而被撤销的

C. 某房地产开发公司取得的建设工程规划许可证被吊销的

D. 拥有执业医师资格证的王医生死亡的

38. 关于行政许可实施程序的听证规定，下列说法正确的是：（　　）

A. 行政机关应在举行听证 7 日前将时间、地点通知申请人、利害关系人

B. 行政机关可视情况决定是否公开举行听证

C. 申请人、利害关系人对听证主持人可以依照规定提出回避申请

D. 举办听证的行政机关应当制作笔录，听证笔录应当交听证参与人确认无误后签字或者盖章

39. 甲单位向省规划自然资源厅申请颁发甲级城乡规划编制单位资质证书，省规划自然资源厅受理申请后一直未作出答复。后甲单位向法院提起诉讼，请求判令省规划自然资源厅履行颁发资质证书的法定职责。案件审理期间，省规划自然资源厅向甲单位颁发了资质证书，甲单位坚持不撤诉。关于本案，下列说法正确的是：（　　）

A. 颁发城乡规划编制单位资质证书属于直接关系公共利益的特定行业的市场准入事项

B. 省规划自然资源厅有权依照行政法规的规定收取办理许可的费用

C. 甲单位提起行政诉讼的起诉期限是 6 个月

D. 法院应驳回原告的诉讼请求

40. 某县行政审批局向肖某颁发《林木采伐许可证》，后查明肖某在申请林木采伐许可证时提供了虚假材料，遂将之前颁发给肖某的《林木采伐许可证》予以撤销。下列说法哪些是准确的？（　　）

A. 颁发《林木采伐许可证》不得收取费用

B. 撤销《林木采伐许可证》的性质为行

政处罚

C. 作出撤销《林木采伐许可证》决定前，应当听取肖某的陈述和申辩

D.《林木采伐许可证》被撤销后，县行政审批局应当将其注销

41. 关于行政许可的撤销与注销，下列哪些说法是错误的？（　　）

A. 均为行政处罚

B. 均为不可诉行为

C. 均为依申请行为

D. 均为可裁量行为

三、不定项选择题

1. 下列关于行政许可中规章的说法，正确的有哪些？（　　）

①地方性规章可以设定行政许可。②规章可以在上位法设定的行政许可事项范围内，对实施该行政许可作出具体规定。③行政机关可以依据规章的规定，委托其他行政机关实施行政许可。④对直接关系公共安全、人身健康、生命财产安全的设备、设施、产品、物品的检验、检测、检疫，除法律、行政法规、规章规定由行政机关实施的外，应当逐步由符合法定条件的专业技术组织实施。⑤规章设定的行政许可，其适用范围没有地域限制的，申请人取得的行政许可在全国范围内有效。⑥规章规定实施行政许可应当听证的事项，行政机关必须向社会公告，并举行听证。⑦被许可人需要延续依法取得的行政许可的有效期的，应当在该行政许可有效期届满30日前向作出行政许可决定的行政机关提出申请。但是规章另有规定的，依照其规定。⑧行政机关应当通过招标、拍卖等公平竞争的方式来决定有限自然资源的开发利用，但是，规章可以作出例外规定。⑨有数量限制的行政许可，两个或者两个以上申请人的申请均符合法定条件、标准的，行政机关应当根据受理行政许可申请的先后顺序作出准予行政许可的决定，规章不能对此作出例外规定。⑩规章可以规定行政机关实施行政许可收取一定合理的费用。

A. ①④⑩　B. ③⑥⑦　C. ⑤⑧　D. ②⑨

2. 下列哪些行为属于《行政许可法》所调整的“行政许可”行为？（　　）

A. 知识产权局授予某发明人专利权

B. 专利权人授予其他人的专利使用许可

C. 证监会退回某公司股票上市发行预选申报材料

D. 某县教委审批下属中学拨款扩建的申请

3. 2003年1月，某市将A区规划为商业开发区，某公司获得该市规划局批准开发该商业区，并投入大量资金进行前期建设；2004年3月，该市政府基于优化城市布局的考虑，又决定将A区调整为住宅区，但并没有给予该公司补偿。该公司不服，请问：该公司享有哪些救济途径？（　　）

A. 行使许可人的陈述、申辩权

B. 申请行政复议

C. 提起行政诉讼

D. 要求行政补偿

4. 根据上题所述情况指出下面哪些说法是不正确的？（　　）

A. 市政府无权调整城市规划，更不能据此收回所批土地

B. 市政府有权调整规划，但应当给予某公司以赔偿

C. 市政府有权调整规划，但是应当对给某公司造成的损失给予补偿

D. 市政府的行为合法

5. 根据《行政许可法》的规定，下列何种情况下，行政机关应当就相对人所受到的损失给予补偿？（　　）

A. 某甲以运输货物为生，但由于严重违反交通规则，其驾驶执照被交通部门吊销，失去生活来源

B. 某乙为了取得开办一歌舞厅的营业执照，贿赂市场监督管理局的负责人，后被人检举，上级行政机关撤销了该舞厅营业执照，乙前期投入的资金也无法收回

C. 某丙申请生猪屠宰许可，行政工作人

员玩忽职守，未经实地检查其场地条件就批准了该申请，后在行政机关的监督检查过程中，撤销了该许可

D. 某丁依法取得了在江边某处采砂的许可，后为了防洪筑坝的需要，行政机关撤回了该许可

6. 下列事例中，哪些是符合《行政许可法》规定的？（　　）

A. 国务院设定了一项尚未制定法律的直接涉及国家安全的行政许可

B. 商务部设定了一项尚未制定法律、行政法规的有关电子产品进出口配额限制的行政许可

C. 某经济特区所在地的市人大制定一项地方性法规，规定在该经济特区打工的外地民工必须具有高中或中专以上文化水平

D. 某省人民政府制定了一项规章，设定了一项尚未制定法律和行政法规的临时性行政许可

7. 某省人民政府因本行政区域行政管理的需要，在尚未制定法律、行政法规和地方性法规的情况下，拟设定一项临时性行政许可，下列说法正确的是（　　）。

A. 只能通过规章的形式设定该行政许可

B. 设定行政许可应当规定行政许可的实施机关、条件、程序、期限

C. 起草单位应当采取听证会、论证会等形式听取意见

D. 某省人民政府应当定期对其设定的行政许可进行评价

8. 某行政许可需要市场监督管理局内设的 A、B 两个机构办理，根据《行政许可法》的规定，该市场监督管理局应该如何实施该行政许可？（　　）

A. 该市场监督管理局规定由 A 机构统一受理行政许可申请，统一送达行政许可决定

B. 该市场监督管理局规定由 B 机构统一受理行政许可申请，统一送达行政许可决定

C. 该市场监督管理局规定既可以向 A 机构，也可以向 B 机构申请办理

D. 该市场监督管理局规定应该向两个机构分别申请

9. 某具有管理公共事务职能的组织被法律授权实施某项行政许可权，根据《行政许可法》的要求，下面的做法中正确的是（　　）。

A. 该组织只能以自己的名义实施行政许可

B. 该组织规定申请人必须购买其指定的某项产品

C. 该组织公告，将实施该项行政许可的权力委托给另一行政机关

D. 受委托的行政机关将该项权力又委托给第三行政机关

10. 下列关于行政许可依申请举行的听证程序中，正确的说法有哪些？（　　）

A. 申请人、利害关系人在被告知听证权利之日起 5 日内提出听证申请的，行政机关应当在 20 日内组织听证，但若有特殊情况，经本行政机关负责人批准，可以延长 5 日举行听证

B. 申请人要求听证的，由申请人承担组织听证的费用；利害关系人要求听证的，由利害关系人承担组织听证的费用

C. 行政机关应当于举行听证的 5 日前将举行听证的时间、地点通知申请人、利害关系人

D. 听证应当制作笔录，听证笔录应当交听证参加人确认无误后签字或者盖章

11. 某甲与某乙都申请某项行政许可，且都符合法定条件、标准，但该项行政许可有数量限制，只能授予其中一人。根据《行政许可法》的规定，在法律、行政法规没有另外规定的情况下，行政许可的实施机关如何确定谁能获得该项行政许可？（　　）

A. 行政机关应当根据受理行政许可申请的先后顺序作出准予行政许可的决定

B. 如果存在另外第三方利害关系人，行政机关可以听取利害关系人的意见

C. 行政机关可以举行听证会

D. 行政机关可以举行专家论证会，听取专家的意见

12. 下列关于行政许可费用的说法，正确的是（　　）。

A. 行政机关实施行政许可以禁止收费为原则

B. 行政机关对行政许可事项进行监督检查原则上也不得收取费用

C. 法律、行政法规和规章规定行政许可收费的，从其规定

D. 行政机关提供行政许可申请书格式文本，可以收取工本费

13. 某甲欲兴建一座沙砖厂，向行政机关申请生产许可证。行政机关在审查该申请的时候，发现该厂的排污设备不合格，可能会给周围居民的环境造成污染。但是甲向该行政机关负责人行贿，于是在该负责人的授意下，行政机关向甲颁发了生产许可证。周围的居民向该行政机关的上级行政机关申请撤销该项许可，理由是该沙砖厂投产之后可能会给其居住环境造成污染，批准该许可的行政机关在作出许可决定之前，应该向社会公告，并举行听证会，但是行政机关违反了法定程序，没有举行听证会就给甲颁发了生产许可证。上级机关在调查过程中发现了甲向该行政机关负责人行贿以获取行政许可的事实。根据《行政许可法》的规定，下列说法正确的是（　　）。

A. 上级行政机关无权撤销下级行政机关颁发给甲的生产许可证

B. 上级行政机关有权撤销下级行政机关颁发给甲的生产许可证

C. 可以撤销该行政许可

D. 应当撤销该行政许可

四、名词解释

1. 行政给付

2. 行政裁决（中国人民大学 2006 年、复旦大学 2014 年考研真题）

五、简答题

1. 申请许可证必须具备哪些条件？

2. 简述行政处理的概念及其特征。

3. 依申请行政行为应当遵循哪些程序？

4. 简述行政裁决的种类。（中国人民大学 2008 年考研真题）

5. 简述行政确认及其主要形式。

6. 简述行政给付的原则。

7. 简析行政许可与行政审批。（武汉大学 2006 年、2008 年考研真题）

六、论述题

1. 概述行政许可的概念、特征、程序及其作用。（中南财经政法大学 2007 年考研真题）

2. 论述我国《行政许可法》所确立的基本制度和原则。①

参考答案

一、单项选择题

1. 答案： A。本题考查行政许可的设定权限和形式，具体可参见《行政许可法》第 14 条、第 15 条的规定。

2. 答案： A。本题考查行政许可的委托，具体可参见《行政许可法》第 23 条、第 24 条、第 27 条等的规定。

3. 答案： B。本题考查行政许可的期限，参见《行政许可法》第 42 条的规定。

4. 答案： B。本题考查行政许可的审查与决定。参见《行政许可法》第 34 条、第 38 条、第 39 条、第 41 条的规定。

5. 答案： B。本题考查行政许可。

6. 答案： B。《行政许可法》第 29 条中所列举的方式虽然都是书面形式，但是《行政许可法》中并没有明确规定许可的申请必须采用书面形式，也就是说原则上刘某可以口头申

① 编者注：中国人民大学 2005 年考研真题："论述行政许可的设定范围与意义"；北京大学 2008 年考研真题："简述行政许可法上有关行政许可设定的有关规定"。

请。但是根据《医疗机构管理条例》第10条规定，申请设立医疗机构必须提交设置申请书、设置可行性研究报告、选址报告和建筑设计平面图，据此，刘某只能书面申请，故A选项错误。《行政许可法》第32条第2款规定：“行政机关受理或者不予受理行政许可申请，应当出具加盖本行政机关专用印章和注明日期的书面凭证。”据此B选项正确。《行政许可法》第47条第2款规定：“申请人、利害关系人不承担行政机关组织听证的费用。”据此陈某不承担听证费用，C选项错误。《行政许可法》第38条第2款规定：“行政机关依法作出不予行政许可的书面决定的，应当说明理由，并告知申请人享有依法申请行政复议或者提起行政诉讼的权利。”可见无论是准予行政许可还是不准予许可，都应作出书面决定，不能口头告知。D选项错误。

7. **答案**：D。本题考查行政许可的分类。附义务的行政许可指许可证的持有人在获得许可证的同时还要求承担在一定期限内从事该活动的义务。A、B、C三项则无此义务。

8. **答案**：C。行政处理的效力，是指行政处理行为一经作出所产生的法律上的确定力、拘束力和执行力。拘束力，是指行政处理生效后，相对人对于生效的行政处理行为必须严格遵守、服从，完成应履行的义务，不得违反或拒绝，否则要承担相应的法律后果。行政机关也同样要受其拘束，必须依照行政处理行为的内容履行自己的职责。

9. **答案**：A。专利许可是排他性的许可。

10. **答案**：C。行政许可合理裁量原则的内涵不是确保每个申请人都能获得许可，而是机会平等。

11. **答案**：C。本题考查行政许可的基本原则。《行政许可法》第4条规定了行政许可的“许可法定和依法许可”原则，该原则要求行政机关在实施行政许可时，必须按照法律明确规定的事项依法审查相对人的申请是否符合条件，而不能以法律之外的理由否定相对人的申请。本案中，县市场监督管理局有权审批该饭店的字号，但是不予批准的理由并非法定，故不成立。

12. **答案**：C。本题考查实施行政许可的“申请与受理程序”。《行政许可法》第32条第1款第4项规定：“申请材料不齐全或者不符合法定形式的，应当当场或者在五日内一次告知申请人需要补正的全部内容，逾期不告知的，自收到申请材料之日起即为受理。”由此可见，如果行政机关在5日内（5月16日前）告知某甲需要补正的所有材料，则受理之日为申请人补正所有材料之日。本案中，行政机关虽然在5日之后告知，仍然属于在期限内不告知，因此应当以收到申请材料之日，即5月11日为受理之日。

13. **答案**：C。本题考查实施行政许可的“特别程序”。A、B项参见《行政许可法》第53条规定，是正确的；根据该法第55条规定，行政机关应当自受理申请之日起5日内指派两名以上检疫人员进行检疫，故C项错误，D项正确。所以本题选C。

14. **答案**：B。本题考查对行政许可的撤销和注销。参见《行政许可法》第70条第1项、第4项规定。

15. **答案**：A。《政府信息公开条例》第36条第3项规定，行政机关依据本条例的规定决定不予公开的，告知申请人不予公开并说明理由。A选项正确。现行《行政诉讼法》第46条规定，公民、法人或者其他组织直接向人民法院提起诉讼的，应当自知道或者应当知道作出行政行为之日起6个月内提出。法律另有规定的除外。6个月的诉讼时效是未经复议的一般诉讼期限，经过复议的，行政相对人可以在复议期满之日起15日内或在收到复议决定书之日起15日内起诉。B选项错误。根据现行《行政诉讼法》第15条规定，被告为县级以上人民政府的案件，应当由中级人民法院管辖。本案中的区政府就是法条中的县级人民政府，是应当而不是可以由中级人民法院管辖。所以，C选项表述错误。《政府信息公开条例》第13条规定，除本条例第9条、第10条、第11条、第12条规定的行政机关主动公开的政府信息外，公民、法人或者其他组织还可以根据自身生产、生活、科研等特殊需要，向国务院部门、地方各级人民政府及县级以上地方人民政府部门申请获取相关政府信息。本案中，刘某向区政府申请公开该厂进行改制的全部档案、拖欠原职工工资如何处理等信息与其自身生产、生活息息相关，应认定为与其自身存在利害关系，因此具有申请查阅的申请人资格，区政府拒绝公开答复即具有违法性。D 选项错误。

16. 答案：A。根据《行政许可法》第 58 条、第 59 条规定可知，原则上行政许可不收取任何费用，但法律、行政法规另有规定的，依照其规定。而本案建设用地规划许可证的申请不属于法律、行政法规规定的应收取费用的行政许可，所以 A 项说法正确。

尽管刘某非该具体行政行为的相对人，但该行政行为的作出对其有直接影响，该影响不以是否具有现实侵害为前提，因此作为该具体行政行为的利害关系人，刘某具有诉讼原告资格。C、D 项错误。根据《行政许可法》第 47 条、第 48 条规定，刘某作为利害关系人，有被告知听证权利并在听证中提供证据、进行申辩和质证的权利，B 项错误。综上，本题选 A。

17. 答案：B。《行政许可法》第 69 条规定："有下列情形之一的，作出行政许可决定的行政机关或者其上级行政机关，根据利害关系人的请求或者依据职权，可以撤销行政许可：（一）行政机关工作人员滥用职权、玩忽职守作出准予行政许可决定的；（二）超越法定职权作出准予行政许可决定的；（三）违反法定程序作出准予行政许可决定的；（四）对不具备申请资格或者不符合法定条件的申请人准予行政许可的；（五）依法可以撤销行政许可的其他情形。被许可人以欺骗、贿赂等不正当手段取得行政许可的，应当予以撤销。依照前两款的规定撤销行政许可，可能对公共利益造成重大损害的，不予撤销。依照本条第一款的规定撤销行政许可，被许可人的合法权益受到损害的，行政机关应当依法给予赔偿。依照本条第二款的规定撤销行政许可的，被许可人基于行政许可取得的利益不受保护。"本题符合第 2 款所述情形，应予撤销。

18. 答案：B。关于 A 选项，依据《行政许可法》第 29 条第 2 款、第 3 款的规定："申请人可以委托代理人提出行政许可申请。但是，依法应当由申请人到行政机关办公场所提出行政许可申请的除外。行政许可申请可以通过信函、电报、电传、传真、电子数据交换和电子邮件等方式提出。"因此公司可以不到办公场所申请，故 A 选项错误。

关于 B 选项，依据《行政许可法》第 31 条第 1 款的规定，申请人申请行政许可，应当如实向行政机关提交有关材料和反映真实情况，并对其申请材料实质内容的真实性负责……故 B 选项正确。

关于 C 选项，依据《行政许可法》第 32 条第 1 款第 4 项的规定，申请材料不齐全或者不符合法定形式的，应当当场或者在 5 日内一次告知申请人需要补正的全部内容……市规划局应告知补正而非作出不予受理决定，故 C 选项错误。

关于 D 选项，依据《行政许可法》第 58 条第 2 款的规定："行政机关提供行政许可申请书格式文本，不得收费。"故 D 选项错误。

19. 答案：B。根据《行政许可法》的规定，被许可人以欺骗、贿赂等不正当手段取得行政许可的，应当予以撤销。因此，B 选项准确。

20. 答案：A。《行政许可法》第 16 条第 3 款规定："规章可以在上位法设定的行政许可事项范围内，对实施该行政许可作出具体规定。"可见，下位法对于上位法设定的许可可以作出细化的规定，A 选项正确。行政机关实施行政许可和对行政许可事项进行监督检查，不得收取任何费用。但是，法律、行政法规另有规定的，依照其规定。可见，实施行政许可，不得收费，除非是法律、行政法规另有规定的才可以收费。规章作为比较低级别的立法文件，不得作出收费的例外规定，B 选项错误。法律、法规授权的具有管理公共事务职能的组织可以在法定授权范围内实施行政处罚。可见，规章作为比较低级别的立法文件无权授权实施行政处罚，C 选项错误。关于行政处罚的追责期限，法律可以作出例外规定，规章不得作出行政处罚追责期限的例外规定，D 选项错误。

二、多项选择题

1. **答案**：CD。关于 A 选项，《行政许可法》第 12 条规定："下列事项可以设定行政许可：……（三）提供公众服务并且直接关系公共利益的职业、行业，需要确定具备特殊信誉、特殊条件或者特殊技能等资格、资质的事项；（四）直接关系公共安全、人身健康、生命财产安全的重要设备、设施、产品、物品，需要按照技术标准、技术规范，通过检验、检测、检疫等方式进行审定的事项……"执业医师资格属于该条第 3 项规定的"需要确定具备特殊信誉、特殊条件或者特殊技能等资格、资质的事项"，实践中由卫生行政部门组织资格考试来赋予公民特定资格，属于资格认可类的许可。A 项中"直接关系人身健康，需按照技术规范通过检验、检测确定"的许可，属于该条第 4 项内容，针对的是设备、设施、产品、物品的检验检疫，属于对物的核准类许可，而非针对人的资格认可。故 A 项错误。

   关于 B 选项，根据《行政许可法》第 16 条第 3 款的规定，规章可以在上位法设定的行政许可事项范围内，对实施该行政许可作出具体规定。故 B 项错误。

   关于 C、D 选项，《行政许可法》第 54 条规定："实施本法第十二条第三项所列事项的行政许可，赋予公民特定资格，依法应当举行国家考试的，行政机关根据考试成绩和其他法定条件作出行政许可决定；赋予法人或者其他组织特定的资格、资质的，行政机关根据申请人的专业人员构成、技术条件、经营业绩和管理水平等的考核结果作出行政许可决定。但是，法律、行政法规另有规定的，依照其规定。公民特定资格的考试依法由行政机关或者行业组织实施，公开举行。行政机关或者行业组织应当事先公布资格考试的报名条件、报考办法、考试科目以及考试大纲。但是，不得组织强制性的资格考试的考前培训，不得指定教材或者其他助考材料。"故 CD 项正确。

2. **答案**：ABC。关于 A、B 选项，《行政许可法》第 15 条第 2 款规定："地方性法规和省、自治区、直辖市人民政府规章，不得设定应当由国家统一确定的公民、法人或者其他组织的资格、资质的行政许可；不得设定企业或者其他组织的设立登记及其前置性行政许可。其设定的行政许可，不得限制其他地区的个人或者企业到本地区从事生产经营和提供服务，不得限制其他地区的商品进入本地区市场。"故 AB 项当选。

   关于 C 选项，《行政许可法》第 14 条第 2 款规定："必要时，国务院可以采用发布决定的方式设定行政许可。实施后，除临时性行政许可事项外，国务院应当及时提请全国人民代表大会及其常务委员会制定法律，或者自行制定行政法规。"可见，国务院可以采用发布决定的方式设定临时性行政许可，而国务院部门无此职权。故 C 项当选。

   关于 D 选项，《行政许可法》第 21 条规定："省、自治区、直辖市人民政府对行政法规设定的有关经济事务的行政许可，根据本行政区域经济和社会发展情况，认为通过本法第十三条所列方式能够解决的，报国务院批准后，可以在本行政区域内停止实施该行政许可。"故 D 项不当选。

3. **答案**：BD。本题考查行政处理的特征与形式。

4. **答案**：CD。一般许可、特别许可是按照许可的范围所作的分类；行政许可虽是应申请的行政行为，但仍是单方行政行为。

5. **答案**：AC。行政确认是要式、羁束的行为，但不是创设权利，而是对已有权利的肯定。

6. **答案**：CD。本题考查行政给付的特点与形式。

7. **答案**：AD。行政裁决形式多样，有不少是须应当事人的申请方能作出的，当事人不申请就不能主动进行裁决。

8. **答案**：ABCD。行政给付在我国主要有安置、补助、抚恤、救灾扶贫等形式。

9. **答案**：BCD。行政裁决的对象是当事人之间发生的与行政管理活动密切相关的、与合同无关的民事纠纷。

10. **答案**：AC。本题考查办理行政许可的程序。《行政许可法》第31条规定："申请人申请行政许可，应当如实向行政机关提交有关材料和反映真实情况，并对其申请材料实质内容的真实性负责。行政机关不得要求申请人提交与其申请的行政许可事项无关的技术资料和其他材料。"故A正确。

《行政许可法》第26条第2款规定："行政许可依法由地方人民政府两个以上部门分别实施的，本级人民政府可以确定一个部门受理行政许可申请并转告有关部门分别提出意见后统一办理，或者组织有关部门联合办理、集中办理。"B错误，故不选。

《行政许可法》第47条第1款规定："行政许可直接涉及申请人与他人之间重大利益关系的，行政机关在作出行政许可决定前，应当告知申请人、利害关系人享有要求听证的权利；申请人、利害关系人在被告知听证权利之日起五日内提出听证申请的，行政机关应当在二十日内组织听证。"因此C正确。

《行政许可法》第42条第2款规定："依照本法第二十六条的规定，行政许可采取统一办理或者联合办理、集中办理的，办理的时间不得超过四十五日；四十五日内不能办结的，经本级人民政府负责人批准，可以延长十五日，并应当将延长期限的理由告知申请人。"D项与此条规定不符，故不选。

11. **答案**：ABD。本题考查行政许可的撤销、撤回、注销。《行政许可法》第8条、第69条都规定了这样的原则：已生效的行政许可变更、撤销、撤回，损害被许可人的合法权益的，被许可人可以获得补偿或赔偿，由此可以看出行政许可的撤销和撤回都涉及被许可人的实体权利，A正确，应选。

第8条规定，行政许可所依据的法律、法规、规章修改或者废止，或者准予行政许可所依据的客观情况发生重大变化的，为了公共利益的需要，行政机关可以依法变更或者撤回已经生效的行政许可。由此给公民、法人或者其他组织造成财产损失的，行政机关应当依法给予补偿。B正确，应选。

第69条规定，有下列情形之一的，作出行政许可决定的行政机关或者其上级行政机关，根据利害关系人的请求或者依据职权，可以撤销行政许可：（一）行政机关工作人员滥用职权、玩忽职守作出准予行政许可决定的；……被许可人的合法权益受到损害的，行政机关应当依法给予赔偿……C中间缺少"被许可人合法权益受到损害"的条件，即在行政机关和当事人都存在过错时，对于相对人非法获得的利益，不予保护。C错误，不选。

第70条规定，有下列情形之一的，行政机关应当依法办理有关行政许可的注销手续：……（四）行政许可依法被撤销、撤回，或者行政许可证件依法被吊销的……D正确，应选。

12. **答案**：AB。专利争议的复审、商标争议的裁决属于专门行政机关裁决的。

13. **答案**：ABCD。本题考查行政裁决公正、平等的原则的内涵。

14. **答案**：ACD。本题考查行政处罚和行政许可的异同。《行政许可法》第20条规定行政许可机关应当定期对其设定的行政许可进行评价，而《行政处罚法》并没有规定这一制度。

《行政许可法》第23条和《行政处罚法》第19条均规定法律、法规授权的具有管理公共事务职能的组织可以在法定授权范围内实施行政许可和行政处罚。

《行政处罚法》第20条、第21条规定

了行政机关可以委托依法成立的管理公共事务的事业组织实施行政处罚，而《行政许可法》第24条则规定受托机构以行政机关为限。

《行政许可法》第48条第2款规定行政机关应当根据听证笔录，作出行政许可决定，《行政处罚法》第44条规定，行政机关在作出行政处罚决定之前，应当告知当事人拟作出的行政处罚内容及事实、理由、依据，并告知当事人依法享有的陈述、申辩、要求听证等权利。第62条规定，行政机关及其执法人员在作出行政处罚决定之前，未依照本法第44条、第45条的规定向当事人告知拟作出的行政处罚内容及事实、理由、依据，或者拒绝听取当事人的陈述、申辩，不得作出行政处罚决定；当事人明确放弃陈述或者申辩权利的除外。

所以本题的答案是ACD。

15. 答案：ABD。①②③④⑥⑦⑧是《行政许可法》第4条至第10条分别规定的基本原则。在《行政许可法》的第五章虽然规定了行政许可原则上不得收取任何费用，但是基于以下两个原因：第一，“不收费”没有规定在总则中；第二，更重要的是，行政许可的基本原则必须能够贯穿整个行政许可的全过程或者重要阶段，而收费问题显然不满足这一要求，所以不足以称为基本原则。

16. 答案：ACD。参见《行政许可法》第12条规定。注意：第一，“设定”与第16条“规定”的区别就在于“设定”的首次创设性，从无到有；“规定”则是在某项许可设定的前提和范围内作具体化的可操作性的规定。第二，本条仅仅规定了“可以设定”的事项，但是还需要设定许可的特别法作出规定，不能直接以此条规定要求相对人就某些活动申请行政许可。

17. 答案：ACD。国务院可以在必要时，采用发布决定的方式设定行政许可。参见《行政许可法》第14条第2款规定，故A项正确。地方规章中只有省级地方规章享有行政许可设定权，故珠海市政府无权创设行政许可。参见第15条规定，故B项错误。部门规章和地方规章都享有行政许可规定权。参见第16条规定，故C项和D项都正确。

18. 答案：AB。根据《行政许可法》第20条、第21条两条的规定，省级人民政府可以在两种情况下停止某项行政许可的实施：(1)如果是该省级人民政府自己设定的临时性许可，根据第13条所列方式能够解决的，自己就可以决定修改或者废止该行政许可；(2)如果是行政法规设定的行政许可，省级人民政府要想在本区域停止实施的话，就必须满足经国务院批准且该行政许可是有关经济事务的条件。而本题题干并没有限定属于后一种情况，所以C、D两项是错误的。

19. 答案：AD。参见《行政许可法》第22条、第23条、第24条规定。

20. 答案：BCD。根据《行政许可法》第25条的规定，只有经国务院批准，省、自治区、直辖市人民政府才可以决定一个行政机关行使有关行政机关的行政许可权，而A项由市人民政府决定，是错误的；B、C、D项参见《行政许可法》第26条第2款的规定，要注意的是，该款规定的是“可以”而不是“应当”或“必须”，这与该条第1款的硬性规定不同，因此，D项做法也是合法的。

21. 答案：BD。参见《行政许可法》第29条、第31条规定。第29条并没有规定必须以书面形式提出申请，对于一些简单的行政许可，如在特定区域临时停车的申请，就应该允许相对人口头提出申请；第29条第2款规定申请人可以委托代理人提出行政许可申请，故申请人不一定要亲自到行政机关办公地点。但是依法应当由申请人到行政机关办公场所提出行政许可申请的除外。

22. 答案：ABCD。A、B、C三项分别参见《行政许可法》第29条、第30条、第31条的规定。关键是D项，对于某些行政许可事项的申请，分为若干阶段或事宜，其中某些阶段或事宜必须由申请人自己亲自参加，比如说申请驾驶执照中参加驾驶资格考试、接受个人身体检查，都是具有人身属性不可代理的；但是对于申请驾照的其他非具有人身属性的申请事宜，申请人仍然可以委托他人代理。故D项是正确的。

23. 答案：CD。A、B参见《行政许可法》第36条的规定；C、D参见第47条的规定。

24. 答案：AC。参见《行政许可法》第42条第1款的规定。

25. 答案：ABD。A、B参见《行政许可法》第55条第2款的规定；而第44条规定："行政机关作出准予行政许可的决定，应当自作出决定之日起十日内向申请人颁发、送达行政许可证件，或者加贴标签、加盖检验、检测、检疫印章。"该条并没有但书或例外规定，所以并不能要求行政机关当场在生猪身上加盖检疫印章，故C项错误，D项正确。

26. 答案：BC。A项参见《行政许可法》第46条、第48条的规定，可见只有依职权举行的听证才必须向社会公告，故A项错误；B、D项参见第48条第1款第3项、第4项的规定；C项参见第48条第2款的规定。

27. 答案：ABC。A、B、C项参见《行政许可法》第46条的规定；D项是第36条规定的行政机关在审查行政许可事项时应当告知利害关系人的条件，并非依职权举行听证的条件。

28. 答案：AD。《行政许可法》没有明确规定行政机关对行政许可的申请，如果在法定期限内未答复申请人，究竟结果如何。但是根据行政法学理论，不能视为准予许可，故A项错误。参见第32条第1款第4项的规定，故B项正确。参见《行政许可法》第50条第2款的规定，故C项正确，D项错误。

29. 答案：AB。参见《行政许可法》第60条规定。注意：(1) 负有监督检查之责的上级行政机关不限于上一级行政机关；(2) 该条规定并不排除人大、法院对行政机关实施行政许可的监督，只是人大的监督是整体的监督，一般不对个案监督；而法院的监督是事后的监督。上级行政机关的监督一般是日常性的、整体与个案、事中与事后相结合的监督。

30. 答案：ABD。本题考查行政许可的注销。《行政许可法》第70条规定，有下列情形之一的，行政机关应当依法办理有关行政许可的注销手续：(1) 行政许可有效期届满未延续的；(2) 赋予公民特定资格的行政许可，该公民死亡或者丧失行为能力的；(3) 法人或者其他组织依法终止的；(4) 行政许可依法被撤销、撤回，或者行政许可证件依法被吊销的；(5) 因不可抗力导致行政许可事项无法实施的；(6) 法律、法规规定的应当注销行政许可的其他情形。故ABD为应选项。C项中，根据《行政许可法》第50条第2款之规定，行政机关逾期未作是否准予延期决定的，视为准予延续。因此，李某申请延续采矿许可，国土资源管理部门在规定期限内未予答复的，视为准予延续，而非注销许可证件。故正确答案是ABD。

31. 答案：ACD。本题考查行政许可的撤销程序。《行政许可法》第69条第1款、第2款规定："有下列情形之一的，作出行政许可决定的行政机关或者其上级行政机关，根据利害关系人的请求或者依据职权，可以撤销行政许可：……被许可人以欺骗、贿赂等不正当手段取得行政许可的，应当予以撤销。"因此在本案中，直接做出许可的市卫生局以及其上级机关市政府都有权撤销该资格证书，A、C两项正确。

《行政处罚法》第63条规定，行政机关作出责令停产停业、吊销许可证件、较大数额罚款等行政处罚决定之前，应当告知当事人有要求举行听证的权利；当事人要求听证的，行政机关应当组织听证。本案撤销资格证书不属于上述情形，不能申请听证，B说法错误。《行政许可法》第70条规定："有下列情形之一的，行政机关应当依法办理有关行政许可的注销手续：……（四）行政许可依法被撤销、撤回，或者行政许可证件依法被吊销的；……"据此，D说法正确。

32. 答案：AC。根据《行政许可法》第46条规定，法律、法规、规章规定实施行政许可应当听证的事项，或者行政机关认为需要听证的其他涉及公共利益的重大行政许可事项，行政机关应当向社会公告，并举行听证。据此，A选项正确。根据同法第47条规定，行政许可直接涉及申请人与他人之间重大利益关系的，行政机关在作出行政许可决定前，应当告知申请人、利害关系人享有要求听证的权利。据此，《行政许可法》没有就该种情况对行政机关设定公告的义务，故B选项错误。根据同法第24条规定，行政机关在其法定职权范围内，依照法律、法规、规章的规定委托其他行政机关实施行政许可的，委托机关应当将受委托行政机关和受委托实施行政许可的内容予以公告。据此，C选项正确。根据同法第69条第2款规定，被许可人以欺骗、贿赂等不正当手段取得行政许可的，应当予以撤销，但行政机关无向社会公告的义务。据此，D选项错误。

33. 答案：ABCD。根据《行政许可法》第15条第2款规定："地方性法规和省、自治区、直辖市人民政府规章，不得设定应当由国家统一确定的公民、法人或者其他组织的资格、资质的行政许可；不得设定企业或者其他组织的设立登记及其前置性行政许可。其设定的行政许可，不得限制其他地区的个人或者企业到本地区从事生产经营和提供服务，不得限制其他地区的商品进入本地区市场。"据此AC选项违反行政许可法。根据《行政许可法》第59条规定："行政机关实施行政许可……所收取的费用必须全部上缴国库，任何机关或者个人不得以任何形式截留、挪用、私分或者变相私分。财政部门不得以任何形式向行政机关返还或者变相返还实施行政许可所收取的费用。"故B选项违反了行政许可法。根据《行政许可法》第16条第4款规定："……对行政许可条件作出的具体规定，不得增设违反上位法的其他条件。"D选项中地方性法规规定申请建设工程规划许可证，需安装建设主管部门指定的节能设施，实际上是增设了违反上位法的其他条件，D选项也当选。

34. 答案：BC。根据《行政诉讼法》第44条第2款，复议前置必须法律、法规作明确规定。《政府信息公开条例》第51条规定："公民、法人或者其他组织认为行政机关在政府信息公开工作中侵犯其合法权益的，可以向上一级行政机关或者政府信息公开工作主管部门投诉、举报，也可以依法申请行政复议或者提起行政诉讼。"该条并没有将政府信息公开行政案件规定为复议前置案件，故A项错误。

根据《最高人民法院关于审理政府信息公开行政案件若干问题的规定》① 第5条第3款，被告拒绝更正与原告相关的政府信息记录的，应当对拒绝的理由进行举证和说明。故B项正确。根据该条第7款，原告起诉被告拒绝更正政府信息记录的，应当提供其向被告提出过更正申请以及政府信息与其自身相关且记录不准确的事实根据。故C项正确。

《政府信息公开行政案件规定》第9条第4款规定："被告依法应当更正而不更正与原告相关的政府信息记录的，人民法院应当判决被告在一定期限内更正。尚需被告调查、裁量的，判决其在一定期限内重新答复。被告无权更正的，判决其转送有权更正的行政机关处理。"据此，原告起诉被告拒绝更正信息案件，法院判决被告在一定期限内更正的，必须具备以下条件：(1) 被告有权更正；(2) 被告应当更正；(3) 不需要被告调查、裁量。从题干及D项看不出后两个条件已经具备，故D项错误。

35. 答案：BCD。根据《政府信息公开行政案件规定》第2条第2项的规定，相对人要

① 以下简称《政府信息公开行政案件规定》。

求行政机关提供政府公报等公开出版物，行政机关予以拒绝的，不可诉。故A项不应选。

根据该规定第1条第1款第3项，相对人认为行政机关主动公开或者依他人申请公开政府信息侵犯其商业秘密、个人隐私的，可诉。故B项应选。根据该条第1款第1项，相对人向行政机关申请获取政府信息，行政机关拒绝提供或者逾期不予答复的，可诉，故C、D项应选。

36. 答案：BC。听证是《行政处罚法》确立的对影响相对人权益较重的处罚，为避免错误，由行政机关在处罚前听取被处罚人陈述事实、申辩理由的制度。适用听证的行政行为为法定的行政处罚。A选项所述行政行为属于《行政强制法》调整的对象，虽然标的很大但不是行政处罚，只是行政强制措施，尚无实体处罚，所以不应当举行听证。《行政处罚法》第63条规定，行政机关作出责令停产停业、吊销许可证件、较大数额罚款等行政处罚决定之前，应当告知当事人有要求举行听证的权利；当事人要求听证的，行政机关应当组织听证。B选项交通局吊销某运输公司的道路运输经营许可证属于上述规定中的应告知听证的情形，所以B项应选。而D项不属于上述情形，D项不选。《行政许可法》第47条第1款规定，行政许可直接涉及申请人与他人之间重大利益关系的，行政机关在作出行政许可决定前，应当告知申请人、利害关系人享有要求听证的权利；申请人、利害关系人在被告知听证权利之日起5日内提出听证申请的，行政机关应当在20日内组织听证。所以C项应选。

37. 答案：ABCD。《行政许可法》第70条规定："有下列情形之一的，行政机关应当依法办理有关行政许可的注销手续：（一）行政许可有效期届满未延续的；（二）赋予公民特定资格的行政许可，该公民死亡或者丧失行为能力的；（三）法人或者其他组织依法终止的；（四）行政许可依法被撤销、撤回，或者行政许可证件依法被吊销的；（五）因不可抗力导致行政许可事项无法实施的；（六）法律、法规规定的应当注销行政许可的其他情形。"A项符合第1项，B、C项符合第4项，D项符合第2项，所以A、B、C、D都为正确选项。

38. 答案：ACD。行政许可的听证按照下列程序进行：(1)行政机关应当于举行听证的7日前将举行听证的时间、地点通知申请人、利害关系人，必要时予以公告；(2)听证应当公开举行；(3)行政机关应当指定审查该行政许可申请的工作人员以外的人员为听证主持人，申请人、利害关系人认为主持人与该行政许可事项有直接利害关系的，有权申请回避；(4)举行听证时，审查该行政许可申请的工作人员应当提供审查意见的证据、理由，申请人、利害关系人可以提出证据，并进行申辩和质证；(5)听证应当制作笔录，听证笔录应当交听证参加人确认无误后签字或者盖章。ACD选项准确。行政许可的听证应当公开，因此，公开是原则，行政机关并不能自行裁量决定。除非有法定理由，如根据《行政许可法》的规定，行政许可的实施和结果，除涉及国家秘密、商业秘密或者个人隐私的外，应当公开。因此，除非有涉及国家秘密、商业秘密或者个人隐私的情况，均应当公开。B选项错误。

39. 答案：BC。《行政许可法》第12条规定："下列事项可以设定行政许可：……（三）提供公众服务并且直接关系公共利益的职业、行业，需要确定具备特殊信誉、特殊条件或者特殊技能等资格、资质的事项……"资质证书发放属于认可类事项，而非特许类事项，选项A表述错误。第58条规定："行政机关实施行政许可和对行政许可事项进行监督检查，不得收取任何费用。但是，法律、行政法规另有规定的，依照其规定。"选项B说法正确。《行政许可法》第47条第1款规定："公民、法人或者其他组织申请行政机关履行保护其人身权、财产权等合法权益的法定职责，行政机关在接到申请之日起两个月内不履行的，公民、法人或者其他组织可以向人民法院提起诉讼。法律、法规对行政机关履行职责的期限另有规定的，从其规定。”《最高人民法院关于适用〈中华人民共和国行政诉讼法〉若干问题的解释》第66条规定：“公民、法人或者其他组织依照行政诉讼法第四十七条第一款的规定，对行政机关不履行法定职责提起诉讼的，应当在行政机关履行法定职责期限届满之日起六个月内提出。”选项C说法正确。《最高人民法院关于适用〈中华人民共和国行政诉讼法〉若干问题的解释》第81条规定：“……原告起诉被告不作为，在诉讼中被告作出行政行为，原告不撤诉的，人民法院应当就不作为依法作出确认判决。”选项D说法错误。

40. **答案**：ACD。撤销行政许可的原因，在于该许可授予阶段存在某些违法行为，导致该许可行为成为“可撤销的行政行为”。例如：被许可人以欺骗、贿赂等不正当手段取得行政许可的情形就应当撤销。行政许可的撤销是单独的行政行为，不是行政处罚。行政处罚是指行政机关依法对违反行政管理秩序的公民、法人或者其他组织，以减损权益或者增加义务的方式予以惩戒的行为。行政处罚的目的在于制裁惩戒违法行为人。而本题，肖某本来不符合颁发《林木采伐许可证》的条件，但是肖某通过递交虚假材料骗得《林木采伐许可证》，县综合审批局撤销颁发给肖某的《林木采伐许可证》，属于恢复原状，并不以制裁惩戒为目的，因此，不属于行政处罚。B选项错误。

41. **答案**：ABCD。

三、不定项选择题

1. **答案**：BD。本题综合考查行政许可。①～⑩项分别参见《行政许可法》第15条、第16条、第24条、第28条、第41条、第46条、第50条、第53条、第57条、第58条的规定。

2. **答案**：C。参见《行政许可法》第2条、第3条规定。对于申请专利、商标注册的问题，由于专利、商标发明均不以普遍禁止为前提，不同于行政许可对一般禁止的解除，因此不适用《行政许可法》，故A项不选。专利权人授予他人专利使用权的许可显然不属于行政行为，故B项不符合第2条对“行政许可”的定义。第3条第2款规定：“有关行政机关对其他机关或者对其直接管理的事业单位的人事、财务、外事等事项的审批，不适用本法。”故D项行为不属于本法所调整的对象。C项行为的结果虽然是不许可，但行为的性质是行政许可。

3. **答案**：ABCD。参见《行政许可法》第7条、第8条规定。注意的是A项中的“陈述、申辩权”虽然是在行政许可的实施过程中行使的，但从性质上，也是一种救济权。①

4. **答案**：ABD。参见《行政许可法》第8条规定。

5. **答案**：D。参见《行政许可法》第8条规定。A项行政机关依职权吊销了甲的驾驶执照，不符合补偿条件；B、C项参见第69条规定，B项乙通过贿赂取得的许可被撤销后，其利益不受保护。C项符合行政机关赔偿的条件，但不适用补偿。

6. **答案**：AD。参见《行政许可法》第14条、第15条的规定。

7. **答案**：ABCD。参见《行政许可法》第15条、第17条、第18条、第19条、第20条规定。

8. **答案**：AB。参见《行政许可法》第26条第1款规定。

9. **答案**：AC。A项参见《行政许可法》第23条规定。注意：该条最后一句话是“被授权的组织适用本法有关行政机关的规定”。因此，尽管一般来说行政许可的委托主体是行政机关，但是被授权主体在法律、法规没有

① 编者注：若该公司要求行政补偿，则应按照《最高人民法院关于审理行政许可案件若干问题的规定》（2009年12月14日，法释〔2009〕20号）第14条的规定，向市政府提出申请；若市政府在法定或合理期限内不予答复或公司不服补偿决定的，公司可以提起行政诉讼。

相反规定时，也可以委托其他行政机关实施行政许可。所以C项也正确。B项参见第27条规定。D项参见第24条第3款规定。

10. 答案：D。参见《行政许可法》第47条、第48条的规定。第47条规定的“五日”和“二十日”都是不变期间，故A项错误。无论是申请人还是利害关系人要求举行听证的，都不用承担听证费用，以体现便民原则，故B项错误。行政机关应当于举行听证的7日前将举行听证的时间、地点通知申请人、利害关系人，故C项错误。

11. 答案：A。参见《行政许可法》第57条的规定。

12. 答案：AB。参见《行政许可法》第58条第1款、第2款规定。注意，规章不能作出行政许可例外收费的规定。

13. 答案：BD。参见《行政许可法》第69条的规定。

四、名词解释

1. 答案：行政给付即行政物质帮助，是指行政主体在公民失业、年老、疾病或丧失劳动能力等情况或其他特殊情况下，依照有关法律、法规、规章或政策的规定，赋予其一定的物质权益或与物质有关的权益的具体行政行为。具有以下特征：(1) 行政给付是行政主体向行政相对人给付金钱或实物的行政行为。(2) 行政给付的对象是特定的行政相对人。(3) 行政给付是一种依申请行政行为。(4) 行政给付是依法作出的行政行为。

2. 答案：行政裁决是行政主体依照法律授权对平等主体之间发生的与行政管理活动密切相关的特定的民事争议进行审查，并作出裁决的行政行为。行政裁决具有如下特征：(1) 行政裁决的主体是法律授权的特定的行政机关；(2) 行政裁决的对象是特定的民事纠纷；(3) 行政裁决是行政主体行使行政裁决权的活动，并具有法律权威性；(4) 行政裁决是一种特殊的具体行政行为。

五、简答题

1. 答案：申请许可证必须具备下列条件：当事人的申请必须向有权颁发许可证的行政机关提出；申请的内容必须是针对法律所不禁止的事项；申请人必须具备从事所申请许可的活动的行为能力；申请人要有明确的申请许可的意思表示。

2. 答案：行政处理，是指行政主体为实现相应法律、法规、规章确定的行政管理目标和任务，应行政相对人申请或依职权依法处理涉及特定行政相对人某种权利义务事项的具体行政行为。其实体法上的表现形式一般为“行政处理决定”或者“行政决定”，其特征为：

(1) 行政处理的主体是行政主体；(2) 行政处理的对象是特定的；(3) 行政处理的内容直接影响特定相对人的权利义务，是具体行政行为；(4) 行政处理一般要经过严格的法律程序；(5) 行政处理具有可救济性，行政相对人不服行政处理决定，一般可以提起行政复议或行政诉讼；(6) 行政处理的形式具有广泛性和多样性。

3. 答案：依申请行政行为，是指行政主体基于行政相对人的申请而作出的行政行为，其具有多种多样的形式；但总的来说主要表现为受理、审核、批准（或拒绝）三个阶段。其程序可归纳为如下几个步骤：

(1) 提出申请，当事人必须以书面形式向行政主体提出申请，并在申请书中列明所申请的内容、理由、有关证明等。

(2) 申请的要件审查与受理，对书面文件进行形式的审查，符合法定条件的予以受理，所提交材料不全面的，责令补正。

(3) 审核，即审查、核实申请是否符合有关法定条件。

(4) 批准（或拒绝）申请。

(5) 对不予批准的救济程序。根据《行政复议法》和《行政诉讼法》的规定，行政相对人认为符合法定的行政许可条件而提出申请，行政主体拒绝行政许可或者不予答复的可以向行政复议机关申请行政复议，或者向人民法院提起行政诉讼。

4. **答案**：[①] 行政裁决根据目前法律的规定，归纳起来有以下三种：

(1) 权属纠纷裁决是行政主体对平等主体之间因涉及与行政管理相关的某一财物的所有权、使用权的归属而发生的争议所作出的确定性裁决。

(2) 侵权纠纷裁决是作为平等主体一方当事人的涉及行政管理的合法权益受到另一方侵犯时，当事人依法申请行政主体进行制止，行政主体就此争议作出的制止侵权行为的裁决。

(3) 损害赔偿纠纷的裁决是指行政主体对在平等主体之间发生的因涉及与行政管理相关的合法权益受到侵害而引起的赔偿争议所作的裁决。

5. **答案**：行政确认，是指行政主体依法对行政相对人的法律地位、法律关系或者有关法律事实进行甄别，给予确定、认可、证明（或者否定）并予以宣告的具体行政行为。其特征主要有：

第一，行政确认行为的主体是行政主体。

第二，行政确认行为是行政主体实施的行政行为。

第三，行政确认行为是对行政相对人的法律地位、权利义务的认定（肯定性或否定性认定）。

第四，行政确认是要式行政行为。

第五，行政确认是羁束性行政行为。

行政确认主要有如下五种具体形式：

(1) 确定。确定是指对个人或者组织法律地位与权利义务的确定，如颁发土地使用证、宅基地使用证与房屋产权证书，以确定相对人的财产所有权。

(2) 认定（认证）。认定是指对个人或者组织已有的法律地位、权利义务以及确认事项是否符合法律要求的承认和肯定。

(3) 证明。证明是指行政主体向其他人明确肯定被证明对象的法律地位、权利义务或者某种情况。

(4) 登记。登记是指行政主体应申请人申请，在政府有关登记簿册中记载相对人的某种情况或者事实，并依法予以正式确认的行为。

(5) 鉴证。鉴证是指行政主体对某种法律关系的合法性予以审查后，确认或者证明其效力的行为。

6. **答案**：行政给付，亦称行政物质帮助，是指行政主体在公民年老、疾病或丧失劳动能力等情况下，以及在公民下岗、失业、低经济收入或遭受天灾、人祸等特殊情况下，根据申请人的申请，依照有关法律、法规、规章或政策的规定，赋予其一定的物质权益或者与物质有关的权益的具体行政行为。其应遵循的原则主要有：

(1) 公平、公正、平等原则

行政给付，其目的在于赋予特定行政相对人一定的物质权益或者与物质权益有关的权益，应坚持公平、公正的原则，对符合条件的公民一律平等地实施，不允许有差别对待。对于行政给付的申请，行政机关通常只要没有正当的理由便不得拒绝给付。

(2) 信赖保护与持续给付的原则

除一次性或者临时性发放的行政给付外，大多数行政给付是定期性的，应当进行连续的、稳定的供给。有时因情况发生了变化，需要改变有关基准时，应以法律或者行政法规的形式予以规定，对行政方面的改变权应设置适当的限制。

(3) 行政给付与助成性行政指导相结合的原则

狭义的行政给付只是金钱或者实物的支付活动，对于确保人们的生活达到一定水准具有立竿见影的效果。但是，从长远来看，从整个社会协调发展的角度来看，为了达到标本兼治的目的，必须坚持行政给付与助成性行政指导相结合的原则。

---

① 编者注：三种纠纷及其裁决之间具有内在的联系，它们表现在：首先，权属关系的确定是侵权事实得以确定的基础，侵权事实的确定又为损害赔偿请求提供了依据。其次，三种纠纷各自的着眼点不同，分别强调了一个连续过程的不同阶段。

（4）程序规范、透明的原则

行政给付作为行政机关的一种法律行为，须按照一定程序实施。

7. **答案**：行政许可是指行政主体应相对人的申请而赋予其从事某种为法律所一般禁止事项的权利和资格的具体行政行为。它是一种赋权行为、解禁行为、依申请行为、要式行政行为。行政审批有广义和狭义之分，广义的行政审批是指行政机关对行政相对人申请的任意事项进行审查批准的行政活动。狭义的行政审批专指行政许可。行政许可法颁布以前，行政实践中多采用行政审批的提法，所以理论上有人将二者等同起来。其实，二者还是有一定区别的：（1）行政许可的范围较为狭窄，要求更为严格；就行政许可内容而言，相对人申请的事项是法律、法规、规章作了一般性禁止的事项或活动。（2）行政审批还可能发生在行政主体之间或行政主体与行政公务人员之间，而行政许可只能发生在行政主体与行政相对人之间。

六、论述题

1. **答案**：行政许可是行政机关根据行政相对人的申请，以书面证照或其他方式允许相对人从事某种行为，确认某种权利，授予某种资格和能力的行为。行政许可具有如下特点：第一，许可行为的主体是行政机关，而不是其他公民、法人或组织。一般的社会团体、自治协会向其成员颁发资格证书及许可性文件的行为不是行政许可行为。公民、法人之间允许对方从事某种活动的行为也不能称之为行政许可。第二，行政许可是为实施行政管理的目的而为的。许可制度是世界各国普遍使用的对社会和经济进行管理的主要制度。第三，行政许可的内容是国家一般限制或禁止的活动。许可行为是对符合条件的对象解除限制或禁止的活动。许可行为是对符合条件的对象解除限制或禁止允许其从事某项活动、享有特定权利和资格的行为。第四，行政许可是依据相对人申请而作出的行政行为，被称为被动性行为。第五，许可的相对人既可以是公民，也可以是法人和其他组织。第六，许可事项必须有明确的法律规定。许可是建立在普遍限制和禁止基础上的解禁行为。因而，对大多数人而言，它是限制公民法人活动自由的行为。

行政许可程序是指有关许可证的申请、审查、核发、拒绝、修改、更换、中止、废止、撤销、转让、收费等一系列步骤过程及规则的总称。行政许可程序具体包括：（1）申请程序。公民、法人或其他组织向行政机关提出许可申请，必须履行法定的申请程序。申请程序应包括下列要素：申请人有明确的意思表示；申请应当在一定期限内提出。（2）审查处理程序。许可机关收到申请后，依照法定标准对申请人和申请事项进行全面审核。主要包括以下几个方面：①申请人资格审查；②申请书及附录材料的形式要件审查；③申请事项的实质要件审查；④有关资格的许可还须审查申请人是否通过规定考核或确认然后才发放许可证；⑤核实申请内容。行政许可的审查期限。审查期限是许可程序的重要环节，只有在规定的期限内决定是否发放许可证才能确保行政效率和相对人利益。行政许可机关对申请人提出的申请审查之后，一般可能作出两种决定，一是不予批准、拒绝核发许可证及其他证照；二是予以批准、决定发放许可证和其他证照。（3）变更程序。取得许可的相对人，其活动超出范围的应向许可机关申请变更许可内容。许可机关在监督检查的过程中发现相对人的活动明显超越许可范围的，亦可主动变更之。这种变更实际上是对原许可证的修改，一般需行政许可机关审查后重新核发许可证。（4）注销程序。许可证持有人违反要求不再适宜持有许可证或许可证的有效期限届满或许可活动完成后，该证自然失去效力，发放许可证依据的法律法规被废止撤销后，许可证也自然失效。对于已失效的许可证，应由发放许可证的行政机关予以注销。（5）吊销程序。吊销许可证一般被视为行政处罚的一种形式，指持证人违反许可证规定的内容，从事违法活动，行政机关撤销其许可证以示惩戒。吊销许可证是一种严厉处罚手段，是终止公民法人某项行为能力的重要措施，应辅之以严格的实质程序要件。

行政许可的作用有两个方面，首先由于它能够有效地限制特殊行业和特殊行为，将其纳入国家监控范围，因而在规范、制约公民、法人行为等方面发挥了重要作用；其次许可制度也存在消极的一面，它可能限制公民、法人的公平竞争权，导致和保护垄断行为。具体而言，行政许可制度的作用体现在以下几个方面：(1) 行政许可制度有利于维持经济秩序，保护国家资源和生态环境。(2) 行政许可制度有利于维护社会秩序和公共安全，保障公民人身财产权利不受侵犯。行政许可制度是防范不法行为、保障公共安全的重要手段。行政机关还可以通过职业许可、资源许可等制度，限制某种特殊活动的从业人数和从业条件，保证某种特殊活动向社会提供符合质量、数量、比例结构合理的服务。此外行政许可制度还可以起到保护公民、法人和其他组织人身权、财产权，抵制各类非法侵害的作用。(3) 行政许可制度对于促进社会经济发展具有重要意义。随着许可证应用领域的扩展，社会的不断变化，许可制度的作用已不仅仅是消极地保护公益免受侵害而是积极地干预经济社会生活，保证国家经济健康发展，促进社会公益事业，为经济上的弱者提供救济。许可制度的作用还表现在为其他管理手段提供有效协助。例如，在有些国家，许可行为还是国家征税纳物的重要手段，一方面可以控制从业数量，另一方面又可增加财政收入。①

2. **答案**：《行政许可法》所确立的基本制度和原则，包括在该法总则中予以明确规定的和体现在具体条文中的，归纳起来，主要有以下几个方面：

(1) 依法设定和实施行政许可，建设“有限政府”

行政许可制度的建立须有法律依据，其运行过程不得违背法律，应当按照法律规定的权限、范围、条件和程序进行，纠纷的解决同样必须依照法律进行。所有行政机关都必须依据行政法律规范行使许可权，并以行政法律规范所确定的内容和程序实施对行政事务和社会公共事务的管理。同时，行政相对人也必须遵守行政法律规范，服从行政机关的管理。

《行政许可法》确立了行政许可法定的原则，要求依照法定的权限、范围、条件和程序来设定和实施行政许可。

《行政许可法》对行政许可的范围作出明确界定，在列举可以设定行政许可的六类事项的基础上，确立了进一步限制的原则，即对上述六类事项，如果能通过如下途径予以规范的，可以不设行政许可：①公民、法人或者其他组织能够自主决定的；②市场竞争机制能够有效调节的；③行业组织或者中介机构能够自律管理的；④行政机关采用事后监督等其他行政管理方式能够解决的。

(2) 信息公开、公平合理、一视同仁

公开、公平、公正的原则，是现代行政程序法的重要原则，它要求有关行政管理的所有信息，除涉及国家秘密、商业秘密和个人隐私外，都应当公开，行政管理过程中必须充分反映公共利益和个体利益以及个体利益之间的均衡，实现公平、公正的目的价值。

我国《行政许可法》明确规定了公开、公平、公正的原则，并确立了相应的制度。有关行政许可的事项、条件、标准和程序要求的规定应当公布；未经公布的，不得作为实施行政许可的依据。并且，行政许可的实施程序和结果应当公开，接受相对人和社会公众的监督。行政机关实施行政许可，根据其性质，有的必须经过公开招标、拍卖等公平竞争程序，有的必须以经过统一考试为前

① 编者注：行政许可是一种非常重要的具体行政行为，也是在实际执法过程中容易引起争议的一种行为，我国已初步建立了行政许可制度，我国已经制定《行政许可法》以立法完善许可制度，考生在复习时，应关注行政许可立法的相关规定总结现阶段行政许可制度，提出可能的解决问题的方法。研究生入学考试将越来越多地关注立法及执法过程中的热点问题，对此考生要认真准备。

提，有的必须事先依技术标准和技术规范进行检验、检测、检疫，凡未经过这些法定程序的，所实施的行政许可行为将被有权机关撤销或者确认为无效。

（3）便民第一、办事高效、优质服务

《行政许可法》将便民、高效和优质服务规定为基本原则，并为此确立了一系列相应的规则和制度，使这部法律充满了“亲民”色彩。

①贯彻“精简、统一、效能”原则，相对集中行使行政许可权。《行政许可法》规定，经国务院批准，省、自治区、直辖市人民政府根据精简、统一、效能的原则，可以决定一个行政机关行使有关行政机关的行政许可权。（“一个窗口对外”）（“一站式服务”）（“政府超市”）

②优质服务，遵守时限，申请处理程序化。行政许可必须贯彻效率的原则，严格遵守法律规定的期限。首先，行政机关必须及时受理行政许可申请。其次，行政许可机关应该及时进行实质审查。再次，行政机关应当及时颁发许可证或者执照，同时告知拟拒绝其申请的相对人不予许可的事宜及其理由。最后，行政机关应及时对有关行政许可的纠纷作出处理决定。

③灵活多样的申请方式，规范有序的经费制度。

行政机关实施行政许可和对行政许可事项进行监督检查，不得收取任何费用。

（4）保障相对人的陈述权、申辩权和寻求救济权

公民、法人或者其他组织对行政机关实施行政许可，享有陈述权、申辩权；有权依法要求听证；有权依法申请行政复议或者提起行政诉讼；其合法权益因行政机关违法实施行政许可受到损害的，有权依法要求赔偿。

（5）确立对行政许可相对人的信赖保护原则

公民、法人或者其他组织依法取得的行政许可受法律保护，行政机关不得随意变更、撤销已经生效的行政许可。只有行政许可所依据的法律、法规、规章修改或者废止，或者准予行政许可所依据的客观情况发生重大变化时，为了公共利益的需要，行政机关可以依法变更或者撤回已经生效的行政许可。

（6）规范和约束权力，保障法制统一

《行政许可法》对行政许可设定权和规定权作出严格规定：没有赋予国务院各部委任何行政许可的设定权；对地方政府的许可设定权亦加以严格的限制。尚未制定法律、行政法规的，地方性法规可以设定行政许可；省、自治区、直辖市政府只能在尚未制定法律、行政法规和地方性法规的情况下，因行政管理急需而设定不超过一年期限的临时性行政许可。下位法规范只能在上位法规范设定行政许可的范围内作出具体规定。

（7）建立监督检查制度，实行民主制约

县级以上人民政府应当建立健全对行政机关实施行政许可的监督制度，加强对行政机关实施行政许可的监督检查。同时，应当建立健全对被许可人的监督检查制度，对公民、法人或者其他组织从事行政许可事项的活动实施有效监督。

第十四章　行政处理（二）
——依职权行政行为

基础知识图解

- 依职权行政行为
  - 概述：概念、种类及原则
  - 行政规划
    - 概念、种类
    - 作用
  - 行政命令
    - 概念、种类
    - 作用
  - 行政征收
    - 概念、种类
    - 作用及原则
  - 行政处罚
    - 概念、种类
    - 作用、原则及程序
  - 行政强制
    - 概念、特征
    - 种类、作用及原则

配套测试

一、单项选择题

1. 某市人民政府为建设一项国家重点工程项目，占用郊区农民的土地，省政府对被征用地的农民给予了补偿费用和安置费用，省政府此项行为属于（　　）。

A. 行政给付　　B. 行政征收

C. 行政征用　　D. 行政赔偿

2. 生态环境局向违反环境法规相对方收取排污费、滞纳金的行为属于（　　）。

A. 行政处罚　　B. 行政征购

C. 行政征收　　D. 行政没收

3. 下列行为中，属于行政处罚行为的是（　　）。

A. 吊销驾驶证　　B. 行政征收

C. 查封、扣押　　D. 行政征用

4. 行政征收是以相对人负有行政法上的（　　）为前提的。

A. 履行义务　　B. 缴纳义务

C. 给付义务　　D. 不作为义务

5. 以下处罚形式属于行为罚的是（　　）。

A. 行政拘留　　B. 警告

C. 没收非法财物　　D. 责令停产停业

6. 下列判断，（　　）是正确的。

A. 行政征收的实施必须以相对方负有行政法上的缴纳义务为前提

B. 行政征收与行政征购一样是双方行政行为

C. 行政征收的标的包括财产以及劳务

D. 行政征收是行政主体有偿取得相对方财产所有权的行为

7. 市场监管局对味好食品厂作出罚款的行政处罚，该厂拒绝缴纳，市场监管局有权（　　）。

A. 向法院起诉，要求法院判令该企业缴纳罚款

B. 自行强制执行或申请法院强制执行

C. 为收缴罚款，吊销该企业营业执照

D. 拘留该企业法定代表人

8. 公安机关对在公共场所酗酒滋事的人进行人身拘束，该行政行为性质是（　　）。

A. 行政处罚　　B. 行政强制
C. 行政监督　　D. 行政指导

9. 吊销违法者的经营许可证是（　　）。
A. 执行罚　　B. 行政处罚
C. 行政处分　　D. 行政强制执行

10. 某区城管局以甲摆摊卖“麻辣烫”影响环境为由，将其从事经营的小推车等物品扣押。在实施扣押过程中，城管执法人员李某将甲打伤。对此，下列哪一说法是正确的？（　　）（司考 2010.2.46）
A. 扣押甲物品的行为，属于行政强制执行措施
B. 李某殴打甲的行为，属于事实行为
C. 因甲被打伤，扣押甲物品的行为违法
D. 甲被打伤的损失，应由李某个人赔偿

11. 行政处罚中的警告属于（　　）。
A. 限制权利的处罚
B. 剥夺权利的处罚
C. 课以义务的处罚
D. 影响声誉的处罚

12. 下列行政行为中，不属于行政处罚的是（　　）。
A. 没收财物　　B. 暂扣许可证件
C. 行政拘留　　D. 开除公职

13. 行政强制措施与行政强制执行共同点在于（　　）。
A. 都是以行政相对人不履行义务为前提
B. 都是以强制的方式实现行政目的
C. 实施主体都是法律明确授权的行政机关
D. 采取强制措施的方式都是相同的

14. 下列属于间接强制执行措施的是（　　）。
A. 滞纳金　　B. 强制划拨
C. 查封　　D. 强制服兵役

15. 甲驾车在某路段行驶时，与乙驾驶的车辆相撞，致使甲的车受损，甲下车对乙进行殴打造成轻微伤后驾车离去。公安机关为查处此案，对甲进行传唤，甲却回避。公安机关为使甲来接受调查，将甲的汽车扣押。公安机关的扣车行为属于（　　）。
A. 行政强制执行　　B. 行政征收
C. 行政处罚　　D. 行政强制措施

16. 根据《防洪法》规定，工程设施建设严重影响防洪，逾期不拆除的，行政主管部门强行拆除，所需费用由建设单位承担。行政机关的这种做法属于下列哪个选项的行为？（　　）
A. 行政处罚　　B. 行政收费
C. 代执行　　D. 直接强制

17. 张某委托刘某购书，并将一本存有 1.3 万元人民币的全国通兑活期存折交给刘某用于买书。刘某在途中取出该存折中的 3000 元用于购买毒品，被公安机关当场抓获。审讯中，刘某供述存折中余下的 1 万元仍打算用于购买毒品。县法院对刘某判处有期徒刑 15 年。随后，公安机关作出行政处罚决定，关于当场查获的 3000 元和存折内的余款，正确的处理方法是（　　）。
A. 没收用于购买毒品的 3000 元，将存折内余款返还刘某
B. 没收用于购买毒品的 3000 元和准备用于购买毒品的存折内余款
C. 将刘某用于购买毒品的 3000 元和存折内余款返还张某
D. 没收用于购买毒品的 3000 元，将存折内余款返还张某

18. 王某擅自使用机动渔船渡客。渔船行驶过程中，被某港航监督站的执法人员发现，当场对王某作出罚款 50 元的行政处罚，并立即收缴了该罚款。关于缴纳罚款，下列哪一做法是正确的？（　　）
A. 执法人员应当自抵岸之日起 2 日内将罚款交至指定银行
B. 执法人员应当自抵岸之日起 5 日内将罚款交至指定银行
C. 执法人员应当自抵岸之日起 2 日内将罚款交至所在行政机关，由行政机关在 2 日内缴付指定银行
D. 执法人员应当自抵岸之日起 2 日内将罚款交至所在行政机关，由行政机关在 5 日内缴付指定银行

19. 下列哪些处罚措施属于行政处罚（　　）。
A. 责令限期治理
B. 责令停产停业
C. 责令赔偿损失

D. 责令退还土地

20. 根据《行政处罚法》的规定，限制人身自由的行政处罚只能由下面哪种规范性文件规定？(　　)

A. 法律

B. 法律和行政法规

C. 法律、法规

D. 法律、法规和规章

21. 国务院制定的其他规范性文件（　　）。

A. 可以经法律授权后有行政处罚设定权

B. 可以经国务院授权后有行政处罚设定权

C. 可以对较轻微违法行为的行政处罚有设定权

D. 没有行政处罚权

22. 根据《行政处罚法》的规定，行政拘留权只能由下面哪个机关行使？(　　)

A. 法律、法规授权的组织行使

B. 公安机关

C. 公安机关派出所

D. 公安机关委托的组织

23. 某县土地管理部门根据某地方法规的规定，发布一个文件，“授权该县所有村民委员会对各村滥占滥用农地的单位和个人行使行政处罚权”，那么村民委员会应当以谁的名义作出行政处罚？(　　)

A. 村民委员会自己的名义

B. 村民委员会隶属的乡政府

C. 县土地管理部门

D. 县政府

24. 位于A市的甲食品厂生产的某种食品销往B市，B市卫健委在例行抽样检查过程中发现该食品已过保质期，即准备依据有关规定对甲食品厂进行行政处罚，但A市卫生行政部门知道此事后，认为应该由自己管辖该案，B市卫生行政部门无权处理。两地卫生行政部门因此发生争议。按照《行政处罚法》的规定，下列说法正确的是（　　）。

A. 由该案发生地B市卫生行政部门管辖

B. 由甲食品厂所在地A市卫生行政部门管辖

C. 由两地卫生行政部门协议管辖

D. 由两地卫生行政部门共同的上一级卫生管理机关指定管辖

25. 下列关于行政处罚中“一事不再罚”原则的表述正确的是（　　）。

A. 针对一个违法行为，不能进行多种行政处罚

B. 针对一个违法行为，不能由两个或两个以上的行政机关处罚

C. 针对一个违法行为，不能进行两次或两次以上的罚款

D. 针对一个违法行为，不能依据同一法律规范进行两次或两次以上的处罚

26. 某乙为一待业青年，某日与朋友在饭店喝酒，因心情不顺而喝得大醉，结账的时候，对结账服务员丙污言秽语，丙忍无可忍，驳斥了几句，乙便动手打了丙几个耳光，在众人的强行阻止下，事态才未进一步发展。事后，丙向公安机关报案，公安机关经调查，以违反治安管理为由，决定对乙处以3日行政拘留的行政处罚。乙对此不服，声称自己当时行为是在醉酒状态下所为，不应受到处罚。下列说法正确的是（　　）。

A. 乙的确是在醉酒状态下所为的话，可以从轻处罚

B. 公安机关的处罚是正确的

C. 乙的确是在醉酒状态下所为的话，应该从轻处罚

D. 乙的确是在醉酒状态下所为的话，应该减轻或免除处罚

27. 国务院某部制定一行政规章，规定对某种行政违法行为除处罚单位外，还要给予直接责任人罚款的行政处罚，但有关规定这一违法行为处罚的国务院行政法规并没有规定要对直接责任人给予行政处罚。据此该规章（　　）。

A. 违法，因为规章无权规定罚款的行政处罚

B. 违法，因为规章无权规定行政处罚

C. 不违法

D. 违法，因为超出了行政法规规定的行

政处罚范围

28. 行政机关制定的除行政法规和规章外的其他规范性文件（　　）。

A. 对较轻微违法的处罚有行政处罚设定权

B. 经法律授权后有行政处罚设定权

C. 经国务院授权后有行政处罚设定权

D. 没有行政处罚设定权

29. 甲出售假药，乙购买其假药后中毒。若甲的行为已构成犯罪，则行政机关应对甲（　　）。

A. 进行行政处罚

B. 不予处理

C. 不予处理，但应移送司法机关依法追究甲的刑事责任

D. 进行行政处罚，然后移送司法机关

30. 甲将乙打伤，被区公安局处以行政拘留15日的处罚，甲无异议，15日拘留开始执行。乙向人民法院提起刑事自诉，人民法院经审理认为甲的行为已经构成犯罪，判决拘役2个月。这时，甲的行政拘留15日已经执行完毕。对此甲需要执行的刑期是（　　）。

A. 1个半月　　B. 15天

C. 2个月　　D. 2个半月

31. 行政处罚地域管辖权的划分原则是（　　）。

A. 违法行为人经常居住地的行政机关管辖

B. 违法行为所侵害的受害人所在地的行政机关管辖

C. 违法行为发生地的行政机关管辖

D. 违法行为人户籍所在地的行政机关管辖

32. 某图书城被举报销售盗版光碟，市场监督管理机关经查实认定该图书城3年前曾代人出售过30盘盗版光碟，并获利2000元。对此，市场监督管理机关（　　）。

A. 应当从轻处罚

B. 应当减轻处罚

C. 应当给予行政处罚

D. 不再给予行政处罚

33. 对情节复杂或者重大违法行为将给予较重行政处罚的，处罚机关应如何作出决定？（　　）

A. 由处罚机关的行政首长决定

B. 办案人员集体讨论决定

C. 处罚机关的负责人应当集体讨论决定

D. 报上级机关作出决定

34. 在下列何种情况下，行政机关及其执法人员可以当场收缴罚款？（　　）

A. 不当场收缴事后难以执行

B. 在边远、水上、交通不便地区

C. 当场作出处罚的

D. 只要当事人提出当场缴纳，无论何种情形即可当场收缴

35. 行政机关对当事人进行处罚时不使用罚款没收财物单据或者使用非法定部门制发的罚款、没收财物单据的，当事人（　　）。

A. 有权拒绝处罚

B. 应先接受处罚，然后再依法申请行政复议或提起行政诉讼

C. 应当接受处罚

D. 应先接受处罚，然后可以向其上级行政机关进行检举

36. 下列关于行政处罚授权的说法错误的是（　　）。

A. 必须是法律、法规的明确授权

B. 接受授权的组织必须具有管理公共事务的职能

C. 必须是法律、法规和规章的明确授权

D. 接受授权的组织应在法定授权范围内实施行政处罚

37. 下列哪些机关没有行政处罚的管辖权？（　　）

A. 乡人民政府　　B. 卫健委

C. 区人民政府　　D. 县规划局

38. 甲市无名公司未经城建部门批准而建办公大楼，在施工过程中，城建部门作出责令其停止施工的决定。但该公司既不申请复议也不向人民法院提起诉讼，仍然继续施工。对此城建部门可（　　）。

A. 请求上级行政机关处理

B. 申请人民法院强制执行

C. 不能采取任何行为

D. 再对其作出罚款决定

39. 某县渔政管理站对甲超出捕捞许可证指定的范围设网捕鱼进行处罚，但宣告处罚决定书时甲不在场，县渔政管理站应（　　）。

A. 在7日内依照行政诉讼法的有关规定送达

B. 在7日内依照民事诉讼法的有关规定送达

C. 在3日内依照行政诉讼法的有关规定送达

D. 在3日内依照民事诉讼法的有关规定送达

40. 甲钢厂因污染环境受到生态环境局的以下处理：（1）责令限期治理；（2）罚款1万元；（3）赔偿受污染村民损失2万元。其中，属于行政处罚的是（　　）。

A. 责令限期治理

B. 罚款1万元

C. 赔偿受污染村民损失2万元

D. 拘留

41. 下列行政处罚设定正确的是（　　）。

A. 某省人民政府办公厅规定对某类行为的行为人处以警告或50元以下罚款

B. 某民族自治州人大规定对某类行为可处以一定数额的罚款

C. 某行政法规规定对某类行为的行为人可处以行政拘留10日以下的处罚

D. 郑州市人大规定对某类行为的行为人可处以暂扣营业执照的处罚

42. 某厂青工小李骑自行车误闯红灯，交警当场作出罚款30元的处罚决定，则（　　）。

A. 本案不应适用当场处罚程序

B. 小李应到指定银行交纳罚款

C. 小李若申辩，罚款额将因认错态度不好而提高

D. 小李应当场交纳罚款

43. 行政机关在调查或进行检查时，执法人员一般应为（　　）。

A. 一人至二人

B. 二人或二人以上

C. 三人以上单数

D. 至少三人

44. 某县市场监督管理局对市场进行检查时发现外地人李某售假耗子药，即当场处罚其人民币50元，同时当场进行收缴，并出具了县财政局统一制发的罚款收据，则李某（　　）。

A. 应老老实实缴纳罚款

B. 先交罚款，但可申辩以减轻处罚

C. 先交罚款，若不服可申请复议或提起行政诉讼

D. 拒交罚款并予以检举

45. 有关行政处罚合法情形的下列表述，错误的有（　　）。

A. 行政处罚适用法律、法规正确

B. 行政处罚结果正确、程序合法

C. 行政处罚结果正确、程序违法

D. 行政处罚由有处罚权的机关行使

46. 行政机关使用或者损毁扣押的财产，对当事人造成损失的，应当依法予以（　　），对直接负责的主管人员和其他直接责任人员予以（　　）。

A. 赔偿、罚款

B. 补偿、行政处罚

C. 赔偿、行政处分

D. 补偿、依法追究刑事责任

47. 行政处罚中听证程序的范围是（　　）。

A. 警告

B. 行政拘留

C. 没收违法所得

D. 责令停产停业、吊销许可证件、较大数额罚款等行政处罚

48. 行政处罚罚款的收缴原则是（　　）。

A. 收缴罚款的机构可以作出罚款决定

B. 作出罚款决定的行政机关原则上可以收缴罚款

C. 如果行政机关出具罚款收据就可以收缴

D. 作出罚款的行政机关应当与收受罚款的机构相分离

49. 在行政处罚听证程序中，当事人要求听证的，应当在行政机关告知有要求举行听证的权利后（　　）内提出。

A. 5日　　B. 7日
C. 3日　　D. 10日

50. 根据《行政处罚法》的规定，下列表述正确的有（　　）。
A. 依照简易程序当场作出的行政处罚决定罚款额在50元以下的，执法人员可以当场收缴
B. 执法人员当场收缴的罚款，应当自收缴罚款之日起2日内，交至行政机关；在水上当场收缴的罚款，应当自收缴罚款之日起5日内交至行政机关；行政机关应当在2日内将罚款交付指定银行
C. 属于非当场收缴的罚款，受罚当事人应当自收到行政处罚决定书之日起10日内，到指定的银行缴纳罚款
D. 当事人逾期不缴纳罚款的，作出行政处罚的行政机关每日按罚款的3%加处罚款

51. 当事人对行政处罚决定不服申请行政复议或者提起行政诉讼的（　　）。
A. 行政处罚停止执行
B. 对提起行政复议的，行政处罚停止执行；对提起行政诉讼的，行政处罚不停止执行
C. 对提起行政复议的，行政处罚不停止执行；对提起行政诉讼的，行政处罚停止执行
D. 行政处罚不停止执行

52. 行政机关对于重大违法行为给予较重的行政处罚时，在证据可能灭失的情况下，可采取的措施是（　　）。
A. 经行政机关负责人批准，可以先行封存证据
B. 经行政机关集体讨论，可以先行扣押证据
C. 经行政机关负责人批准，可以先行登记保存证据
D. 经行政机关负责人批准，可以先行登记提存证据

53. 下列选项中的哪一种情形导致行政处罚决定不能成立？（　　）
①行政机关作出处罚决定前，未依法向当事人告知应予处罚的事实、理由和依据；②行政机关拒绝听取当事人的陈述、申辩；③行政处罚没有法定依据；④行政处罚不遵守法定程序。
A. ①③　　B. ②③
C. ①③④　　D. ①②

54. 某区公安局派出所突击检查孔某经营的娱乐城，孔某向正在赌博的人员通风报信，派出所突击检查一无所获。派出所工作人员将孔某带回调查，孔某因受到逼供而说出实情。派出所据此决定对孔某拘留10日，孔某不服提起诉讼。下列哪一选项是正确的？（　　）（司考2008.2.49）
A. 在作出拘留决定前，孔某有权要求举行听证
B. 对孔某的拘留决定违法
C. 某区公安分局派出所是本案被告
D. 因孔某起诉，公安机关应暂缓执行拘留决定

55. 下列哪一行为属于行政处罚？（　　）（司考2010.2.44）
A. 公安交管局暂扣违章驾车张某的驾驶执照6个月
B. 市场监督管理局对一企业有效期届满未申请延续的营业执照予以注销
C. 卫生行政部门对流行性传染病患者强制隔离
D. 市场监督管理局责令某食品生产者召回其已上市销售的不符合食品安全标准的食品

56. 经甲公司申请，市建设局给其颁发建设工程规划许可证。后该局在复核中发现甲公司在申请时报送的企业法人营业执照已经超过有效期，遂依据《行政许可法》规定，撤销该公司的规划许可证，并予以注销。甲公司不服，向法院提起诉讼。市建设局撤销甲公司规划许可证的行为属于下列哪一类别？（　　）（司考2009.2.41）
A. 行政处罚
B. 行政强制措施

C. 行政行为的撤销
D. 行政检查

57. 村民陈某在本村建一住宅。镇政府认定其非法占用土地，违反了《土地管理法》，作出拆除房屋、退还土地的决定，随后将房屋强制拆除。陈某向法院提起诉讼，请求撤销镇政府的决定、确认拆除行为违法。关于镇政府的权力，下列哪一选项是正确的？（　　）（司考 2009.2.43）
A. 有权作出拆除决定，但无权强制执行
B. 有权作出拆除决定，也有权强制执行
C. 无权作出拆除决定，也无权强制执行
D. 无权作出拆除决定，但可以强制执行

58. 质监局发现王某生产的饼干涉嫌违法使用添加剂，遂将饼干先行登记保存，期限为1个月。有关质监局的先行登记保存行为，下列哪一说法是正确的？（　　）（司考2011.2.44）
A. 系对王某的权利义务不产生实质影响的行为
B. 可以由2名执法人员在现场直接作出
C. 采取该行为的前提是证据可能灭失或以后难以取得
D. 登记保存的期限合法

59. 某自然资源局以陈某违反《土地管理法》为由，向陈某送达决定书，责令其在10日内拆除擅自在集体土地上建造的房屋3间，恢复土地原状。陈某未履行决定。下列哪一说法是错误的？（　　）
A. 自然资源局的决定书应载明，不服该决定申请行政复议或提起行政诉讼的途径和期限
B. 自然资源局的决定为负担性具体行政行为
C. 因《土地管理法》对起诉期限有特别规定，陈某对决定不服提起诉讼的，应依该期限规定
D. 如陈某不履行决定又未在法定期限内申请复议或起诉的，自然资源局可以自行拆除陈某所建房屋

60. 李某长期吸毒，多次自费戒毒均未成功。某公安局在一次检查中发现后，将李某送至强制隔离戒毒所进行强制隔离戒毒。强制隔离戒毒属于下列哪一性质的行为？（　　）（司考 2013.2.43）
A. 行政处罚
B. 行政强制措施
C. 行政强制执行
D. 行政许可

61. 某区公安分局以非经许可运输烟花爆竹为由，当场扣押孙某杂货店的烟花爆竹100件。关于此扣押，下列哪一说法是错误的？（　　）（司考 2014.2.47）
A. 执法人员应当在返回该分局后立即向该分局负责人报告并补办批准手续
B. 扣押时应当制作现场笔录
C. 扣押时应当制作并当场交付扣押决定书和清单
D. 扣押应当由某区公安分局具备资格的行政执法人员实施

62. 李某多次发送淫秽短信、干扰他人正常生活，公安机关经调查拟对李某作出行政拘留10日的处罚。关于此处罚决定，下列哪一做法是适当的？（　　）（司考2016.2.45）
A. 由公安派出所作出
B. 依当场处罚程序作出
C. 应及时通知李某的家属
D. 紧急情况下可以口头方式作出

63. 下列哪一行政行为不属于行政强制措施？（　　）（司考 2016.2.46）
A. 审计局封存转移会计凭证的被审计单位的有关资料
B. 公安交通执法大队暂扣酒后驾车的贾某机动车驾驶证6个月
C. 税务局扣押某企业价值相当于应纳税款的商品
D. 公安机关对醉酒的王某采取约束性措施至酒醒

64. 在行政强制执行过程中，行政机关依法与甲达成执行协议。事后，甲应当履行协议而不履行，行政机关可采取下列哪一措施？（　　）（司考 2015.2.49）
A. 申请法院强制执行

B. 恢复强制执行
C. 以甲为被告提起民事诉讼
D. 以甲为被告提起行政诉讼

65. 某市质监局发现王某开设的超市销售伪劣商品，遂依据《产品质量法》对发现的伪劣商品实施扣押。关于扣押的实施，下列哪一说法是错误的？（　　）（司考 2017. 2. 48）
A. 因扣押发生的保管费用由王某承担
B. 应制作现场笔录
C. 应制作并当场交付扣押决定书和扣押清单
D. 不得扣押与违法行为无关的财物

66. 某县政府为保障水上交通安全，对辖区一水库库区内的船舶清理整顿。因沈某的船舶未到港务监督机构进行登记，县政府发出通知，要求沈某将船只驶向指定地点，限期不得驶离。关于这一通知的性质，下列哪一选项是准确的？（　　）
A. 属于查封设施
B. 属于其他行政强制措施
C. 属于扣押财物
D. 属于行政强制执行

二、多项选择题

1. 刘某因超载被公路管理机关执法人员李某拦截，李某口头作出罚款 200 元的决定，并要求当场缴纳。刘某要求出具书面处罚决定和罚款收据，李某认为其要求属于强词夺理，拒绝听取其申辩。关于该处罚决定，下列哪些说法是错误的？（　　）
A. 该处罚决定不成立，刘某可以拒绝
B. 该处罚决定违法，刘某缴纳罚款后可以申请复议或者提起诉讼
C. 该处罚决定不成立，刘某缴纳罚款后可以申请复议或者提起诉讼
D. 该处罚决定无效，刘某可以拒绝

2. 行政机关作出（　　）等行政处罚决定之前，应当告知当事人有要求举行听证的权利。
A. 责令停产停业
B. 吊销许可证件
C. 较大数额罚款
D. 行政拘留

3. 下列费用的征收属于行政征收范围的有（　　）。
A. 排污费　　B. 公路养路费
C. 滞纳金　　D. 个人所得税

4. 下列关于即时强制的表述中（　　）是不正确的。
A. 主体只能是行政主体
B. 实施前提是义务人不履行其应当履行的法定义务
C. 主要目的是维护法律、法规所确立的社会秩序和社会状态
D. 必须按照严格的法定程序

5. 一般说来，有（　　）情形之一的，对行为者不处罚。
A. 无责任能力者违法的
B. 由于生理缺陷的原因而致违法的
C. 因意外事故而违法的
D. 不满 14 岁违法的

6. 2006 年 5 月 2 日，吴某到某县郊区旅社住宿，拒不出示身份证件，与旅社工作人员发生争吵并强行住入该旅社。该郊区派出所以扰乱公共秩序为由，决定对吴某处以 300 元罚款。下列哪些说法是正确的？（　　）（司考 2006. 2. 82）
A. 派出所可以自己的名义作出该处罚决定
B. 派出所可以当场作出该处罚决定
C. 公安机关应当将此决定书副本抄送郊区旅社
D. 吴某对该罚款决定不服，应当先申请复议才能提起行政诉讼

7. 行政处罚决定作出后，行政行为的效力状态是（　　）。
A. 行政处罚决定可以通过留置送达后生效
B. 无法留置送达的，可以通过公告送达后生效
C. 行政处罚决定经相对人同意后才生效
D. 行政处罚决定只要符合法定生效要件，不需要送达就能生效

8. 区市场监督管理局工作人员甲在检查市场时，正巧碰上乙、丙两家商户斗殴，当场询问制作调查笔录，并将乙带回单位，向乙作出了罚款 30 元的行政处罚，这一处罚决定（　　）。

A. 合法，因证据确凿、事实清楚

B. 违法，因市场监督管理机关无管辖权

C. 违法，因市场监督管理机关调查程序违法，应当有两个以上的调查人员

D. 合法，因行政机关都有保护公民人身权和财产权的法定职责

9. 违反治安管理可以从重处罚的情形有（　　）。

A. 有较严重后果的

B. 教唆、胁迫、诱骗他人违反治安管理的

C. 对报案人、控告人、举报人、证人打击报复的

D. 两年内曾受过治安管理处罚的

10. 下列哪项属于行政奖励？（　　）

A. 某民政局对在抗洪抢险中有立功表现的公民授予荣誉称号的行为

B. 某民政局对在抗洪抢险中因公受伤人员发放残疾金的行为

C. 某民政局对在抗洪抢险中有立功表现的工作人员予以晋升的行为

D. 某民政局对在抗洪抢险中牺牲者的家属予以安置的行为

11. 下列行政行为中属于行政强制措施的有（　　）。

A. 吊销执照　　B. 冻结银行存款

C. 强制隔离戒毒　　D. 行政拘留

12. 对下列何项行政决定可依法予以强制执行（　　）。

A. 拆除违法建筑的决定

B. 颁发持枪证的决定

C. 治安拘留的决定

D. 免除纳税义务的决定

13. 下列关于行政强制执行措施的实施的说法，正确的是（　　）。

A. 付诸实施的前提和根据是行政强制执行决定书

B. 实施强制措施可以根据实际情况进行和解

C. 实施过程中可能出现无法继续进行的情况时，应当暂时停止

D. 如果执行不能进行以后也没有必要再恢复进行的情况，应当停止执行

14. 公安人员将煽动群众闹事的人带离现场，属于（　　）。

A. 即时性强制措施

B. 执行性强制措施

C. 行政处罚

D. 直接强制

15. 下列属于对行政相对人的财产采取执行性强制措施的有（　　）。

A. 冻结存款账户　　B. 扣押财产

C. 强制收购　　D. 强制扣缴

16. 即时强制（　　）。

A. 以义务的不履行为前提

B. 是非要式行为

C. 其程序包括调查、审查、通知和告诫、执行四个阶段

D. 包括对人身及人身自由的强制，对住宅和场所等现场进行的强制及对财产的强制

17. 根据《行政处罚法》的规定，下列可以设定有关吊销企业营业执照行政处罚的法律规范包括（　　）。

A. 全国人大常委会制定的非基本法律

B. 行政法规

C. 某省人大制定的地方性法规

D. 国务院商务部制定的规章

18. 某经济特区人民政府制定了一项《关于加强对城市暂住人员管理暂行办法》的地方规章，在该规章中，设定了以下行政处罚种类，其中符合《行政处罚法》规定的是（　　）。

A. 针对暂住人员的警告

B. 限制屡教不改的暂住人员的人身自由

C. 对暂住人员和提供非法居所的人处以罚款

D. 没收提供非法居所的人的违法所得

19. 根据《行政处罚法》的规定，可以实施行政处罚行为的主体包括（　　）。

A.《大气污染防治法》规定具有环境管

理方面行政处罚权的生态环境局

B. 某省规章授权的具有管理公共事务职能的组织可以在法定授权范围内实施行政处罚

C. 行政机关依照法律、法规或者规章的规定，可以在其法定权限内委托管理公共事务的事业组织实施行政处罚

D. 具有管理公共事务职能的组织

20. 某县生态环境局打算将某项环境保护方面的行政处罚权委托给村委会，下列表述不正确的是（　　）。

A. 该县生态环境局可以根据实际需要自主决定是否将该项行政处罚权委托给村委会

B. 该县生态环境局可以依据规章的相关规定作出该委托

C. 受委托的村委会可以根据实际情况，并经该县生态环境局许可，将行政处罚权再委托给其他组织行使

D. 受委托的村委会对实施该项行政处罚不承担法律后果

21. 某县市场监督管理局接到群众举报，说喝了甲酒厂生产的一种果酒，会导致酒精中毒。市场监督管理局准备委托检验机构对该种果酒进行检验，并作出是否予以行政处罚的决定。根据《行政处罚法》的规定，该检验机构所具备的以下条件中，哪些是必备的？（　　）

A. 依法成立

B. 经省级市场监督管理部门认证

C. 具有熟悉相关法律、法规、规章和业务的工作人员

D. 能够组织相应的技术检查或技术鉴定

22. 某甲是 A 县人，但是常年在 B 县打工。一年春节从 B 县回 A 县过年，途经 C 县。在长途汽车上与某乙攀谈，某乙问他是否想顺路赚点钱，甲就问乙有什么路子。乙说在 C 县他有一批冒牌酒，可以低价给甲，甲拿回 A 县就可以转手赚一笔。甲同意了，于是到了 C 县后，甲和乙就下了车，乙将一批冒牌酒卖给了甲，甲又坐车回到了 A 县，将冒牌酒出售牟利，后被有关行政机关查获。下列说法正确的是（　　）。

A. 由 A 县行政机关管辖

B. 由 B 县行政机关管辖

C. 由 C 县行政机关管辖

D. 由 A、C 县的共同上级行政机关管辖

23. 某甲一日在其所居住的住宅小区内遇见几个人，向他推销影碟机，他问多少钱一台，其中一个人说：“给你便宜点，300 块钱吧！但是没有发票和保修卡。”甲一想，肯定不是正经来路的货，但是 300 块钱一台确实很便宜，不要白不要，于是花钱买了一台。不久，甲听说公安机关破获了一起本市某家电商场被盗案，并在追查赃物下落，担心自己受到牵连，左思右想，最后在家人的劝说下，到公安机关坦白交代了此事。公安机关下列哪些处理是错误的？（　　）

A. 对甲应该在法定范围内从轻或减轻处罚

B. 对甲应该免除处罚

C. 对甲可以从轻或免除处罚

D. 因为是在家人的劝说下甲才主动承认错误的，故对甲不得从轻或减轻处罚

24. 行政处罚由违法行为发生地的县级以上地方人民政府具有行政处罚权的行政机关管辖，但在哪种情况下可以例外？（　　）

A. 行政法规另有规定

B. 地方性法规另有规定

C. 上一级行政机关指定

D. 法律另有规定

25. 有权决定一个行政机关行使另一个行政机关行政处罚权的主体是（　　）。

A. 国务院

B. 国务院的各部委

C. 省级人民政府

D. 国务院授权的省级人民政府

26. 行政机关制作的行政处罚决定必须载明的事项有（　　）。

A. 作出处罚的机关名称与执法人员姓名

B. 当事人不服行政处罚，取得救济的途径

C. 行政处罚的事实依据与法律依据
D. 行政处罚履行的方式与期限

27. 对于行政处罚的罚款，没收违法所得或没收非法财物拍卖的款项（　　）。
A. 任何行政机关或个人不得以任何形式截留、私分或者变相私分
B. 对于错误的罚款，财政部门可以退还给作出处罚决定的行政机关，由其返还给当事人
C. 由收缴罚款的银行上缴作出处罚决定的机关
D. 全部上缴国库

28. 某歌厅因违法经营被举报，市场监管管理机关对其作出吊销营业执照的行政处罚。市场监管管理机关于4月1日告知该歌厅有要求举行听证的权利，至4月5日该歌厅仍未提出听证要求，4月6日市场监管局通知歌厅参加于4月10日举行的听证会，听证会上听证主持人勒令该歌厅委托的代理人（律师）退场不得参加听证会，并当场作出吊销营业执照的处罚，本案存在以下错误（　　）。
A. 未经行政相对人的申请，不能举行听证会
B. 应在听证会召开的七日前通知歌厅
C. 当事人可以委托代理人
D. 处罚应经行政机关负责人集体讨论决定

29. 下列情形符合《行政处罚法》规定的有（　　）。
A. 行政处罚决定依法作出后，当事人应当在行政处罚决定的期限内，予以履行
B. 复议和诉讼期间行政处罚不停止执行，法律另有规定的除外
C. 作出罚款决定的行政机关应当与收缴罚款的机构分离
D. 当事人应自收到行政处罚决定书之日起15日内，到指定的银行缴纳罚款

30. 行政机关调查终结，负责人可作出如下行政处罚决定（　　）。
A. 确有应受处罚的违法行为的，根据情节轻重及具体情况，作出行政处罚决定
B. 违法行为轻微，依法可以不予行政处罚的，不予行政处罚
C. 违法事实不能成立的，不得给予行政处罚
D. 违法行为已构成犯罪的，移送司法机关

31. 行政征收法定的原则，要求行政征收的主体法定，根据法律规定及有关法律的授权，能够成为行政征收主体的有（　　）。
A. 环保机关
B. 海关
C. 地方各级人民政府
D. 交通机关

32. 下列属于行政征收的有（　　）。
A. 营业税　　B. 水资源费
C. 超生费　　D. 电话费

33. 行政征收和行政征用的共同点是（　　）。
A. 都具有强制性
B. 都是无偿取得相对人的财产
C. 都是单方行政行为
D. 都是取得相对人财产的所有权

34. 行政征收的法定性，意味着必须在法律上有明确依据的事项有（　　）。
A. 行政征收项目
B. 行政征收金额
C. 行政征收机关
D. 行政征收相对人

35. 属于人民法院对公民、法人或其他组织采取的强制执行措施的有（　　）。
A. 冻结、划拨存款
B. 扣留、提取劳动收入
C. 查封、扣押、冻结、拍卖、变卖财产
D. 强制搬迁、拆除违章建筑、退出土地

36. 依据《行政处罚法》的规定，接受行政机关的委托实施行政处罚的组织，负有哪些义务？（　　）
A. 委托组织必须在行政机关委托的范围内实施行政处罚
B. 委托组织必须以委托行政机关的名义实施行政处罚

C. 在紧急情况下，受委托组织可以将受托事项再委托其他组织实施，但在事后立即通知委托行政机关
D. 受委托组织应当接受委托行政机关的监督并独立地对实施行政处罚行为的后果承担法律责任

37. 《行政处罚法》规定了一系列保证行政处罚公开的制度，如（　　）。
A. 表明身份制度
B. 告知制度
C. 听取意见制度
D. 听证制度

38. 我国行政执法人员可依行政处罚简易程序进行执法活动，下列选项哪些体现了该程序的特点？（　　）
A. 可以口头作出处罚决定
B. 可以当场作出处罚决定
C. 可以不表明身份
D. 可以少于两人

39. 当事人逾期不履行行政处罚决定的，作出处罚决定的行政机关可以采取的措施有哪些？（　　）
A. 每日按罚款数额的3‰加处罚款
B. 依法拍卖查封扣押的财产
C. 划拨冻结的存款
D. 申请法院强制执行

40. 某单位擅自设置、使用无线电台。依照《无线电管理条例》的规定，国家无线电管理机构准备给予其没收无线电设备的行政处罚。根据《行政处罚法》的规定，国家无线电管理机构在作出行政处罚之前，应向当事人告知什么事项？（　　）
A. 作出行政处罚决定的事实
B. 作出行政处罚决定的理由和依据
C. 作出行政处罚决定时上级机关的意见
D. 当事人依法享有的权利

41. 行政机关委托实施行政处罚权的组织必须具备哪些条件？（　　）
A. 经有关机关批准
B. 具有熟悉有关法律、法规、规章和业务的工作人员
C. 依法成立的管理公共事务的事业组织
D. 有条件组织进行相应的技术检查或者技术鉴定

42. 运输公司指派本单位司机运送白灰膏。由于泄漏，造成沿途路面大面积严重污染。司机发现后即向公司汇报。该公司即组织人员清扫被污染路面。下列哪些选项是正确的？（　　）（司考2007.2.86）
A. 路面被污染的沿途三个区的执法机关对本案均享有管辖权，如发生管辖权争议，由三个区的共同上级机关指定管辖
B. 对该运输公司应当依法从轻或者减轻行政处罚
C. 本案的违法行为人是该运输公司
D. 本案的违法行为人是该运输公司和司机

43. 某交通局在检查中发现张某所驾驶货车无道路运输证，遂扣留了张某的驾驶证和车载货物，要求张某缴纳罚款1万元。张某拒绝缴纳，交通局将车载货物拍卖抵缴罚款。下列说法正确的是（　　）。（司考2012.2.99）
A. 扣留驾驶证的行为为行政强制措施
B. 扣留车载货物的行为为行政强制措施
C. 拍卖车载货物的行为为行政强制措施
D. 拍卖车载货物的行为为行政强制执行

44. 规划局认定一公司所建房屋违反规划，向该公司发出《拆除所建房屋通知》，要求公司在15日内拆除房屋。到期后，该公司未拆除所建房屋，该局发出《关于限期拆除所建房屋的通知》，要求公司在10日内自动拆除，否则将依法强制执行。下列哪些说法是正确的？（　　）（司考2012.2.84）
A. 《拆除所建房屋通知》与《关于限期拆除所建房屋的通知》性质不同
B. 《关于限期拆除所建房屋的通知》系行政处罚
C. 公司可以对《拆除所建房屋通知》提起行政诉讼
D. 在作出《拆除所建房屋通知》时，规划局可以适用简易程序

45. 行政强制措施的种类有（　　）。

A. 划拨存款、汇款

B. 排除妨碍、恢复原状

C. 查封场所、设施或者财物

D. 冻结存款、汇款

46. 行政强制执行的方式有（　　）。

A. 扣押财物

B. 加处罚款或者滞纳金

C. 拍卖或者依法处理查封、扣押的场所、设施或者财物

D. 代履行

47. 情况紧急，需要当场实施行政强制措施的（　　）。

A. 行政执法人员应当在24小时内向行政机关负责人报告

B. 行政执法人员应当在48小时内补办批准手续

C. 行政机关负责人认为不应当采取行政强制措施的，应当立即解除

D. 行政机关负责人认为不应当采取行政强制措施的，应当在24小时内解除

48. 关于行政强制执行程序，错误的有（　　）。

A. 必须行政决定的期限届满才可以强制执行

B. 在作出行政强制决定之后，应当先催告当事人履行义务

C. 当事人有权对行政强制执行决定书进行陈述和申辩

D. 在催告期间，对有证据证明有转移或者隐匿财物迹象的，行政机关可以作出立即强制执行决定

49. 某工商分局接举报称肖某超范围经营，经现场调查取证初步认定举报属实，遂扣押与其经营相关物品，制作扣押财物决定及财物清单。关于扣押程序，下列哪些说法是正确的？（　　）（司考2013. 2. 88）

A. 扣押时应当通知肖某到场

B. 扣押清单一式二份，由肖某和该工商分局分别保存

C. 对扣押物品发生的合理保管费用，由肖某承担

D. 该工商分局应当妥善保管扣押的物品

50. 代履行是行政机关强制执行的方式之一。有关代履行，下列哪些说法是错误的？（　　）（司考2014. 2. 81）

A. 行政机关只能委托没有利害关系的第三人代履行

B. 代履行的费用均应当由负有义务的当事人承担

C. 代履行不得采用暴力、胁迫以及其他非法方式

D. 代履行3日前应送达决定书

51. 关于一个行政机关行使有关行政机关的行政许可权和行政处罚权的安排，下列哪些说法是正确的？（　　）（司考2016. 2. 80）

A. 涉及行政处罚的，由国务院或者经国务院授权的省、自治区、直辖市政府决定

B. 涉及行政许可的，由经国务院批准的省、自治区、直辖市政府决定

C. 限制人身自由的行政处罚只能由公安机关行使，不得交由其他行政机关行使

D. 由公安机关行使的行政许可，不得交由其他行政机关行使

52. 下列哪些行政行为不属于行政处罚？（　　）（司考2016. 2. 81）

A. 质监局对甲企业涉嫌冒用他人商品识别代码的产品予以先行登记保存

B. 食品药品监管局责令乙企业召回已上市销售的不符合药品安全标准的药品

C. 环保局对排污超标的丙企业作出责令停产6个月的决定

D. 工商局责令销售不合格产品的丁企业支付消费者3倍赔偿金

53. 某工商局因陈某擅自设立互联网上网服务营业场所扣押其从事违法经营活动的电脑15台，后作出没收被扣电脑的决定。下列哪些说法是正确的？（　　）（司考2016. 2. 82）

A. 工商局应制作并当场交付扣押决定书和扣押清单

B. 因扣押电脑数量较多，作出扣押决定前工商局应告知陈某享有要求听证的

权利
C. 对扣押的电脑，工商局不得使用
D. 因扣押行为系过程性行政行为，陈某不能单独对扣押行为提起行政诉讼

54. 某公安交管局交通大队民警发现王某驾驶的电动三轮车未悬挂号牌，遂作出扣押的强制措施。关于扣押应遵守的程序，下列哪些说法是正确的？（　　）（司考 2015.2.78）
A. 由两名以上交通大队行政执法人员实施扣押
B. 当场告知王某扣押的理由和依据
C. 当场向王某交付扣押决定书
D. 将三轮车及其车上的物品一并扣押，当场交付扣押清单

55. 某公安派出所以李某放任所饲养的烈性犬恐吓张某为由对李某处以 500 元罚款。关于该处罚决定，下列哪些说法是正确的？（　　）（司考 2017.2.79）
A. 公安派出所可以自己名义作出决定
B. 可当场作出处罚决定
C. 应将处罚决定书副本抄送张某
D. 如李某不服处罚决定向法院起诉，应以该派出所所属的公安局为被告

56. 下列哪些规范无权设定行政强制执行？（　　）（司考 2017.2.80）
A. 法律
B. 行政法规
C. 地方性法规
D. 部门规章

57. 林某在河道内修建了"农家乐"休闲旅社，在紧急防汛期，防汛指挥机构认为需要立即清除该建筑物，林某无法清除。对此，下列哪些说法是正确的？（　　）（司考 2017.2.81）
A. 防汛指挥机构可决定立即实施代履行
B. 如林某提起行政诉讼，防汛指挥机构应暂停强制清除
C. 在法定节假日，防汛指挥机构也可强制清除
D. 防汛指挥机构可与林某签订执行协议约定分阶段清除

58. 温某殴打李某，温某因故意伤害被县公安局给予行政拘留 7 日并处罚款 300 元。温某不服，向法院提起行政诉讼。李某认为该处罚决定过轻，也向法院提起行政诉讼。下列哪些说法是准确的？（　　）
A. 县公安局作出处罚决定前，可以组织听证
B. 应当暂缓执行温某的行政拘留处罚决定
C. 法院应当合并审理
D. 经审理被诉处罚决定明显不当的，法院可以变更为行政拘留 10 日并处罚款 300 元

59. 公安局认定朱某嫖娼，对其拘留 15 日并处罚款 5000 元。关于此案，下列哪些说法是正确的？（　　）
A. 对朱某的处罚决定书应载明处罚的执行方式和期限
B. 如朱某要求听证，公安局应当及时依法举行听证
C. 朱某有权陈述和申辩，公安局必须充分听取朱某的意见
D. 如朱某对拘留和罚款处罚不服起诉，该案应由公安局所在地的法院管辖

60. 下列选项中，哪些行为属于行政强制措施？（　　）
A. 市场监督管理局发现张某销售未经检验检疫的猪肉，暂扣尚未出售的猪肉
B. 李某酒后驾车，公安局决定暂扣其机动车驾驶证 6 个月
C. 公安局民警发现吴某醉酒影响公共秩序，将其带离现场并约束至酒醒
D. 税务稽查局认定某公司涉嫌转移财产逃税，扣押其价值相当于应纳税款的商品

61. 某市交通运输局在城北客运站红绿灯路口执法检查时发现方某驾驶一辆尼桑天籁小轿车通过某网约车平台接单搭载乘客，但方某现场无法提供《网络预约出租汽车运输证》，遂对方某所驾车辆进行扣押，并存放于某收费停车场。下列说法哪些是正确的？（　　）

A. 应当由 2 名以上行政执法人员实施扣押
B. 应当制作现场笔录
C. 若经过调查方某没有违法行为的，应当及时作出解除扣押决定
D. 停车费用由方某承担

62. 2019 年 6 月，孙某驾驶货车装载 31 头生猪，准备开到县城定点屠宰场宰杀，因撞坏道路设施被交警大队扣留车辆。孙某称生猪会因为受热而死亡，请求交警大队待其将货车开到屠宰厂卸下生猪后再行扣留，但是交警大队不予理会。后大部分生猪因过热而死，损失 30 万元。孙某提起行政诉讼。下列说法哪些是正确的？(　　)
A. 交警大队对损失不承担赔偿责任
B. 交警大队对扣押的财物应当妥善保管
C. 因为孙某存在违法行为，所以损失由其自行承担
D. 交警大队的行为违反了比例原则

63. 市场监督管理局在执法过程中现场发现某超市售卖超过保质期的火腿，当场扣押了这些火腿，后作出没收火腿并处 1 万元罚款的决定。下列哪些说法是准确的？(　　)
A. 扣押火腿应当通知当事人到场
B. 逾期不缴纳罚款的，市场监督管理局可以每日按罚款数额的 3%加处罚款
C. 可以将没收的火腿拍卖，所获得款项抵缴罚款
D. 罚款不可以分期缴纳

三、名词解释

1. 依职权行政行为
2. 行政规划
3. 行政命令
4. 行为罚
5. 申诫罚
6. 听证程序
7. 行政强制
8. 行政调查
9. 执行罚
10. 行政强制措施
11. 行政强制执行

四、简答题

1. 简析行政强制执行与司法强制执行的区别。
2. 依职权行政行为的实施应遵循哪些原则？
3. 试比较行政征收与行政征用两概念。(武汉大学 2007 年、中南财经政法大学 2006 年考研真题)
4. 行政机关实施行政强制措施应当遵守哪些规定？
5. 行政强制执行终止的情形有哪些？
6. 代履行的概念与特征。(中国政法大学 2012 年考研真题)

五、论述题

1. 论述我国行政处罚的特征及其应遵循的原则。(中南财经政法大学 2006 年考研真题)
2. 如何理解行政强制适当原则？

六、案例分析题

1. 洪某是个体工商户，未经批准擅自将坐落在某镇北正街观音巷口北侧的临时营业棚改建成两层楼房。施工时，该县城区建设管理所曾多次劝阻无效，洪某终将楼房建成，并进行营业。不久，县城区建设管理所依法对洪某的违章建房行为作出了处理，责令洪某在 10 日内拆除违章建筑。洪某在限期内未执行。县城区建设管理所派人将洪某的违章建筑强行拆除顶层，在拆房时，县城区建设管理所未通知洪某或其成年家属到场，对室内物品也没有清点保管，致使洪某经营的部分商品受损。洪某对县城区建设管理所的强行拆除行为不服，向人民法院提起诉讼，并要求被告方赔偿其经济损失。

问题：(1) 县城区建设管理所强行拆除洪某的房屋是否合法？

(2) 县城区建设管理所应否承担给洪某造成的经济损失？

2. 某日，某区公安分局巡警诸某在巡逻的过程中，发现过街桥上围集着一大群人，并

不时传来厮打声和叫骂声。诸某走过去发现秦某与高某正殴打在一起，诸某立即喝止二人住手，当场认定二人的行为扰乱了公共治安秩序，根据《治安管理处罚法》[①]，对二人分别处以100元的罚款，并当场收缴。

问题：（1）行政处罚法规定适用简易程序必须符合哪些条件？简易程序的基本内容是什么？

（2）诸某的处罚行为有哪些不符合《行政处罚法》规定？

3. 某副食品商场向县市场监督管理局申请了营业执照，在营业期间，部分消费者反映该商场出售的某些食品质量低劣。后市场监督管理局经过调查，发现反映情况属实，对该商场处以吊销营业执照的处罚。

问题：（1）根据《行政处罚法》的规定，在对该商场进行调查取证时可以采用什么方式？

（2）行政机关在作出处罚决定前需要做什么？

（3）听证程序适用哪些案件？

（4）听证费用由谁承担？

（5）听证是否应公开举行？

（6）当事人是否可以委托代理人参加听证？

4. 某电子公司因违法经营，某区市场监督管理局在调查取证确定其违法事实后，预备对该公司作出责令停业的处罚。在处罚决定之前，市场监督管理局告知该公司有权要求听证，3日后该公司未提出听证要求，市场监督管理局在5日之后通知该公司参加听证会，该公司参加了听证会。听证会上听证主持人当场作出了责令该公司停业的处罚并收取了50元的听证费用。

试分析市场监督管理局作出的处罚行为存在哪些违法之处？

参考答案

一、单项选择题

1. 答案：C。本题考查行政征用的概念。

2. 答案：C。本题考查行政征收的概念。

3. 答案：A。吊销驾驶证是行政处罚的行为，其他几项都不是。

4. 答案：B。本题考查行政征收的概念。

5. 答案：D。行政拘留是人身自由罚。警告是申诫罚。没收非法财物是财产罚。

6. 答案：A。行政征收的实施必须以相对方负有行政法上的缴纳义务为前提，是单方行政行为。

7. 答案：B。《行政处罚法》第72条第1款规定：“当事人逾期不履行行政处罚决定的，作出行政处罚决定的行政机关可以采取下列措施：(一) 到期不缴纳罚款的，每日按罚款数额的百分之三加处罚款，加处罚款的数额不得超出罚款的数额；(二) 根据法律规定，将查封、扣押的财物拍卖、依法处理或者将冻结的存款、汇款划拨抵缴罚款；(三) 根据法律规定，采取其他行政强制执行方式；(四) 依照《中华人民共和国行政强制法》的规定申请人民法院强制执行。”行政行为具有执行力，行政行为一旦作出，相对人必须履行，相对人不履行该行为，行政机关有权自行强制执行或申请人民法院强制执行。

8. 答案：B。行政强制执行是个人、组织不履行法定的义务，行政机关依法强制其履行义务的行政行为。行政处罚是国家特定的行政机关依法惩戒违反行政管理秩序的个人，组织的一种单方的行政行为，属于行政制裁范畴。

9. 答案：B。吊销违法者的经营许可证是典型的行政处罚行为。

10. 答案：B。行政强制执行措施一般是在对行

---

① 编者注：本题主要考查《行政处罚法》的知识点，而且法考惯用这类“程序挑错”的题型，读者应予重视。

政行为强制执行的过程中产生，其存在的前提是为了执行已经存在的某项具体行政行为。本题中，扣押物品的行为之前不存在一个具体的行政行为，因此只能认定为一个具体的行政行为，而不是行政强制执行措施。故A选项错误。所谓事实行为，是指国家机关和国家机关工作人员实施的不发生法律效果，或虽发生法律效果，但效果的发生是由于外界的某种事实状态所致的行为。李某殴打甲的行为，属于事实行为，也属于职务行为，B选项正确。对于违法违规经营的小摊贩，城管局在法律法规规定范围内对相关物品进行扣押，属于合法行为。该扣押行为必须与李某打伤甲的行为予以分开，所以尽管甲被打伤，但是扣押甲物品的行为并不违法。根据《国家赔偿法》规定，行政机关工作人员在行使行政职权时，以殴打等方式造成公民身体伤害或者死亡的，受害人有取得赔偿的权利，赔偿是指“国家赔偿”。本题中，李某在执法过程中打伤甲，属于在行使行政职权过程中致人伤害，按照《国家赔偿法》规定应由李某所在城管局对甲予以赔偿，城管局赔偿后可按《国家赔偿法》相关规定对李某予以追偿。据此，D选项错误。

11. **答案**：D。行政处罚中的警告属于影响声誉的处罚。

12. **答案**：D。开除公职属于行政处分。

13. **答案**：B。行政强制措施与行政强制执行共同点在于：两者都是以强制的方式实现行政目的。

14. **答案**：A。行政强制执行包括间接强制执行与直接强制执行。间接强制执行，是指通过间接手段迫使义务人履行义务或达到与履行义务相同状态的强制措施。间接强制执行又分为代执行和执行罚：(1) 代执行，是指义务人不履行义务时，由他人代替其履行，并由义务人支付执行费用的强制执行方式。代执行的义务只能是他人可以代替的作为义务，而其他义务不能使用这一方式。(2) 执行罚，又称为“强制金”，是指义务人不履行义务时，执行机关课以新的金钱给付义务，促使义务人履行义务的强制执行方式。据此，滞纳金属于间接强制执行措施。A对，BCD错，直接强制执行，是指针对义务人的人身、财产或行为，直接采取强制手段使义务得以履行或者达到与履行义务相同的状态。据此，强制划拨、查封、强制服兵役均属于直接强制执行措施。

15. **答案**：D。A错D对，行政强制执行与行政强制措施的区别在于：行政强制执行的目的是义务的履行，因此以义务人不履行义务为前提；而行政强制措施目的在于使当事人的人身与财产保持一定状态，从而预防、制止违法行为或危险状态的发生，或保全证据等，它不以义务人不履行义务为必要的前提；行政强制执行的主体包括行政机关和人民法院；而行政强制措施的主体只有行政主体。综上所述，本题中公安机关的扣车行为属于行政强制措施。B错，行政征收，是指行政机关根据法律的规定，强制地、无偿地向行政相对人征集一定数额的金钱或实物的行政行为。C错，行政处罚，是指享有行政处罚权的行政机关或法律、法规授权的组织，对违反行政法律规范、依法应当给予处罚的行政相对人所实施的法律制裁行为。包括警告、罚款、没收违法所得和没收非法财物，责令停产停业，暂扣或者吊销许可证、暂扣或者吊销执照，行政拘留，法律、行政法规规定的其他行政处罚等。

16. **答案**：C。代执行是行政强制执行机关或第三人代替履行行政行为所确立的可代替作为义务，并向义务人征收必要费用的强制执行措施，本题属典型的代执行。行政处罚包括人身罚、财产罚、申诫罚。财产罚有罚款与没收两种，行为罚有责令停产停业，暂扣和吊销许可证、营业执照。行政收费是行政征收之一种，如公路养路费、港口建设费、教育费附加等属行政收费。行政强制执行中分间接强制与直接强制，间接强制包括代执行与执行罚。直接强制包括人身强制，如强制拘留、强制传唤、强制隔离等，财产强制如通知银行强制划拨、强制销毁等。故 ABD 不对。

17. 答案：D。本题考查的是行政处罚中没收非法财物的范围。本题中刘某用于购买毒品的3000元属于非法财物，而其余1万元余款则属于张某所有，故应当返还。

18. 答案：C。本题考查的是水上当场收缴罚款后的处理程序。《行政处罚法》第71条规定，执法人员当场收缴的罚款，应当自收缴罚款之日起2日内，交至行政机关；在水上当场收缴的罚款，应当自抵岸之日起2日内交至行政机关；行政机关应当在2日内将罚款缴付指定的银行。故本题答案为C。

19. 答案：B。本题考查行政处罚的种类。参见《行政处罚法》第9条规定。责令停产停业是针对营利性组织违反行政法律规范的一种行为罚。A项责令限期治理和D项责令退还土地，是行政机关督促违法行为人自行主动纠正违法行为，不是行政处罚；C项责令赔偿损失是行政机关促使违法行为人对自己的违法行为向受害人承担民事责任，也不属于行政处罚。

20. 答案：A。本题考查行政处罚的设定，参见《行政处罚法》第10条规定。

21. 答案：D。本题考查行政处罚的设定。参见《行政处罚法》第16条规定。

22. 答案：B。本题考查行政拘留的实施机关。参见《行政处罚法》第18条规定。

23. 答案：C。本题考查行政处罚的实施机关。参见《行政处罚法》第20条第3款。值得一提的是，该文件中的“授权”实为“委托”。

24. 答案：D。本题考查行政处罚的管辖。参见《行政处罚法》第25条第2款规定。

25. 答案：C。本题考查“一事不再罚”原则的含义。参见《行政处罚法》第29条规定。

26. 答案：B。本题考查行政处罚的适用。参见《治安管理处罚法》第15条规定，醉酒的人违反治安管理的，应当给予处罚。

27. 答案：D。根据《行政处罚法》第13条第1款的规定可知，国务院部、委员会制定的规章可以在法律、行政法规规定的给予行政处罚的行为、种类和幅度的范围内作出具体规定。据此，本题中的规章超出了行政法规规定的行政处罚范围，因此违法。

28. 答案：D。除法律、法规、规章外的其他规范性文件都不得对行政处罚加以创设。据此，行政机关制定的除行政法规和规章外的其他规范性文件均没有行政处罚设定权。

29. 答案：C。根据《行政处罚法》第8条规定，对本题中的甲不得以行政处罚代替刑事处罚，即行政机关不予处理，而应移送司法机关依法追究甲的刑事责任。

30. 答案：A。参见《行政处罚法》第35条规定。

31. 答案：C。《行政处罚法》第22条规定：“行政处罚由违法行为发生地的行政机关管辖。法律、行政法规、部门规章另有规定的，从其规定。”据此，行政处罚地域管辖权的划分原则是违法行为发生地的行政机关管辖。

32. 答案：D。《行政处罚法》第36条：“违法行为在二年内未被发现的，不再给予行政处罚……法律另有规定的除外。前款规定的期限，从违法行为发生之日起计算；违法行为有连续或者继续状态的，从行为终了之日起计算。”据此，本题中的违法情形已超过追诉时效，工商行政机关对此行为不再给予行政处罚。

33. 答案：C。《行政处罚法》第57条第2款规定：“对情节复杂或者重大违法行为给予行政处罚，行政机关负责人应当集体讨论决定。”

34. 答案：A。根据《行政处罚法》第68条、第69条规定，当场收缴罚款的情形有以下三种：（1）100元以下罚款；（2）不当场收缴事后难以执行的；（3）在边远、水上、交通不便地区，当事人向指定的银行缴纳罚款确有困难，经当事人提出的，行政机关及其执法人员当场收缴罚款。

35. 答案：A。参见《行政处罚法》第70条规定。

36. 答案：C。根据《行政处罚法》第19条规定，行政处罚授权必须是法律、法规的明确授权，不包括规章；接受授权的组织必须具有管理公共事务的职能；接受授权的组织应在法定授权范围内实施行政处罚。据此，C项表述错误，ABD三项表述正确。

37. 答案：A。参见《行政处罚法》第22条规定。

38. 答案：B。参见《行政处罚法》第72条规定。

39. 答案：B。参见《行政处罚法》第61条第1款规定。

40. 答案：B。AC错，行政机关在处理行政违法案件时，不论违法行为人是否给予行政处罚或是处以何种行政处罚，都应首先要求违法行为人及时纠正违法行为。责令纠正违法行为的目的是纠正错误，以恢复被侵害的某种状态，其目的与处罚目的不同，因而不属于行政处罚。纠正违法行为一般包括：停止违法行为、限期治理或消除违法行为所造成的危害后果、恢复合法状态、赔偿违法造成的损害等。据此，责令限期治理、赔偿受污染村民损失2万元均属于纠正违法行为，而不是行政处罚。

41. 答案：D。本题考查行政处罚的设定。《行政处罚法》第10条至第16条。

42. 答案：B。本题考查行政处罚的程序及执行。《行政处罚法》第45条规定，当事人有权进行陈述和申辩。行政机关必须充分听取当事人的意见，对当事人提出的事实、理由和证据，应当进行复核；当事人提出的事实、理由或者证据成立的，行政机关应当采纳。行政机关不得因当事人申辩而加重处罚。第51条规定，违法事实确凿并有法定依据，对公民处以200元以下、对法人或者其他组织处以3000元以下罚款或者警告的行政处罚的，可以当场作出行政处罚决定。法律另有规定的，从其规定。第68条规定，依照本法第51条的规定当场作出行政处罚决定，有下列情形之一的，执法人员可以当场收缴罚款：（一）依法给予100元以下的罚款的；（二）不当场收缴事后难以执行的。

43. 答案：B。《行政处罚法》第42条规定，行政处罚应当由具有行政执法资格的执法人员实施。执法人员不得少于两人，法律另有规定的除外。执法人员应当文明执法，尊重和保护当事人合法权益。

44. 答案：D。当场处罚的收据应由省、市、自治区财政部门统一制发；使用非法定部门制发的罚款收据当事人有权拒绝处罚并有权予以检举，见《行政处罚法》第70条、第77条。

45. 答案：C。《行政处罚法》第4条规定，公民、法人或者其他组织违反行政管理秩序的行为，应当给予行政处罚的，依照本法由法律、法规或者规章规定，并由行政机关依照本法规定的程序实施。没有法定依据或者不遵守法定程序的，行政处罚无效。

46. 答案：C。《行政处罚法》第81条规定，行政机关违法实行检查措施或者执行措施，给公民人身或者财产造成损害、给法人或者其他组织造成损失的，应当依法予以赔偿，对直接负责的主管人员和其他直接责任人员依法给予处分；情节严重构成犯罪的，依法追究刑事责任。

47. 答案：D。参照《行政处罚法》第63条规定。

48. 答案：D。罚款收缴原则是罚、收分离。

49. 答案：A。参照《行政处罚法》第64条规定。

50. 答案：D。参照《行政处罚法》第67条、第71条、第72条规定。

51. 答案：D。《行政处罚法》第73条第1款规定，当事人对行政处罚决定不服，申请行政复议或者提起行政诉讼的，行政处罚不停止执行，法律另有规定的除外。

52. 答案：C。本题考查行政处罚决定程序中的证据保全措施。C对，《行政处罚法》第56条规定："行政机关在收集证据时，可以采取抽样取证的方法；在证据可能灭失或者以后难以取得的情况下，经行政机关负责人批准，可以先行登记保存，并应当在七日内及时作出处理决定，在此期间，当事人或者有关人员不得销毁或者转移证据。”AB错，AB两项表述中的封存和扣押属于对财产的行政强制执行措施，其直接目的是防止当事人转移、隐匿财产，而不是为了收集和保全证据。D错，D项表述中的提存是民法中的术语，是指由于债权人的原因无法交付标的物时，债务人以将标的物提交有关机关保存的形式偿还债务，从而消灭债权债务关系的民事法律制度，与证据保全无关。

53. 答案：D。本题考查行政处罚成立与无效。行政处罚的“成立与否”与“有效与否”是两个不同的概念。行政处罚不成立，是指行政处罚不具备法定的成立要件，不对外发生法律效力。一个行政处罚成立后并不一定导致其就有效。《行政处罚法》第4条规定：“公民、法人或者其他组织违反行政管理秩序的行为，应当给予行政处罚的，依照本法由法律、法规、规章规定，并由行政机关依照本法规定的程序实施。”据此，本题中③、④两项所列情形是行政行为无效的法定情形。《行政处罚法》第45条第1款规定：“当事人有权进行陈述和申辩。行政机关必须充分听取当事人的意见，对当事人提出的事实、理由和证据，应当进行复核；当事人提出的事实、理由或者证据成立的，行政机关应当采纳。”《行政处罚法》第62条规定：“行政机关及其执法人员在作出行政处罚决定之前，未依照本法第四十四条、第四十五条的规定向当事人告知拟作出的行政处罚内容及事实、理由、依据，或者拒绝听取当事人的陈述、申辩，不得作出行政处罚决定；当事人明确放弃陈述或者申辩权利的除外。”综上所述，本题中①、②两项所列情形是法律所规定的行政处罚决定不成立的条件。

54. 答案：B。本题考查行政拘留、行政诉讼被告。

55. 答案：A。A选项中张某违章驾车属于违法行为，暂扣执照属于《行政处罚法》中法定的处罚种类，据此A选项正确。B选项中该企业没有违法行为，注销营业执照也不属于法定行政处罚的种类。C选项中传染病患者同样不存在违法行为，卫生行政部门出于公共安全的考虑对其强制隔离应归属于行政强制。D选项中该食品生产者虽有违法行为，但是责令召回不属于法定的处罚种类。据此只有A选项正确。

56. 答案：C。市建设局撤销规划许可证是因为该企业营业执照超过有效期限，不符合许可条件，并不是因为该企业的行政违法行为。据此，A选项不正确。所谓行政强制措施，是指行政机关对公民、法人或者其他组织的人身和财产直接使用国家强制手段采取的处置措施。一般包括行政监管中采取的强制检查措施、防止和制止危害社会行为的强制控制措施、应对突发公共事件的强制措施、行政强制执行中的强制执行措施。国家机关采取强制措施以当事人必须或者应当履行法律义务为重要前提，而本题中建设局既不是对甲公司的财产采取措施，也不是因为甲公司未履行特定义务而撤销许可证，据此，B选项不当选。行政检查是指行政机关对公民、法人和其他组织履行法律义务的监督检查，其主要目的是获得公民、法人和其他组织履行法律义务的情况和信息，以作为行政机关作出某种行政行为的前提。很明显，该题中撤销规划许可证的行为本身是行政监督检查的结果，而非行政检查。据此，D选项不当选。具体行政行为具有违法情形及明显不适当的时候，可以撤销。撤销可以是本机关自行撤销，也可以是其他有权机关撤销。据此，建设局依据《行政许可法》第69条的规定对不具备许可条件的人准许许可后而予以撤销的行为是行政行为的撤销。C选项正确。

57. 答案：C。根据《土地管理法》第77条第1款规定，农村村民未经批准或者采取欺骗手段骗取批准，非法占用土地建住宅的，由县级以上人民政府土地行政主管部门责令退还非法占用的土地，限期拆除在非法占用的土地上新建的房屋。据此，陈某非法占用土地建住宅，应由县土地管理局作出限期拆除决定，镇政府无权作出拆除决定。同时依据该法第 83 条规定，责令限期拆除在非法占用的土地上新建的建筑物和其他设施的，建设单位或者个人必须立即停止施工，自行拆除；对继续施工的，作出处罚决定的机关有权制止。建设单位或者个人对责令限期拆除的行政处罚决定不服的，可以在接到责令限期拆除决定之日起 15 日内，向人民法院起诉；期满不起诉又不自行拆除的，由作出处罚决定的机关依法申请人民法院强制执行，费用由违法者承担。可见，县土地管理部门作出限期拆除决定之后，陈某既不履行又不起诉的，应由县土地管理部门申请人民法院强制执行，而无权自行强制执行，镇政府更无权强制执行。据此，正确答案为 C。

58. 答案： C。《行政处罚法》第 56 条规定："行政机关在收集证据时，可以采取抽样取证的方法；在证据可能灭失或者以后难以取得的情况下，经行政机关负责人批准，可以先行登记保存，并应当在七日内及时作出处理决定，在此期间，当事人或者有关人员不得销毁或者转移证据。"本条所规定的"先行登记保存"，在行政法理论上，属于行政强制措施。

根据该条中"在此期间，当事人或者有关人员不得销毁或者转移证据"的表述，将饼干先行登记保存，会导致王某在保存期间不得处理该饼干，影响王某的经营活动，对王某权利义务产生了实质影响，故选项 A 错误。根据该条中"经行政机关负责人批准"的表述，选项 B 错误。根据该条中的"在证据可能灭失或者以后难以取得的情况下"的表述，选项 C 正确；根据该条中"七日内"的表述，质监局将饼干先行登记保存的期限为 1 个月，是违法的，故选项 D 错误。

59. 答案： D。本题为选非题。《行政处罚法》第 59 条规定："行政机关依照本法第五十七条的规定给予行政处罚，应当制作行政处罚决定书。行政处罚决定书应当载明下列事项：（一）当事人的姓名或者名称、地址；（二）违反法律、法规、规章的事实和证据；（三）行政处罚的种类和依据；（四）行政处罚的履行方式和期限；（五）申请行政复议、提起行政诉讼的途径和期限；（六）作出行政处罚决定的行政机关名称和作出决定的日期。行政处罚决定书必须盖有作出行政处罚决定的行政机关的印章。"根据该条第 1 款第 5 项规定，选项 A 说法正确。

根据与相对人之间的权益关系的不同，具体行政行为可以分为授益性和负担性具体行政行为。为相对人授予权利、利益或者免除负担义务的，是授益性具体行政行为；为相对人设定义务或者剥夺其权益的，是负担性具体行政行为。某自然资源局责令陈某拆除房屋，恢复土地原状，是为陈某设定义务，故属于负担性具体行政行为。选项 B 说法正确。

《行政诉讼法》第 46 条第 1 款规定："公民、法人或者其他组织直接向人民法院提起诉讼的，应当自知道或者应当知道作出行政行为之日起六个月内提出。法律另有规定的除外。"据此，法律可以对直接起诉的期限作特别规定。

《土地管理法》第 83 条规定："……建设单位或者个人对责令限期拆除的行政处罚决定不服的，可以在接到责令限期拆除决定之日起十五日内，向人民法院起诉；期满不起诉又不自行拆除的，由作出处罚决定的机关依法申请人民法院强制执行，费用由违法者承担。"该条"可以在接到责令限期拆除决定之日起十五日内，向人民法院起诉"的表述，表明"《土地管理法》对起诉期限有特别规定"，结合《行政诉讼法》第 46 条规定，故 C 项表述正确。

《土地管理法》第 83 条中"由作出处罚决定的机关依法申请人民法院强制执行"的表述，表明土地管理部门没有拆除房屋的直接强制执行权。故选项 D"可以自行拆除"的表述错误。

选项 D 即使在《行政强制法》施行后，仍然是错误的。《行政强制法》第 13 条规定："行政强制执行由法律设定。法律没有规定行政机关强制执行的，作出行政决定的行政机关应当申请人民法院强制执行。"根据该条，行政机关获得直接强制执行权，必须得到法律授权。

《行政强制法》第44条规定："对违法的建筑物、构筑物、设施等需要强制拆除的，应当由行政机关予以公告，限期当事人自行拆除。当事人在法定期限内不申请行政复议或者提起行政诉讼，又不拆除的，行政机关可以依法强制拆除。"该条"行政机关可以依法强制拆除"的表述，并不意味着，只要是违法建筑，行政机关都获得了直接强制执行权，因为该表述中仍存在"依法"字眼，即行政机关是否具有拆除违法建筑的直接强制执行权，还需看相关法律是否授予。由于《土地管理法》没有赋予土地管理部门拆除房屋的直接强制执行权，故在《行政强制法》施行后，土地管理部门作出的拆除房屋决定，仍只能申请法院强制执行。

60. 答案：B。A选项，行政处罚是指行政机关或其他行政主体依法定职权和程序对违反法律、行政法规、规章，尚未构成犯罪的相对人给予行政制裁的具体行政行为。

B选项，行政强制措施是指行政机关在行政管理过程中，为制止违法行为、防止证据损毁、避免危害发生、控制危险扩大等情形，依法对公民的人身自由实施暂时性限制，或者对公民、法人或者其他组织的财物实施暂时性控制的行为。行政强制措施强调"暂时性控制"，根据《行政强制法》第2条第2款规定的精神及行政法原理，强制隔离戒毒属于行政强制措施的一种。

C选项，行政强制执行是指在行政相对人拒不履行行政主体所作出并且已经生效的具体行政行为所确定的义务，有关国家机关依法强制该相对人履行该义务，或者由国家机关本身或第三人直接履行或代为履行该义务，然后向义务人征收费用的法律制度。

D选项，行政许可是指在法律一般禁止的情况下，行政主体根据行政相对方的申请，经依法审查，通过颁发许可证、执照等形式，赋予或确认行政相对方从事某种活动的法律资格或法律权利的一种具体行政行为。

综上，本题应选B项。

61. 答案：A。关于A选项，《行政强制法》第19条规定，情况紧急，需要当场实施行政强制措施的，行政执法人员应当在24小时内向行政机关负责人报告，并补办批准手续。"立即"的表述不应理解为24小时，故而A选项错误。

关于B选项，《行政强制法》第18条规定，实施行政强制措施应当遵守下列规定：(1) 实施前须向行政机关负责人报告并经批准；(2) 由两名以上行政执法人员实施；(3) 出示执法身份证件；(4) 通知当事人到场；(5) 当场告知当事人采取行政强制措施的理由、依据以及当事人依法享有的权利、救济途径；(6) 听取当事人的陈述和申辩；(7) 制作现场笔录；(8) 现场笔录由当事人和行政执法人员签名或者盖章，当事人拒绝的，在笔录中予以注明；(9) 当事人不到场的，邀请见证人到场，由见证人和行政执法人员在现场笔录上签名或者盖章；(10) 法律、法规规定的其他程序。其中第7项规定了应当制作现场笔录，所以，B选项正确不选。

《行政强制法》第24条规定，行政机关决定实施查封、扣押的，应当履行本法第18条规定的程序，制作并当场交付查封、扣押决定书和清单。故而C选项正确不选。

《行政强制法》第17条第3款规定，行政强制措施应当由行政机关具备资格的行政执法人员实施，其他人员不得实施。与行政处罚不同的是行政强制措施不发生行政委托——由其他不具备行政执法资格的人员去实施，行政机关——行政主体必须事必躬亲自行行使。所以D选项正确不选。

62. 答案：C。关于A选项，根据《治安管理处罚法》第91条的规定，公安派出所作为区县一级公安局的派出机构，被授权的范围仅限于警告和500元以下的罚款，无行政拘留处罚权，故A项错误。

关于B选项，《治安管理处罚法》第100条规定，违反治安管理行为事实清楚，证据确凿，处警告或者200元以下罚款的，可以当场作出治安管理处罚决定。因此，行政拘留不属于当场作出处罚的法定情形，故B项错误。

关于C选项，《治安管理处罚法》第97条第1款规定，公安机关应当向被处罚人宣告治安管理处罚决定书，并当场交付被处罚人；无法当场向被处罚人宣告的，应当在2日内送达被处罚人。决定给予行政拘留处罚的，应当及时通知被处罚人的家属。故C项正确。

关于D选项，行政处罚任何情况下都不得以口头方式作出，即使是当场处罚程序也要出具行政处罚决定书并送达当事人。并且行政拘留作为最严厉的行政处罚措施，必须经过传唤、询问、取证、决定、执行等程序。故D项错误。

63. 答案：B。行政强制措施，是指行政机关在行政管理过程中，为制止违法行为、防止证据损毁、避免危害发生、控制危险扩大等情形，依法对公民的人身自由实施暂时性限制，或者对公民、法人或者其他组织的财物实施暂时性控制的行为。行政强制措施和行政处罚的区别是是否具有临时性、是否具有制裁性。行政强制措施具有临时性、非处罚性、中间性、程序性；行政处罚则具有惩戒性、制裁性、实体性、最终性、结论性，不具有临时性。

B选项中的暂扣行为是为了处罚酒后驾车，已经为实体结论，并且期限为6个月，不具有临时性，不同于行政强制措施里的暂扣，属于《行政处罚法》第9条规定的“暂扣或吊销许可证”的行政处罚。

A选项中的“封存”、C选项中的“扣押”以及D选项中的将醉酒者约束至酒醒均为典型的行政强制措施。

64. 答案：B。《行政强制法》第42条规定，实施行政强制执行，行政机关可以在不损害公共利益和他人合法权益的情况下，与当事人达成执行协议。执行协议可以约定分阶段履行；当事人采取补救措施的，可以减免加处的罚款或者滞纳金。执行协议应当履行。当事人不履行执行协议的，行政机关应当恢复强制执行。B选项正确，其他均为干扰项。A选项申请法院强制执行的应当是一个行政决定，不能是一个行政强制执行过程中的和解协议。C选项以甲为被告提起民事诉讼，肯定错误，在行政法制度中对行政行为没有履行不可能通过民事诉讼予以解决。我国目前不存在“官告民”的行政诉讼，D选项以甲为被告提起行政诉讼显然错误。

65. 答案：A。关于A选项，依据《行政强制法》第26条第3款规定：“因查封、扣押发生的保管费用由行政机关承担。”故A选项错误。

关于B选项，依据《行政强制法》第18条规定：“行政机关实施行政强制措施应当遵守下列规定：……（七）制作现场笔录……”B选项正确。

关于C选项，依据《行政强制法》第24条第1款规定：“行政机关决定实施查封、扣押的，应当履行本法第十八条规定的程序，制作并当场交付查封、扣押决定书和清单。”C选项正确。

关于D选项，依据《行政强制法》第23条规定，查封、扣押限于涉案的场所、设施或者财物，不得查封、扣押与违法行为无关的场所、设施或者财物。D选项正确。

66. 答案：B。县政府的通知在外在形式上并未贴封条，也没有进行封存，不属于查封，A选项错误。县政府并未将沈某的船舶转移他处扣留，不属于扣押，C选项错误。县政府的通知要求沈某将船只驶向指定地点并限期不得驶离，该行为的主要目的在于预防危害的发生，属于行政强制措施，D

选项错误。

二、多项选择题

1. **答案**：BD。本题考查行政行为的成立、生效与合法要件。《行政处罚法》第51条规定："违法事实确凿并有法定依据，对公民处以二百元以下、对法人或者其他组织处以三千元以下罚款或者警告的行政处罚的，可以当场作出行政处罚决定。法律另有规定的，从其规定。"《行政处罚法》第52条第1款规定："执法人员当场作出行政处罚决定的，应当向当事人出示执法证件，填写预定格式、编有号码的行政处罚决定书，并当场交付当事人。……"《行政处罚法》第70条规定："行政机关及其执法人员当场收缴罚款的，必须向当事人出具国务院财政部门或者省、自治区、直辖市人民政府财政部门统一制发的专用票据；不出具财政部门统一制发的专用票据的，当事人有权拒绝缴纳罚款。"《行政处罚法》第62条规定："行政机关及其执法人员在作出行政处罚决定之前，未依照本法第四十四条、第四十五条的规定向当事人告知拟作出的行政处罚内容及事实、理由、依据，或者拒绝听取当事人的陈述、申辩，不得作出行政处罚决定；当事人明确放弃陈述或者申辩权利的除外。"据此，本题中的处罚行为不仅仅是程序违法，由于执法人员拒绝听取当事人的陈述、申辩，已经导致该行政处罚决定依法不能成立。既然不满足成立的法定形式要件，则法律上尚不存在该具体行政行为，也就谈不上违法或无效这些进一步的判定，总之在此情形下，相对人有权拒绝接受处罚，也可以在接受处理后提起诉讼或复议。
2. **答案**：ABC。根据《行政处罚法》第63条之规定：行政机关作出责令停产停业、吊销许可证件、较大数额罚款等行政处罚决定之前，应告知当事人有要求举行听证的权利。
3. **答案**：ABCD。这几项费用均属于行政征收的范围。
4. **答案**：BD。
5. **答案**：ABCD。根据《行政处罚法》第30条、第31条规定可以看出。
6. **答案**：AC。本题考查治安管理处罚程序；对治安管理处罚的救济途径。《治安管理处罚法》第91条规定，治安管理处罚由县级以上人民政府公安机关决定；其中警告、500元以下的罚款可以由公安派出所决定。所以派出所可以以自己的名义对吴某处以300元罚款，A项正确，应选。第100条规定，违反治安管理行为事实清楚、证据确凿，处警告或者200元以下罚款的，可以当场作出治安管理处罚决定。所以派出所不能当场决定对吴某处以300元罚款，B项错误，不应选。第97条规定，公安机关应当向被处罚人宣告治安管理处罚决定书，并当场交付被处罚人；无法当场向被处罚人宣告的，应当在2日内送达被处罚人……有被侵害人的，公安机关应当将决定书副本抄送被侵害人。郊区旅社在这里是被侵害人，公安机关应当将决定书副本抄送郊区旅社，C项正确，应选。第102条规定，被处罚人对治安管理处罚决定不服的，可以依法申请行政复议或者提起行政诉讼。根据《治安管理处罚法》的规定，治安管理处罚不再复议前置。D项错误，不应选。
7. **答案**：AB。行政处罚决定书只有送达给被处罚人才生效。对于拒绝受领的相对人，送达机关或公务员可采取留置的方法予以处理。留置送达的，视为相对人已经受领。无法留置送达的，可以通过公告送达后生效。
8. **答案**：BC。本题中的处罚决定违法，因为市场监督管理机关无管辖权，并且调查程序违法，应当有两个以上的调查员。
9. **答案**：ABC。根据《治安管理处罚法》第20条可知有较严重后果的，教唆、胁迫、诱骗他人违反治安管理的，对报案人、控告人、举报人、证人打击报复的，是可以从重处罚的情形。但曾经受过治安管理处罚的期限为6个月。
10. **答案**：AC。本题考查行政奖励的范围。
11. **答案**：BC。吊销执照、行政拘留是行政处罚。
12. **答案**：AC。行政强制执行的前提是个人、组织不履行行政义务，所以AC对。

13. 答案：ACD。本题考查行政强制执行措施的实施。这是根据行政法学理论上的总结。需注意的是，实施强制措施过程中不能和解。

14. 答案：AD。行政强制的分类。

15. 答案：AB。行政强制执行的具体方式。

16. 答案：BD。A中即时强制的采取在某些情况下不以义务的不履行为前提；C所列的是行政强制执行的程序。

17. 答案：AB。本题考查考点“行政处罚的设定”。参见《行政处罚法》第10条第1款、第11条第1款、第12条第1款、第13条第2款规定，只有法律和行政法规能够设定吊销企业营业执照的行政处罚。

18. 答案：AC。本题考查考点“行政处罚的设定”。参见《行政处罚法》第14条第2款。

19. 答案：AC。本题考查考点“行政处罚的实施机关”。A项参见《行政处罚法》第17条规定，是正确的。B项参见第19条规定，规章不能授权具有管理公共事务职能的组织实施行政处罚权，故B项错误。C项参见第20条的规定，是正确的。具有管理公共事务职能的组织未经依法授权或委托，不具有实施行政处罚的权力，故D项错误。注意：在行政处罚实施机关的规定上，规章可以规定“委托”，但是不能“授权”。

20. 答案：ACD。本题考查考点“行政处罚的实施机关”。参见《行政处罚法》第20条规定。根据该条规定，行政机关不得自主委托其他组织或者个人实施行政处罚，故A项错误。规章可以成为行政机关委托行政处罚实施权的依据，故B项正确。受委托组织不得再委托其他任何组织或者个人实施行政处罚，故C项错误。委托行政机关对受委托的组织实施行政处罚的行为的后果承担法律责任，就是说受委托组织不能独立对实施行政处罚的后果承担法律责任，但是并不是排除其所应该承担的责任，故D项错误。所以本题选ACD。

21. 答案：ACD。本题考查考点“行政处罚的实施机关”。参见《行政处罚法》第21条规定。

22. 答案：AC。本题考查考点“行政处罚的管辖”。参见《行政处罚法》第22条规定，“行政处罚由违法行为发生地的行政机关管辖……”甲在C县非法购买假酒，又在A县非法销售假酒，因此违法行为发生地在A县和C县，自然应该由这两个县的行政机关管辖，跟B县没有关系，也并不由A、C县的共同上级行政机关管辖。

23. 答案：ABD。本题考查考点“行政处罚的适用”。参见《行政处罚法》第18条规定。本案中，甲虽然明知是赃物而购买，但是后来主动承认错误及时改正，故派出所可以对其从轻或免予处罚。“家人劝说”在法律上并不能构成对甲“主动认错”的否定。所以除了C选项以外，其余选项都是错误的。

24. 答案：AD。《行政处罚法》第22条规定：“行政处罚由违法行为发生地的行政机关管辖。法律、行政法规、部门规章另有规定的，从其规定。”

25. 答案：AD。《行政处罚法》第18条第2款、第3款规定：“国务院或者省、自治区、直辖市人民政府可以决定一个行政机关行使有关行政机关的行政处罚权。限制人身自由的行政处罚权只能由公安机关和法律规定的其他机关行使。”据此，有权决定一个行政机关行使另一个行政机关行政处罚权的主体是国务院和经国务院授权的省、自治区、直辖市人民政府。

26. 答案：ABCD。《行政处罚法》第59条第1款规定，行政机关依照本法第57条的规定给予行政处罚，应当制作行政处罚决定书。行政处罚决定书应当载明下列事项：（1）当事人的姓名或者名称、地址；（2）违反法律、法规或者规章的事实和证据；（3）行政处罚的种类和依据；（4）行政处罚的履行方式和期限；（5）申请行政复议提起行政诉讼的途径和期限；（6）作出行政处罚决定的行政机关名称和作出决定的日期。

27. 答案：AD。《行政处罚法》第74条第2款、第 3 款规定："罚款、没收违法所得或者没收非法财物拍卖的款项，必须全部上缴国库，任何行政机关或者个人不得以任何形式截留、私分或者变相私分……财政部门不得以任何形式向作出行政处罚决定的行政机关返还罚款、没收的违法所得或者返还没收非法财物的拍卖款项。"

28. 答案：ABCD。《行政处罚法》第 57 条第 2 款规定，对情节复杂或者重大违法行为给予行政处罚，行政机关的负责人应当集体讨论决定。第 63 条规定，行政机关作出责令停产停业、吊销许可证件、较大数额罚款等行政处罚决定之前，应当告知当事人有要求举行听证的权利；当事人要求听证的，行政机关应当组织听证。当事人不承担行政机关组织听证的费用。第 64 条规定，听证依照以下程序组织：（1）当事人要求听证的，应当在行政机关告知后三日内提出；（2）行政机关应当在听证的七日前，通知当事人举行听证的时间、地点……（5）当事人可以亲自参加听证，也可以委托一至二人代理……

29. 答案：ABCD。本题考查行政处罚的基本内容。

30. 答案：ABCD。《行政处罚法》第 57 条规定，调查终结，行政机关负责人应当对调查结果进行审查，根据不同情况，分别作出如下决定：

（1）确有应受行政处罚的违法行为的，根据情节轻重及具体情况，作出行政处罚决定；

（2）违法行为轻微，依法可以不予行政处罚的，不予行政处罚；

（3）违法事实不能成立的，不予行政处罚；

（4）违法行为涉嫌犯罪的，移送司法机关。

对情节复杂或者重大违法行为给予较重的行政处罚，行政机关的负责人应当集体讨论决定。其四个答案都正确。

31. 答案：ABCD。本题考查行政征收的主体资格。

32. 答案：AB。C 属于罚款。D 属于基于合同关系建立起来的债务关系。

33. 答案：AC。本题对比行政征收和行政征用的关系，其二者既有相同点也有不同点。

34. 答案：ABCD。

35. 答案：ABCD。本题考查强制执行措施的种类。

36. 答案：AB。《行政处罚法》第 20 条规定，行政机关依照法律、法规或者规章的规定，可以在其法定权限内委托符合本法第 21 条规定条件的组织实施行政处罚。行政机关不得委托其他组织或者个人实施行政处罚。委托行政机关对受委托的组织实施行政处罚的行为应当负责监督，并对该行为的后果承担法律责任。受委托组织在委托范围内，以委托行政机关名义实施行政处罚；不得再委托其他任何组织或者个人实施行政处罚。

37. 答案：ABCD。参照《行政处罚法》第 44 条、第 45 条、第 63 条规定。

38. 答案：BD。本题考简易程序。《行政处罚法》第 51 条规定，"违法事实确凿并有法定依据，对公民处以二百元以下、对法人或者其他组织处以三千元以下罚款或者警告的行政处罚的，可以当场作出行政处罚决定……"，故 B 对。简易程序可以一人作出，故 D 对。第 52 条第 1 款规定，"执法人员当场作出行政处罚决定的，应当向当事人出示执法证件，填写预定格式、编有号码的行政处罚决定书……"，故 AC 错。

39. 答案：BCD。本题考行政处罚的执行。A 错，应是每日按罚款数额的 3%加处罚款。依据《行政处罚法》第 72 条规定：当事人逾期不履行行政处罚决定的，行政机关可以：（一）每日按罚款数额的 3%加处罚款，加处罚款的数额不得超出罚款的数额；（二）根据法律规定，将查封、扣押的财物拍卖或者将冻结的存款划拨抵缴罚款；（三）根据法律规定，采取其他行政强制执行方式；（四）依照《行政强制法》的规定申请人民法院强制执行。故 BCD 对，A 错。

40. 答案：ABD。本题考行政处罚程序。《行政处罚法》第44条规定："行政机关在作出行政处罚决定之前，应当告知当事人拟作出的行政处罚内容及事实、理由、依据，并告知当事人依法享有的陈述、申辩、要求听证等权利。"错解剖析：行政处罚时不必表明上级机关的意见，故C不对。

41. 答案：BCD。《行政处罚法》第21条规定："受委托组织必须符合以下条件：（一）依法成立并具有管理公共事务职能；（二）有熟悉有关法律、法规、规章和业务并取得行政执法资格的工作人员；（三）需要进行技术检查或者技术鉴定的，应当有条件组织进行相应的技术检查或者技术鉴定。"

42. 答案：ABC。本题考查行政处罚的管辖、适用、违法主体的确定。关于A，根据《行政处罚法》第22条的规定："行政处罚由违法行为发生地的行政机关管辖。法律、行政法规、部门规章另有规定的，从其规定。"第25条第2款的规定："对管辖发生争议的，应当协商解决，协商不成的，报请共同的上一级行政机关指定管辖……"本案中，路面被污染的沿途三个区都是违法行为发生地，所在地的执法机关都有管辖权。如果因管辖权发生争议，应当报请共同上级指定管辖，因此A说法正确，应当选。关于B，根据《行政处罚法》第32条的规定："当事人有下列情形之一，应当从轻或者减轻行政处罚：（一）主动消除或者减轻违法行为危害后果的……"因此，B说法正确，应当选。本案中的司机作为运输公司的工作人员，其行为属于职务行为，其行为后果应由公司承担，因此，本案的违法行为人应当为该运输公司，而不是该司机。所以，C说法正确，应当选；D说法错误，不应选。

43. 答案：ABD。根据行政强制法及相关原理，行政机关在行政管理过程中实施的扣留，不管是扣留人身还是财物，均属于行政强制措施，故A、B项正确。根据行政强制法及相关原理，行政机关在行政管理过程中拍卖以抵缴罚款，该拍卖属于行政强制执行，故C项错误，D项正确。

44. 答案：AC。所谓行政处罚，是指行政机关在行政管理过程中，对违反行政管理秩序的相对人实施的惩罚性措施。简言之，行政处罚是对违法行为的行政制裁。一公司所建房屋违反规划，规划局向该公司发出《拆除所建房屋通知》，该通知显然是责令拆除违法建筑物的行政处罚决定书。根据《行政强制法》第35条的规定，行政机关作出强制执行决定前，应当事先催告当事人履行义务。《关于限期拆除所建房屋的通知》显然是强制执行决定作出前的催告书，故A项正确，B项错误。《拆除所建房屋通知》既然是行政处罚决定，当然可诉，故C项正确。根据《行政处罚法》第51条的规定，只有罚款、警告的案件才可能适用简易程序当场作出处罚决定。故D项错误。

45. 答案：CD。AB两项属于行政强制执行的方式。

46. 答案：BCD。A项属于行政强制措施的种类。

47. 答案：AC。B应改为24小时，参见《行政强制法》第19条规定。

48. 答案：BC。行政机关在作出行政强制决定之前，应当先催告当事人履行义务；当事人有权对催告书进行陈述和申辩。

49. 答案：ABD。A选项正确，《行政强制法》第24条规定，查封、扣押的实施应当遵守《行政强制法》第18条的规定。《行政强制法》第18条规定了行政强制措施实施的一般程序，其中规定了应当通知当事人到场。

B选项正确，《行政强制法》第24条第3款规定，查封、扣押清单一式二份，由当事人和行政机关分别保存。

C选项错误，根据《行政强制法》第26条第3款规定，因查封、扣押发生的保管费用由行政机关承担。

D选项正确，根据《行政强制法》第26条第1款规定，对查封、扣押的财物，行政机关应当妥善保管，不得使用或毁损，造成损失的，应当承担赔偿责任。综上，本题选ABD。

50. **答案**：ABD。《行政强制法》第50条规定，行政机关依法作出要求当事人履行排除妨碍、恢复原状等义务的行政决定，当事人逾期不履行，经催告仍不履行，其后果已经或者将危害交通安全、造成环境污染或者破坏自然资源的，行政机关可以代履行，或者委托没有利害关系的第三人代履行。因此A选项说法不准确。

《行政强制法》第51条规定，代履行应当遵守下列规定：（1）代履行前送达决定书，代履行决定书应当载明当事人的姓名或者名称、地址，代履行的理由和依据、方式和时间、标的、费用预算以及代履行人；（2）代履行3日前，催告当事人履行，当事人履行的，停止代履行；（3）代履行时，作出决定的行政机关应当派员到场监督；（4）代履行完毕，行政机关到场监督的工作人员、代履行人和当事人或者见证人应当在执行文书上签名或者盖章。D选项混淆前两项的规定，错误当选。

代履行的费用按照成本合理确定，由当事人承担。但是法律另有规定的除外。因此B选项费用均应当由负有义务的当事人承担说法不准确。故B项当选。

C选项符合《行政强制法》"代履行不得采用暴力、胁迫以及其他非法方式"的要求，正确不选。

51. **答案**：ABC。关于A、C选项，《行政处罚法》第18条规定："……国务院或者省、自治区、直辖市人民政府可以决定一个行政机关行使有关行政机关的行政处罚权。限制人身自由的行政处罚权只能由公安机关和法律规定的其他机关行使。"故A、C项正确。

关于B选项，《行政许可法》第25条规定："经国务院批准，省、自治区、直辖市人民政府根据精简、统一、效能的原则，可以决定一个行政机关行使有关行政机关的行政许可权。"故B选项正确。这里没有作出例外规定，D选项错误。

52. **答案**：ABD。关于B、C、D选项，《行政处罚法》第9条规定："行政处罚的种类：（一）警告、通报批评；（二）罚款、没收违法所得、没收非法财物；（三）暂扣许可证件、降低资质等级、吊销许可证件；（四）限制开展生产经营活动、责令停产停业、责令关闭、限制从业；（五）行政拘留；（六）法律、行政法规规定的其他行政处罚。"《行政处罚法》第28条规定："行政机关实施行政处罚时，应当责令当事人改正或者限期改正违法行为。"故只有C项属于行政处罚。

关于A选项，根据《行政强制法》第9条规定："行政强制措施的种类：（一）限制公民人身自由；（二）查封场所、设施或者财物；（三）扣押财物；（四）冻结存款、汇款；（五）其他行政强制措施。"A项属于行政强制措施。

53. **答案**：AC。关于A选项，根据《行政强制法》第24条第1款，行政机关决定实施查封、扣押的，应当履行本法第18条规定的程序，制作并当场交付查封、扣押决定书和清单。故A项正确。

关于B选项，法律对行政强制措施未规定听证程序。故B项错误。

关于C选项，根据《行政强制法》第26条第1款，对查封、扣押的场所、设施或者财物，行政机关应当妥善保管，不得使用或者损毁；造成损失的，应当承担赔偿责任。故C项正确。

关于D选项，根据《行政强制法》第8条第1款，公民、法人或者其他组织对行政机关实施行政强制，享有陈述权、申辩权；有权依法申请行政复议或者提起行政诉讼；因行政机关违法实施行政强制受到损害的，有权依法要求赔偿。《行政诉讼法》第12条第1款第2项也规定，对限制人身自由或者对财产的查封、扣押、冻结等行政强制措施和行政强制执行，属于行政诉讼的受案范围。故D项错误。

54. **答案**：ABC。《行政强制法》第18条规定："行政机关实施行政强制措施应当遵守下列规定：（一）实施前须向行政机关负责人报告并经批准；（二）由两名以上行政执法人员实施；（三）出示执法身份证件；（四）通知当事人到场；（五）当场告知当事人采取行政强制措施的理由、依据以及当事人依法享有的权利、救济途径；（六）听取当事人的陈述和申辩；（七）制作现场笔录；（八）现场笔录由当事人和行政执法人员签名或者盖章，当事人拒绝的，在笔录中予以注明；（九）当事人不到场的，邀请见证人到场，由见证人和行政执法人员在现场笔录上签名或者盖章；（十）法律、法规规定的其他程序。”故选项A、B正确。

《行政强制法》第24条规定，行政机关决定实施查封、扣押的，应当履行本法第18条规定的程序，制作并当场交付查封、扣押决定书和清单。所以选项C正确。

《治安管理处罚法》第89条规定，公安机关办理治安案件，对与案件有关的需要作为证据的物品，可以扣押；对被侵害人或者善意第三人合法占有的财产，不得扣押，应当予以登记。对与案件无关的物品，不得扣押。本题中某公安交管局交通大队民警发现王某驾驶的电动三轮车未悬挂号牌，所以交通大队将三轮车及其车上的物品一并扣押属于扣押了不相关物品，故选项D错误。

55. 答案：AC。A选项正确。《治安管理处罚法》第91条规定，治安管理处罚由县级以上人民政府公安机关决定；其中警告、500元以下的罚款可以由公安派出所决定。

B选项错误。根据《行政处罚法》第51条以及《治安管理处罚法》第100条规定，违法事实确凿并有法定依据，对公民处以200元以下、对法人或者其他组织处以3000元以下罚款或者警告的行政处罚的，可以当场作出行政处罚决定。所以B错误。

C选项正确。《治安管理处罚法》第97条规定：“公安机关应当向被处罚人宣告治安管理处罚决定书，并当场交付被处罚人；无法当场向被处罚人宣告的，应当在二日内送达被处罚人。决定给予行政拘留处罚的，应当及时通知被处罚人的家属。有被侵害人的，公安机关应当将决定书副本抄送被侵害人。”本案的被侵害人是张某，所以C项正确。

D选项错误。根据前述《治安管理处罚法》第91条规定，派出所对该行政处罚具有法定权限，所以应当以该派出所为被告。

56. 答案：BCD。《行政强制法》第13条规定：“行政强制执行由法律设定。法律没有规定行政机关强制执行的，作出行政决定的行政机关应当申请人民法院强制执行。”根据上述对行政强制执行方式的设定，行政强制执行属于法律绝对保留事项，除法律之外的其他规范性文件均不得设定，所以B、C、D项均无权设定。注意行政强制措施称“种类”，行政强制执行称“方式”。

57. 答案：AC。A选项正确。《行政强制法》第52条规定：“需要立即清除道路、河道、航道或者公共场所的遗洒物、障碍物或者污染物，当事人不能清除的，行政机关可以决定立即实施代履行；当事人不在场的，行政机关应当在事后立即通知当事人，并依法作出处理。”

B选项错误。根据《行政诉讼法》第56条第1款规定：“诉讼期间，不停止行政行为的执行。但有下列情形之一的，裁定停止执行：（一）被告认为需要停止执行的；（二）原告或者利害关系人申请停止执行，人民法院认为该行政行为的执行会造成难以弥补的损失，并且停止执行不损害国家利益、社会公共利益的；（三）人民法院认为该行政行为的执行会给国家利益、社会公共利益造成重大损害的；（四）法律、法规规定停止执行的。”本选项中并没有出现例外情况，所以并不停止执行行政行为。依据行政法公理，行政行为具有确定力、拘束力、执行力，一般情况下相对人提起行政诉讼、申请行政复议并不停止执行行政行为。

关于C选项，《行政强制法》第43条第1款规定：“行政机关不得在夜间或者法定节假日实施行政强制执行。但是，情况紧急的除外。”本题中的“紧急防汛期……”当属但书的除外情形，应当可以实施强制执行。所以，C 选项正确。

D 选项错误。《行政强制法》第 42 条第 1 款规定：“实施行政强制执行，行政机关可以在不损害公共利益和他人合法权益的情况下，与当事人达成执行协议。执行协议可以约定分阶段履行；当事人采取补救措施的，可以减免加处的罚款或者滞纳金。”但题干中明确说明“在紧急防汛期”“需要立即清除该建筑物”“林某无法清除”，可见，通过与林某签订执行协议分阶段清除的方式，显然与本题所述紧急情形不相适应，在防汛形势紧迫，且林某无法自行清除的情况下，防汛指挥机构应立即组织拆除。

58. 答案：ACD。被处罚人不服行政拘留处罚决定，申请行政复议、提起行政诉讼的，可以向公安机关提出暂缓执行行政拘留的申请。公安机关认为暂缓执行行政拘留不致发生社会危险的，由被处罚人或者其近亲属提出符合条件的担保人，或者按每日行政拘留 200 元的标准交纳保证金，行政拘留的处罚决定暂缓执行。温某仅是提起了行政诉讼，未满足全部条件，其中，最重要的保证金或者保证人没有提出。B 选项错误。

59. 答案：ABCD。

60. 答案：ACD。市场监督管理局暂扣尚未出售的猪肉，属于“控制危险扩大”类型的行政强制措施，防止未经检验检疫的猪肉进一步流通到市场销售进而引起食品安全事件，目的具有预防性，属于行政强制措施。A 选项准确。李某酒后驾车，违反了交通管理秩序，公安局暂扣其机动车驾驶证 6 个月，是对违反交通管理秩序的李某给予终局性的（非临时性）、明确性（附了期限 6 个月）的制裁和惩戒，性质为行政处罚，B 选项错误。公安局民警约束醉酒的吴某到酒醒为止属于“避免危害发生”类型的行政强制措施，防止醉酒的吴某产生危害后果，具有预防性。因为醉酒的人自我控制的意识能力下降，容易自伤或者伤人。此外，吴某若酒醒了，公安局应当解除约束措施，具有暂时性，C 选项准确。税务稽查局扣押商品属于“制止违法行为”类型的行政强制措施，防止该公司继续转移财产逃避缴纳税款的法定义务，目的具有预防性，D 选项准确。

61. 答案：ABC。查封、扣押是在调查违法事实过程中实施的，而调查违法事实是行政机关的义务，应由行政机关来承担因查封、扣押发生的保管费用。本题，因扣押发生的保管车辆所发生的停车费用由方某承担是错误的做法，应当由市交通运输局承担。D 选项错误。

62. 答案：BD。按照比例原则的要求，扣押场所、设施或者财物，行政机关对扣押的场所、设施或者财物，行政机关应当妥善保管，不得使用或者损毁；造成损失的，应当承担赔偿责任。本题，交警大队有权扣押孙某的车辆，但无权扣押车上运载的生猪，而且扣押生猪后，需要妥善保管。所谓妥善保管，就是指交警大队应当采取必要的措施，防止生猪死亡。如果交警大队没有采取必要的措施，导致生猪死亡的，应当承担赔偿责任。B 选项正确，A 选项错误。孙某违法撞坏道路设施应当受到行政处罚，承担相应的法律责任。但是不能因为孙某存在违法行为，行政机关就可以违法地侵害其合法权益。所以，本题中生猪死亡是由于交警大队未妥善保管财物所导致的，该损失应当由国家承担赔偿责任，而不是由王某自己承担，C 选项错误。按照比例原则的要求，扣押仅限于涉案的场所、设施或者财物，不得扣押与违法行为无关的场所、设施或者财物。生猪属于与违法行为无关的财物，不得扣押，交警大队扣押生猪的行为违反了比例原则“必要性”的要求。而且因担心天气炎热导致生猪死亡，孙某提出待其将车辆驾驶到屠宰场卸下生猪后再实施扣留，显然是对其损害更小的行政管理措施。交警大队在行政管理过程中本应当采取措施处理好 31 头生猪，而不是对孙某的请求不予理睬，放任生猪死亡，从而给孙某造成重大损失，交警大队的行为违反了比例原则，D 选项准确。

63. 答案： AB。行政机关采取查封、扣押措施后，应当及时查清事实，在规定的期限内作出处理决定。对违法事实清楚，依法应当没收的非法财物予以没收；法律、行政法规规定应当销毁的，依法销毁；应当解除查封、扣押的，作出解除查封、扣押的决定。据此可见，应当销毁的，依法销毁。火腿已经超过保质期，禁止出售，依法应当销毁，不能用于拍卖抵缴罚款，C 选项错误。实施行政强制执行，行政机关可以在不损害公共利益和他人合法权益的情况下，与当事人达成执行协议。执行协议可以约定分阶段履行；当事人采取补救措施的，可以减免加处的罚款或者滞纳金。据此可见，若超市确实履行缴纳罚款有困难的，行政机关可以与其达成执行协议，分期缴纳罚款。从法理上解释，这种执行方式社会效果更好。如果市场监督管理局在当事人缴纳罚款确有困难的情况下强制执行，可能导致超市破产、员工下岗，社会效果反而不好。所以，D 选项“罚款不可以分期缴纳”这种表述过于绝对。

三、名词解释

1. 答案： 依职权行政行为又称主动性行政行为、积极行政行为，是指行政主体依据所具有的法定行政职权即可直接作出，而不需要行政相对人的申请作为启动前提条件的行政行为。具有以下特征：(1) 法定性；(2) 强制性；(3) 主观能动性；(4) 及时、迅捷性；(5) 侵权救济性。

2. 答案： 行政规划也称行政计划，是指行政主体在实施公共事业及其他活动之前，首先综合地提出有关行政目标，事前制定出规划蓝图，以作为具体的行政目标，并进一步制定为实现该综合性目标所必需的各项政策性大纲的活动。具有以下特征：(1) 综合性；(2) 法定性；(3) 广泛的裁量性。

3. 答案： 行政命令是行政主体依法要求行政相对人进行一定的作为或者不作为的意思表示行为，是行政职权行为的一种形式。具有以下特征：(1) 行政命令的主体是行政主体；(2) 行政命令是一种意思表示行为；(3) 行政命令是一种设定义务性行为；(4) 行政命令的实质是为行政相对人设定行为规则，但这种规则属于具体规则，表现为在特定时间内对特定事项或者特定人所作的特定规范；(5) 行政命令以行政处罚或者行政强制执行为保障；(6) 行政命令是依职权行政行为；(7) 行政命令适用特定的程序。

4. 答案： 行为罚也称能力罚，是行政主体限制或剥夺行政违法者某些特定行为能力或资格的处罚。

暂扣或者吊销许可证、执照是行政主体限制或剥夺违法者从事某项活动的权利资格的处罚形式。暂扣许可证、执照的特点在于暂时中止持证人从事某种活动资格，待其改正违法行为后或经过一定期限，再发还证件，恢复其资格，允许其重新享有该权利和资格。吊销许可证、执照的特点在于撤销相对人的凭证，终止继续从事该凭证所允许活动的资格。

5. 答案： 申诫罚也称为精神罚或影响声誉罚，是行政主体向违法者发出警诫，申明其违法行为，通过对其名誉、荣誉、信誉等施加影响，引起其精神上的警惕，使其不再违法的处罚形式。

6. 答案： 听证程序是行政主体为了合理、有效地制作和实施行政决定，公开举行由全部利害关系人参加的听证会。听证的目的在于广泛听取各方面的意见，通过公开、合理的程序形式，将行政决定建立在合法适当的基础上，避免违法或不当的行政决定给行政相对人带来不利或不公正的影响。听证程序具有如下特征：(1) 听证是由行政机关主持，并由有关利害关系人参加的程序。(2) 听证公开进行。(3) 听证程序适用于行政处罚领域，但并非所有的行政处罚案件都可以适用听证程序。(4) 听证程序的适用以当事人申请为前提。(5) 组织听证是行政机关的法定义务。

7. 答案： 行政强制是行政主体为了实现行政目的，对行政相对人的财产、身体以及人身自由等予以强制而采取的措施。具有以下主要特征：(1) 行政强制的主体是作为行政主体的行政机关或法律、法规授权的组织；(2) 行政强制的对象是拒不履行行政法义务的行政相对人，或对社会秩序及他人人身健康和安全可能构成危害或其本身正处在或将处在某种危险状态下的行政相对人；(3) 行政强制的目的是保证法定义务的彻底实现，维护正常的社会秩序，保障社会安全，保护公民的人身权、财产权免受侵害；(4) 行政强制行为的法律性质是一种具有可诉性的具体行政行为。

8. **答案**：行政调查包括任意调查、强制调查和间接强制任意调查。任意调查，是指在取得行政相对人非强制性协助的基础上进行的调查；强制调查，是指排除行政相对人的抵抗而进行的调查，也属于即时强制；间接强制任意调查，是指以罚则或行政强制措施为保障条件的任意调查。

9. **答案**：执行罚也称强制金，是行政强制执行机关对拒不履行不作为义务或不可为他人代履行的作为义务的义务主体，课以新的金钱给付义务，以迫使其履行的强制执行措施。执行罚具有如下特点：(1) 执行罚一般只应用于不作为义务和不可为他人代履行的作为义务；(2) 执行罚的数额必须由法律、法规明文作出规定，执行机关不能自行其是；(3) 执行罚的数额从义务主体应履行义务之日起，按日数计算，并可反复适用。

10. **答案**：行政强制措施，是指行政机关在行政管理过程中，为制止违法行为、防止证据损毁、避免危害发生、控制危险扩大等情形，依法对公民的人身自由实施暂时性限制，或者对公民、法人或者其他组织的财物实施暂时性控制的行为。

11. **答案**：行政强制执行，是指行政机关或者行政机关申请人民法院，对不履行行政决定的公民、法人或者其他组织，依法强制履行义务的行为。

四、简答题

1. **答案**：行政强制执行与司法强制执行的区别主要有：

行政强制执行	司法强制执行
主体是行政机关	主体是人民法院
依据是已生效的具体行政行为文书	依据是各种已生效的法律文书（包括行政文书和司法文书）
行政机关依职权实施的	人民法院应当事人的执行申请而实施的
法律依据是单行的行政管理法规	法律依据是有关的诉讼法

2. **答案**：无论是依申请行政行为，还是依职权行政行为，其根本目的均在于确保行政相对人的合法权益得以实现，推进社会、政治、经济和文化等领域的发展，实现国家和社会公共利益。依职权行政行为除应符合组织法和相关行为法的规定外，它的实施还应该本着其目的遵循下列原则：

(1) 公共目的性原则。

依职权行政行为强调行政主体的主观能动性，但必须保证是出于保障人民的生命和财产安全，保护人民的权利和自由，维护国家经济和社会秩序的目的。

(2) 尊重和促进公民权利和自由的原则。

(3) 遵守权限范围，维护市场秩序，补充市场不足的原则。

(4) 尊重和符合客观规律原则。

(5) 公开、民主、参与的原则。

3. **答案**：行政征收和行政征用是两个密切联系的概念。一般认为政府对相对财产无偿取得是行政征收，而依政府单方有偿取得则是行政征用。两者区别表现在：

区别	行政征收	行政征用
概念	是指行政主体根据法律规定，以强制方式无偿取得行政相对人财产所有权的一种具体行政行为	是指行政主体为了公共利益的需要，依照法定程序强制征用行政相对人财产或劳务的一种具体行政行为
法律后果	财产所有权从相对人转向国家	行政主体暂时取得了被征用方财产的使用权，不发生财产所有权的转移
行为标的	标的一般限于财产	标的还可能包括劳务
能否获得补偿	行政征收是无偿的	一般是有偿的

4. **答案**：(1) 实施前须向行政机关负责人报告并经批准；(2) 由两名以上行政执法人员实施；(3) 出示执法身份证件；(4) 通知当事人到场；(5) 当场告知当事人采取行政强制措施的理由、依据以及当事人依法享有的权利、救济途径；(6) 听取当事人的陈述和申辩；(7) 制作现场笔录；(8) 现场笔录由当事人和行政执法人员签名或者盖章，当事人拒绝的，在笔录中予以注明；(9) 当事人不到场的，邀请见证人到场，由见证人和行政执法人员在现场笔录上签名或者盖章；(10) 法律、法规规定的其他程序。

5. **答案**：有下列情形之一的，终结执行：(1) 公民死亡，无遗产可供执行，又无义务承受人的；(2) 法人或者其他组织终止，无财产可供执行，又无义务承受人的；(3) 执行标的灭失的；(4) 据以执行的行政决定被撤销的；(5) 行政机关认为需要终结执行的其他情形。

6. **答案**：代履行是指当事人拒绝履行或者没有能力履行义务时，行政机关决定由行政机关或者第三人代替当事人履行义务，履行费用由当事人承担。代履行是与执行罚、直接强制执行并列的一种行政强制执行方式。代履行的核心是义务的替代履行，对当事人而言是作为义务转化为金钱给付义务，对行政机关而言是通过代履行，避免了强制手段的使用，实现了行政管理目的，恢复了行政管理秩序。其特征有：(1) 行政机关依法作出要求当事人履行排除妨碍、恢复原状等义务的行政决定。(2) 当事人逾期不履行，经催告仍不履行。(3) 其后果已经或者将危害交通安全、造成环境污染或者破坏自然资源。(4) 行政机关可以代履行，或者委托没有利害关系的第三人代履行。

五、论述题

1. **答案**：行政处罚的特征有：行政处罚的主体是行政机关或法律、法规授权的其他行政主体；行政处罚的对象是作为相对方的公民、法人或其他组织；行政处罚的前提是相对方实施了违反行政法律规范的行为；行政处罚的性质是一种以惩治违法为目的的具有制裁性的具体行政行为。

行政处罚的原则是：第一，处罚法定原则。这是行政合法性原则在行政处罚中的具体体现和要求，指行政处罚必须依法进行，实施处罚的主体必须是法定行政主体，处罚的依据是法定的，行政处罚的程序合法。第二，处罚与教育相结合原则。这是指行政处罚不仅是制裁行政违法行为的手段，而且也起教育作用，是教育人们遵守法律的一种形式。依据为《行政处罚法》第6条的规定。第三，公正、公开原则。公正是指在实施处罚时不仅要求形式是合法的，是在自由裁量的法定幅度内实施的，而且要求在内容上合乎法律目的。公开就是处罚过程要公开，要有相对方的参与和了解。实施处罚的动因符合行政目的处罚决定应建立在正当考虑的基础上；处罚的轻重程度应与违法事实、性质、情节及危害大小相适应；行政处罚行为还必须合乎理性。第四，处罚救济原则。这是指行政主体对相对方实施行政处罚时，必须保证相对方取得救济途径，否则不能实施处罚。第五，一事不再罚原则。这是指相对方的某一违法行为，不得给予两次以上同类处罚。一个行为同时违反两个以上法律规范，可给予两次以上处罚，但只能处罚款一次。一个行为违反一个法律规范，处罚机关可以并处两种以上处罚。违法行为性质严重已构成犯罪的，在追究刑事责任的同时，可依法给予行政处罚。第六，过罚相当原则。这是指行政主体对违法行为人适用行政处罚，所处罚种类和处罚幅度要与违法行为人的违法过错程度相适应。第七，职能分离原则。这是指行政处罚的设定机关和实施机关相分离；行政处罚的调查、检查人员和行政处罚的决定人员相分离；作出罚款决定的机关和收缴罚款的机构相分离；由非本案调查人员担任行政处罚听证主持人。

2. **答案**：行政权的行使既要合法，也要合理、适当。适当原则也称为合理性原则，是在合法性基础上的对行政机关的更高要求，目的是防止自由裁量走向恣意。合理行政已经成为共识，国务院《全面推进依法行政实施纲要》中就规定：合理行政是依法行政的基本要求，行政机关行使自由裁量权应当符合法律目的，排除不相关因素的干扰；所采取的措施和手段应当必要、适当；行政机关实施行政管理可以采用多种方式实现行政目的的，应当避免采用损害当事人权益的方式。(1) 设定行政强制应当适当。这是对法律、法规的立法机关提出的要求，要求设定行政强制时，应当保持谨慎的态度，在维护公共秩序和保护公民权利之间掌握平衡，既不能规定过多强制，将强制当作包治良药，也不能因噎废食，忽视了强制的作用，对行政管理实际需求视而不见。依法具有行政强制设定权的立法机关，应当根据要达到的行政目的和具体情况，在是否设定行政强制、设定什么样的行政强制、什么情况和条件下设定行政强制等问题上遵循适当原则，发挥立法智慧，作出合理判断。(2) 实施行政强制应当适当。这是对行政强制的实施机关提出的要求，要求在行政管理过程中，在选择执法方式和执法时机时，应当根据实际情况全面考虑，对行政强制应当持慎重态度，不得动辄采取行政强制。具体而言：①情节轻微的，能不实施就不实施。比如，《行政强制法》第 16 条规定。②查封、扣押、冻结的财物价值应当适当。比如，《行政强制法》第 23 条、第 29 条规定。③行政机关在依法强制执行时，所选择的强制手段应当适当。首先应当优先使用间接强制手段，包括代履行和执行罚。在代履行和执行罚无法实现行政目的时，才适用直接强制执行。在实施直接强制执行时，也应当遵循适当原则，选择适当的强制手段。《行政强制法》并没有对直接强制执行的手段作出统一规定，在多种强制手段都可以实现行政目的的情况下，行政机关应当选择对当事人损害最小的方式。(3) 对适当原则的具体理解。适当原则是行政法领域中的一项普遍原则，在行政强制领域中，也称比例原则。所谓比例原则，是指行政机关在可以采用多种方式实现某一行政目的的情况下，应当采用对当事人权益损害最小的方式，这样做才是适当和合理的。根据比例原则，在强制手段和非强制手段都能达到行政管理目的时，应当采用非强制手段，不得采用强制手段；在实施强制手段时，在达到行政目的的前提下，应当采用对当事人损害最小的措施。

六、案例分析题

1. **答案**：(1) 县城区建设管理所强行拆除洪某房屋的行为是违法行为。

首先，县城区建设管理所没有权力强行拆除洪某的违章建筑。强行拆除洪某的违章建筑属于行政强制执行行为，在我国，行政强制执行的实施机关有两种：一是有行政强制执行权的行政机关。二是在行政管理相对人拒绝履行义务时，可以申请人民法院强制执行。行政机关要实施行政强制执行必须享有行政强制执行权，否则应申请人民法院强制执行。本案中，县城区建设管理所没有行政强制执行权，因而其所实施的行为违法。

其次，县城区建设管理所实施的行政强制执行行为程序上也是违法的。行政强制执行行为直接影响着行政管理相对方的权益，因此必须严格遵守法定程序。本案中，县城区建设管理所既没有对强行拆除决定进行复核、通知当事人到场，也没有对当事人的合法财产采取妥善保管，这些都不符合行政强制执行程序的要求。

(2) 县城区建设管理所应当负责赔偿给洪某合法权益造成的损失。

县城区建设管理所虽然无权进行行政强制执行，但其行为属于执行职务。行政机关执行职务的行为违法造成公民、组织损失的，应当由行政机关进行行政赔偿。

2. **答案**：(1) 行政处罚简易程序是指行政机关或法律、法规授权的组织对于违法事实清楚、证据确凿，情节简单的轻微的违法行为，当场给予较轻处罚所适用的比较简单的程序。第一，简易程序的适用条件，《行政处罚法》第 51 条规定，违法事实确凿并有法定依据，对公民处以 200 元以下、对法人或者其他组织处以 3000 元以下罚款或者警告的行政处罚的，可以当场作出行政处罚决定。可见简易程序的适用条件有三个方面：首先，违法事实确凿，证据充分，不需要进一步调查；其次，处罚有法定依据，法无明文规定不处罚；最后，适用于小数额罚款和警告处罚，即对公民处以200元以下罚款或者警告，对法人或者其他组织处以3000元以下罚款或者警告。只有这三个方面的条件同时具备，才能适用简易程序。第二，简易程序的基本内容。根据《行政处罚法》的规定，适用简易程序进行行政处罚必须依下列程序进行：①表明身份，即出示有效证件，表明合法的执法身份。②确认违法事实，说明处罚理由，即必须有证据证明违法事实的存在，并向当事人说明处罚的事实根据和法律根据。③听取当事人的陈述和申辩，如当事人提出的事实、理由和证据成立，执法人员应当采纳。④当场制作行政处罚决定书，即当场填写预定格式、编有号码的行政处罚决定书。处罚决定书应载明当事人的违法行为、行政处罚依据、罚款数额、时间、地点以及行政机关名称，并由执法人员签名或盖章。⑤送达，即执法人员按照法律规定将行政处罚决定书当场交付当事人。⑥备案，即执法人员适用简易程序作出行政处罚决定，必须向所属行政机关备案，备案的内容应与行政处罚决定书所载内容相同。

（2）本案中，诸某对秦某与高某分别处以100元的罚款，显然不符合简易程序的适用条件，不应当场处罚。另外，诸某的行为有如下几处不符合简易程序的要求：①没有出示有效证件表明自己合法的执法人员身份；②没有向被处罚人说明处罚的事实根据和法律依据；③没有告知当事人依法享有的权利，没有听取当事人的陈述和申辩；④没有填写当场行政处罚决定书；⑤如果处以20元以上的罚款，又不属于“不当场收缴事后难以执行的”情况，不应当场收缴罚款；⑥没有出具省级财政部门统一制发的罚款收据。

3. 答案：（1）根据本案实际情况及《行政处罚法》的规定，市场监督管理局可以采取抽样取证的方法收集证据。

（2）市场监督管理局作出处罚决定前需要告知当事人有要求举行听证的权利。

（3）对责令停产停业、吊销许可证件、较大数额的罚款等案件要举行听证。

（4）听证费用由行政机关承担。

（5）听证应当公开举行，但案件中如果涉及商业秘密、国家秘密、个人隐私的可以不公开听证。

（6）当事人可以自己参加听证，也可以委托一人至二人代理参加听证。本案例主要是考查对听证程序的理解和掌握，包括听证条件、听证方式、参加人等。听证程序是在行政机关作出行政处罚决定之前，公开举行专门会议，由行政处罚机关调查人员提出指控、证据和处罚建议，当事人进行答辩和质证的程序，听证程序有利于保障行政处罚的民主性、公正性。我国《行政处罚法》第五章第三节专门规定了行政处罚程序。该法对行政听证程序的规定比较粗略，还需要考生自己更好地理解。其中需要注意的是，当事人对限制人身自由的处罚有异议的，不适用《行政处罚法》规定的听证程序，而是依照《治安管理处罚法》的有关规定执行。

4. 答案：（1）没有当事人的请求不能适用听证程序举行听证会。行政处罚听证程序适用的条件有两个：一是属于法定的案件种类；二是要有当事人要求进行听证的请求，两个条件缺一不可。本案中，虽然责令停业的处罚属于可以听证的案件，但没有当事人的请求。

（2）听证会上主持人不能当场作出处罚决定。按照《行政处罚法》的规定，听证主持人应将听证会的情况向行政机关负责人进行报告，可以提出处罚的建议。处罚决定应由行政机关作出。

（3）听证不能向当事人收取任何费用。

（4）应在7日前通知当事人举行听证的时间、地点。

第十五章　行政主体实施的其他行为

基础知识图解

- 行政主体实施的其他行为
  - 行政奖励
    - 概念、种类与形式
    - 作用及原则
  - 行政指导行为
    - 概念及原则
    - 基本内容及实施
    - 程序及救济
  - 行政合同行为
    - 概念及原则
    - 缔结
    - 程序及法律救济
  - 行政事实行为
    - 概念及构成
    - 种类
    - 救济

配套测试

一、单项选择题

1. 行政合同是一种（　　）行为。

A. 单方行政　　B. 双方行政

C. 抽象行政　　D. 行政执法

2. 行政机关基于政治、经济、技术等方面的原因，可自由选择当事人签订行政合同的方式是（　　）。

A. 招标　　B. 邀请发价

C. 拍卖　　D. 要约与承诺

3. 行政指导（　　）。

A. 须有明确的法律依据

B. 无强制力，对其内容管理相对人没有必须服从的义务

C. 无强制力，故如果其违反法律，给行政管理相对方造成损害，也不承担法律责任

D. 无强制力，因此也无须公开，但应受其上级机关及人民法院的监督

4. 行政合同纠纷通常经（　　）途径解决。

A. 民事诉讼　　B. 行政裁决

C. 仲裁　　D. 行政诉讼

5. 行政机关在行政合同中享有（　　）。

A. 取得报酬权

B. 不可预见的困难情况的补偿权

C. 损害赔偿请求权

D. 优益权

6.（　　）是行政合同。

A. 某行政机关依职权与农民签订的粮食订购合同

B. 某行政机关为置办公用品与公司签订的合同

C. 某行政机关就办公用房租赁问题与其他行政机关签订的合同

D. 某行政机关为工作人员利益与保险公司签订的保险合同

7. 相对方在行政合同中的特殊义务是（　　）。

A. 按照合同给付价金的义务

B. 接受行政机关管理和监督的义务

C. 补偿行政机关损失的义务

D. 严格履行合同的义务

8. 下列（　　）属于行政合同。

A. 行政机关委托某律师事务所代理其法

律事务的合同
B. 国有土地使用权出让合同
C. 行政机关购买办公用品与某文具商品签订的合同
D. 行政机关与该单位工勤人员的用工合同

9. 行政合同（　　）。
A. 基于行政机关单方意思表示而成立
B. 行政机关有权单方面变更或解除合同
C. 应通过民事诉讼来解决其纠纷
D. 行政机关变更解除合同无须赔偿对方因此而受到的损失

10. 行政机关在行政合同中享有下列哪些特殊权利？（　　）
A. 解除合同而无须补偿对方因此而受到的损失
B. 要求对方完全、实际履行合同
C. 可随时变更、解除合同
D. 对不履行或不适当履行合同义务的当事人有制裁权

11. 关于行政机关在行政合同中的权利、义务表述错误的是（　　）。
A. 对合同履行有监督权和指挥权
B. 可以无条件单方面变更或解除行政合同
C. 对不适当履行合同义务的相对方加以制裁
D. 因行政机关原因引起合同的变更、解除，行政机关应给予相对方物质损害赔偿或补偿

二、多项选择题

1. 行政奖励主要形式有（　　）。
A. 通报表扬　　B. 记功
C. 授予荣誉称号　　D. 晋级

2. 行政调查（　　）。
A. 由行政主体依职权主动为之
B. 没有强制性与执行性，以行政相对人的同意为前提
C. 必须有明确的法律依据
D. 可分为特定调查和一般调查

3. 行政合同的履行应遵循（　　）原则。
A. 全面、适当履行
B. 诚实信用原则
C. 实际履行原则
D. 本人履行原则

4. 下列属于行政合同中行政机关的义务的有（　　）。
A. 依法履行
B. 变更合同应征得相对人同意
C. 支付报酬提供优惠义务
D. 单方解除合同造成相对人损失应予以补偿

5. 与一般民事合同比较，行政合同的特征有（　　）。
A. 行政主体作为合同当事人的一方
B. 合同事项涉及行政管理领域
C. 合同的双方都无完全的自由处分权
D. 行政合同的纠纷通常通过行政救济的途径解决

6. 在行政合同的履行、变更或解除中，行政主体享有（　　）的权利。
A. 实际履行　　B. 自己履行
C. 平等自愿履行　　D. 全面履行

7. 下列情形中，（　　）属行政合同可以终止的情形。
A. 双方协商同意解除
B. 不可抗力使合同履行已不可能
C. 行政机关因对方的过错而宣布解除合同
D. 行政机关依法律或政策规定单方解除合同

8. 在行政合同中，相对方享有的权利为（　　）。
A. 取得报酬
B. 损害赔偿请求权
C. 特权行为损害的补偿权
D. 不可预见的困难情况的补偿权

9. 行政合同中，行政机关与相对人之间的关系（　　）。
A. 命令与服从　　B. 平等
C. 协商　　D. 意思表示一致

10. 关于政府采购的供应商，下列哪些说法是不正确的？（　　）（司考 2006. 2. 81）
A. 自然人不能作为政府采购的供应商

B. 除《政府采购法》规定的条件外，政府采购人不得规定供应商的特定条件，否则构成差别待遇或歧视待遇
C. 两个以上的法人可以组成联合体，以一个供应商的身份共同参加政府采购
D. 中标的供应商必须依法自行履行合同，不得采用分包方式履行合同

11. 行政机关单方面解除行政合同的情形有（　　）。
A. 相对人不按规定履行合同，行政机关作为制裁解除合同
B. 因政策的变化该合同的履行已无意义，行政机关单方面解除合同
C. 行政机关想更换合同当事人而单方面解除合同
D. 因客观情况的影响行政机关为公共利益单方面解除合同

12. 下列有关行政指导说法正确的有（　　）。
A. 行政指导是一种柔性的不具有法律强制力的行为，是非强制性行政行为
B. 行政指导是不直接产生法律效果的行为
C. 行政指导是现代积极行政的表现
D. 行政指导不属于人民法院行政诉讼的受案范围

13. 下列有关行政事实行为说法正确的有（　　）。
A. 行政事实行为是相对行政法律行为而言的
B. 行政事实行为不属于人民法院行政诉讼受案范围
C. 行政事实行为是行政主体的职权行为
D. 我国现在尚没有法律就行政事实行为造成相对人权益损害时如何救济作出规定

14. 在发生重大动物疫情后，国家对受威胁区可以采取下列哪些措施？（　　）（司考 2006.2.89）
A. 扑杀并销毁染疫和疑似染疫动物及其同群动物
B. 对易感染的动物根据需要实施紧急免疫接种
C. 对易感染的动物进行监测
D. 关闭动物交易市场

三、名词解释

1. 行政奖励
2. 行政指导（中国人民大学2008年考研真题）
3. 行政指导的正当性原则
4. 行政指导的自愿性原则
5. 行政指导的必要性原则
6. 行政合同的法定原则
7. 行政合同的全面履行原则
8. 行政合同的公益优先原则
9. 行政合同的实际履行原则
10. 行政合同的招标
11. 行政合同的邀请发价
12. 行政合同的直接磋商
13. 行政事实行为

四、简答题

1. 简述行政合同的概念与特征。（中国政法大学 2012 年考研真题）
2. 简述行政事实行为的构成要件。
3. 简述根据行政法理论与现行行政程序法，进行行政指导应遵循的原则。

五、论述题

试论行政合同的作用。

参考答案

一、单项选择题

1. 答案：B。行政合同是一种双方行政行为。
2. 答案：B。邀请发价是当事人签订行政合同的方式之一。
3. 答案：B。行政指导的突出特点在于其没有强制力，行政相对人无须遵守。而且行政指导的作出无须有严格具体的法律依据。但对违法给管理相对人造成损害的行政指导，也须承担法律责任。行政指导应公开进行。
4. 答案：D。行政合同纠纷通常经行政诉讼途径解决。

5. **答案**：D。本题考查行政机关在行政合同中享有的权利。
6. **答案**：A。BCD 三项是民事合同。
7. **答案**：B。本题考查相对方在行政合同中的特殊义务。
8. **答案**：B。国有土地使用权出让合同以公法上的效果发生为目的，ACD 则为一般的民事合同。
9. **答案**：B。行政合同的特征。
10. **答案**：D。在相对人无过错的情况下解除合同应予赔偿或补偿相对人因此所受的损失；变更、解除合同只可在国家行政管理确有需要的情况下进行；而 B 是一般合同当事人的权利。
11. **答案**：B。本题考查行政机关在行政合同中的权利、义务的特殊性。

二、多项选择题

1. **答案**：ABCD。行政奖励主要形式有通报表扬、记功、授予荣誉称号、晋级等。
2. **答案**：AD。B 所描述的是任意性调查，而直接强制性和间接强制性调查均有命令性、强制性和执行性；而且 C 中所要求的法律依据也只是直接强制性和间接强制性行政调查所必需的。
3. **答案**：ABCD。行政合同的履行原则包括：（1）实际履行原则；（2）本人亲自履行原则；（3）全面、适当、及时履行的原则；（4）诚实信用原则。
4. **答案**：ACD。行政合同中行政机关的义务有：（1）依法履行合同的义务；（2）按照合同的约定给予合同相对人履行合同提供优惠义务；（3）给予相对一方当事人以损失补偿的义务；（4）损害赔偿的义务；（5）按照合同约定支付价金的义务。
5. **答案**：ABCD。本题对比行政合同与一般合同的特点。
6. **答案**：ABD。在行政合同的履行、变更或解除中，行政主体享有的权利。
7. **答案**：ABCD。
8. **答案**：ABCD。在行政合同中，相对方享有的权利。
9. **答案**：CD。行政合同的订立是基于行政主体和行政相对人在协商的基础上意思表示达成一致的，但是双方的地位并非完全平等的，行政主体在行政合同关系中享有一定优益权。
10. **答案**：ABD。本题考查政府采购的当事人；政府采购合同的履行。

    《政府采购法》第 21 条规定，供应商是指向采购人提供货物、工程或者服务的法人、其他组织或者自然人。A 错误，应选。第 22 条第 2 款规定，采购人可以根据采购项目的特殊要求，规定供应商的特定条件，但不得以不合理的条件对供应商实行差别待遇或者歧视待遇。B 错误，应选。第 24 条第 1 款规定，两个以上的自然人、法人或者其他组织可以组成一个联合体，以一个供应商的身份共同参加政府采购。C 正确，不选。第 48 条第 1 款规定，经采购人同意，中标、成交供应商可以依法采取分包方式履行合同。所以并不是绝对不可以分包，D 错误，应选。
11. **答案**：ABD。行政机关单方面解除行政合同的情形有相对人不按规定履行合同，行政机关作为制裁解除合同，因政策的变化该合同的履行已无意义，行政机关单方面解除合同，因客观情况的影响行政机关为公共利益单方面解除合同等。
12. **答案**：ABCD。本题考查行政指导的定义和特征。
13. **答案**：ABC。行政事实行为虽然不产生法律效果，但是仍是行政机关在其职权范围内作出的行为。《国家赔偿法》中对部分行政事实行为致害进行赔偿作了规定。
14. **答案**：BC。本题考查行政应急措施。《重大动物疫情应急条例》第 31 条规定，对受威胁区应当采取下列措施：（1）对易感染的动物进行监测；（2）对易感染的动物根据需要实施紧急免疫接种。B、C 正确，应选。A、D 是对“疫区”可以采取的措施，不选。

三、名词解释

1. **答案**：行政奖励是行政主体为了表彰先进，

激励后进，充分调动和激发人们的积极性和创造性，依照法定条件和程序，对为国家、人民和社会做出突出贡献或者模范的遵纪守法的行政相对人给予物质的或者精神的奖励的具体行政行为。具有以下特征：(1) 实施行政奖励的主体是国家行政机关或者法律法规授权的组织。(2) 行政奖励的目的在于表彰先进，激励后进，充分调动和激发人们的积极性和创造性。(3) 行政奖励的对象是为国家、人民和社会做出突出贡献或者模范的遵纪守法的行政相对人。(4) 行政奖励的内容包括物质奖励和精神奖励。(5) 行政奖励是具体行政行为。(6) 行政奖励是单方行政行为，但是不具有强制执行力。(7) 行政奖励是一种法定的行为。

2. **答案**：行政指导是行政主体基于国家的法律、政策的规定而作出的，旨在引导行政相对人自愿采取一定的作为或者不作为，以实现行政管理目的的一种非职权行为。它既是现代行政法中合作、协商的民主精神发展的结果，也是现代市场经济发展过程中对市场调节失灵和政府干预双重缺陷的一种补救方法。具有以下特征：(1) 行政指导是行政主体的社会管理行为。只有具有行政主体资格的行政机关和法律法规授权的组织才能实施行政指导行为。(2) 行政指导适用的范围极其广泛，其方法多种多样。(3) 行政指导属于"积极行政"的范畴。(4) 行政指导是符合现代法治原则的一种具有行政活动性质的行为。(5) 行政指导是一种柔性的不具有法律强制力的行为。(6) 行政指导是不直接产生法律后果的行为。

3. **答案**：行政指导的正当性原则指行政指导必须最大限度保障行政相对人对行政指导的可接受性。(1) 行政指导的正当性必须以其合法性为前提。(2) 正当性体现了行政指导是一种以理服人的"软性"行政活动，行政指导过程本身也应当是一个说理的过程。(3) 正当性可约束行政主体在实施行政指导过程中滥用自由裁量权。

4. **答案**：行政指导的自愿性原则指行政指导应为行政相对人认同和自愿接受。因为，行政指导是一种行政主体以行政职权实施的，以期产生法律效果的行政行为，对行政相对人不具有法律上的约束力。

5. **答案**：行政指导的必要性原则指行政主体采取行政指导比实施行政行为可能会产生更好的客观效果的一种主观认识。行政主体行使行政职权的基本目的在于维持正常的社会秩序，促进社会的全面进步。

6. **答案**：行政合同的法定原则指行政合同订立、履行、变更和解除都必须遵守相应的行政法律规范，行政主体不得在法律规定的范围以外实施行政合同行为。主要表现在：(1) 行政主体运用行政合同来处理不适于以行政行为方式处理的行政事务。(2) 行政主体行使行政合同履行过程中的行政优益权必须依法行使，依法行政的法律原则同样适用于行政合同。(3) 当法律规定不明确时，行政主体基于行政自由裁量权订立的行政合同，其目的必须是实现公共利益，符合法律的目的。

7. **答案**：行政合同依法成立之后，行政主体和行政相对一方必须根据行政合同规定的权利和义务全面履行行政合同的所有条款。行政合同的全面履行是行政合同依法成立的必然结果，并构成了行政合同法律效力的核心内容和行政合同消灭的主要原因。

8. **答案**：在行政合同履行过程中，如果私人利益与公共利益发生冲突，则行政主体为了维护公共利益，可以依据行政优益权变更或者解除行政合同。主要表现在：(1) 行政主体认为行政合同的继续履行将产生不利于社会公共利益的发展，则行政主体有权变更或者解除行政合同。(2) 行政主体对行政合同的履行有监督权，在必要时可对行政相对人采取强制或者制裁措施。(3) 行政相对一方为了维护自己的合法权益，有依法提起行政复议或者行政诉讼的权利。(4) 作为变更或者解除行政合同理由的公共利益内涵的最终确定权不在于行政主体，而在于法律的规定和法院依法律原则、精神所作的解释。

9. **答案**：行政合同的当事人必须按照合同约定的标的履行，不能任意变更标的或者用违约金和损失赔偿的方法代替合同的履行。行政合同的签订是为了公共利益，而公共利益是不可替代的，必须获得实现。因此，出于公共利益的需要，双方当事人有能力履行的，行政合同就必须实际履行。

10. 答案：由行政主体事先设定行政合同的标底，行政相对一方根据预定的程序进行竞投，行政主体对竞投标书进行比较之后，选择最优者订立行政合同。在行政合同相对发达的法国，招标是最常用的订立行政合同的方式。

11. 答案：行政主体基于政治、经济、科技等方面的原因，在招标时不一定与要价最低的相对方缔结合同，而是邀请其认为适当的人发价，从而行政主体在参加投标的企业中有选择合同当事人的自由。

12. 答案：行政主体根据行政合同的内容，与事先选择好的行政相对一方就行政合同的内容进行协商一致后订立行政合同的一种方式。协议适用于行政合同的内容具有较强的专业性的情况，因此，其公开性程度较低。

13. 答案：行政事实行为是行政主体以不产生法律约束力，而以影响或者改变事实状态为目的实施的行为。具有以下特征：（1）行政性；（2）可致权益受损性；（3）多样性。

四、简答题

1. 答案：行政合同，[①] 也称行政契约，是指行政主体以实施行政管理为目的，与行政相对人就有关事项经协商一致而达成的协议。合同是现代行政法中合意、协商等行政民主精神的具体体现。

行政合同具有下列法律特征：

（1）行政性

行政合同的行政性是指行政主体借助于合同形式实现其行使行政职权的目的。

行政合同的行政性表现在：其一，行政合同必有一方是行政主体，即具有法定行政职权的行政机关或者法律、法规授权的组织。其二，行政合同的内容是行政管理的公共事务，具有公益性。其三，行政主体在行政合同的变更和解除上有行政优益权。

（2）合意性

行政合同的合意性区别于一般行政行为的单方性，是指行政合同的签订必须以行政主体与行政相对人共同协商一致为前提。这一特征决定了行政合同仍然属于合同的范畴，并受合同的一般原理指导。

行政合同的合意性体现在：其一，行政相对人对行政合同是否订立、行政合同内容等有一定的选择权。其二，行政合同的内容具有可妥协性，这种妥协性表现在行政相对人有权提出修正行政合同内容建议，行政主体可以根据具体情况对行政相对人的要求作出适当的让步，以便就行政合同的订立达成一致。

（3）法定性

行政合同的法定性是指行政合同订立、履行、变更和解除都必须遵守预设的法律规范，行政主体不得法外实施行政合同行为。

行政合同法定性可以从以下几个方面作进一步理解：其一，行政主体运用行政合同来处理不适于以行政行为方式处理的行政事务。其二，行政主体必须依法行使行政合同中的行政优益权。其三，当法律规定不明确时，行政主体基于行政自由裁量订立的行政合同，其必须是为了实现行政管理目的，符合公共利益的要求，不违背法律目的。

2. 答案：行政事实行为是指行政主体以不产生法律约束力，而以影响或改变事实状态为目的实施的行为。行政事实行为须具备如下构成要件：（1）是行政主体实施的行为，行政主体是指具有独立行政职权的机关和组织。不具有独立行政职权的机关和组织不能实施行政事实行为。（2）是行政主体基于行政职权实施的行为，这一标准将行政主体通过非行政职权实施的行为排除在一般行政行为、行政事实行为之外。（3）是不具备法律约束

① 编者注：中国人民大学2007年考研真题考查过该名词解释。

力的行为，行为结果不能引起行政法律关系的产生、变更和消灭。

3. **答案**：行政指导的原则是实施行政指导所必须遵循的基本准则。行政指导的原则主要有：(1) 正当性原则。行政指导必须最大限度地保障行政相对人对行政指导的可接受性。(2) 自愿性原则。行政指导应为行政相对人认同和自愿接受。(3) 必要性原则。行政主体采取行政指导比实施行政行为可能会产生更好的客观效果的一种主观认识。

五、论述题

答案：行政合同是一种富有弹性和灵活性的行政管理形式，虽由双方当事人协商相互意思表示一致而成立，但又保留了行政主体必要的行政优先权，它是行政命令、行政处罚、行政强制等管理手段的重要补充形式，在行政管理实践中得到广泛的适用，起到十分重要的作用。主要表现在：

(1) 从行政主体方面来说，订立行政合同既可以更好地行使行政职能，保证行政管理目标的顺利、迅速实现，又可以因行政合同的权利义务关系明确避免行政主体之间互相扯皮、推诿，杜绝不负责任的作风。

(2) 从相对方来说，订立行政合同既可以使他们更好地发挥主动性、创造性，又可以使行政合同争议发生后，控告有门，解决有据。对双方来说，既可提高行政效益，又可多创社会财富。

第十六章　行政程序

基础知识图解

- 行政程序
  - 概念：概念、分类及价值
  - 基本原则
    - 公开原则：依据公开、信息公开、听证制度、决定公开
    - 公平、公正原则：可行性、科学性、合理性、正当性
    - 参与原则：获得通知权、陈述权、抗辩权、申请权
    - 效率原则：时效、代理、不停止执行
  - 基本制度
    - 行政回避制度
    - 行政听证制度
    - 行政信息公开制度
    - 说明理由制度
    - 其他基本制度

配套测试

一、单项选择题

1. 1925 年（　　）颁布《行政程序法》拉开了各国行政程序法典化第一阶段的序幕。

A. 美国　　B. 奥地利

C. 日本　　D. 西班牙

2. 以（　　）为标准，行政程序可分为抽象行政程序和具体行政程序。

A. 行政程序的适用范围

B. 行政行为的对象是否特定

C. 行政职能的差异

D. 是否有明确法律规定

3. 我国在（　　）中第一次以法律形式确定了听证制度。

A.《专利法》　　B.《行政赔偿法》

C.《商标法》　　D.《行政处罚法》

4. 属于规定内部行政程序的规范性文件是（　　）。

A.《治安管理处罚法》

B.《国家行政机关公文处理办法》

C.《土地管理法》

D.《税收征收管理法》

5. 行政程序是指（　　）。

A. 司法机关审查行政行为时所遵循的程序

B. 行政机关的行为过程的总和

C. 行政相对方的行为过程的总和

D. 行政主体的行政行为过程的总和

6. 下列属于公正原则的保障制度的是（　　）。

A. 合议制　　B. 首长负责制

C. 时效制度　　D. 一般程序制度

7. 下列有关行政程序的说法错误的是（　　）。

A. 行政程序包括相对人参与行政行为的程序

B. 行政程序具有法定性

C. 行政程序具有多样性

D. 行政程序不可能制定一部统一的法典

8. 我国《行政处罚法》第 55 条规定，执法人员在调查或者进行检查时，应当主动向当事人或有关人员出示执法证件。这体现了行政程序法中的基本制度是（　　）。

A. 调查制度　　B. 告知制度

C. 表明身份制度　　D. 说明理由制度

9. 行政处理中的听证程序是（　　）。

A. 听取行政相对人的意见

B. 听取相关国家机关的意见

C. 听取有关专家的意见

D. 听取社会公众的意见

10. 某环保公益组织以一企业造成环境污染为由提起环境公益诉讼，后因诉讼需要，向县环保局申请公开该企业的环境影响评价报告、排污许可证信息。环保局以该组织无申请资格和该企业在该县有若干个基地，申请内容不明确为由拒绝公开。下列哪一说法是正确的？（　　）（司考 2015. 2. 50）

A. 该组织提出申请时应出示其负责人的有效身份证明

B. 该组织的申请符合根据自身生产、生活、科研等特殊需要要求，环保局认为其无申请资格不成立

C. 对该组织的申请内容是否明确，环保局的认定和处理是正确的

D. 该组织所申请信息属于依法不应当公开的信息

二、多项选择题

1. 行政程序的基本原则有（　　）。

A. 公开原则　　B. 公正、公平原则

C. 参与原则　　D. 效率原则

2. 行政效率原则是通过下述哪些制度保证的（　　）。

A. 时效制度

B. 代理制度

C. 申诉不停止执行制度

D. 听证制度

3. 下列属于行政程序基本制度的有（　　）。

A. 行政听证制度　　B. 审裁分离制度

C. 说明理由制度　　D. 信息获取制度

4. 属于内部行政程序的有（　　）。

A. 听证程序

B. 调查程序

C. 行政系统内公文办理程序

D. 行政首长签署程序

5. 关于行政立法程序的制度有（　　）。

A. 听证制度　　B. 专家论证制度

C. 备案制度　　D. 会议制度

6. 行政程序法的主要作用有（　　）。

A. 监督和控制行政权

B. 保障行政职权的充分、有效、合法行使

C. 提高行政效率

D. 保护相对方合法权益

7. 英国的“自然公正”和美国的“正当法律程序”所包含的基本含义有（　　）。

A. 任何人不能作为自己案件的法官

B. 行政机关在裁决纠纷时不能偏听偏信

C. 决定对当事人不利的事务时，应预先通知当事人并给予其发表意见的机会

D. 必须由衡平法院审理与裁判案件

8. 治安处罚程序属于（　　）。

A. 外部行政程序　　B. 法定行政程序

C. 行政执法程序　　D. 行政裁判程序

9. 下列各项哪些属于行政程序效率模式中的程序制度？（　　）

A. 时效制度

B. 听证制度

C. 紧急处置制度

D. 申诉不停止执行制度

10.《行政处罚法》中体现处罚公开原则的制度是（　　）。

A. 表明身份制度　　B. 裁执分离制度

C. 听证制度　　D. 听取意见的制度

11. 下列基本制度中主要目的在于保障行政公正原则的是（　　）。

A. 回避制度　　B. 表明身份制度

C. 时效制度　　D. 简易程序制度

12. 沈某向住建委申请公开一企业向该委提交的某危改项目纳入危改范围的意见和申报材料。该委以信息中有企业联系人联系电话和地址等个人隐私为由拒绝公开，沈某起诉，法院受理。下列哪些说法是正确的？（　　）（司考 2015. 2. 79）

A. 在作出拒绝公开决定前，住建委无需书面征求企业联系人是否同意公开的意见

B. 本案的起诉期限为 6 个月

C. 住建委应对拒绝公开的根据及履行法定告知和说明理由义务的情况举证

D. 住建委拒绝公开答复合法

13. 根据相关法律规定，在行政决定作出

前，当事人有权就下列哪些情形要求举行听证？(　　)(司考 2017. 2. 82)

A. 区工商分局决定对个体户王某销售的价值 10 万元的假冒他人商标的服装予以扣押

B. 县公安局以非法种植罂粟为由对陈某处以 3000 元罚款

C. 区环保局责令排放污染物严重的某公司停业整顿

D. 胡某因酒后驾车，被公安交管部门吊销驾驶证

三、名词解释

1. 行政程序的公开原则

2. 行政程序的公正、公平原则

3. 行政程序的参与原则

4. 行政程序的效率原则

5. 行政程序的代理制度

四、简答题

1. 简述程序公正原则的保障制度。

2. 简述行政行为说明理由制度所包含的内容。

3. 简述行政程序的概念及其法律特征。

五、论述题

试述行政程序的主要制度。[①] (中国政法大学 2006 年考研真题)

参考答案

一、单项选择题

1. 答案：B。参见相关教材。本题考查行政程序法的历史发展，1889 年，西班牙颁布了第一部以法典形式出现的行政程序法；1925 年，奥地利也颁布了行政程序法。这是以 1925 年奥地利《行政程序法》为代表的第一阶段。第二阶段是以 1946 年美国制定的《联邦行政程序法》为代表。

2. 答案：B。本题考查行政程序的种类，根据行政行为的对象是否特定为标准，可分为抽象行政程序和具体行政程序。

3. 答案：D。根据《行政处罚法》第 63 条的规定，行政机关作出责令停产停业、吊销许可证件、较大数额罚款等行政处罚决定之前，应当告知当事人有要求举行听证的权利；当事人要求听证的，行政机关应当组织听证。当事人不承担行政机关组织听证的费用。

4. 答案：B。内部行政程序，是指行政主体内部行政事务的运作程序。ACD 三项都是行政主体对外实施行政管理活动的程序，属于外部行政程序。

5. 答案：D。本题考查行政程序的定义，行政程序是指行政主体的行政行为在时间和空间上的表现形式，即指行政行为所遵循的方式、步骤、顺序以及时限的总和。

6. 答案：A。本题考查行政程序基本原则的保障制度。公正原则的保障制度有回避制度、合议制度、听证制度和调查制度。

7. 答案：D。1946 年美国制定的《联邦行政程序法》就是一部行政程序法法典。

8. 答案：C。行政机关向行政相对人出示证件的目的就在于表明身份，所以选 C。

9. 答案：A。行政处理中的听证，是指作出处理决定之前，通过召开听证会的方式听取行政相对人的陈述、质证、辩论的程序。

10. 答案：B。A 选项，《政府信息公开条例》第 29 条第 2 款规定，政府信息公开申请应当包括下列内容：(1) 申请人的姓名或者名称、身份证明、联系方式；(2) 申请公开的政府信息的名称、文号或者便于行政机关查询的其他特征性描述；(3) 申请公开的政府信息的形式要求，包括获取信息的方式、途径。本案中，申请人为某环保公益组织，其应出示该组织的有效身份证明，而非其负责人的有效身份证明，故 A 选项错误。

---

① 编者注：中山大学 2008 年考研真题——论述我国行政程序制度的主要发展和完善；中南财经政法大学 2007 年考研真题——试论行政程序法的基本原则和基本制度。

B选项，2008年《政府信息公开条例》第13条规定，除本条例第9条、第10条、第11条、第12条规定的行政机关主动公开的政府信息外，公民、法人或者其他组织还可以根据自身生产、生活、科研等特殊需要，向国务院部门、地方各级人民政府及县级以上地方人民政府部门申请获取相关政府信息。故根据旧条例，B选项正确。提醒考生注意，2019年修订后的《政府信息公开条例》删去原条例第13条申请获取相关政府信息需“根据自身生产、生活、科研等特殊需要”的“三需要”条件，据此，《政府信息公开条例》对依申请公开的申请人的范围不再加以限制，故该环保公益组织具有申请信息公开的资格。

C选项，从题干中无法得知该组织的申请内容是否明确，故无法判断环保局的认定和处理是否正确。C选项错误。

D选项，《政府信息公开条例》第13条规定，除本条例第14条（涉及国家秘密等不应当公开的政府信息）、第15条（涉及商业秘密、个人隐私等公开会对第三方合法权益造成损害的政府信息）、第16条（行政机关的内部事务信息和履行行政管理职能过程中形成的内部行政信息）规定的政府信息外，政府信息应当公开。该组织申请的信息不属于前述不应公开的政府信息，故应当依法予以公开。D选项错误。

二、多项选择题

1. **答案**：ABCD。本题考查行政程序的基本原则。行政程序的基本原则包括公开原则，公正、公平原则，参与原则，效率原则。
2. **答案**：ABC。听证制度是行政程序公正原则的保障。
3. **答案**：ABCD。行政程序的基本制度包括听证制度、信息公开制度、行政调查制度、说明理由制度、行政案卷制度和审裁分离制度。
4. **答案**：CD。根据行政程序适用的范围为标准，可分为内部行政程序和外部行政程序。本题中AB两项都属于行政主体对外实施行政管理活动所运用或应当遵循的程序。
5. **答案**：ABCD。
6. **答案**：AD。行政程序法的作用主要表现在：（1）监督和控制行政权的作用。行政主体作出行政行为，必须履行一定的法定程序，既有利于防止行政主体任意地行使行政权，随随便便地实施管理活动，也有利于社会、行政相对人对行政权的行使进行监督和控制。（2）保护相对方合法权益的作用。
7. **答案**：ABC。
8. **答案**：ABC。治安处罚程序是一种行政机关对行政相对人所实施的行政管理程序，属于行政执法程序。而行政裁判程序是一种裁判行为，对象是当事人双方的争议或纠纷的程序，它具有准司法的特点。
9. **答案**：ACD。本题考查效率原则的保障制度。
10. **答案**：ACD。裁执分离制度体现的是公正原则，而非公开原则。
11. **答案**：AB。时效制度和简易程序制度都是保障行政效率的，所以不选。
12. **答案**：BC。《政府信息公开条例》第15条规定，涉及商业秘密、个人隐私等公开会对第三方合法权益造成损害的政府信息，行政机关不得公开。但是，第三方同意公开或者行政机关认为不公开会对公共利益造成重大影响的，予以公开。故A选项错误。

    《行政诉讼法》第46条第1款规定，公民、法人或者其他组织直接向人民法院提起诉讼的，应当自知道或者应当知道作出行政行为之日起6个月内提出。法律另有规定的除外。故B选项正确。

    《政府信息公开行政案件规定》第5条第1款规定：“被告拒绝向原告提供政府信息的，应当对拒绝的根据以及履行法定告知和说明理由义务的情况举证。”故C选项正确。

    《政府信息公开条例》第37条规定：“申请公开的信息中含有不应当公开或者不属于政府信息的内容，但是能够作区分处理的，行政机关应当向申请人提供可以公开的政府信息内容，并对不予公开的内容说明理由。”据此，住建委认为信息中有企业联系人联系电话和地址等个人隐私的，应当删去此类信息以向沈某提供可以公开的信息内容，而不应该完全拒绝，故D选项错误。

13. **答案**：BCD。A选项错误。本选项中的扣押行为属于行政强制措施，不属于行政处罚，行政强制措施不适用听证制度。

B、C、D选项正确。《行政处罚法》第63条第1款规定，行政机关作出责令停产停业、吊销许可证件、较大数额罚款等行政处罚决定之前，应当告知当事人有要求举行听证的权利；当事人要求听证的，行政机关应当组织听证。《治安管理处罚法》第98条规定：“公安机关作出吊销许可证以及处二千元以上罚款的治安管理处罚决定前，应当告知违反治安管理行为人有权要求举行听证；违反治安管理行为人要求听证的，公安机关应当及时依法举行听证。”

三、名词解释

1. **答案**：行政程序的公开原则是指用以规范行政权的行政程序，除涉及国家机密、商业秘密或者个人隐私外，应当一律向行政相对人和社会公开。行政相对人因此可以通过参与行政程序维护自己的合法权益；社会民众因此可以通过公开的行政程序，监督行政主体依法行使行政权力。公开原则应当包括如下主要内容：（1）行使行政权的依据必须公开；（2）行政信息公开；（3）设立听证制度；（4）行政决定公开。

2. **答案**：行政程序的公正、公平原则是指行政主体行使行政权应当公正、公平，尤其是公正、公平地行使行政自由裁量权。行政主体公正、公平地行使行政权力，对于行政主体来说，是树立行政权威的源泉；对于行政相对人和社会来说，既是信任行政权的基础，也是行政权具有执行力量的保证。包括以下内容：（1）行政程序立法应当赋予行政相对人应有的行政程序权利。（2）行政主体所选择的行政程序必须符合客观情况，具有可行性。（3）行政主体所选择的行政程序必须符合规律或者常规，具有科学性。（4）行政主体所选择的行政程序必须符合社会公共道德，具有合理性。（5）行政主体所选择的行政程序必须符合社会一般公正心态，具有正当性。

3. **答案**：行政程序的参与原则是指行政主体在作出行政行为过程中，除法律有特别规定外，应当尽可能为行政相对人提供参与行政行为的各种条件和机会，从而确保行政相对人实现行政程序权益，同时也可以使行政行为更加符合社会公共利益。这一原则的法律价值是使行政相对一方在行政程序中成为具有独立人格的主体，而不致成为为行政权随意支配的、附属性的客体。

4. **答案**：行政程序的效率原则是指行政程序中的各种行为方式、步骤、时限、顺序的设置都必须有助于确保基本的行政效率，并在不损害行政相对人合法权益的前提下适当提高行政效率。行政效率是行政权的生命，没有基本的行政效率，就不可能实现行政权维护社会所需要的基本秩序的功能。但是，过分地强调行政效率，又会损及行政相对人的合法权益。因此，行政程序法的效率原则必须体现如下内涵：其一，提高行政效率不得损害行政相对人的合法权益。其二，提高行政效率不得违反公平原则。

5. **答案**：行政程序的代理制度是指行政程序法律关系主体不履行或无法履行法定义务时，依法由他人代为履行的制度。代理发生的前提是这种法定义务具有可替代性，否则就不能代理。

四、简答题

1. **答案**：程序公正原则的保障制度包括：

（1）回避制度，执法人员与当事人有直接利害关系的，应当回避。

（2）合议制度，即对特定问题，由若干公务员组成一定的会议或委员会，以合议的形式作出行政行为。

（3）听证制度，即在作出不利于相对方的行政行为前，应给予相对方申辩的机会，并听取相对方的意见。

(4) 调查制度，即查清事实、收集证据的制度。

2. 答案：行政行为说明理由，是指行政主体在作出对行政相对人合法权益产生不利影响的行政行为时，除法律有特别规定外，必须向行政相对人说明其作出该行政行为的事实根据、法律依据以及进行自由裁量时所考虑的政策、公益等因素。行政行为说明理由就内容而言，包括合法性理由和正当性理由，前者用于说明行政行为合法性的依据，如事实材料、法律规范；后者则用于说明正当行使裁量权的依据，如政策形势、公共利益、惯例公理等。

3. 答案：行政程序是行政主体实施行政行为时所应当遵循的方式、步骤、时限和顺序。行政程序本质上是行政行为空间和时间表现形式的有机结合。行政程序具有如下法律特征：(1) 法定性。是指用于规范行政行为的程序一般应通过预设的立法程序法律化，使其具有可控制行政行为合法、正当运作的强制力量。(2) 多样性。是指因行政行为性质上的差异性导致所遵守的行政程序在客观上呈现出多种行政程序并存，并有各自调整行政行为的格局。(3) 分散性。它是指因通过多种法律形式规定行政程序，从而使行政程序分散于众多的、具有不同等级效力的法律文件之中。

五、论述题

答案：行政程序是指行政主体作出行政行为的方式、步骤和时间、顺序的过程。建立公正科学的行政程序制度是行政现代化的重要内容。公正科学的行政程序制度应该包括以下几项制度：

(1) 告知制度

告知制度是一种基本的行政程序制度，其具体要求是：行政主体作出影响行政相对人权益的行为，应事先告知该行为的内容，包括行为的时间、地点、主要过程，作出该行为的事实根据和法律根据，相对人对该行为依法享有的权利等。

(2) 职能分离制度

职能分离制度直接调整的是行政机关内部机构和人员的关系。该制度要求将行政机关内部的某些相互联系的职能加以分离，使之分属于不同的机关或不同的工作人员掌管和行使。

(3) 不单方接触制度

不单方接触制度要求行政主体在处理某一涉及两个或两个以上有利益冲突的当事人的行政事务或裁决他们之间的纠纷时，不能在一方当事人不在场的情况下单独与另一方当事人接触，听取其陈述，接受和采纳其证据等。

不单方接触制度有近似于职能分离制度的价值。职能分离制度是通过行政机关内部分工而对其权力行使进行制约；不单方接触则是通过分隔行政机关与外部当事人的不合理联系而对其权力行使进行制约。

(4) 回避制度

回避制度包括三项内容：第一，具有法律规定的某种亲属关系的公职人员不得在同一行政机关任职或者不得在同一行政机关内担任双方直接隶属于同一行政首长的职务或有直接上下级领导关系的职务。此外，公务员如有某种法定亲属关系的人员在某行政机关担任领导职务，其不得在该机关内从事某些特定工作，如人事、财务、审计、监察工作等。此种回避称“任职回避”。第二，一定级别、一定职务的公务员不得在原籍县、乡、镇任职。此种回避称“地区回避”。第三，执行职务的人员在执行公务时，如有关事项与本人有利害关系或者有其他关系可能影响公正处理的，其不得参与该事项的处理。此种回避称“公务回避”。行政程序回避制度中的回避，主要指公务回避。

(5) 记录和决定制度

记录和决定制度的内容是：行政主体作出影响行政相对人权益的行为，其过程应有对应的记录，其最终形成的意见表示应形成书面决定，并送达相对人，为相对人所受领。

(6) 说明理由制度

说明理由制度的内容是：行政主体作出

涉及相对人权益的决定、裁决，特别是作出对相对人权益有不利影响的决定、裁决，必须在决定书、裁决书中说明其事实根据、法律根据或行政主体的政策考虑。除了具体行政行为以外，行政机关在制定行政法规、规章或发布其他规范性文件时，在可能的条件下，也应在有关政府公报中说明其事实和法律根据。

（7）时效制度

时效制度的基本内容是：行政主体实施行政行为，特别是涉及相对人权益的行为，法律、法规要对之确定明确的时间限制。如对行政主体实施行政许可行为，法律法规要规定其申请的时限、审查的时限、决定的时限、送达的时限等；对行政主体实施行政处罚或行政处分时，法律法规要为其规定调查相对人（外部相对人，即公民、法人和其他组织，或内部相对人，即公务员）违法行为的时限，审查违法违纪事实，证据或听证的时限，作出处罚、处分决定的时限，向相对人送达处罚、处分决定书的时限，执行的时限，等等。

（8）听证制度

听证制度是指行政主体听取行政相对人或者争议当事人意见的制度。听证的对象是相对人或者争议当事人；听证的目的是听取相对人或者当事人的意见。从当今世界各国的行政程序立法来说，听证已成为行政程序法的核心。原因就在于它保障了相对人发表意见的权利，充分体现了参与原则。

（9）救济制度

救济制度虽然不完全是行政程序制度，但由于该制度与行政程序紧密相连，是对行政行为违法、不当造成的后果进行补救，故仍在整体上被视为行政程序制度。行政救济包括行政复议和行政诉讼等方式。

第十七章　行政救济概述

基础知识图解

行政救济概述
- 概念
- 分类
  - 申诉和控告
  - 行政复议和行政诉讼
  - 行政赔偿

配套测试

一、不定项选择题

1. 申请人对行政机关作出的具体行政行为不服，依法申请行政复议，而复议机关无正当理由拒绝受理或不予答复的，申请人可通过何种途径寻求法律救济？（　　）

A. 可以向复议机关的上级机关申诉，由上级行政机关责令其受理，必要时由上级机关直接受理

B. 可以直接向复议机关的上级机关申请复议

C. 若该具体行政行为属于行政诉讼受案范围，复议机关超过法定复议期限不予答复的，可以以原行政机关为被告提起行政诉讼

D. 即使此类案件属于复议前置的，对复议机关不予受理的裁决，仍可依法向法院起诉

2. 某市交通管理局发布文件，规定对高速公路过往车辆征收过路费。徐某开车路过被征收，认为属于乱收费，欲提起复议申请。下列选项中正确的有（　　）。

A. 徐某可以直接对该征收行为提起行政复议

B. 徐某可以针对该规范性文件要求复议审查

C. 徐某可以在申请复议征收行为时要求审查该规范性文件

D. 徐某可以不经过复议，直接向人民法院提起行政诉讼

3. 行政复议与行政诉讼都是解决行政争议的制度，下列选项中是二者之间的区别有（　　）。

A. 行政复议的受案范围要比行政诉讼更为宽泛

B. 行政复议的审查范围要大于行政诉讼的审查范围

C. 行政复议参加人的种类要比行政诉讼参加人种类多

D. 行政复议程序不同于行政诉讼程序

二、名词解释

行政救济

三、论述题

试述行政救济与行政救助。（武汉大学 2006 年考研真题）

参考答案

一、不定项选择题

1. 答案：ACD。参见《行政复议法》第 35 条、《行政诉讼法》第 45 条规定。

2. 答案：ACD。参见《行政复议法》第 11、56、58 条规定。

3. 答案：ABD。行政复议和行政诉讼的参加人

基本相同。

二、名词解释

答案：行政救济是指国家为受到公共行政（国家公行政和社会公行政）侵害的个人、法人或者其他组织提供的行政法上的补救的制度。具有以下特征：(1) 行政救济是公法制度；(2) 行政救济是行政法制监督制度的一部分；(3) 行政救济制度的基础，是受侵害个人或者组织的救济请求权和国家责任；(4) 行政救济制度的保护对象，是个人、法人和其他组织的合法权益；(5) 行政救济的发生原因是行政主体的侵权行为。

三、论述题

答案：

行政救济	行政救助
国家为排除行政行为对公民、法人和其他组织合法权益的侵害，而采取的各种事后法律手段与措施所构成的补救制度	指行政主体在行政相对人发生年老、疾病或丧失劳动能力等情况时，或者其他特殊情况下，依照有关法律规范的规定，赋予其一定的物质权益或与物质有关的权益的具体行政行为
为排除行政行为对公民、法人和其他组织的合法权益的侵害而采取的各种事后补救手段；以发生争执为前提	相对人符合法定条件，即行政相对人发生年老、疾病或丧失劳动能力等情况，或者其他特殊情况为前提；不需以争执为前提
既包括行政复议、行政赔偿和行政补偿等行政补救手段，也包括行政诉讼等司法补救手段，还包括请愿、声明异议、申诉和请求改正错误等其他补救手段	是行政主体依据法律法规所实施的授益行政行为；内容表现为物质上的权益和与物质有关的权益；形式上多样，包括安置、补助、抚恤、收留、优待、救灾扶贫等
以保护公民、法人和其他组织的合法权益为最主要目的	以国家的力量，通过一定的物质方式，帮助符合条件的公民，以维持其正常范围内的生活

第十八章　行政复议概述

基础知识图解

- 行政复议概述
  - 概念与特征、性质
  - 基本原则
    - 合法原则
    - 公正原则
    - 公开原则
    - 高效原则
    - 便民原则
    - 为民原则

配套测试

一、单项选择题

1. 行政复议不同于行政诉讼，主要体现在下列原则上（　　）。

A. 合法原则　　B. 公开原则

C. 便民原则　　D. 公正原则

2. 下列属于行政复议应遵循的原则是（　　）。

A. 二级复议制原则　　B. 秘密原则

C. 调解原则　　D. 合法原则

3. 行政复议作为一项重要的法律制度，是（　　）。

A. 行政机关解决民事纠纷的活动

B. 行政机关解决行政纠纷的活动

C. 行政仲裁机关解决纠纷的活动

D. 人民法院解决行政纠纷的活动

4. 行政复议行为的性质是（　　）。

A. 司法行为　　B. 行政裁决行为

C. 行政仲裁行为　　D. 行政司法行为

5. 行政复议权只能由法律、法规规定的国家（　　）专门享有。

A. 权力机关　　B. 检察机关

C. 审判机关　　D. 行政机关

6. 行政复议（　　）。

A. 以法律、法规、自治条例、单行条例为依据，参照规章

B. 审查的受案范围没有行政诉讼宽泛

C. 既包括合法性审查也包括合理性审查

D. 以开庭审理为主，以书面审查为辅

二、多项选择题

1. 《行政复议法》规定的行政复议基本原则有下面哪些？（　　）

A. 合法

B. 公开、公正

C. 高效、便民、为民

D. 一级复议

2. 申请复议的条件有（　　）。

A. 申请人是认为具体行政行为侵犯其合法权益的公民、法人或其他组织

B. 有明确的被申请人

C. 属于依法可申请复议的范围

D. 相应复议属于受理复议机关管辖

3. 行政复议机关作为行使行政复议权的机关，享有（　　）。

A. 受理权

B. 收集证据权

C. 强制执行权

D. 作出复议决定权

4. 对下列哪些情形，行政复议机关可以进行

调解？（　　）（司考 2008.2.80）

A. 市政府征用某村土地，该村居民认为补偿数额过低申请复议

B. 某企业对税务机关所确定的税率及税额不服申请复议

C. 公安机关以张某非法种植罂粟为由对其处以拘留 10 日并处 1000 元罚款，张某申请复议

D. 沈某对建设部门违法拆除其房屋的赔偿决定不服申请复议

三、名词解释

行政复议

参考答案

一、单项选择题

1. **答案**：C。本题考查考点“行政复议的基本原则”。行政诉讼属于司法过程，相对于行政复议来说，程序要求更加严格，也更加复杂冗长，而行政复议更讲究方便相对人，故选 C。
2. **答案**：D。参见《行政复议法》第 3 条规定。
3. **答案**：B。参见《行政复议法》第 2 条规定。
4. **答案**：D。因为《行政复议法》下的行政复议行为是行政司法行为。
5. **答案**：D。因为行政复议是由行政机关自身来解决所发生的行政争议的一种制度。
6. **答案**：C。考查行政复议的性质。行政复议不仅包括合法性审查，而且包括合理性审查。故选 C。

二、多项选择题

1. **答案**：ABC。本题考查考点“行政复议的基本原则”。A、B、C 三项是《行政复议法》第 3 条规定的内容，而 D 项只是行政复议的一项具体制度。
2. **答案**：ABCD。本题主要考查申请行政复议的条件。参见《行政复议法实施条例》第 28 条。
3. **答案**：ABCD。
4. **答案**：ACD。本题考查行政复议调解。《行政复议法实施条例》第 50 条第 1 款规定：“有下列情形之一的，行政复议机关可以按照自愿、合法的原则进行调解：（一）公民、法人或者其他组织对行政机关行使法律、法规规定的自由裁量权作出的具体行政行为不服申请行政复议的；（二）当事人之间的行政赔偿或者行政补偿纠纷。”因此，征用土地时的补偿数额可以进行调解。故 A 选项正确。B 项当中，税率是由法律确定的，税务机关无权自行确定税率。因此税率和税额的确定并非行政机关行使自由裁量权的行为，复议机关也就不能就该具体行政行为引发的争议进行调解。故 B 选项错误。根据《治安管理处罚法》第 71 条的规定，有下列行为之一的，处 10 日以上 15 日以下拘留，可以并处 3000 元以下罚款；情节较轻的，处 5 日以下拘留或者 500 元以下罚款：（一）非法种植罂粟不满 500 株或者其他少量毒品原植物的……本题中，C 选项情形属于公安机关自由裁量的行为，可以调解。D 选项中，建设部门负有行政赔偿责任，沈某在对该行为提起复议时可对行政赔偿额申请调解。故正确答案是 ACD。

三、名词解释

答案：行政复议是指国家行政机关在行使其行政管理职权时，与作为被管理对象的相对方发生争议，根据行政相对方的申请，由上一级国家行政机关或者法律、法规规定的其他机关依法对引起争议的具体行政行为进行复查并作出决定的一种活动。行政复议的主要特点：（1）行政性。行政复议是一种行政行为，其主体只能是国家行政机关。（2）职权性。行政相对方的复议申请只能提交给作出原具体行政行为的行政机关的上级有管辖权的国家行政机关，或者是法律、法规规定的其他行政机关。并且，行政复议机关所进行的行政复议活动绝不能超越其法定的职权范围。（3）监督性。复议机关复查原具体行政行为的过程，实质上就是复议机关对作出原具体行政行为的行政机关实施监督的过程。

它是一种层级监督、事后监督、间接监督。(4) 程序性。行政复议较一般的行政行为具有更高的程序性要求，其每一环节都须符合法定的实体和形式要件。(5) 救济性。行政复议是对行政失误的补救。

第十九章　行政复议范围

基础知识图解

行政复议范围
- 可申请行政复议的行政行为的范围
- 可一并申请行政复议的行政规定的范围及法定条件
- 排除行政复议的事项

配套测试

一、单项选择题

1. 某甲与乡政府约定，自己利用在海外的关系，为该乡招商引资，如引资超过 100 万元人民币，则乡政府一次性奖励甲 10 万元人民币。后甲引进外商资金 300 万元人民币，但是乡政府却不愿奖励甲。于是甲向县政府提起行政复议，县政府应如何处理？（　　）

A. 县政府不应受理甲的申请

B. 县政府只能协调甲与乡政府的纠纷

C. 县政府应该受理该申请

D. 县政府应告知甲只能向人民法院提起行政诉讼

2. 公民、法人或其他组织向人民法院起诉，人民法院已经受理的（　　）。

A. 可以再申请复议

B. 不得申请复议

C. 法院判决后再申请复议

D. 被法院驳回起诉后再申请复议

3. 下列（　　）属于行政复议受案范围。

A. 行政机关处理离婚纠纷的调解书

B. 行政机关撤销其工作人员担任某职务的决定

C. 行政机关颁布禁止燃放爆竹的决定

D. 行政机关对林木资源所有权归属的处理决定

4. 下列选项中哪个是不能提起行政复议的行为？（　　）

A. 某市交通管理局发布了排气量为 1 升以下的汽车不予上牌照的规定，并据此对吴某汽车不予上牌照的行为

B. 某乡政府发布通告劝导农民种植高产农作物的行为

C. 城建部门将某施工企业的资质由一级变更为二级的行为

D. 民政部门对王某成立社团的申请不予批准的行为

二、多项选择题

1. 省师范大学学生甲考试作弊，但学校一直未将其除名，甲一直在校读书直到毕业时，学校不给甲发放毕业证，甲向教育局申请复议，教育局对甲的复议申请（　　）。

A. 应当受理，因符合行政复议的条件

B. 应当受理，因学校属于法律、法规授权的组织

C. 不予受理，因不属于行政复议范围

D. 不予受理，因学校不属于行政机关

2. 下列哪些行为属于行政复议的范围？（　　）

A. 抚恤金

B. 退休金

C. 最低生活保障费

D. 社会保险金

3. 对下列规范性文件不服，可以一并提起行政复议的有（　　）。

A. 中纪委作出的决定

B. 司法部的规定

C. 杭州市政府作出的具有普遍约束力的

规章以外的规定

D. 某民族自治县人大所制定的自治条例

三、论述题

试论行政复议的范围。（中南财经政法大学2009年考研真题）

参考答案

一、单项选择题

1. **答案**：C。本题考查考点行政复议范围中的“行政相关人的合法权益”。尽管该案中甲与乡政府之间的纠纷不能从《行政复议法》第11条的列举中找到对应的规定，但是根据本法第2条规定，公民认为具体行政行为侵犯其合法权益，向行政机关提出行政复议申请，行政机关应该受理。该案中，甲与乡政府的约定是合法的，所以乡政府许诺的10万元奖励是甲合法的利益，如果乡政府违背当初的约定，就损害了甲的合法利益，因此是可以提起行政复议的。
2. **答案**：B。参见《行政复议法》第29条规定。
3. **答案**：D。参见《行政复议法》第11条规定。
4. **答案**：B。本题考查行政复议的范围。

二、多项选择题

1. **答案**：AB。参见《行政复议法》第11条规定，又因高校给学生颁发毕业证是基于法律、法规的授权，所以，本题中的情形符合行政复议的条件，应当受理。
2. **答案**：ACD。参见《行政复议法》第11条的规定。抚恤金、社会保险金、最低生活保障费属于行政复议的范围，但退休金不属于。
3. **答案**：BC。参见《行政复议法》第13条规定。

三、论述题

答案：行政复议范围是指行政相对人认为行政机关作出的行政行为侵犯其合法权益，依法可以向行政复议机关请求重新审查的行政行为的范围。行政复议法规定了可申请行政复议的范围和不可申请行政复议的范围。

（1）可以申请行政复议的行政行为：①对行政机关作出的行政处罚决定不服；②对行政机关作出的行政强制措施、行政强制执行决定不服；③申请行政许可，行政机关拒绝或者在法定期限内不予答复，或者对行政机关作出的有关行政许可的其他决定不服；④对行政机关作出的确认自然资源的所有权或者使用权的决定不服；⑤对行政机关作出的征收征用决定及其补偿决定不服；⑥对行政机关作出的赔偿决定或者不予赔偿决定不服；⑦对行政机关作出的不予受理工伤认定申请的决定或者工伤认定结论不服；⑧认为行政机关侵犯其经营自主权或者农村土地承包经营权、农村土地经营权；⑨认为行政机关滥用行政权力排除或者限制竞争；⑩认为行政机关违法集资、摊派费用或者违法要求履行其他义务；⑪申请行政机关履行保护人身权利、财产权利、受教育权利等合法权益的法定职责，行政机关拒绝履行、未依法履行或者不予答复；⑫申请行政机关依法给付抚恤金、社会保险待遇或者最低生活保障等社会保障，行政机关没有依法给付；⑬认为行政机关不依法订立、不依法履行、未按照约定履行或者违法变更、解除政府特许经营协议、土地房屋征收补偿协议等行政协议；⑭认为行政机关在政府信息公开工作中侵犯其合法权益；⑮认为行政机关的其他行政行为侵犯其合法权益。行政相对人认为行政机关的行政行为所依据的下列规范性文件不合法，在对行政行为申请行政复议时，可以一并向行政复议机关提出对该规范性文件的附带审查申请：①国务院部门的规范性文件；②县级以上地方各级人民政府及其工作部门的规范性文件；③乡、镇人民政府的规范性文件；④法律、法规、规章授权的组织的规范性文件。

（2）不属于行政复议范围的有：①国防、外交等国家行为；②行政法规、规章或者行政机关制定、发布的具有普遍约束力的决定、命令等规范性文件；③行政机关对行政机关工作人员的奖惩、任免等决定；④行政机关对民事纠纷作出的调解。

第二十章　行政复议法律关系主体

基础知识图解

行政复议法律关系主体
- 行政复议机关与主管机构
- 行政复议的管辖
- 行政复议参加人
  - 申请人
  - 被申请人

配套测试

一、单项选择题

1. 某村村民甲与乙因宅基地发生纠纷，乡政府对此进行了处理，确认甲对该宅基地有使用权。乙对此不服，可（　　）。

A. 向县政府申请行政复议

B. 向县政府自然资源和规划局申请复议

C. 向人民法院提起行政诉讼

D. 向人民法院提起民事诉讼

2. 某市某区某街道办事处所属铸造厂，由甲承包。因甲在承包期间经营不善，街道办事处下令停办。甲不服，应（　　）。

A. 向区政府申请复议

B. 向法院提起民事诉讼

C. 向市政府申请复议

D. 属于内部行为，不能提起行政复议

3. 某市政府所属一行政机关对张某作出具体行政行为后，该机关被撤销，此时若张某不服，应向（　　）申请复议。

A. 某市政府

B. 某市政府主管部门

C. 取代该机关的行政机关

D. 接受合并的行政机关

4. 行政相对人对行政机关委托的组织所作的具体行政行为不服的，被申请复议的主体是（　　）。

A. 作出委托的行政机关

B. 作出具体行政行为的组织

C. 作出具体行政行为组织的主管行政机关

D. 作出具体行政行为组织的上级机关

5. 对省、自治区、直辖市人民政府的具体行政行为不服，经省、自治区、直辖市人民政府行政复议，对该复议决定仍不服的，相对人（　　）。

A. 不能再申请行政复议，因为行政复议采用一级复议原则

B. 可以向国务院申请裁决，但该裁决为最终裁决

C. 可以向人民法院提起诉讼，但是必须先经过国务院的复议程序

D. 只能向人民法院提起诉讼

6. 行政机关对提出的行政复议申请无正当理由不予受理的（　　）。

A. 上级行政机关只能责令其受理

B. 上级行政机关应当直接受理

C. 由人法院裁定其受理

D. 上级行政机关应当责令其受理，必要时，可以直接受理

7. 对海关、金融、外汇管理等实行垂直领导的行政机关和国家安全机关的具体行政行为不服的向（　　）申请复议。

A. 同级人民政府

B. 上一级人民政府

C. 国务院

D. 上一级主管部门

8. 复议当事人在行政复议中（　　）。

A. 法律地位平等　　　　B. 复议权利相同

C. 复议义务相同　　D. 权利义务相等

9. 根据市政府整顿农贸市场的决定，某区市场监督管理局和公安局对农贸市场进行检查。在检查过程中，因某个体户乱设摊点，给予其吊销营业执照的处罚。该个体户不服，申请复议。此案应以谁为被申请人？(　　)

A. 某区市场监督管理局

B. 某区公安局

C. 某区市场监督管理局和公安局为共同被申请人

D. 某区市场监督管理局和公安局共同上一级机关为被申请人

10. 行政复议（　　）。

A. 只能由作出行政决定的行政机关的上级机关管辖

B. 只审理对具体行政行为不服的案件

C. 只审查具体行政行为的合法性

D. 必须先行调解

11. 关于行政复议第三人，下列哪一选项是错误的？(　　)（司考 2009.2.45）

A. 第三人可以委托一名至二名代理人参加复议

B. 第三人不参加行政复议，不影响复议案件的审理

C. 复议机关应为第三人查阅有关材料提供必要条件

D. 第三人与申请人逾期不起诉又不履行复议决定的强制执行制度不同

二、多项选择题

1. 国家药品监督管理局下达文件，通报某药业公司生产的药品质量低劣。由此导致经销商纷纷退货，使该公司产品大量积压，损失巨大。下列说法中正确的有（　　）。

A. 该公司可以向法院提起行政诉讼

B. 该公司可以在申请复议时要求复议机关审查该文件

C. 不能申请复议，因为是规范性文件

D. 可以申请复议，因为是具体行政行为

2. 下列有关行政复议申请的说法，正确的有（　　）。

A. 有权申请行政复议的公民死亡的，其近亲属可以申请行政复议

B. 有权申请行政复议的人为无民事行为能力人的，其法定代理人可以代为申请行政复议

C. 申请人可以委托代理人代为参加行政复议

D. 第三人可以委托代理人代为参加行政复议

三、名词解释

1. 行政复议法律关系

2. 行政复议法律关系主体

3. 行政复议机关

4. 行政复议的申请人

5. 行政复议的被申请人

四、简答题

简述行政复议管辖

参考答案

一、单项选择题

1. 答案： A。D 错，本题中的情形属于行政确权行为，是具体行政行为，依法属于行政复议的范围，不能提起民事诉讼。

C 错，《土地管理法》第 16 条规定，土地所有权和使用权争议，由当事人协商解决；协商不成的，由人民政府处理。单位之间的争议，由县级以上人民政府处理；个人之间、个人与单位之间的争议，由乡级人民政府或者县级以上人民政府处理。当事人对有关人民政府的处理决定不服的，可以自接到处理决定通知之日起 30 日内，向人民法院起诉。据此，本题中的情形属于行政复议前置，当事人必须先向政府申请复议，对有关人民政府的处理决定不服的，再向人民法院起诉。

A 对 B 错，根据《行政复议法》第 23 条、第 24 条的规定，本题中应由县级政府作为复议机关，甲应向县政府申请行政复议。

2. **答案**：A。参见《行政复议法》第 24 条的规定。本题中街道办事处是区政府的派出机关，故甲应向区政府申请复议。
3. **答案**：A。参见《行政复议法》第 19 条、第 24 条规定。
4. **答案**：A。受行政机关委托的组织不能够独立地承担法律责任。故在确定被申请人时应当为作出委托的行政机关。
5. **答案**：B。参见《行政复议法》第 24、26 条规定。
6. **答案**：D。参见《行政复议法》第 35 条、《行政复议法实施条例》第 31 条规定。
7. **答案**：D。参见《行政复议法》第 27 条规定。
8. **答案**：A。在行政复议中，行政机关和相对人的法律地位平等，但权利和义务并不相同。
9. **答案**：A。本题考查行政复议被申请人的确定。

   《行政复议法》第 19 条规定，公民、法人或者其他组织对行政行为不服申请行政复议的，作出行政行为的行政机关或者法律、法规、规章授权的组织是被申请人。《行政复议法实施条例》第 11 条规定："公民、法人或者其他组织对行政机关的具体行政行为不服，依照行政复议法和本条例的规定申请行政复议的，作出该具体行政行为的行政机关为被申请人。"本题中，虽然区市场监督管理局和公安局共同对农贸市场进行检查，但因吊销营业执照是市场监督管理局的职权，公安局无权行使市场监督管理职能，因此作出吊销执照处罚决定的行政机关也只能是某区市场监督管理局。据此，该个体户应以某区市场监督管理局为被申请人。
10. **答案**：B。A 错。C 错，因为行政复议不仅审查具体行政行为的合法性还可以审查其合理性。D 错，《行政复议法实施条例》第 50 条规定："有下列情形之一的，行政复议机关可以按照自愿、合法的原则进行调解：（一）公民、法人或者其他组织对行政机关行使法律、法规规定的自由裁量权作出的具体行政行为不服申请行政复议的；（二）当事人之间的行政赔偿或者行政补偿纠纷。当事人经调解达成协议的，行政复议机关应当制作行政复议调解书。调解书应当载明行政复议请求、事实、理由和调解结果，并加盖行政复议机关印章。行政复议调解书经双方当事人签字，即具有法律效力。调解未达成协议或者调解书生效前一方反悔的，行政复议机关应当及时作出行政复议决定。"据此，行政复议机关可以根据自由裁量权进行调解，但不是必须先行调解。
11. **答案**：D。第三人是指同申请行政复议的具体行政行为有利害关系的、申请参加或者由行政机关通知参加行政复议的公民、法人或其他组织。根据《行政复议法实施条例》第 10 条规定，复议申请人、第三人可以委托 1 名至 2 名代理人参加行政复议。据此，A 项不当选。根据《行政复议法实施条例》第 9 条第 3 款的规定，第三人不参加行政复议，不影响行政复议案件的审理。B 项不当选。根据《行政复议法实施条例》第 35 条规定，行政复议机关应当为申请人、第三人查阅有关材料提供必要条件。据此，C 项不当选。根据《行政复议法实施条例》第 52 条规定，第三人逾期不起诉又不履行行政复议决定的，依照行政复议法第 33 条的规定处理，即依照处理申请人的制度处理。据此，D 项当选。

二、多项选择题

1. **答案**：ABD。抽象行政行为，又称"制定行政法律规范的行为"，是特定的国家行政机关在行使行政权过程中，制定和发布普遍性行为规则的行为。具体包括制定法规、规章和发布决定、命令等行为。具体行政行为，是指行政主体针对特定的对象，就特定的事项作出的处理决定。具体行政行为对特定对象的权利义务直接产生影响。综上所述，本题中的国家药品监督管理局下达文件是针对某药业公司这一特定对象的，因此，该行为是具体行政行为。

   A 对，《行政诉讼法》第 12 条第 1 款规定："人民法院受理公民、法人或者其他组织提起的下列诉讼：……（十二）认为行政机关侵犯其他人身权、财产权等合法权益的。”本题中因下达的文件导致该公司产品大量积压，损失巨大，据此某药业公司可以提起行政诉讼。

B对C错，参见《行政复议法》第13条规定。

D对，根据《行政复议法》第11条规定，本题中的药业公司可以申请复议。

2. **答案**：ABCD。参见《行政复议法》第14条、《行政复议法实施条例》第10条规定。

三、名词解释

1. **答案**：行政复议法律关系是指在行政复议中，行政复议机关与复议参加人以及其他参与人之间，为解决行政争议，根据行政复议法律规范而形成的权利义务关系。具有以下特点：(1) 它是由在行政复议过程中发生的诸多法律关系构成的统一体；(2) 行政复议机关始终是行政复议法律关系的一方当事人；(3) 行政复议法律关系是一种监督行政法律关系，其程序性的特点比较明显；(4) 行政复议当事人在行政复议中的法律地位平等，但双方的权利和义务并不对等。
2. **答案**：行政复议法律关系主体是指在行政复议中享有行政复议权利和承担行政复议义务的组织和个人，包括行政复议机关、行政复议参加人和其他参与人。
3. **答案**：行政复议机关是指依照法律的规定，有权受理行政复议的申请，依法对被申请的行政行为进行合法性、适当性审查并作出决定的行政机关。行政复议机关在行政复议中起主导作用，是行政复议活动的核心。具有以下特征：(1) 行政复议机关是行政机关，法律法规授权的组织不能成为行政复议机关；(2) 行政复议机关是有行政复议权的机关，行政机关并不是都有行政复议权；(3) 行政复议机关以自己的名义行使行政复议权，并对其行为后果独立承担法律责任。因此，行政复议机关必然是行政主体。
4. **答案**：行政复议的申请人是指对行政主体作出的具体行政行为不服，依据法律、法规的规定，以自己的名义向行政复议机关提起行政复议申请的公民、法人或者其他组织。具有以下特征：(1) 申请人必须是行政相对人，包括公民、法人或者其他组织以及外国人、无国籍人；(2) 申请人是认为被具体行政行为侵害其合法权益的人。
5. **答案**：行政复议的被申请人是指其具体行政行为被行政复议的申请人指控违法侵犯其合法权益，并由行政复议机关通知参加行政复议的行政主体。被申请人包括行政机关和法律法规授权的组织。具有以下特征：(1) 被申请人必须是行政主体；(2) 被申请人必须是相应行政行为的行政主体；(3) 被申请人必须是相应行政行为受申请人指控并由行政复议机关通知参加行政复议的行政主体。

四、简答题

答案：行政复议管辖是指行政复议机关受理复议申请的权限和分工，即发生某一行政争议后，应由哪一个行政机关来行使行政复议权。

（1）县级以上地方各级人民政府管辖下列行政复议案件：①对本级人民政府工作部门作出的行政行为不服的；②对下一级人民政府作出的行政行为不服的；③对本级人民政府依法设立的派出机关作出的行政行为不服的；④对本级人民政府或者其工作部门管理的法律、法规、规章授权的组织作出的行政行为不服的。除上述规定外，省、自治区、直辖市人民政府同时管辖对本机关作出的行政行为不服的行政复议案件。省、自治区人民政府依法设立的派出机关参照设区的市级人民政府的职责权限，管辖相关行政复议案件。对县级以上地方各级人民政府工作部门依法设立的派出机构依照法律、法规、规章规定，以派出机构的名义作出的行政行为不服的行政复议案件，由本级人民政府管辖；其中，对直辖市、设区的市人民政府工作部门按照行政区划设立的派出机构作出的行政行为不服的，也可以由其所在地的人民政府管辖。

（2）国务院部门管辖下列行政复议案

件：①对本部门作出的行政行为不服的；②对本部门依法设立的派出机构依照法律、行政法规、部门规章规定，以派出机构的名义作出的行政行为不服的；③对本部门管理的法律、行政法规、部门规章授权的组织作出的行政行为不服的。

（3）对省、自治区、直辖市人民政府依照《行政复议法》24条第2款的规定、国务院部门依照《行政复议法》第25条第1项的规定作出的行政复议决定不服的，可以向人民法院提起行政诉讼；也可以向国务院申请裁决，国务院依照本法的规定作出最终裁决。

（4）对海关、金融、外汇管理等实行垂直领导的行政机关、税务和国家安全机关的行政行为不服的，向上一级主管部门申请行政复议。

（5）对履行行政复议机构职责的地方人民政府司法行政部门的行政行为不服的，可以向本级人民政府申请行政复议，也可以向上一级司法行政部门申请行政复议。

（6）公民、法人或者其他组织申请行政复议，行政复议机关已经依法受理的，在行政复议期间不得向人民法院提起行政诉讼。公民、法人或者其他组织向人民法院提起行政诉讼，人民法院已经依法受理的，不得申请行政复议。

第二十一章　行政复议的程序

基础知识图解

- 行政复议的程序
  - 行政复议的申请与受理
    - 复议申请
    - 复议申请的受理
    - 行政复议受理的法律后果
  - 行政复议审理
    - 审理方式
    - 审理依据
    - 举证责任
  - 行政复议的决定

配套测试

一、单项选择题

1. 关于行政复议的申请时间，下列说法正确的是（　　）。

A. 公民、法人或者其他组织可以自知道该具体行政行为之日起60日内提出行政复议申请

B. 公民、法人或者其他组织可以自该具体行政行为作出之日起60日内提出行政复议申请

C. 公民、法人或者其他组织可以自知道该具体行政行为之日起2个月内提出行政复议申请

D. 公民、法人或者其他组织可以自该具体行政行为作出之日起2个月内提出行政复议申请

2. 甲自行组织同乡会，某市民政部门以其未经批准为由决定予以取缔。甲不服，向市政府申请复议，市政府应（　　）。

A. 受理复议申请

B. 不予受理，因不属行政复议范围

C. 告知其向省民政厅申请复议

D. 不予受理，因取缔决定并不违法

3. 某市政府对所属工作部门的具体行政行为进行复议，该工作部门一直推托未提供证据，复议机关应作何种处理？（　　）

A. 终结复议案件的审理

B. 对直接责任人给予行政处分

C. 中止复议案件的审理

D. 径行作出撤销具体行政行为的复议决定

4. 对复议被申请人提供的书面答复和作出具体行政行为的有关材料，申请人、第三人在复议过程中（　　）。

A. 不可以查阅

B. 有权查阅

C. 可以查阅

D. 经复议机关准许可以查阅

5. 行政复议的被申请人应当自收到行政复议机关发送的申请书副本或申请笔录复印件之日起，提出书面答复，并提交当初作出具体行政行为的证据、依据和其他有关材料的时间为（　　）。

A. 5日　　B. 7日

C. 10日　　D. 15日

6. 按照《行政复议法》的规定，公民、法人或者其他组织应自知道具体行政行为之日起多长时间内提出复议申请？（　　）

A. 15日，法律、法规另有规定的除外

B. 15 日，法律、法规、规章另有规定的除外

C. 60 日，法律另有规定的除外

D. 两个月，法律、法规、规章另有规定的除外

7. 行政复议决定书邮寄送达的，以什么时间为送达日期？（　　）

A. 挂号回执上注明的收件日期

B. 复议机关作出复议决定的日期

C. 邮局寄出复议决定书邮件的邮戳日期

D. 邮局接收复议决定书邮件的邮戳日期

8. 某村瓜农赵某拉了一车瓜到县城出卖，遇到一伙人哄抢，其子急忙到某派出所报案。时值中午，值班民警以不能离开为由推诿，未采取任何措施，致使瓜被抢。赵某申请复议。复议机关应作何种复议决定？（　　）

A. 行政赔偿决定

B. 确认派出所行为违法决定

C. 责令被申请人履行职责决定

D. 维持决定

9. 行政复议机关认为被申请人所作具体行政行为适用的依据不合法的，应作出下列何种复议决定？（　　）

A. 维持决定　　B. 补正决定

C. 履行决定　　D. 撤销决定

10. 行政相对人对公安机关实施的行政拘留处罚不服，申请行政复议的期限为收到行政拘留裁决书之日起（　　）。

A. 5 日内　　B. 15 日内

C. 30 日内　　D. 60 日内

11. 齐某不服市政府对其作出的决定，向省政府申请行政复议，市政府在法定期限内提交了答辩，但没有提交有关证据、依据。开庭时市政府提交了作出行政行为的法律和事实依据，并说明由于市政府办公场所调整，所以延迟提交证据。下列哪一选项是正确的？（　　）（司考 2007. 2. 48）

A. 省政府应接受市政府延期提交的证据材料

B. 省政府应中止案件的审理

C. 省政府应撤销市政府的具体行政行为

D. 省政府应维持市政府的具体行政行为

12. 国务院某部对一企业作出罚款 50 万元的处罚。该企业不服，向该部申请行政复议。下列哪一说法是正确的？（　　）（司考 2012. 2. 49）

A. 在行政复议中，不应对罚款决定的适当性进行审查

B. 企业委托代理人参加行政复议的，可以口头委托

C. 如在复议过程中企业撤回复议的，即不得再以同一事实和理由提出复议申请

D. 如企业对复议决定不服向国务院申请裁决，企业对国务院的裁决不服向法院起诉的，法院不予受理

13. 甲市乙区政府决定征收某村集体土地 100 亩。该村 50 户村民不服，申请行政复议。下列哪一说法是错误的？（　　）（司考 2013. 2. 50）

A. 申请复议的期限为 30 日

B. 村民推选 1 名至 5 名代表参加复议

C. 甲市政府为复议机关

D. 如要求申请人补正申请材料，应在收到复议申请之日起 5 日内书面通知申请人

14. 某区环保局因某新建水电站未报批环境影响评价文件，且已投入生产使用，给予其罚款 10 万元的处罚。水电站不服，申请复议，复议机关作出维持处罚的复议决定书。下列哪一说法是正确的？（　　）（司考 2014. 2. 49）

A. 复议机构应当为某区政府

B. 如复议期间案件涉及法律适用问题，需要有权机关作出解释，行政复议终止

C. 复议决定书一经送达，即发生法律效力

D. 水电站对复议决定不服向法院起诉，应由复议机关所在地的法院管辖

15. 某区食品药品监管局以某公司生产经营超过保质期的食品违反《食品安全法》

为由，作出处罚决定。公司不服，申请行政复议。关于此案，下列哪一说法是正确的？（　　）（司考 2016. 2. 48）

A. 申请复议期限为 60 日

B. 公司不得以电子邮件形式提出复议申请

C. 行政复议机关不能进行调解

D. 公司如在复议决定作出前撤回申请，行政复议中止

16. 公安局以田某等人哄抢一货车上的财物为由，对田某处以 15 日行政拘留处罚，田某不服申请复议。下列哪一说法是正确的？（　　）（司考 2015. 2. 48）

A. 田某的行为构成扰乱公共秩序

B. 公安局对田某哄抢的财物应予以登记

C. 公安局对田某传唤后询问查证不得超过 12 小时

D. 田某申请复议的期限为 6 个月

17. 某市生态环境局以超标排污为由，以邮政快递方式向某化工厂送达行政处罚决定。后化工厂向区政府提出行政复议申请。关于行政复议申请期限的计算，下列哪一说法是正确的？

A. 从具体行政行为作出之日起计算

B. 从受送达人签收之日起计算

C. 从受送达人在邮件签收单或送达回执上签名之日起计算

D. 从受送达人实际知道具体行政行为内容之日起计算

二、多项选择题

1. 下列哪些选项可以作为行政复议机关审理行政复议案件的依据？（　　）

A. 上级行政机关对案件的处理意见

B. 上级行政机关制定的具有普遍约束力的决定、命令

C. 地方性法规、规章

D. 法律、行政法规

2. 行政复议撤销决定适用的情形有（　　）。

A. 超越职权

B. 滥用职权

C. 违反法定程序

D. 适用的依据不合法

3. 除法律规定终局的行政复议外，申请人对行政复议决定不服的，可以在收到复议决定书之日起 15 日内，或者法律、法规规定的其他期限内向人民法院起诉。对申请人逾期不起诉又不履行复议决定的（　　）。

A. 一律由复议机关申请人民法院强制执行

B. 一律由最初作出具体行政行为的行政机关申请人民法院强制执行，或者依法强制执行

C. 变更行政行为的行政复议决定书，由行政复议机关依法强制执行，或者申请人民法院强制执行

D. 维持行政行为的行政复议决定书，由作出行政行为的行政机关依法强制执行，或者申请人民法院强制执行

4. 行政复议中，行政复议机关审理的内容有（　　）。

A. 具体行政行为的合法性

B. 具体行政行为的事实根据

C. 具体行政行为是否适当

D. 具体行政行为所依据的规范性文件

5. 关于行政复议有关事项的处理，下列哪些说法是正确的？（　　）（司考 2010. 2. 84）

A. 申请人因不可抗力不能参加行政复议致行政复议中止满 60 日的，行政复议终止

B. 复议进行现场勘验的，现场勘验所用时间不计入复议审理期限

C. 申请人对行政拘留不服申请复议，复议期间因申请人同一违法行为涉嫌犯罪，该行政拘留变更为刑事拘留的，行政复议中止

D. 行政复议期间涉及专门事项需要鉴定的，当事人可以自行委托鉴定机构进行鉴定

三、名词解释

1. 行政复议程序

2. 行政复议的申请

3. 行政复议的受理

4. 行政复议的审理
5. 行政复议决定

四、简答题

1. 行政复议决定的形式及其条件。
2. 简述申请行政复议的条件。

参考答案

一、单项选择题

1. 答案：A。本题考查考点行政复议的"申请时间"。参见《行政复议法》第20条规定。
2. 答案：A。参见《行政复议法》第24条。
3. 答案：D。参见《行政复议法实施条例》第46条规定。
4. 答案：B。参见《行政复议法》第47条规定，申请人、第三人在复议过程中有权查阅。
5. 答案：C。参见《行政复议法》第48条规定。
6. 答案：C。
7. 答案：A。依据《行政复议法》第88条规定，行政复议期间的计算和行政复议文书的送达，本法没有规定的，参照《民事诉讼法》相关规定执行。《民事诉讼法》第91条规定了邮寄送达的，以回执上注明的收件日期为送达日期。故A对。

   一个大原则是，一般只有在受送达人了解或视为受送达人了解（如留置送达）文书的情况下才能认为送达完成，故本题中BCD都错。
8. 答案：B。当被申请人不履行法定职责时，行政复议机关可以决定其在一定期限内履行。但在本题中，瓜已被抢，复议机关再作出这样的决定已无实际意义，因此，复议机关应作出确认某派出所的不作为行为违法的决定。
9. 答案：D。参见《行政复议法》第64条。
10. 答案：D。参见《行政复议法》第20条规定。
11. 答案：C。
12. 答案：D。
13. 答案：A。参见《行政复议法》第20条。
14. 答案：C。
15. 答案：A。关于A选项，《行政复议法》第20条第1款规定："公民、法人或者其他组织认为行政行为侵犯其合法权益的，可以自知道或者应当知道该行政行为之日起六十日内提出行政复议申请；但是法律规定的申请期限超过六十日的除外。"A选项正确。

    关于B选项，《行政复议法》第22条规定，申请人申请行政复议，可以书面申请，书面申请有困难的，也可以口头申请。《行政复议法实施条例》第18条规定："申请人书面申请行政复议的，可以采取当面递交、邮寄或者传真等方式提出行政复议申请。有条件的行政复议机构可以接受以电子邮件形式提出的行政复议申请。"故B选项错误。

    关于C选项，《行政复议法实施条例》第50条第1款规定："有下列情形之一的，行政复议机关可以按照自愿、合法的原则进行调解：（一）公民、法人或者其他组织对行政机关行使法律、法规规定的自由裁量权作出的具体行政行为不服申请行政复议的；（二）当事人之间的行政赔偿或者行政补偿纠纷。"行政处罚往往具有裁量幅度，属于行使自由裁量权作出的具体行政行为，可以适用复议调解。故C项错误。

    关于D选项，《行政复议法》第41条规定，申请人撤回行政复议申请，行政复议机构准予撤回，行政复议机关决定终止行政复议。D选项应是"终止"而非"中止"，故而错误。
16. 答案：B。关于A选项，《治安管理处罚法》第23条至第29条规定了扰乱公共秩序的行为和处罚。这一类违反治安管理的行为没有"哄抢"这一行为方式，哄抢属于第49条规定的侵犯财产权利的违反治安管理行为："盗窃、诈骗、哄抢、抢夺、敲诈勒索或者故意损毁公私财物的，处五日以上十日以下拘留，可以并处五百元以下罚款；情节较重的，处十日以上十五日以下拘留，可以并处一千元以下罚款。”可知A选项错误。

关于B选项，依据《治安管理处罚法》第89条的规定，公安机关办理治安案件，对与案件有关的需要作为证据的物品，可以扣押；对被侵害人或者善意第三人合法占有的财产，不得扣押，应当予以登记。对与案件无关的物品，不得扣押。对扣押的物品，应当会同在场见证人和被扣押物品持有人查点清楚，当场开列清单一式二份，由调查人员、见证人和持有人签名或者盖章，一份交给持有人，另一份附卷备查。对扣押的物品，应当妥善保管，不得挪作他用；对不宜长期保存的物品，按照有关规定处理。经查明与案件无关的，应当及时退还；经核实属于他人合法财产的，应当登记后立即退还；满6个月无人对该财产主张权利或者无法查清权利人的，应当公开拍卖或者按照国家有关规定处理，所得款项上缴国库。

关于C选项，《治安管理处罚法》第83条规定，对违反治安管理行为人，公安机关传唤后应当及时询问查证，询问查证的时间不得超过8小时；情况复杂、依照本法规定可能适用行政拘留处罚的，询问查证的时间不得超过24小时。公安机关应当及时将传唤的原因和处所通知被传唤人家属。可知C选项错误。

关于D选项，田某申请复议的期限为60日，2014年修正后的《行政诉讼法》第46条规定直接起诉的期限才为6个月。

17. **答案**：C。《行政复议法实施条例》第15条规定：“行政复议法第九条第一款规定的行政复议申请期限的计算，依照下列规定办理：(一) 当场作出具体行政行为的，自具体行政行为作出之日起计算；(二) 载明具体行政行为的法律文书直接送达的，自受送达人签收之日起计算；(三) 载明具体行政行为的法律文书邮寄送达的，自受送达人在邮件签收单上签收之日起计算；没有邮件签收单的，自受送达人在送达回执上签名之日起计算……(六) 被申请人能够证明公民、法人或者其他组织知道具体行政行为的，自证据材料证明其知道具体行政行为之日起计算……”第16条规定：“公民、法人或者其他组织依照行政复议法第六条第(八)项、第(九)项、第(十)项的规定申请行政机关履行法定职责，行政机关未履行的，行政复议申请期限依照下列规定计算：(一) 有履行期限规定的，自履行期限届满之日起计算；(二) 没有履行期限规定的，自行政机关收到申请满60日起计算。公民、法人或者其他组织在紧急情况下请求行政机关履行保护人身权、财产权的法定职责，行政机关不履行的，行政复议申请期限不受前款规定的限制。”

二、多项选择题

1. **答案**：BCD。法律、行政法规、地方性法规、自治条例和单行条例、规章、上级和本级行政机关制定的规范性文件，均可作为行政机关作出具体行政行为的依据，皆可能作为行政复议审理的依据。
2. **答案**：ABCD。
3. **答案**：CD。参见《行政复议法》第78条。
4. **答案**：ABCD。
5. **答案**：BD。根据《行政复议法实施条例》第41条、第42条的规定，只有在3种中止复议的情况下，中止满60日的复议才终止：(1) 作为申请人的自然人死亡，其近亲属尚未确定是否参加行政复议的；(2) 作为申请人的自然人丧失参加行政复议的能力，尚未确定法定代理人参加行政复议的；(3) 作为申请人的法人或者其他组织终止，尚未确定权利义务承受人的。不可抗力中止满60日的不能终止复议，据此，A选项错误。《行政复议法实施条例》第34条第3款规定：“需要现场勘验的，现场勘验所用时间不计入行政复议审理期限。”据此，B选项正确。《行政复议法实施条例》第42条规定了行政复议终止的情形，该条第1款第5项规定：“申请人对行政拘留或者限制人身自由的行政强制措施不服申请行政复议后，因申请人同一违法行为涉嫌犯罪，该行政拘留或者限制人身自由的行政强制措施变更为刑事拘留的。”据此，C 选项错误。根据《行政复议法实施条例》第 37 条规定：“行政复议期间涉及专门事项需要鉴定的，当事人可以自行委托鉴定机构进行鉴定，也可以申请行政复议机构委托鉴定机构进行鉴定……”据此，D 选项正确。《行政复议法实施条例》分别规定了行政复议中止和终止的情形，并非所有的复议中止情形满 60 日的，都导致复议终止，考生应作相应的区分和识记。

三、名词解释

1. **答案：**行政复议程序是申请人向复议机关申请复议，复议机关作出复议决定的各项步骤、形式、顺序和时限的总称。行政复议程序一般包括五个组成要素：（1）行政复议的申请；（2）行政复议的受理；（3）行政复议的审理；（4）行政复议的决定；（5）行政复议决定的执行。
2. **答案：**行政复议的申请指行政相对人不服行政主体的具体行政行为而向行政复议机关提出要求撤销或者变更该具体行政行为的请求。申请人应当在法定申请期限内提出复议申请，申请复议应符合法定的条件：（1）申请人是具体行政行为直接侵犯其合法权益的公民、法人或其他组织。（2）有明确的被申请人。（3）有具体的复议请求和事实根据。（4）属于申请复议范围。（5）属于受理复议机关管辖。（6）法律、法规规定的其他条件。
3. **答案：**行政复议的受理是指行政复议机关基于审查申请人所提出的复议申请是否有正当理由而决定是否收案和处理。行政复议的受理是行政复议程序的第二阶段。复议申请有下列情形之一的，应裁决不予受理并告之理由：（1）具体行政行为不涉及复议申请人权益，或者没有具体的复议请求和法律、法规和规章依据及事实依据的；（2）没有明确的被申请人的；（3）不属于申请复议范围和不属于受理复议机关管辖的；（4）复议申请超过法定期限，且无正当理由的；（5）复议申请提出之前，已向人民法院起诉的。
4. **答案：**行政复议的审理是指行政复议机关对受理的行政争议案件进行合法性和适当性审查的过程，是行政复议程序的核心。行政复议机关在审查行政争议案件时，不仅可以对具体行政行为是否合法和适当进行审查，而且必须全面审查具体行政行为所依据的事实和规范性文件。
5. **答案：**行政复议决定是指行政复议机关在对具体行政行为的合法性和适当性进行审查的基础上所作出的审查结论，行政复议决定的内容以行政复议决定书的形式表现出来。行政复议决定的形成标志着行政复议机关对行政争议案件的处理终结。行政复议决定分为：（1）决定维持；（2）决定被申请人补正；（3）决定期限履行；（4）决定撤销、变更。行政复议决定的效力主要体现在其确定力、约束力和执行力上。

四、简答题

1. **答案：**行政复议机关通过对复议案件进行审理，根据不同情况，应当在受理行政复议申请之日起 60 日内分别作出不同决定，法律另有规定的除外。

（1）维持决定

维持决定是指行政复议机关作出维持被申请的具体行政行为的决定。对被申请的具体行政行为，复议机关认为事实清楚，证据确凿，适用法律、法规、规章和具有普遍约束力的决定、命令正确，符合法定程序和内容适当的，应当依法作出维持该具体行政行为的复议决定。

（2）履行决定

履行决定是指行政复议机关责令被申请的行政主体在一定期限内履行法定职责的决定。它主要适用于如下两种情况：其一，被申请的行政主体拒不履行法定职责；其二，被申请人拖延履行法定职责。

（3）撤销、变更和确认违法决定

此种决定是指行政复议机关经对被申请复议的具体行政行为的审查，认为该行为具有如下情形之一的，依法作出撤销、变更或者确认该行为违法的决定，必要时，可以附带责令被申请人在一定期限内重新作出具体行政行为：①主要事实不清、证据不足的；②适用依据不合法的；③违反法定程序的；④超越职权或者滥用职权的；⑤具体行政行为明显不当的。

（4）赔偿决定

申请人在申请行政复议时一并提出行政赔偿请求的，行政复议机关经审查，如认为符合《国家赔偿法》的有关规定应予赔偿的，应在作出撤销、变更具体行政行为或者确认具体行政行为违法的决定时，同时作出责令被申请人依法给予申请人赔偿的决定。

（5）对抽象行政行为的处理决定

申请人在申请行政复议时，一并提出对有关抽象行政行为的审查申请的，行政复议机关对该抽象行政行为有权处理的，经过该行为的审查，应当在30日内依法作出处理决定；行政复议机关无权处理的，应当在7日内按照法定程序转送有权处理的行政机关，有权处理的行政机关应当在60日内依法作出处理决定。

2. 答案：对具体行政行为不服申请行政复议，应当具备如下条件：

（1）申请人合格。申请人必须是认为具体行政行为侵犯其合法权益的行政相对人。也就是说，只有相对人才能对具体行政行为申请复议。在特殊情况下，申请人资格也会发生转移，即有权申请复议的公民死亡的，其近亲属可以申请复议，有权申请复议的法人或者其他组织终止的，承受其权利的法人或其他组织可以申请复议。

（2）有明确的被申请人。相对人申请行政复议必须指明被申请人，即作出具体行政行为侵犯其合法权益的行政主体。没有明确的被申请人，复议机关可以拒绝受理。如果复议机关受理后认为被申请人不合格，则可依法要求其更换。

（3）有具体的复议请求和事实根据。

（4）属于受理复议机关管辖。申请人必须向有法定管辖权的复议机关提出复议申请。复议机关对不属于自己管辖的复议案件应当告知申请人向有管辖权的复议机关提出申请。

（5）在法定申请期限内提出。

（6）属于收到行政复议申请的行政复议机构的职责范围。

（7）其他行政复议机关尚未受理同一行政复议申请，人民法院尚未受理同一主体就同一事实提起的行政诉讼。

（8）法律、法规规定的其他条件。

第二十二章　行政诉讼概述

基础知识图解

- 行政诉讼概述
  - 行政诉讼与行政诉讼法
    - 行政诉讼的概念、性质和功能
    - 行政诉讼法及我国的行政诉讼法
    - 行政诉讼的理论基础
  - 行政诉讼法律关系
    - 概念
    - 主体、客体和内容
    - 发出、变更和消灭
  - 行政诉讼基本原则：概念、内容和作用
  - 行政诉讼制度的完善与发展
    - 行政诉讼功能的再定位
    - 进一步扩大行政诉讼的受案范围
    - 行政诉讼的审查标准
    - 扩展行政诉讼类型
    - 建立和解与调解制度
    - 民事、行政争议冲突的解决批判

配套测试

一、单项选择题

1. 与民事诉讼、刑事诉讼相比，以下哪个基本原则为行政诉讼所独有的？（　　）

A. 行政行为合法性审查原则

B. 合议原则

C. 人民法院独立行使审判权原则

D. 当事人法律地位平等原则

2. 在行政诉讼法律关系中，原告特有的诉讼权利之一是（　　）。

A. 委托诉讼代理人

B. 撤诉

C. 申请回避

D. 提起上诉

3. 在行政诉讼法律关系中，始终占主导地位的一方是（　　）。

A. 行政机关

B. 原告

C. 被告

D. 人民法院

4. 甲公司与乙公司发生纠纷向工商局申请公开乙公司的工商登记信息。该局公开了乙公司的名称、注册号、住所、法定代表人等基本信息，但对经营范围、从业人数、注册资本等信息拒绝公开。甲公司向法院起诉，法院受理。关于此事，下列哪一说法是正确的？（　　）（司考 2016. 2. 47）

A. 甲公司应先向工商局的上一级工商局申请复议，对复议决定不服的再向法院起诉

B. 工商局应当对拒绝公开的依据以及履行法定告知和说明理由义务的情况举证

C. 本案审理不适用简易程序

D. 因相关信息不属政府信息，拒绝公开合法

5. 随着法院案件受理制度改革的落实，当事人诉权得到进一步保障。关于行政诉讼立案登记制的理解和执行，下列哪一选项是

正确的？（　　）

A. 立案登记制有助于实现司法效率，更有助于强化司法的应然功能

B. 对当事人提交的起诉状存在的欠缺和错误，法院应主动给予指导和释明，并一次性告知需要补正的内容

C. 如不能当场判定起诉是否符合规定，法院应接收起诉状，并口头告知当事人注意接听电话通知

D. 对法院既不立案也不作出不予立案裁定的，当事人可以向上一级法院投诉，但不可向上一级法院起诉

二、多项选择题

1. 以下表述中哪些体现了行政诉讼与民事诉讼的区别？（　　）

A. 两者在能否适用调解的问题上不相同

B. 两者所贯彻的基本原则均不相同

C. 行政诉讼中原被告具有恒定性，民事诉讼则不具有

D. 两者所解决的争议性质不相同

2. 我国的《行政诉讼法》是（　　）。

A. 行政程序法的一部分

B. 行政法的程序法

C. 监督行政机关是否依法行政的法律

D. 行政系统以外的法院对行政行为审查的程序依据

3. 以下关于行政诉讼中“当事人法律地位平等原则”表述正确的有（　　）。

A. 行政机关在行政诉讼中仍处于优越的地位

B. 公民、法人或其他组织与行政机关均是法律地位平等的当事人，平等地享有诉讼权利

C. 诉讼中对原、被告适用的法律制度完全一致

D. 该原则强调的是双方当事人在司法权面前的平等

4. 依据行政诉讼法的规定，我国行政诉讼实行（　　）原则。

A. 告诉才受理

B. 不告不理

C. 主动受理

D. 职权主义

5. 人民法院审理行政案件，以（　　）为依据。

A. 法律

B. 行政法规

C. 自治条例与单行条例

D. 地方性法规

6. 下列不属于人民法院合法性审查范围的选项有（　　）。

A. 行政行为的合法性

B. 规章的合法性

C. 行政处罚行为是否明显不当

D. 抽象行政行为的合理性

7. 行政诉讼与刑事诉讼在以下哪些方面存在差异？（　　）

A. 案件的性质

B. 起诉的起诉人

C. 审理的目的

D. 适用的实体法律规范和程序法律规范

8. 人民法院公开审理行政案件，但下列哪些案件应当不公开审理？（　　）

A. 当事人要求不公开的

B. 涉及个人隐私的

C. 涉及国家秘密的

D. 法律另有规定的

9. 法院审理行政案件，对下列哪些事项，《行政诉讼法》没有规定的，适用《民事诉讼法》的相关规定？（　　）（司考 2015.2.81）

A. 受案范围、管辖

B. 期间、送达、财产保全

C. 开庭审理、调解、中止诉讼

D. 检察院对受理、审理、裁判、执行的监督

三、不定项选择题

甲、乙两家为宅基地发生争执，乡政府对此作出裁决，认为争议的宅基地归甲。乙对这一裁决不服，欲提起诉讼。现问：

(1) 乙能否直接就与甲的争议提起民事诉讼？（　　）

A. 可以。因为民事诉讼法没有类似于行政诉讼法“受案范围”的限制，几乎所有的民事争议都可以通过民事诉讼解决

B. 不可以。乡政府的裁决行为一经送达甲和乙，即发生了法律效力，甲只能承担该裁决行为的法律后果，不得再有异议

C. 可以。因民事诉讼即解决平等民事主体之间的民事争议的

D. 不可以。本案中甲应遵循先行后民的原则，先提起行政诉讼

(2) 如果乙欲提起行政诉讼，下列选项中正确的有（　　）。

A. 因行政诉讼以审查被诉的具体行政行为的合法性为原则，人民法院不能一并审理甲和乙之间的民事争议，而只能告知甲和乙另案起诉

B. 人民法院可以一并审理甲和乙之间的民事争议

C. 在行政诉讼尚未结案，甲或乙又就同一个民事争议提起民事诉讼的，受诉法院不应受理

D. 行政诉讼的被告是乡政府，允许乡政府对甲提起反诉

四、名词解释

1. 行政诉讼
2. 行政诉讼法律关系
3. 行政诉讼法律关系的客体
4. 行政诉讼标的
5. 不适用调解原则
6. 行政诉讼的辩论原则

五、简答题

1. 如何理解行政诉讼中的“起诉不停止执行原则”？（北京大学、复旦大学 2012 年考研真题）
2. 为什么在行政诉讼中不适用调解原则？
3. 简述行政诉讼法律关系的主体。

六、论述题

试论我国行政诉讼与行政复议的关系。

参考答案

一、单项选择题

1. **答案**：A。与民事诉讼、刑事诉讼相比，行政行为合法性审查原则是行政诉讼所独有的基本原则。

2. **答案**：B。ACD 三项是原、被告共同的诉讼权利。

3. **答案**：D。行政诉讼是以人民法院为主导来解决行政争议。

4. **答案**：B。关于 A 选项，《政府信息公开条例》第 51 条规定，公民、法人或者其他组织认为行政机关在政府信息公开工作中侵犯其合法权益的，可以向上一级行政机关或者政府信息公开工作主管部门投诉、举报，也可以依法申请行政复议或者提起行政诉讼。据此可知，政府信息公开案件不属于复议前置案件，可以直接向法院提起行政诉讼。故 A 选项错误。

关于 B 选项，《政府信息公开行政案件规定》第 5 条第 1 款规定，被告拒绝向原告提供政府信息的，应当对拒绝的根据以及履行法定告知和说明理由义务的情况举证。故 B 选项正确。

关于 C 选项，《行政诉讼法》第 82 条规定：“人民法院审理下列第一审行政案件，认为事实清楚、权利义务关系明确、争议不大的，可以适用简易程序：（一）被诉行政行为是依法当场作出的；（二）案件涉及款额二千元以下的；（三）属于政府信息公开案件的。除前款规定以外的第一审行政案件，当事人各方同意适用简易程序的，可以适用简易程序。发回重审、按照审判监督程序再审的案件不适用简易程序。”本案属于政府信息公开案件，可以适用简易程序。故 C 项错误。

关于 D 选项，《政府信息公开行政案件规定》第 8 条规定：“政府信息涉及国家秘密、商业秘密、个人隐私的，人民法院应当认定属于不予公开范围。政府信息涉及商业

秘密、个人隐私，但权利人同意公开，或者不公开可能对公共利益造成重大影响的，不受前款规定的限制。”公司的经营范围、从业人数、注册资本属于工商登记信息，不属于涉及国家秘密、商业秘密、个人隐私的信息，故D选项错误。

5. **答案**：B。

二、多项选择题

1. **答案**：ACD。ACD对，行政诉讼与民事诉讼的区别主要在于：①解决的争议性质不相同；②适用的实体法律规范不同；③行政诉讼中原被告具有恒定性，民事诉讼则不具有；④诉讼权利不同；⑤起诉的先行条件不同；⑥在能否适用调解的问题上不同。

   B错，民事和行政两种诉讼活动都是在人民法院主持下进行的，许多基本原则如公开审判的制度、回避制度、两审终审制度、合议制度等都是相同的。

2. **答案**：ABCD。本题考查的是行政诉讼法的特征。行政诉讼法是行政程序法的一部分，是行政法的程序法，是通过司法机关来监督行政机关是否依法行政的法律。

3. **答案**：BCD。在行政诉讼中，行政机关和行政相对人的法律地位平等。

4. **答案**：AB。考查行政诉讼的特点。行政诉讼需要经公民、法人和其他组织的提起才能开始，人民法院不能依职权主动提起。

5. **答案**：ABCD。《行政诉讼法》第63条规定：“人民法院审理行政案件，以法律和行政法规、地方性法规为依据。地方性法规适用于本行政区域内发生的行政案件。人民法院审理民族自治地方的行政案件，并以该民族自治地方的自治条例和单行条例为依据。人民法院审理行政案件，参照规章。”

6. **答案**：BD。人民法院的合法性审查只限于行政行为的合法性，一般不审查其合理性。即行政机关在法律、法规授予的行政自由裁量权范围内作出的行政行为是否合理、适当，原则上通过行政复议由行政机关自行判断和处理，人民法院对此不能审查。对于明显不当的行政处罚行为，人民法院可以适用变更判决，原因在于明显不当的处罚行为属于不合法的行政行为范围，它不属于行政处罚行为合理性的判断。针对行政法规、规章或者行政机关制定、发布的具有普遍约束力的决定、命令等抽象行政行为提起的诉讼，不属于人民法院的受案范围。

7. **答案**：ABCD。本题主要考查行政诉讼的特点。行政诉讼和刑事诉讼在案件的性质、起诉的起诉人、审理的目的、适用的实体法律规范和程序法律规范这四个方面都存在差异。

8. **答案**：BCD。参见《行政诉讼法》第54条规定：“人民法院公开审理行政案件，但涉及国家秘密、个人隐私和法律另有规定的除外。涉及商业秘密的案件，当事人申请不公开审理的，可以不公开审理。”

9. **答案**：BCD。A选项中的受案范围是行政诉讼最富特色的内容之一，不可能适用《民事诉讼法》的相关内容。A选项中的管辖也是行政诉讼最富特殊性的，如一般地域管辖，永远有管辖权的是最初作出行政行为的行政机关所在地的法院，不是“原告就被告”“被告所在地的法院”，这两项原则是民事诉讼的一般地域管辖。所以A选项不当选。《行政诉讼法》第101条规定，人民法院审理行政案件，关于期间、送达、财产保全、开庭审理、调解、中止诉讼、终结诉讼、简易程序、执行等，以及人民检察院对行政案件受理、审理、裁判、执行的监督，本法没有规定的，适用《民事诉讼法》的相关规定。故而选项BCD正确。

三、不定项选择题

答案：（1）D。在行政诉讼与民事诉讼交叉的场合，一般应遵循先行政后民事的原则。据此，本题中的甲应遵循先行后民的原则，先提起行政诉讼。[1]

[1] 编者注：应当注意的是，在民事诉讼过程中，当事人对可起诉的行政行为的合法性产生争执时，人民法院应中止民事诉讼程序，等待行政诉讼的判决结果，而不应于民事诉讼过程中审查行政行为的合法性。

（2）BC。A错BC对，在行政争议与民事争议的解决交织在一起的情况下，人民法院可以采用行政附带民事诉讼的审理方式，解决行政争议的同时一并解决民事争议。在行政诉讼尚未结案时，甲或乙又就同一个民事争议提起民事诉讼的，受诉法院不应受理。D错，行政诉讼中原、被告具有恒定性，被告行政机关不能提起反诉。

四、名词解释

1. **答案**：行政诉讼是指行政相对人与行政主体在行政法律关系领域发生纠纷后，依法向人民法院提起诉讼，人民法院依法定程序审查行政主体的行政行为的合法性，并判断行政相对人的主张是否妥当，以作出裁判的一种活动。具有以下特征：（1）行政诉讼是解决行政纠纷的一种诉讼活动，是发生纠纷的行政相对人一方或多方，请求与纠纷各方没有利害关系的国家机关，按照能确保公正的程序解决纠纷的一种活动。（2）行政诉讼的原告是行政相对人，即认为行政机关的具体行政行为侵犯了自己合法权益的公民、法人和其他组织。（3）行政诉讼的被告是作出具体行政行为的行政机关或法律、法规授权的组织。
2. **答案**：行政诉讼法律关系是由行政诉讼法所调整的，以行政诉讼主体诉讼权利义务为内容的一种社会关系。具有以下特征：（1）行政诉讼法律关系是在行政诉讼法调整之下的行政诉讼主体之间的社会关系。（2）行政诉讼法律关系以行政诉讼主体的诉讼权利和义务为内容。
3. **答案**：行政诉讼法律关系的客体是指行政诉讼法律关系主体诉讼权利和义务所指向的对象。包括以下内容：（1）法院与诉讼当事人之间诉讼权利、义务关系所指向的对象，确定具体行政行为是否合法，从而解决行政纠纷。（2）法院与证人、鉴定人、勘验人、翻译人员等其他诉讼参与人的诉讼权利、义务关系所指向的对象，是查明案件的事实真相。
4. **答案**：行政诉讼标的是行政诉讼诉的构成要素之一。因发生行政争议，当事人要求法院进行调整的行政关系。当事人提起行政诉讼，要求法院确认和调整这一关系。行政诉讼标的是具体的，而不是抽象的。
5. **答案**：不适用调解原则是指人民法院审理行政案件不得采用调解作为审理程序和结案方式。可以用调解方式结案的只限于特定案件，如关于行政赔偿、补偿的诉讼。
6. **答案**：行政诉讼的辩论原则是行政诉讼法的基本原则之一。指双方当事人就具体行政行为是否合法，相互辩驳和论证。辩论贯穿于行政诉讼的全过程，双方当事人以此证明自己的主张成立，人民法院以此查明具体行政行为是否合法。双方当事人的辩论，集中到一点是行政行为合法与违法之争。辩论的特点是：首先，以现存的具体行政行为为对象，即辩论对象的特定性。其次，在诉讼过程中，如行政机关对其行政行为作出了变更，双方当事人则只能就变更后的具体行政行为进行辩论，即辩论内容的可变性。最后，辩论的实质问题是行政行为是否违法和侵权，即辩论的有限性。

五、简答题

1. **答案**：（1）含义：所谓“起诉不停止执行原则”是指行政诉讼中，原行政决定并不因原告提起诉讼而停止执行。

（2）理由与根据：它是国家行政管理的连续性和不间断性的必然要求，它以国家意志先定力理论为依据。即国家行政机关的决定一经作出，就推定为合法，具有国家决定的法律效力，这样有利于行政机关顺利行使职权；从行政管理实践看，如果行政决定因起诉中断执行，就有可能在起诉情况较多时，使整个行政管理陷于瘫痪，将不利于公共利益，也影响公众的利益。

（3）“原则”的例外。《行政诉讼法》第56条规定：“诉讼期间，不停止行政行为的执行。但有下列情形之一的，裁定停止执行：（一）被告认为需要停止执行的；（二）原告或者利害关系人申请停止执行，人民法院认为该行政行为的执行会造成难以弥补的损失，并且停止执行不损害国家利益、社会公共利益的；（三）人民法院认为该行政行为的执行会给国家利益、社会公共利益造成重大损害的；（四）法律、法规规定停止执行的。当事人对停止执行或者不停止执行的裁定不服的，可以申请复议一次。”

2. 答案：在行政诉讼中不适用调解原则，这是因为：

（1）行政争议是因行政机关行使行政权而引起的，行政权不得转让、放弃或妥协；

（2）行政争议所反映的法律关系是一种管理与被管理、管理与服从关系；

（3）行政诉讼是人民法院对行政行为的合法性审查，而不是合理性审查，无须调解。

3. 答案：行政诉讼法律关系的主体是行政诉讼权利和行政诉讼义务的承担者，是行政诉讼法律关系最基本的要素。行政诉讼法律关系的主体可分为三类：

（1）法院。法院是行使国家审判权的机关，在行政诉讼中拥有指挥权、审理权和裁判权，它的行为对于诉讼程序的发生、变更或消灭起决定性作用。

（2）行政诉讼参加人。行政诉讼参加人是指行政诉讼当事人以及与当事人诉讼地位相同的人，包括原告、被告、共同诉讼人、第三人和诉讼代理人等。

（3）行政诉讼的其他参与人。行政诉讼的其他参与人指行政诉讼参加人之外的参与行政诉讼的证人、鉴定人、勘验人和翻译人员等。

六、论述题

答案：行政复议与行政诉讼同为解决行政纠纷的制度。其中行政复议是指公民、法人和其他组织以行政机关的具体行政行为侵害其合法权益为由，依法向有复议权的行政机关申请复议，受理申请的复议机关依照法定程序对引起争议的具体行政行为进行审查并作出裁决的活动。行政诉讼是指公民、法人和其他组织认为行政机关的具体行为侵犯其合法权益依法向人民法院提起诉讼，由人民法院进行审理并作出判决的制度。行政诉讼和行政复议有许多共同之处：（1）两者裁决行政纠纷范围的主要标准一致，即以具体行政行为引起的纠纷为核心；（2）两者裁决权力行使的方式一致，即采取“不告不理”原则，为被动方式；（3）两者在审理行政纠纷过程中所遵守的某些法律制度一致，如不适用调解方式、不停止具体行政行为执行等；（4）两者被引起的根据相同，即都是行政相对人不服具体行政行为而提起的请求。

但是，行政诉讼与行政复议毕竟是两种不同性质的法律制度，相互之间存在一定的差别，主要表现为：（1）行政复议是一种具体行政行为，由行政机关作出并产生行政法上的法律效力，而行政诉讼是一种司法行为，由法院作出并产生司法效果，对同一行政纠纷所作的裁决，按照司法最终原则，以行政诉讼裁决为最终有效裁决；（2）行政复议是依照行政复议的法律作出，虽然是一种准司法程序，但归根结底还是属于行政程序，因而比行政诉讼程序要简单、迅速、灵活、方便，而行政诉讼依照行政诉讼法律作出，是一种完全司法程序，因此比行政复议程序要复杂、“正规”得多；（3）虽然行政复议与行政诉讼所解决的行政纠纷范围确立的主要标准一致，但行政复议毕竟是上级行政机关对下级行政机关的监督，同一性质或者隶属关系的行政机关之间的监督。因此，行政复议所能够裁决的行政纠纷范围比行政诉讼要大一些、对具体行政行为合法与合理的审查及决定的方式的能力要强一些。

就某一行政纠纷来说，是通过行政复议程序解决或是通过行政诉讼程序解决，或者两个程序都可经过及其两个程序法律关系如何，各国尚无统一做法。但一般来说，解决该问题须明确两个原则：其一，司法是否为最终效力。一方面，无论是否经过行政程序，以司法裁决为最终有效裁决；另一方面，凡是行政纠纷，原则上均能最后提起行政诉讼，不管其是否经过行政复议的程序。因此，一般以司法最终原则来确立行政诉讼与行政复议的关系。其二，行政复议是否为行政诉讼的前置或必需程序。从各国法律的现状来看，均规定了一定形式的类似于行政复议的制度，如日本按照《行政不服审查法》确立的行政争议制度、美国在行政组织条款中设立的“行政法官”等行政裁判制度、英国的行政裁判所等。但是，由于各国的历史发展，具体国情和制度等因素的不同，有的国家采取行政复议为行政诉讼必需程序，如德国等，也有的国家采取行政复议为诉前选择程序，但提倡和鼓励经过复议程序，如美国、英国、日本等。

我国的行政复议制度，由于最早是从各国单行法律、法规对行政复议的规定逐步发展至《行政诉讼法》和《行政复议法》对行政复议的规定，因此行政诉讼与行政复议在裁决行政纠纷的先后程序关系，表现为下列不同的情况：

第一，行政复议为行政诉讼的必经前置程序。即相对人不服具体行政行为向法院起诉前必须先向复议机关提起行政复议，否则，不得向法院起诉。例如，《海关法》及众多的税务法律、法规等。

第二，行政诉讼与行政复议由行政相对人自行选择，既可以先选择行政复议，若不服还可以再提起行政诉讼，也可以不经复议直接提起诉讼，但选择诉讼后不能回到复议。凡能提起行政诉讼的行政纠纷，均可采用该种情况来处理，而且法律、法规鼓励和提倡先经过行政复议，不服时再提起诉讼。例如，《海关法》第53条、《土地管理法》之规定等。

第三，行政复议决定为终局裁决，行政相对人即使还不服，也不得提起行政诉讼，即复议排斥诉讼。应当注意的是，只有最高权力机关制定的法律规定行政复议为最终裁决的，方可有效排斥行政诉讼救济手段，如《行政复议法》关于最终裁决的有关规定。

第二十三章　行政诉讼受案范围

基础知识图解

- 行政诉讼受案范围
  - 概述
    - 概念及性质
    - 制约因素及表述方式
  - 基本框架
    - 基本原则
    - 法律及司法解释的有关规定
    - 理论边界
  - 可诉性行政行为和可诉性不作为的特征
  - 不可诉行为的界定
    - 国家行为
    - 抽象行政行为
    - 内部人事管理行为
    - 终局行政裁决行为
    - 刑事司法行为
    - 调解行为以及法律规定的仲裁行为
    - 不具有强制力的行政指导行为
    - 驳回当事人对行政行为提起申诉的重复处理行为
    - 对公民、法人或者其他组织的权利义务不产生实际影响的行为
  - 可诉性特殊行为的鉴别
    - 不作为
    - 行政裁决行为
    - 行政合同行为
    - 准行政行为
    - 事实行为

配套测试

一、单项选择题

1. 甲地天南公司将3辆汽车卖给乙地海北公司，海北公司将汽车运回期间受到乙地市场监管局查处。市场监管局以天南公司无进口汽车证明，海北公司无准运证从事非法销售运输为由，决定没收3辆汽车。天南公司不服该决定提起诉讼。本案受理法院的主要审查对象是（　　）。

A. 3辆汽车的性质

B. 天南公司销售行为的合法性

C. 海北公司购买运输行为的合法性

D. 市场监管局处罚决定的合法性

2. 刘某与某公司签订内销商品房预售合同，后某区房地产管理局对该预售合同作出预售预购备案登记。后刘某了解到某公司向其销售的房屋系超出规划面积和预售面积的超层部分，刘某遂以区房地产管理局违法办理备案登记，造成自己购买的房屋为违法建筑为由提起行政诉讼。下列哪一说法不正确？（　　）

A. 区房地产管理局的备案登记行为不是对预售合同效力的确认行为

B. 备案登记行为没有对刘某的权利义务产生实际影响，不属于人民法院行政诉讼的受案范围

C. 某公司与本案的审理结果有利害关系，可以作为第三人参加诉讼

D. 区房地产管理局在备案登记时没有尽到审查职责，应当对刘某的损失承担部分赔偿责任

3. 某市发布一个规范性文件，规定以投标的方式，将某块商业用地的使用权转让给出资的企业，以出资额的高低，决定中标者。甲企业和乙企业均出资投标，甲企业和乙企业的其他条件相同，但甲企业的出资额大大高于乙企业，但该市政府仍决定由乙企业开发这块商业用地。对此甲企业可以提起行政诉讼的理由为（　　）。

A. 侵犯相邻权

B. 侵犯公平竞争权

C. 侵犯法律规定的经营自主权

D. 违法要求履行义务

4. 一小区已建有A幼儿园，为满足需要，某区人民政府拟在该小区内再建一所幼儿园。张某和李某先后向某区人民政府提出申请，张某获批准。下列哪一种说法是正确的？（　　）

A. 某区人民政府必须在受理李某和张某的申请之日起20日内作出批准与否的决定

B. 某区人民政府按照张某和李某申请的先后顺序作出批准决定是不合法的

C. 李某有权对某区人民政府批准张某申请的行为提起行政诉讼

D. A幼儿园有权对某区人民政府批准再建幼儿园的决定提起行政诉讼

5. 下列案件属于行政诉讼受案范围的是（　　）。

A. 人民政府对其工作人员的开除决定

B. 人民政府关于禁止燃放烟花爆竹的决定

C. 人民政府责令某企业停产治理环境污染的决定

D. 法律规定具有终局效力的行政行为

6. 潘某不服某卫生行政部门的行政处罚决定向法院提起诉讼。诉讼过程中，卫生行政部门撤销了原处罚决定，潘某遂向法院申请撤诉，法院作出准予撤诉的裁定。一周后，卫生行政部门又以同一事实和理由作出了与原处罚决定相同的决定。下列哪一种说法是正确的？（　　）

A. 潘某可以撤回撤诉申请，请求法院恢复诉讼，继续审理该案

B. 潘某可以对法院所作的准予撤诉裁定提出上诉

C. 潘某可以申请再审，请求法院撤销准予撤诉的裁定

D. 潘某可以对卫生行政部门新的处罚决定提起诉讼

7. 刘某开一家火锅店，生意火爆。但有人向市场监督管理局举报刘某在火锅中加入了罂粟果，市场监督管理局决定对此进行调查，刘某得知后，气得大病一场，住了10天医院，花了1万元医疗费，病愈后刘某打算起诉市场监督管理局。下列说法中正确的有（　　）。

A. 因市场监督管理局的调查行为导致刘某生病，造成了损害结果，故是可诉的

B. 因决定行为影响了刘某的名誉，是侵害人身权的具体行政行为，属于行政诉讼的受案范围

C. 市场监督管理局调查刘某的行为是尚未成熟的行为，因此是不可诉的，由其引发的争议不属于行政诉讼的受案范围

D. 因为即将进行的调查行为以及可能的处理行为均会损害到刘某的合法权益，如果等到损害发生，就会无法弥补，因此应允许刘某起诉市场监督管理局的决定行为，该案件属于行政诉讼的受案范围

8. “法律规定的行政终局裁决行为”中的“法律”应理解为（　　）。

A. 包括法律、法规以及规章

B. 全国人民代表大会制定或通过的规范性文件（狭义的法律）

附赠

高校法学专业核心课程配套测试

中华人民共和国行政复议法

中国法制出版社

中华人民共和国行政复议法

（1999年4月29日第九届全国人民代表大会常务委员会第九次会议通过　根据2009年8月27日第十一届全国人民代表大会常务委员会第十次会议《关于修改部分法律的决定》第一次修正　根据2017年9月1日第十二届全国人民代表大会常务委员会第二十九次会议《关于修改〈中华人民共和国法官法〉等八部法律的决定》第二次修正　2023年9月1日第十四届全国人民代表大会常务委员会第五次会议修订　2023年9月1日中华人民共和国主席令第9号公布　自2024年1月1日起施行）

目　　录

第一章　总　　则

第一条　为了防止和纠正违法的或者不当的行政行为，保护公民、法人和其他组织的合法权益，监督和保障行政机关依法行使职权，发挥行政复议化解行政争议的主渠道作用，推进法治政府建设，根据宪法，制定本法。

第二条　公民、法人或者其他组织认为行政机关的行政行为侵犯其合法权益，向行政复议机关提出行政复议申请，行政复议机关办理行政复议案件，适用本法。

前款所称行政行为，包括法律、法规、规章授权的组织的行政行为。

第三条 行政复议工作坚持中国共产党的领导。

行政复议机关履行行政复议职责，应当遵循合法、公正、公开、高效、便民、为民的原则，坚持有错必纠，保障法律、法规的正确实施。

第四条 县级以上各级人民政府以及其他依照本法履行行政复议职责的行政机关是行政复议机关。

行政复议机关办理行政复议事项的机构是行政复议机构。行政复议机构同时组织办理行政复议机关的行政应诉事项。

行政复议机关应当加强行政复议工作，支持和保障行政复议机构依法履行职责。上级行政复议机构对下级行政复议机构的行政复议工作进行指导、监督。

国务院行政复议机构可以发布行政复议指导性案例。

第五条 行政复议机关办理行政复议案件，可以进行调解。

调解应当遵循合法、自愿的原则，不得损害国家利益、社会公共利益和他人合法权益，不得违反法律、法规的强制性规定。

第六条 国家建立专业化、职业化行政复议人员队伍。

行政复议机构中初次从事行政复议工作的人员，应当通过国家统一法律职业资格考试取得法律职业资格，并参加统一职前培训。

国务院行政复议机构应当会同有关部门制定行政复议人员工作规范，加强对行政复议人员的业务考核和管理。

第七条 行政复议机关应当确保行政复议机构的人员配备与所承担的工作任务相适应，提高行政复议人员专业素质，根据工作需要保障办案场所、装备等设施。县级以上各级人民政府应当将行政复议工作经费列入本级预算。

第八条 行政复议机关应当加强信息化建设，运用现代信息技术，方便公民、法人或者其他组织申请、参加行政复议，提高工作质量和效率。

第九条 对在行政复议工作中做出显著成绩的单位和个人，按照国家有关规定给予表彰和奖励。

第十条 公民、法人或者其他组织对行政复议决定不服的，可以依照《中华人民共和国行政诉讼法》的规定向人民法院提起行政诉讼，但是法律规定行政复议决定为最终裁决的除外。

第二章 行政复议申请

第一节 行政复议范围

第十一条 有下列情形之一的，公民、法人或者其他组织可以依照本法申请行政复议：

（一）对行政机关作出的行政处罚决定不服；

（二）对行政机关作出的行政强制措施、行政强制执行决定不服；

（三）申请行政许可，行政机关拒绝或者在法定期限内不予答复，或者对行政机关作出的有关行政许可的其他决定不服；

（四）对行政机关作出的确认自然资源的所有权或者使用权的决定不服；

（五）对行政机关作出的征收征用决定及其补偿决定不服；

（六）对行政机关作出的赔偿决定或者不予赔偿决定不服；

（七）对行政机关作出的不予受理工伤认定申请的决定或者工伤认定结论不服；

（八）认为行政机关侵犯其经营自主权或者农村土地承包经营权、农村土地经营权；

（九）认为行政机关滥用行政权力排除或者限制竞争；

（十）认为行政机关违法集资、摊派费用或者违法要求履行其他义务；

（十一）申请行政机关履行保护人身权利、财产权利、受教育权利等合法权益的法定职责，行政机关拒绝履行、未依法履行或者不予答复；

（十二）申请行政机关依法给付抚恤金、社会保险待遇或者最低生活保障等社会保障，行政机关没有依法给付；

（十三）认为行政机关不依法订立、不依法履行、未按照约定履行或者违法变更、解除政府特许经营协议、土地房屋征收补偿协议等行政协议；

（十四）认为行政机关在政府信息公开工作中侵犯其合法权益；

（十五）认为行政机关的其他行政行为侵犯其合法权益。

第十二条 下列事项不属于行政复议范围：

（一）国防、外交等国家行为；

（二）行政法规、规章或者行政机关制定、发布的具有普遍约束力的决定、命令等规范性文件；

（三）行政机关对行政机关工作人员的奖惩、任免等决定；

（四）行政机关对民事纠纷作出的调解。

第十三条 公民、法人或者其他组织认为行政机关的行政行为所依据的下列规范性文件不合法，在对行政行为申请行政复议时，可以一并向行政复议机关提出对该规范性文件的附带审查申请：

（一）国务院部门的规范性文件；

（二）县级以上地方各级人民政府及其工作部门的规范性文件；

（三）乡、镇人民政府的规范性文件；

（四）法律、法规、规章授权的组织的规范性文件。

前款所列规范性文件不含规章。规章的审查依照法律、行政法规办理。

第二节　行政复议参加人

第十四条　依照本法申请行政复议的公民、法人或者其他组织是申请人。

有权申请行政复议的公民死亡的，其近亲属可以申请行政复议。有权申请行政复议的法人或者其他组织终止的，其权利义务承受人可以申请行政复议。

有权申请行政复议的公民为无民事行为能力人或者限制民事行为能力人的，其法定代理人可以代为申请行政复议。

第十五条　同一行政复议案件申请人人数众多的，可以由申请人推选代表人参加行政复议。

代表人参加行政复议的行为对其所代表的申请人发生效力，但是代表人变更行政复议请求、撤回行政复议申请、承认第三人请求的，应当经被代表的申请人同意。

第十六条　申请人以外的同被申请行政复议的行政行为或者行政复议案件处理结果有利害关系的公民、法人或者其他组织，可以作为第三人申请参加行政复议，或者由行政复议机构通知其作为第三人参加行政复议。

第三人不参加行政复议，不影响行政复议案件的审理。

第十七条　申请人、第三人可以委托一至二名律师、基层法律服务工作者或者其他代理人代为参加行政复议。

申请人、第三人委托代理人的，应当向行政复议机构提交授权委托书、委托人及被委托人的身份证明文件。授权委托书应当载明委托事项、权限和期限。申请人、第三人变更或者解除代理人权限的，应当书面告知行政复议机构。

第十八条 符合法律援助条件的行政复议申请人申请法律援助的，法律援助机构应当依法为其提供法律援助。

第十九条 公民、法人或者其他组织对行政行为不服申请行政复议的，作出行政行为的行政机关或者法律、法规、规章授权的组织是被申请人。

两个以上行政机关以共同的名义作出同一行政行为的，共同作出行政行为的行政机关是被申请人。

行政机关委托的组织作出行政行为的，委托的行政机关是被申请人。

作出行政行为的行政机关被撤销或者职权变更的，继续行使其职权的行政机关是被申请人。

第三节 申请的提出

第二十条 公民、法人或者其他组织认为行政行为侵犯其合法权益的，可以自知道或者应当知道该行政行为之日起六十日内提出行政复议申请；但是法律规定的申请期限超过六十日的除外。

因不可抗力或者其他正当理由耽误法定申请期限的，申请期限自障碍消除之日起继续计算。

行政机关作出行政行为时，未告知公民、法人或者其他组织申请行政复议的权利、行政复议机关和申请期限的，申请期限自公民、法人或者其他组织知道或者应当知道申请行政复议的权利、行政复议机关和申请期限之日起计算，但是自知道或者应当知道行政行为内容之日起最长不得超过一年。

第二十一条 因不动产提出的行政复议申请自行政行为作出之日起超过二十年，其他行政复议申请自行政行为作出之日起超过五年的，行政复议机关不予受理。

第二十二条 申请人申请行政复议，可以书面申请；书面申请有困难的，也可以口头申请。

书面申请的，可以通过邮寄或者行政复议机关指定的互联网渠道等方式提交行政复议申请书，也可以当面提交行政复议申请书。行政机关通过互联网渠道送达行政行为决定书的，应当同时提供提交行政复议申请书的互联网渠道。

口头申请的，行政复议机关应当当场记录申请人的基本情况、行政复议请求、申请行政复议的主要事实、理由和时间。

申请人对两个以上行政行为不服的，应当分别申请行政复议。

第二十三条 有下列情形之一的，申请人应当先向行政复议机关申请行政复议，对行政复议决定不服的，可以再依法向人民法院提起行政诉讼：

（一）对当场作出的行政处罚决定不服；

（二）对行政机关作出的侵犯其已经依法取得的自然资源的所有权或者使用权的决定不服；

（三）认为行政机关存在本法第十一条规定的未履行法定职责情形；

（四）申请政府信息公开，行政机关不予公开；

（五）法律、行政法规规定应当先向行政复议机关申请行政复议的其他情形。

对前款规定的情形，行政机关在作出行政行为时应当告知公民、法人或者其他组织先向行政复议机关申请行政复议。

第四节 行政复议管辖

第二十四条 县级以上地方各级人民政府管辖下列行政复议案件：

（一）对本级人民政府工作部门作出的行政行为不服的；

（二）对下一级人民政府作出的行政行为不服的；

（三）对本级人民政府依法设立的派出机关作出的行政行为不服的；

（四）对本级人民政府或者其工作部门管理的法律、法规、规章授权的组织作出的行政行为不服的。

除前款规定外，省、自治区、直辖市人民政府同时管辖对本机关作出的行政行为不服的行政复议案件。

省、自治区人民政府依法设立的派出机关参照设区的市级人民政府的职责权限，管辖相关行政复议案件。

对县级以上地方各级人民政府工作部门依法设立的派出机构依照法律、法规、规章规定，以派出机构的名义作出的行政行为不服的行政复议案件，由本级人民政府管辖；其中，对直辖市、设区的市人民政府工作部门按照行政区划设立的派出机构作出的行政行为不服的，也可以由其所在地的人民政府管辖。

第二十五条 国务院部门管辖下列行政复议案件：

（一）对本部门作出的行政行为不服的；

（二）对本部门依法设立的派出机构依照法律、行政法规、部门规章规定，以派出机构的名义作出的行政行为不服的；

（三）对本部门管理的法律、行政法规、部门规章授权的组织作出的行政行为不服的。

第二十六条 对省、自治区、直辖市人民政府依照本法第二十四条第二款的规定、国务院部门依照本法第二十五条第一项的规定作出的行政复议决定不服的，可以向人民法院提起行政诉讼；也可以向国务院申请裁决，国务院依照本法的规定作出最终裁决。

第二十七条 对海关、金融、外汇管理等实行垂直领导的行政机关、税务和国家安全机关的行政行为不服的，向上一级主管部门申请行政复议。

第二十八条 对履行行政复议机构职责的地方人民政府司法行政部门的行政行为不服的，可以向本级人民政府申请行政复议，也可以向上一级司法行政部门申请行政复议。

第二十九条 公民、法人或者其他组织申请行政复议，行政复议机关已经依法受理的，在行政复议期间不得向人民法院提起行政诉讼。

公民、法人或者其他组织向人民法院提起行政诉讼，人民法院已经依法受理的，不得申请行政复议。

第三章 行政复议受理

第三十条 行政复议机关收到行政复议申请后，应当在五日内进行审查。对符合下列规定的，行政复议机关应当予以受理：

（一）有明确的申请人和符合本法规定的被申请人；

（二）申请人与被申请行政复议的行政行为有利害关系；

（三）有具体的行政复议请求和理由；

（四）在法定申请期限内提出；

（五）属于本法规定的行政复议范围；

（六）属于本机关的管辖范围；

（七）行政复议机关未受理过该申请人就同一行政行为提出的行政复议申请，并且人民法院未受理过该申请人就同一行政行为提起的行政诉讼。

对不符合前款规定的行政复议申请，行政复议机关应当在审查期限内决定不予受理并说明理由；不属于本机关管辖的，还应当在不予受理决定中告知申请人有管辖权的行政复议机关。

行政复议申请的审查期限届满，行政复议机关未作出不予受理决定的，审查期限届满之日起视为受理。

第三十一条 行政复议申请材料不齐全或者表述不清楚，无法判断行政复议申请是否符合本法第三十条第一款规定的，行政复议机关应当自收到申请之日起五日内书面通知申请人补正。补正通知应当一次性载明需要补正的事项。

申请人应当自收到补正通知之日起十日内提交补正材料。有正当理由不能按期补正的，行政复议机关可以延长合理的补正期限。无正当理由逾期不补正的，视为申请人放弃行政复议申请，并记录在案。

行政复议机关收到补正材料后，依照本法第三十条的规定处理。

第三十二条 对当场作出或者依据电子技术监控设备记录的违法事实作出的行政处罚决定不服申请行政复议的，可以通过作出行政处罚决定的行政机关提交行政复议申请。

行政机关收到行政复议申请后，应当及时处理；认为需要维持行政处罚决定的，应当自收到行政复议申请之日起五日内转送行政复议机关。

第三十三条 行政复议机关受理行政复议申请后，发现该行政复议申请不符合本法第三十条第一款规定的，应当决定驳回申请并说明理由。

第三十四条 法律、行政法规规定应当先向行政复议机关申请行政复议、对行政复议决定不服再向人民法院提起行政诉讼的，行政复议机关决定不予受理、驳回申请或者受理后超过行政复议期限不作答复的，公民、法人或者其他组织可以自收到决定书之日起或者行政复议期限届满之日起十五日内，依法向人民法院提起行政诉讼。

第三十五条 公民、法人或者其他组织依法提出行政复议申请，行政复议机关无正当理由不予受理、驳回申请或者受理后超过行政复议期限不作答复的，申请人有权向上级行政机关反映，上级行政机关应当责令其纠正；必要时，上级行政复议机关可以直接受理。

第四章　行政复议审理

第一节　一般规定

第三十六条 行政复议机关受理行政复议申请后，依照本法适用普通程序或者简易程序进行审理。行政复议机构应当指定行政复议人员负责办理行政复议案件。

行政复议人员对办理行政复议案件过程中知悉的国家秘密、商业秘密和个人隐私，应当予以保密。

第三十七条　行政复议机关依照法律、法规、规章审理行政复议案件。

行政复议机关审理民族自治地方的行政复议案件，同时依照该民族自治地方的自治条例和单行条例。

第三十八条　上级行政复议机关根据需要，可以审理下级行政复议机关管辖的行政复议案件。

下级行政复议机关对其管辖的行政复议案件，认为需要由上级行政复议机关审理的，可以报请上级行政复议机关决定。

第三十九条　行政复议期间有下列情形之一的，行政复议中止：

（一）作为申请人的公民死亡，其近亲属尚未确定是否参加行政复议；

（二）作为申请人的公民丧失参加行政复议的行为能力，尚未确定法定代理人参加行政复议；

（三）作为申请人的公民下落不明；

（四）作为申请人的法人或者其他组织终止，尚未确定权利义务承受人；

（五）申请人、被申请人因不可抗力或者其他正当理由，不能参加行政复议；

（六）依照本法规定进行调解、和解，申请人和被申请人同意中止；

（七）行政复议案件涉及的法律适用问题需要有权机关作出解释或者确认；

（八）行政复议案件审理需要以其他案件的审理结果为依据，而其他案件尚未审结；

（九）有本法第五十六条或者第五十七条规定的情形；

（十）需要中止行政复议的其他情形。

行政复议中止的原因消除后，应当及时恢复行政复议案件的审理。

行政复议机关中止、恢复行政复议案件的审理，应当书面告知当事人。

第四十条　行政复议期间，行政复议机关无正当理由中止行政复议的，上级行政机关应当责令其恢复审理。

第四十一条　行政复议期间有下列情形之一的，行政复议机关决定终止行政复议：

（一）申请人撤回行政复议申请，行政复议机构准予撤回；

（二）作为申请人的公民死亡，没有近亲属或者其近亲属放弃行政复议权利；

（三）作为申请人的法人或者其他组织终止，没有权利义务承受人或者其权利义务承受人放弃行政复议权利；

（四）申请人对行政拘留或者限制人身自由的行政强制措施不服申请行政复议后，因同一违法行为涉嫌犯罪，被采取刑事强制措施；

（五）依照本法第三十九条第一款第一项、第二项、第四项的规定中止行政复议满六十日，行政复议中止的原因仍未消除。

第四十二条　行政复议期间行政行为不停止执行；但是有下列情形之一的，应当停止执行：

（一）被申请人认为需要停止执行；

（二）行政复议机关认为需要停止执行；

（三）申请人、第三人申请停止执行，行政复议机关认为其要求合理，决定停止执行；

（四）法律、法规、规章规定停止执行的其他情形。

第二节　行政复议证据

第四十三条　行政复议证据包括：

（一）书证；

（二）物证；

（三）视听资料；

（四）电子数据；

（五）证人证言；

（六）当事人的陈述；

（七）鉴定意见；

（八）勘验笔录、现场笔录。

以上证据经行政复议机构审查属实，才能作为认定行政复议案件事实的根据。

第四十四条 被申请人对其作出的行政行为的合法性、适当性负有举证责任。

有下列情形之一的，申请人应当提供证据：

（一）认为被申请人不履行法定职责的，提供曾经要求被申请人履行法定职责的证据，但是被申请人应当依职权主动履行法定职责或者申请人因正当理由不能提供的除外；

（二）提出行政赔偿请求的，提供受行政行为侵害而造成损害的证据，但是因被申请人原因导致申请人无法举证的，由被申请人承担举证责任；

（三）法律、法规规定需要申请人提供证据的其他情形。

第四十五条 行政复议机关有权向有关单位和个人调查取证，查阅、复制、调取有关文件和资料，向有关人员进行询问。

调查取证时，行政复议人员不得少于两人，并应当出示行政复议工作证件。

被调查取证的单位和个人应当积极配合行政复议人员的工作，不得拒绝或者阻挠。

第四十六条 行政复议期间，被申请人不得自行向申请人和其他有关单位或者个人收集证据；自行收集的证据不作为认定行政行为合法性、适当性的依据。

行政复议期间，申请人或者第三人提出被申请行政复议的行政行为作出时没有提出的理由或者证据的，经行政复议机构同意，被申请人可以补充证据。

第四十七条 行政复议期间，申请人、第三人及其委托代理人可以按照规定查阅、复制被申请人提出的书面答复、作出行政行为的证据、依据和其他有关材料，除涉及国家秘密、商业秘密、个人隐私或者可能危及国家安全、公共安全、社会稳定的情形外，行政复议机构应当同意。

第三节 普通程序

第四十八条 行政复议机构应当自行政复议申请受理之日起七日内，将行政复议申请书副本或者行政复议申请笔录复印件发送被申请人。被申请人应当自收到行政复议申请书副本或者行政复议申请笔录复印件之日起十日内，提出书面答复，并提交作出行政行为的证据、依据和其他有关材料。

第四十九条 适用普通程序审理的行政复议案件，行政复议机构应当当面或者通过互联网、电话等方式听取当事人的意见，并将听取的意见记录在案。因当事人原因不能听取意见的，可以书面审理。

第五十条 审理重大、疑难、复杂的行政复议案件，行政复议机构应当组织听证。

行政复议机构认为有必要听证，或者申请人请求听证的，行政复议机构可以组织听证。

听证由一名行政复议人员任主持人，两名以上行政复议人员任听证员，一名记录员制作听证笔录。

第五十一条　行政复议机构组织听证的，应当于举行听证的五日前将听证的时间、地点和拟听证事项书面通知当事人。

申请人无正当理由拒不参加听证的，视为放弃听证权利。

被申请人的负责人应当参加听证。不能参加的，应当说明理由并委托相应的工作人员参加听证。

第五十二条　县级以上各级人民政府应当建立相关政府部门、专家、学者等参与的行政复议委员会，为办理行政复议案件提供咨询意见，并就行政复议工作中的重大事项和共性问题研究提出意见。行政复议委员会的组成和开展工作的具体办法，由国务院行政复议机构制定。

审理行政复议案件涉及下列情形之一的，行政复议机构应当提请行政复议委员会提出咨询意见：

（一）案情重大、疑难、复杂；

（二）专业性、技术性较强；

（三）本法第二十四条第二款规定的行政复议案件；

（四）行政复议机构认为有必要。

行政复议机构应当记录行政复议委员会的咨询意见。

第四节　简 易 程 序

第五十三条　行政复议机关审理下列行政复议案件，认为事实清楚、权利义务关系明确、争议不大的，可以适用简易程序：

（一）被申请行政复议的行政行为是当场作出；

（二）被申请行政复议的行政行为是警告或者通报批评；

（三）案件涉及款额三千元以下；

（四）属于政府信息公开案件。

除前款规定以外的行政复议案件，当事人各方同意适用简易程序的，可以适用简易程序。

第五十四条　适用简易程序审理的行政复议案件，行政复议机构应当自受理行政复议申请之日起三日内，将行政复议申请书副本或者行政复议申请笔录复印件发送被申请人。被申请人应当自收到行政复议申请书副本或者行政复议申请笔录复印件之日起五日内，提出书面答复，并提交作出行政行为的证据、依据和其他有关材料。

适用简易程序审理的行政复议案件，可以书面审理。

第五十五条　适用简易程序审理的行政复议案件，行政复议机构认为不宜适用简易程序的，经行政复议机构的负责人批准，可以转为普通程序审理。

第五节　行政复议附带审查

第五十六条　申请人依照本法第十三条的规定提出对有关规范性文件的附带审查申请，行政复议机关有权处理的，应当在三十日内依法处理；无权处理的，应当在七日内转送有权处理的行政机关依法处理。

第五十七条　行政复议机关在对被申请人作出的行政行为进行审查时，认为其依据不合法，本机关有权处理的，应当在三十日内依法处理；无权处理的，应当在七日内转送有权处理的国家机关依法处理。

第五十八条　行政复议机关依照本法第五十六条、第五十七条的规定有权处理有关规范性文件或者依据的，行政复议机构应当自行政复议中止之日起三日内，书面通知规范性文件或者依据的制定机关就相关条款的合法性提出书面答复。制定机关应当自收到书面通知之日起十日内提交书面答复及相关材料。

行政复议机构认为必要时，可以要求规范性文件或者依据的制定机关当面说明理由，制定机关应当配合。

第五十九条　行政复议机关依照本法第五十六条、第五十七条的规定有权处理有关规范性文件或者依据，认为相关条款合法的，在行政复议决定书中一并告知；认为相关条款超越权限或者违反上位法的，决定停止该条款的执行，并责令制定机关予以纠正。

第六十条　依照本法第五十六条、第五十七条的规定接受转送的行政机关、国家机关应当自收到转送之日起六十日内，将处理意见回复转送的行政复议机关。

第五章　行政复议决定

第六十一条　行政复议机关依照本法审理行政复议案件，由行政复议机构对行政行为进行审查，提出意见，经行政复议机关的负责人同意或者集体讨论通过后，以行政复议机关的名义作出行政复议决定。

经过听证的行政复议案件，行政复议机关应当根据听证笔录、审查认定的事实和证据，依照本法作出行政复议决定。

提请行政复议委员会提出咨询意见的行政复议案件，行政复议机关应当将咨询意见作为作出行政复议决定的重要参考依据。

第六十二条　适用普通程序审理的行政复议案件，行政复议机关应当自受理申请之日起六十日内作出行政复议决定；但是法律规定的行政复议期限少于六十日的除外。情况复杂，不能在规定期限内作出行政复议决定的，经行政复议机构的负责人批准，可以适当延长，并书面告知当事人；但是延长期限最多不得超过三十日。

适用简易程序审理的行政复议案件，行政复议机关应当自受理申请之日起三十日内作出行政复议决定。

第六十三条 行政行为有下列情形之一的，行政复议机关决定变更该行政行为：

（一）事实清楚，证据确凿，适用依据正确，程序合法，但是内容不适当；

（二）事实清楚，证据确凿，程序合法，但是未正确适用依据；

（三）事实不清、证据不足，经行政复议机关查清事实和证据。

行政复议机关不得作出对申请人更为不利的变更决定，但是第三人提出相反请求的除外。

第六十四条 行政行为有下列情形之一的，行政复议机关决定撤销或者部分撤销该行政行为，并可以责令被申请人在一定期限内重新作出行政行为：

（一）主要事实不清、证据不足；

（二）违反法定程序；

（三）适用的依据不合法；

（四）超越职权或者滥用职权。

行政复议机关责令被申请人重新作出行政行为的，被申请人不得以同一事实和理由作出与被申请行政复议的行政行为相同或者基本相同的行政行为，但是行政复议机关以违反法定程序为由决定撤销或者部分撤销的除外。

第六十五条 行政行为有下列情形之一的，行政复议机关不撤销该行政行为，但是确认该行政行为违法：

（一）依法应予撤销，但是撤销会给国家利益、社会公共利益造成重大损害；

（二）程序轻微违法，但是对申请人权利不产生实际影响。

行政行为有下列情形之一，不需要撤销或者责令履行的，行政复议机关确认该行政行为违法：

（一）行政行为违法，但是不具有可撤销内容；

（二）被申请人改变原违法行政行为，申请人仍要求撤销或者确认该行政行为违法；

（三）被申请人不履行或者拖延履行法定职责，责令履行没有意义。

第六十六条 被申请人不履行法定职责的，行政复议机关决定被申请人在一定期限内履行。

第六十七条 行政行为有实施主体不具有行政主体资格或者没有依据等重大且明显违法情形，申请人申请确认行政行为无效的，行政复议机关确认该行政行为无效。

第六十八条 行政行为认定事实清楚，证据确凿，适用依据正确，程序合法，内容适当的，行政复议机关决定维持该行政行为。

第六十九条 行政复议机关受理申请人认为被申请人不履行法定职责的行政复议申请后，发现被申请人没有相应法定职责或者在受理前已经履行法定职责的，决定驳回申请人的行政复议请求。

第七十条　被申请人不按照本法第四十八条、第五十四条的规定提出书面答复、提交作出行政行为的证据、依据和其他有关材料的，视为该行政行为没有证据、依据，行政复议机关决定撤销、部分撤销该行政行为，确认该行政行为违法、无效或者决定被申请人在一定期限内履行，但是行政行为涉及第三人合法权益，第三人提供证据的除外。

第七十一条　被申请人不依法订立、不依法履行、未按照约定履行或者违法变更、解除行政协议的，行政复议机关决定被申请人承担依法订立、继续履行、采取补救措施或者赔偿损失等责任。

被申请人变更、解除行政协议合法，但是未依法给予补偿或者补偿不合理的，行政复议机关决定被申请人依法给予合理补偿。

第七十二条　申请人在申请行政复议时一并提出行政赔偿请求，行政复议机关对依照《中华人民共和国国家赔偿法》的有关规定应当不予赔偿的，在作出行政复议决定时，应当同时决定驳回行政赔偿请求；对符合《中华人民共和国国家赔偿法》的有关规定应当给予赔偿的，在决定撤销或者部分撤销、变更行政行为或者确认行政行为违法、无效时，应当同时决定被申请人依法给予赔偿；确认行政行为违法的，还可以同时责令被申请人采取补救措施。

申请人在申请行政复议时没有提出行政赔偿请求的，行政复议机关在依法决定撤销或者部分撤销、变更罚款，撤销或者部分撤销违法集资、没收财物、征收征用、摊派费用以及对财产的查封、扣押、冻结等行政行为时，应当同时责令被申请人返还财产，解除对财产的查封、扣押、冻结措施，或者赔偿相应的价款。

第七十三条 当事人经调解达成协议的，行政复议机关应当制作行政复议调解书，经各方当事人签字或者签章，并加盖行政复议机关印章，即具有法律效力。

调解未达成协议或者调解书生效前一方反悔的，行政复议机关应当依法审查或者及时作出行政复议决定。

第七十四条 当事人在行政复议决定作出前可以自愿达成和解，和解内容不得损害国家利益、社会公共利益和他人合法权益，不得违反法律、法规的强制性规定。

当事人达成和解后，由申请人向行政复议机构撤回行政复议申请。行政复议机构准予撤回行政复议申请、行政复议机关决定终止行政复议的，申请人不得再以同一事实和理由提出行政复议申请。但是，申请人能够证明撤回行政复议申请违背其真实意愿的除外。

第七十五条 行政复议机关作出行政复议决定，应当制作行政复议决定书，并加盖行政复议机关印章。

行政复议决定书一经送达，即发生法律效力。

第七十六条 行政复议机关在办理行政复议案件过程中，发现被申请人或者其他下级行政机关的有关行政行为违法或者不当的，可以向其制发行政复议意见书。有关机关应当自收到行政复议意见书之日起六十日内，将纠正相关违法或者不当行政行为的情况报送行政复议机关。

第七十七条 被申请人应当履行行政复议决定书、调解书、意见书。

被申请人不履行或者无正当理由拖延履行行政复议决定书、调解书、意见书的，行政复议机关或者有关上级行政机关应当责令其限期履行，并可以约谈被申请人的有关负责人或者予以通报批评。

第七十八条 申请人、第三人逾期不起诉又不履行行政复议决定书、调解书的，或者不履行最终裁决的行政复议决定的，按照下列规定分别处理：

（一）维持行政行为的行政复议决定书，由作出行政行为的行政机关依法强制执行，或者申请人民法院强制执行；

（二）变更行政行为的行政复议决定书，由行政复议机关依法强制执行，或者申请人民法院强制执行；

（三）行政复议调解书，由行政复议机关依法强制执行，或者申请人民法院强制执行。

第七十九条 行政复议机关根据被申请行政复议的行政行为的公开情况，按照国家有关规定将行政复议决定书向社会公开。

县级以上地方各级人民政府办理以本级人民政府工作部门为被申请人的行政复议案件，应当将发生法律效力的行政复议决定书、意见书同时抄告被申请人的上一级主管部门。

第六章　法律责任

第八十条　行政复议机关不依照本法规定履行行政复议职责，对负有责任的领导人员和直接责任人员依法给予警告、记过、记大过的处分；经有权监督的机关督促仍不改正或者造成严重后果的，依法给予降级、撤职、开除的处分。

第八十一条　行政复议机关工作人员在行政复议活动中，徇私舞弊或者有其他渎职、失职行为的，依法给予警告、记过、记大过的处分；情节严重的，依法给予降级、撤职、开除的处分；构成犯罪的，依法追究刑事责任。

第八十二条　被申请人违反本法规定，不提出书面答复或者不提交作出行政行为的证据、依据和其他有关材料，或者阻挠、变相阻挠公民、法人或者其他组织依法申请行政复议的，对负有责任的领导人员和直接责任人员依法给予警告、记过、记大过的处分；进行报复陷害的，依法给予降级、撤职、开除的处分；构成犯罪的，依法追究刑事责任。

第八十三条　被申请人不履行或者无正当理由拖延履行行政复议决定书、调解书、意见书的，对负有责任的领导人员和直接责任人员依法给予警告、记过、记大过的处分；经责令履行仍拒不履行的，依法给予降级、撤职、开除的处分。

第八十四条　拒绝、阻挠行政复议人员调查取证，故意扰乱行政复议工作秩序的，依法给予处分、治安管理处罚；构成犯罪的，依法追究刑事责任。

第八十五条 行政机关及其工作人员违反本法规定的，行政复议机关可以向监察机关或者公职人员任免机关、单位移送有关人员违法的事实材料，接受移送的监察机关或者公职人员任免机关、单位应当依法处理。

第八十六条 行政复议机关在办理行政复议案件过程中，发现公职人员涉嫌贪污贿赂、失职渎职等职务违法或者职务犯罪的问题线索，应当依照有关规定移送监察机关，由监察机关依法调查处置。

第七章 附 则

第八十七条 行政复议机关受理行政复议申请，不得向申请人收取任何费用。

第八十八条 行政复议期间的计算和行政复议文书的送达，本法没有规定的，依照《中华人民共和国民事诉讼法》关于期间、送达的规定执行。

本法关于行政复议期间有关“三日”、“五日”、“七日”、“十日”的规定是指工作日，不含法定休假日。

第八十九条 外国人、无国籍人、外国组织在中华人民共和国境内申请行政复议，适用本法。

第九十条 本法自2024年1月1日起施行。

C. 包括法律、行政法规和行政规章
D. 包括法律、地方性法规、自治条例、单行条例

9. 甲将乙殴打致微伤，乙要求白雪区公安局对甲进行处罚，白雪区公安局迟迟不予答复。下列说法中正确的是（　　）。
A. 白雪区公安局不予答复的行为属尚未成熟的行为，对乙尚未产生实际影响，因而不可诉
B. 白雪区公安局未对乙作任何行为，因此乙无法提起行政诉讼
C. 乙对该行为提起的行政诉讼属于行政诉讼的受案范围，因为这属于“申请行政机关履行保护人身权、财产权等合法权益的法定职责，行政机关拒绝履行或不予答复”的情形
D. 这种不作为的行政行为并不是具体行政行为，由它引起的争议不属于行政诉讼的受案范围

10. 某县公安局民警甲在一次治安检查中被乙打伤，公安局认定乙的行为构成妨碍公务，据此对乙处以200元罚款。甲认为该处罚决定过轻。下列哪种说法是正确的？（　　）（司考2006.2.42）
A. 对乙受到的处罚决定，甲既不能申请复议，也不能提起行政诉讼
B. 甲可以对乙提起民事诉讼
C. 对乙受到的处罚决定，甲可以申请复议但不能提起行政诉讼
D. 对乙受到的处罚决定，甲应当先申请复议，对复议决定不服可提起行政诉讼

11. 甲开了一家餐馆，生意很好。一日区市场监督管理局上门摊派费用被甲拒绝后，市场监督管理局就一日三次上门检查，故意刁难，甲的生意因此一落千丈。对于市场监督管理局的行为，下列说法中正确的是（　　）。
A. 是行政检查行为，因影响了甲的财产权，属于行政诉讼的受案范围，人民法院应予受理
B. 是行政检查行为。但由于《行政诉讼法》未明确地列举该类具体行政行为，是否可诉取决于其他法律、法规是不是有明确的规定
C. 因未对甲作出任何实体性的处理决定，是不可诉的未产生实际影响的行为
D. 检查是为了取得必要的行政管理信息的手段，人民法院不予受理

12. 吴某之子在部队演习中死亡，部队将《烈士证书》发给吴某。此后，吴某一直凭《烈士证书》领取抚恤金。后来，民政局换发《烈士证书》时，未将《烈士证书》换发给吴某。吴某遂向法院起诉。人民法院应当如何处理？（　　）
A. 予以受理
B. 不予受理
C. 告知吴某向上级民政部门申请复议
D. 告知吴某向其子所在部队申请解决

13. 对（　　）争议，不能提起行政诉讼。
A. 因限制人身自由等行政强制措施不服而引起的
B. 认为行政机关没有依法发给抚恤金的
C. 公务员因其工资、福利待遇或对所受行政处分不服的
D. 认为行政机关违法要求履行义务的

14. 农村土地承包人对行政机关处分其使用的农村集体所有的土地的行为不服的（　　）。
A. 只能提起民事诉讼
B. 只能申请行政复议
C. 可以自己的名义提起行政诉讼
D. 有权要求支付土地使用费

15. 某市市场监督管理局依据省人民政府制定的规章向刘某收取市场管理费，该行政规章与有关行政法规相抵触，刘某认为此收费行为依据就是错误的，收费行为自然也是错误的，遂向人民法院提起行政诉讼，刘某应当针对何种行为提起诉讼（　　）。
A. 省人民政府制定规章的行为
B. 市市场监督管理局向其收费的行为
C. 市市场监督管理局适用该行政规章的

行为

D. 省人民政府制定行政规章的行为及市市场监督管理局向其收费的行为

16. 王某因不服区公安分局行政拘留 10 天的处罚申请复议，市公安局认为处罚过轻，遂改为行政拘留 15 天的处罚，王某以市公安局为被告提起行政诉讼。对王某的诉讼请求，法院应当如何处理？（　　）

A. 决定受理此案

B. 要求原告将区公安分局列为共同被告

C. 要求原告将被告变更为区公安分局

D. 以被告不适格为由裁定不予受理

17. 下列哪一选项不属于行政诉讼的受案范围？（　　）（司考 2008. 2. 44）

A. 因某企业排污影响李某的鱼塘，李某要求某环保局履行监督职责，遭拒绝后向法院起诉

B. 某市政府发出通知，要求非本地生产乳制品须经本市技术监督部门检验合格方可在本地销售，违者予以处罚。某外地乳制品企业对通知提起诉讼

C. 刘某与某公司签订房屋预售合同，某区房管局对此进行预售预购登记。后刘某了解到某公司向其销售的房屋系超出规划面积和预售面积房屋，遂以某区房管局违法办理登记为由提起诉讼

D.《公司登记管理条例》规定，设立公司应当先向工商登记管理机关申请名称预先核准。张某对名称预先核准决定不服提起诉讼

18. 下列哪一选项属于法院行政诉讼的受案范围？（　　）（司考 2017. 2. 49）

A. 张某对劳动争议仲裁裁决不服向法院起诉的

B. 某外国人对出入境边检机关实施遣送出境措施不服申请行政复议，对复议决定不服向法院起诉的

C. 财政局工作人员李某对定期考核为不称职不服向法院起诉的

D. 某企业对县政府解除与其签订的政府特许经营协议不服向法院起诉的

二、多项选择题

1. 下列哪些案件，法院应当受理（　　）。

A. 甲向市政府申请获取政府房地产政策信息，市政府逾期不予答复

B. 乙酒店认为市地税局主动公开其税务信息，侵犯其商业秘密

C. 丙要求市市场监督管理局在当地日报上公开当地所有烟草销售商店的注册信息，被拒绝

D. 丁要求市商务局提供年销售额 3000 万元以上的超市信息，被拒绝

2. 甲镇共有 10 家粮油商，镇政府为了保护地方经济，作出文件要求本地的粮油商不能经营外地食油，违者处 1 万元罚款。对该决定行为，下列说法中表述正确的有（　　）。

A. 该决定行为影响的是这些粮油批发商的经营自主权，是可诉的具体行政行为

B. 该行为只是以“罚款”这种方式使本地的粮油批发商不经营外地粮油，是不具强制力的行政指导行为，是不可诉的

C. 决定作出后还会有人新加入粮油批发者的行列，因此决定行为具有反复适用性，是不可诉的抽象行政行为

D. 该行为是针对特定对象作出的，因而是可诉的具体行政行为

3. 关于国家行为说法正确的有（　　）。

A. 国家行为主要是指以国家名义实施的国防、外交等方面的行为

B. 国家行为还包括经宪法和法律授权的国家机关宣布紧急状态、实施戒严和总动员等行为

C. 国家行为的失误通常由有关领导人承担政治责任，而不纳入行政诉讼的轨道

D. 并非所有与国防、外交有关的行为都是国家行为

4. 甲公司与乙公司签订建设工程施工合同，甲公司向乙公司支付工程保证金 30 万元。后由于情况发生变化，原合同约定的工程

项目被取消，乙公司也无资金退还甲公司，甲公司向县公安局报案称被乙公司法定代表人王某诈骗 30 万元。公安机关立案后，将王某传唤到公安局，要求王某与甲公司签订还款协议书，并将扣押的乙公司和王某的财产移交给甲公司后将王某释放。下列哪些说法是正确的？（　　）（司考 2006. 2. 90）

A. 县公安局的行为有刑事诉讼法明确授权，依法不属于行政诉讼的受案范围

B. 县公安局的行为属于以办理刑事案件为名插手经济纠纷，依法属于行政诉讼的受案范围

C. 乙公司有权提起行政诉讼，请求确认县公安局行为违法并请求国家赔偿，法院应当受理

D. 甲公司获得乙公司还款是基于两公司之间的债权债务关系，乙公司的还款行为有效

5. 下列案件属于行政诉讼受案范围的有（　　）

A. 某区房屋租赁管理办公室向甲公司颁发了房屋租赁许可证，乙公司以此证办理程序不合法为由要求该办公室撤销许可证被拒绝。后乙公司又致函该办公室要求撤销许可证，办公室作出“许可证有效，不予撤销”的书面答复。乙公司向法院起诉要求撤销书面答复

B. 某区审计局对丙公司的法定代表人进行离任审计过程中，对丙、丁公司协议合作开发的某花园工程的财务收支情况进行了审计，后向丙、丁公司发出了丁公司应返还丙公司利润 30 万元的通知。丁公司对通知不服向法院提起诉讼

C. 某市经济发展局根据 A 公司的申请，作出鉴于 B 公司自愿放弃其在某合营公司的股权，退出合营公司，恢复 A 公司在合营公司的股东地位的批复。B 公司不服向法院提起诉讼

D. 某菜市场为挂靠某行政机关的临时市场，没有产权证。某市某区市场监督管理局向在该市场内经营的 50 户工商户发出通知，称自通知之日起某菜市场由 C 公司经营，各工商户凭与该公司签订的租赁合同及个人资料申办经营许可证。50 户工商户对通知不服向法院提起诉讼

6. 行政法上的准行政行为通常包括（　　）。

A. 受理行为　　B. 通告行为

C. 确认行为　　D. 证明行为

7. 甲是某市市政府办公厅秘书长，一日在夜总会嫖娼被区公安分局抓获。区公安分局根据《治安管理处罚法》的规定，给予甲 10 日拘留。市政府得知后，对甲处以记大过的行政处分。对区公安分局和市政府的行为，下列说法中正确的有（　　）。

A. 均是具体行政行为，均具可诉性

B. 市政府的行政处分是内部行为，由此引发的争议不属于行政诉讼的受案范围

C. 区公安分局的行为是行政处罚行为，由此引发的争议属于行政诉讼的受案范围

D. 两个行为均是行政机关对公务员作出的涉及其权利、义务的决定行为，皆为不可诉的内部行为

8. 下列属于限制人身自由的行政强制措施有（　　）。

A. 边检机关将某恶性传染病患者强制隔离

B. 人民法院对妨害行政诉讼活动的当事人作出拘留决定

C. 公安机关将体育场内带头闹事的球迷带离现场

D. 出入境管理机关限制某外国人出境

9. 某县人民政府为加强全县生猪屠宰场的管理，发布《关于生猪屠宰的管理规定》的文件，称将注销全县 9 家屠宰场的营业执照。甲于前年经县市场监管局核准登记并取得法人资格的屠宰场，也在被注销之列，其对县政府的行为不服，欲提起行政

诉讼。下列说法中正确的有（　　）。

A. 县政府发布该文件的行为是针对特定的相对人，即9家屠宰场，具有直接执行力，是可诉的具体行政行为

B. 县政府的行为是侵犯特定相对人财产权的具体行政行为，因之引发的争议具有可诉性

C. 县人民政府发布该文件的行为虽然是针对特定的对象发布的，但是却具有反复适用性，是抽象行政行为，因之引发的争议不属于行政诉讼的受案范围

D. 县政府的行为不是针对特定对象作出的，因此属于抽象行政行为，不具可诉性

10. 下列选项中哪些属于人民法院不受理的事项？（　　）

A. 法规规定由行政机关最终裁决的具体行政行为

B. 国家制定外交政策的行为

C. 行政机关对其工作人员的免职决定

D. 即时强制

11. 王某认为社保局提供的社会保障信息有误，要求该局予以更正。该局以无权更正为由拒绝更正。王某向法院起诉，法院受理。下列哪些说法是正确的？（　　）（司考2014.2.83）

A. 王某应当提供其向该局提出过更正申请以及政府信息与其自身相关且记录不准确的事实根据

B. 该局应当对拒绝的理由进行举证和说明

C. 如涉案信息有误但该局无权更正的，法院即应判决驳回王某的诉讼请求

D. 如涉案信息有误且该局有权更正的，法院即应判决在15日内更正

12. 对于下列起诉，哪些不属于行政诉讼受案范围？（　　）（司考2016.2.83）

A. 某公司与县政府签订天然气特许经营协议，双方发生纠纷后该公司以县政府不依法履行协议向法院起诉

B. 环保局干部孙某对定期考核被定为不称职向法院起诉

C. 李某与房屋征收主管部门签订国有土地上的房屋征收补偿安置协议，后李某不履行协议，房屋征收主管部门向法院起诉

D. 县政府发布全县征地补偿安置标准的文件，村民万某以文件确定的补偿标准过低为由向法院起诉

三、不定项选择题

1. 市林业局接到关于孙某毁林采矿的举报，遂致函当地县政府，要求调查。县政府召开专题会议形成会议纪要：由县林业局、矿产资源管理局与安监局负责调查处理。经调查并与孙某沟通，三部门形成处理意见：要求孙某合法开采，如发现有毁林或安全事故，将依法查处。再次接到举报后，三部门共同发出责令孙某立即停止违法开采，对被破坏的生态进行整治的通知。

请回答第（1）～（2）题。

（1）责令孙某立即停止违法开采的性质是：（　　）（司考2013.2.97）

A. 行政处罚

B. 行政强制措施

C. 行政征收

D. 行政强制执行

（2）就上述事件中的行为的属性及是否属于行政诉讼受案范围，下列说法正确的是：（　　）（司考2013.2.98）

A. 市林业局的致函不具有可诉性

B. 县政府的会议纪要具有可诉性

C. 三部门的处理意见是行政合同行为

D. 三部门的通知具有可诉性

2. 下列选项属于行政诉讼受案范围的是：（　　）（司考2015.2.98）

A. 方某在妻子失踪后向公安局报案要求立案侦查，遭拒绝后向法院起诉确认公安局的行为违法

B. 区房管局以王某不履行双方签订的房屋征收补偿协议为由向法院起诉

C. 某企业以市场监管局滥用行政权力限制竞争为由向法院起诉

D. 黄某不服市政府发布的征收土地补偿费标准直接向法院起诉

四、名词解释

1. 可诉性行政行为
2. 可诉性不作为
3. 终局行政裁决行为
4. 行政诉讼的对象

五、简答题

简述我国行政诉讼的受案范围。（北京大学 2012 年考研真题）

六、论述题

1. 试论不可诉行为的范围。
2. 试论行政法上的准行政行为。
3. 什么是国家行为？《行政诉讼法》为什么排除当事人对国家行为提起行政诉讼？

七、案例分析题

1. 刘小刚系河南省洛阳市某区人，2018 年到广州市甲区打工，2020 年刘小刚被广州市乙区公安分局行政拘留 5 天。在拘留过程中，刘小刚因心脏病突发死亡。刘小刚的父亲对此不服，欲提起行政诉讼。

问：（1）本案是否属于行政诉讼受案范围？为什么？

（2）刘小刚的父亲有权提起行政诉讼吗？为什么？

（3）如果刘小刚的父亲能提起行政诉讼，可以向哪个法院提起？

2. 万某于某日参与流氓斗殴时将二人打成重伤，该县公安局以刑事案件立案侦查，万某为躲避追捕逃往外地。后公安局侦查人员了解到万某从外地潜回其表兄刘某家中，便到刘某处追查，却未发现。于是侦查人员在未办理有关手续的情况下，将刘某的运货用东风卡车一辆扣押，并告诉刘某必须将万某找到并送交公安局机关后才能发还车。刘某多次与公安局交涉要求返还被扣车辆，均遭拒绝。后万某在潜回家取日用品时被公安机关抓获，公安机关将万某拘留。请回答以下两个问题：

（1）公安机关扣押刘某车辆的行为是不是刑事侦查行为？因之引发的争议是否属于行政诉讼的受案范围？如果公安机关在手续完备，又有《刑事诉讼法》依据的情况下的扣押行为是否具有可诉性？

（2）万某如果不服公安机关拘留行为，能否提起行政诉讼？理由何在？

3. 某区公安分局在打击赌博违法活动时，抓获了经常参与赌博的人员陈某。经陈某交代，该区机械厂经理梁某也曾到他家参赌，公安机关遂派办案人到机械厂向梁某发《传唤证》，要求其于次日下午到区公安分局治安科接受讯问和受审。梁某以自己没有时间、没有任何违法行为为由拒绝在《传唤证》上签字，并声称自己要马上赶飞机到某市谈生意。公安人员遂用手铐将梁某带至区公安分局。经过讯问，区公安分局认为梁某虽参与赌博，但情节较轻，于是未对其进行行政处罚。请回答下列问题：

（1）如果公安分局处罚了梁某，向梁某发《传唤证》的行为是否是行政行为？梁某能否对之提起行政诉讼？

（2）公安分局的强制传唤行为是不是具体行政行为？梁某对之不服所提起的行政诉讼是否属于行政诉讼的受案范围？

4. 某县集体企业文华木器厂生产木制家具。该县人民政府为发展农业，命令该厂改生产农具。该厂对县政府命令不服，向地区中级人民法院提起行政诉讼。试析：

（1）文华木器厂对县政府上述决定能否起诉？为什么？

（2）该厂接到决定后 2 个月零 10 天才起诉，是否超过起诉期间？

（3）地区中院是否应受理该案？为什么？

参考答案

一、单项选择题

1. **答案**：D。参见《行政诉讼法》第12条规定。

2. **答案**：D。本题考查的是备案登记行为的性质。房地产管理局的备案登记，只是政府了解社会交易信息，加强宏观调控的手段，对当事人之间权利义务关系并无影响，根据《行诉解释》第1条第2款第10项的规定，对公民、法人或者其他组织权利义务不产生实际影响的行为不属于人民法院行政诉讼受案范围。因此，B项正确，D项不正确。

《民法典》第502条的规定，依法成立的合同，自成立时生效。法律、行政法规规定应当办理批准、登记手续生效的，依照其规定。而根据《城市房地产管理法》第45条的规定，商品房预售合同应当办理备案手续。按照《民法典》合同编的规定，并非所有的登记、备案行为都决定合同的效力，只有那些"法律、行政法规明确规定只有办理登记、备案，合同才生效"的才是如此。因此，A项正确。

《行政诉讼法》第29条第1款规定：公民、法人或者其他组织同被诉行政行为有利害关系但没有提起诉讼，或者同案件处理结果有利害关系的，可以作为第三人申请参加诉讼，或者由人民法院通知参加诉讼。某公司作为商品房预售契约的一方当事人，与该案的审理结果有利害关系，因此其可以以第三人的身份参加诉讼。C项正确。

3. **答案**：B。参见《行诉解释》第12条规定。

4. **答案**：C。本题考查行政许可决定行政诉讼原告资格。《行政许可法》第42条第1款规定："除可以当场作出行政许可决定的外，行政机关应当自受理行政许可申请之日起二十日内作出行政许可决定。二十日内不能作出决定的，经本行政机关负责人批准，可以延长十日，并应当将延长期限的理由告知申请人。但是，法律、法规另有规定的，依照其规定。"A选项说得太绝对，没有考虑延长的情况，故A不选。

《行政许可法》第57条规定："有数量限制的行政许可，两个或者两个以上申请人的申请均符合法定条件、标准的，行政机关应当根据受理行政许可申请的先后顺序作出准予行政许可的决定。但是，法律、行政法规另有规定的，依照其规定。"故区政府的做法是合法的，B不选。

《行诉解释》第12条规定："有下列情形之一的，属于行政诉讼法第二十五条第一款规定的'与行政行为有利害关系'：（一）被诉的行政行为涉及其相邻权或者公平竞争权的；（二）在行政复议等行政程序中被追加为第三人的；（三）要求行政机关依法追究加害人法律责任的；（四）撤销或者变更行政行为涉及其合法权益的；（五）为维护自身合法权益向行政机关投诉，具有处理投诉职责的行政机关作出或者未作出处理的；（六）其他与行政行为有利害关系的情形。"区政府对张某的许可可能侵犯李某的公平竞争权，李某有权对该许可行为提起行政诉讼，故选C。

《行诉解释》第1条第2款第10项规定，对公民、法人或者其他组织权利义务不产生实际影响的行为不属于人民法院行政诉讼受案范围。政府批准建幼儿园的行为不必然影响A幼儿园的权益，故不选D。

5. **答案**：C。参见《行政诉讼法》第12条、第13条规定。

6. **答案**：D。本题考查撤诉后行政机关又作出相同行为的处理。卫生行政部门又以同一事实和理由作出了与原处罚决定相同的决定，为一新的具体行政行为，故潘某可以对卫生行政部门新的处罚决定提起诉讼。

7. **答案**：C。对公民、法人或其他组织的权利义务不产生实际影响的行为不属于人民法院的受案范围。除不具强制力的行政指导行为、行政调解行为、重复处理行为外，以下行为也是未对公民、法人或其他组织的权利、义务产生实际影响的行为：(1) 尚未成熟的行为。主要是指尚处于行政系统内部、未最终形成的行为。例如，一个需要经过上级机关批准却处于申请批准过程中的行为。（2）程序性的准备行为。例如，行政处理决定作出之前的通知行为、咨询行为、调查行为等。这些行为均依附于其后续的决定行为，本身缺乏独立性，不能单独地影响公民、法人或其他组织的合法权益。

综上所述，本题中市场监督管理局要调查刘某的决定行为是尚未成熟的行为，并未作出具体的行政处理决定，未对刘某产生实际影响，因此不具可诉性，由此引发的争议不属于行政诉讼的受案范围。

8. 答案：B。“法律规定的行政终局裁决行为”中的“法律”应理解为狭义的法律，即全国人民代表大会制定或通过的规范性文件。我国目前有两部法律规定了行政终局裁决。

9. 答案：C。本题中的情形属于“申请行政机关履行保护人身权、财产权等合法权益的法定职责，行政机关拒绝履行或不予答复”，可以提起行政诉讼，人民法院应予受理。

10. 答案：A。本题考查行政复议和行政诉讼的范围。甲是在行使职权的过程中被乙打伤，甲是以行政执法人员，而不是以其私人身份与乙发生了冲突关系，甲的行为是职务行为，属于非平等民事主体间的民事关系，这种冲突关系不是民事意义上的关系。甲的受伤，其医药费、营养费和其他伤残的费用是由国家补偿的，不由乙来赔偿，也就不能转化为甲和乙之间的民事法律关系，所以不应当选B。另外，公安局认定乙的行为构成妨碍公务，乙的行为侵害的是行政机关的执法秩序，从这个角度来讲，甲不但不是行政相对人，也不是利害关系人，因此既不能提起行政复议，也不能提起行政诉讼。因此答案选A。

11. 答案：A。本题中的情形属于滥用行政检查权，是违法的行政检查行为。行政检查是行政主体的行政职责，是指行政主体基于行政职权依法对公民、法人或其他组织是否遵守法律的情况进行的检查。但违法的行政检查行为也会破坏被检查人正常的生活和生产经营秩序，侵犯相对人的人身权和财产权，因而引发的争议属于行政诉讼的受案范围。主要表现为：①行政检查主体没有相应的检查权限；②滥用行政检查权；③未遵守保密义务等。

12. 答案：A。本题考查行政诉讼的受案范围。

《行政诉讼法》第12条第1款规定：“人民法院受理公民、法人或者其他组织提起的下列诉讼：……（三）申请行政许可，行政机关拒绝或者在法定期限内不予答复，或者对行政机关作出的有关行政许可的其他决定不服的；……（十）认为行政机关没有依法支付抚恤金、最低生活保障待遇或者社会保险待遇的……”本题中吴某一直凭《烈士证书》领取抚恤金，这里的《烈士证书》除具有荣誉证明的作用外，还作为获取一定物质利益（领取抚恤金）的权利凭证，具有某种证照性质。由此，民政局未将《烈士证书》换发给吴某，直接影响到吴某的合法权益。吴某的诉讼表面上是要求取回《烈士证书》，实质上是为了日后能够顺利领取抚恤金。据此，本题中的情形符合《行政诉讼法》第12条关于受案范围的规定，法院应该予以受理。

13. 答案：C。参见《行政诉讼法》第12条、第13条。

14. 答案：C。参见《行诉解释》第16条规定。

15. 答案：B。行政诉讼审查的对象是行政机关作出的具体行政行为，抽象行政行为不属于行政诉讼的受案范围。

16. 答案：A。本题考查行政诉讼中被告的确定。《行政诉讼法》第26条第2款规定：“经复议的案件，复议机关决定维持原行政行为的，作出原行政行为的行政机关和复议机关是共同被告；复议机关改变原行政行为的，复议机关是被告。”因此王某以市公安局为被告提起行政诉讼是正确的，法院应当决定受理。

17. 答案：B。本题考查行政诉讼受案范围。《行政诉讼法》第2条、第12条、第13条规定了行政诉讼的受案范围。根据规定，法院只受理公民、法人和其他组织对部分行政行为不服而提起行政诉讼的案件。其表现形式既包括作为，也包括不作为。A选项中，李某要求某环保局履行监督职责遭拒绝，环保局即是以不作为的形式作出的具体行政行为。根据《行政诉讼法》第12条第1款第6项的规定，申请行政机关履行保护人身权、财产权的法定职责，行政机关拒绝履行或者不予答复的，人民法院应当受理。B选项中，市政府的通知属于行政机关制定的具有普遍约束力的、能够反复适用的命令，是一种抽象行政行为。根据《行政诉讼法》第13条第2项的规定，行政法规、规章或者行政机关制定、发布的具有普遍约束力的决定、命令不属于行政诉讼的受案范围。C选项中，区房管局办理的预售预购登记是对刘某与某公司之间预售预购法律关系的确认，是一种具体行政行为，属于行政诉讼的受案范围。D选项中，工商登记管理机关针对张某作出的预先核准决定是对“特定事项与特定人”作出的处理，是一种具体行政行为，属于行政诉讼的受案范围。故本题的正确答案是B。

18. 答案：D。关于A选项，根据《行诉解释》第1条第2款第2项规定，调解行为以及法律规定的仲裁行为不属于行政诉讼受案范围，A选项应属于民事诉讼，故错误。

关于B选项，依据《行政诉讼法》第13条规定：“人民法院不受理公民、法人或者其他组织对下列事项提起的诉讼：……（四）法律规定由行政机关最终裁决的行政行为。”依据《出境入境管理法》第64条第1款规定：“外国人对依照本法规定对其实施的继续盘问、拘留审查、限制活动范围、遣送出境措施不服的，可以依法申请行政复议，该行政复议决定为最终决定。”可见，外国人对出入境边检机关实施遣送出境措施的复议决定不服的，不得再提起行政诉讼，故B选项错误。

关于C选项，依据《行政诉讼法》第13条规定：“人民法院不受理公民、法人或者其他组织对下列事项提起的诉讼：……（三）行政机关对行政机关工作人员的奖惩、任免等决定……”定期考核评为不称职属于内部管理行为，不属于行政诉讼受案范围，故C选项错误。

关于D选项，依据《行政诉讼法》第12条规定：“人民法院受理公民、法人或者其他组织提起的下列诉讼：……（十一）认为行政机关不依法履行、未按照约定履行或者违法变更、解除政府特许经营协议、土地房屋征收补偿协议等协议的……”行政协议属于行政诉讼受案范围，故D选项正确。

二、多项选择题

1. 答案：AB。《政府信息公开行政案件规定》第1条规定：“公民、法人或者其他组织认为下列政府信息公开工作中的具体行政行为侵犯其合法权益，依法提起行政诉讼的，人民法院应当受理：（一）向行政机关申请获取政府信息，行政机关拒绝提供或者逾期不予答复的；（二）认为行政机关提供的政府信息不符合其在申请中要求的内容或者法律、法规规定的适当形式的；（三）认为行政机关主动公开或者依他人申请公开政府信息侵犯其商业秘密、个人隐私的；（四）认为行政机关提供的与其自身相关的政府信息记录不准确，要求该行政机关予以更正，该行政机关拒绝更正、逾期不予答复或者不予转送有权机关处理的；（五）认为行政机关在政府信息公开工作中的其他具体行政行为侵犯其合法权益的。公民、法人或者其他组织认为政府信息公开行政行为侵犯其合法权益造成损害的，可以一并或单独提起行政赔偿诉讼。”第2条规定：“公民、法人或者其他组织对下列行为不服提起行政诉讼的，人民法院不予受理：（一）因申请内容不明确，行政机关要求申请人作出更改、补充且对申请人权利义务不产生实际影响的告知行为；（二）要求行政机关提供政府公报、报纸、杂志、书籍等公开出版物，行政机关予以拒绝的；（三）要求行政机关为其制作、搜集政府信息，或者对若干政府信息进行汇总、分析、加工，行政机关予以拒绝的；（四）行政程序中的当事人、利害关系人以政府信息公开名义申请查阅案卷材料，行政机关告知其应当按照相关法律、法规的规定办理的。”

2. **答案**：AD。该行为是针对特定对象，影响的是10家粮油商的经营自主权，是可诉的具体行政行为。

3. **答案**：ABCD。能否成为国防行为、外交行为，关键是看该行为是否具有较强的政治性，是否涉及国家主权的运用，不能当然地认为凡是和国防、外交有关的行为皆属国家行为。

4. **答案**：BC。本题考查行政诉讼受案范围。A、B项矛盾，因此只有一项能入选。《刑事诉讼法》规定，对刑事案件的侦查、拘留、执行逮捕、预审，由公安机关负责。本案中，公安机关将王某传唤到公安局，要求其签订还款协议书的行为显然超出了刑事侦查的职权范围，属于以办理刑事案件为名插手经济纠纷，依法属于行政诉讼的受案范围。B项正确，应选。乙公司的财产被公安局扣押，依照《国家赔偿法》的规定，乙公司有权提起行政诉讼，并在提起诉讼的同时一并提出赔偿请求，C项正确应选。D项的说法不成立，既然基于民事权利，甲、乙两公司之间就是民事纠纷，公安机关无权主动采取强制措施解决民事纠纷。甲公司与王某之间的还款协议书不是在当事人公平自愿的基础上签订的，不具有约束乙公司的效力，所以乙公司的还款行为无效，D项错误，不选。

5. **答案**：BCD。本题考查行政诉讼受案范围。《行诉解释》第1条规定：“公民、法人或者其他组织对行政机关及其工作人员的行政行为不服，依法提起诉讼的，属于人民法院行政诉讼的受案范围。下列行为不属于人民法院行政诉讼的受案范围：（一）公安、国家安全等机关依照刑事诉讼法的明确授权实施的行为；（二）调解行为以及法律规定的仲裁行为；（三）行政指导行为；（四）驳回当事人对行政行为提起申诉的重复处理行为；（五）行政机关作出的不产生外部法律效力的行为；（六）行政机关为作出行政行为而实施的准备、论证、研究、层报、咨询等过程性行为；（七）行政机关根据人民法院的生效裁判、协助执行通知书作出的执行行为，但行政机关扩大执行范围或者采取违法方式实施的除外；（八）上级行政机关基于内部层级监督关系对下级行政机关作出的听取报告、执法检查、督促履责等行为；（九）行政机关针对信访事项作出的登记、受理、交办、转送、复查、复核意见等行为；（十）对公民、法人或者其他组织权利义务不产生实际影响的行为。”本题中，A项的乙公司对书面答复提起的诉讼即属于对驳回当事人对行政行为提起申诉重复处理行为的诉讼，不属于行政诉讼受案范围，故A项不选。

《行政诉讼法》第12条第1款规定：“人民法院受理公民、法人或者其他组织提起的下列诉讼：……（十二）认为行政机关侵犯其他人身权、财产权等合法权益的。”本案中，某区审计局审计后向丙、丁公司发出了丁公司应返还丙公司利润30万元的通知，是侵犯相对人合法权益的行为，属于人民法院行政诉讼的受案范围。故B项应选。

《行政诉讼法》第12条第1款规定：“人民法院受理公民、法人或者其他组织提起的下列诉讼：……（七）认为行政机关侵犯其经营自主权或者农村土地承包经营权、农村土地经营权的……”《行诉解释》第16条第2款规定：“联营企业、中外合资或者合作企业的联营、合资、合作各方，认为联营、合资、合作企业权益或者自己一方合法权益受行政行为侵害的，可以自己的名义提起诉讼。”故C项正确。

《行政诉讼法》第12条第1款规定：“人民法院受理公民、法人或者其他组织提起的下列诉讼：……（七）认为行政机关侵犯其经营自主权或者农村土地承包经营权、农村土地经营权的……”某市某区市场监督管理局的做法使该市场内经营的50户工商户的经营自主权受到了侵害，故可诉。D项也应选。

6. **答案**：ABCD。准行政行为是行政主体运用行政权以观念表示的方式作出的间接产生行政法律效果的行政行为。准行政行为具有下列特征：(1) 准行政行为的实施主体为行政机关和法律、法规授权的组织。(2) 准行政行为是行政主体以观念表示的方式作出的行政行为。(3) 准行政行为是不直接产生法律效果的行为。(4) 准行政行为具有行政行为的预备性、中间性、阶段性特征。准行政行为一般包括：受理、登记、证明、通告、请示、确认、答复、鉴定。

7. 答案：BC。B 对，内部行政行为，是指行政机关对行政机关工作人员的奖惩、任免等决定，是行政机关管理其内部事务的行为。根据有关法律的规定，这类行为的监督权，分别由其上一级行政机关、人事机关行使。法院对此不能通过审判程序进行干涉。

对内部行政行为判断标准为：①内部行政行为所针对的对象必须是公务员，而不是其他人员；②两者必须具有行政隶属关系；③决定行为所影响的公务员的权利应限于公务员，基于公务员的身份而享有的权利。如果行政机关的行为对象不是公务员或者决定行为规范到了外部事务，影响到了公务员的其他权利，该决定行为就是可诉的具体行政行为而不是内部行为。

综上所述，本题中市政府的行政处分是内部行为，由此引发的争议不属于行政诉讼的受案范围。

C 对，区公安分局根据《治安管理处罚法》的规定，给予甲 10 日拘留的行为是行政处罚行为，由此引发的争议属于行政诉讼的受案范围。

8. 答案：ACD。B 为人民法院进行的司法拘留。

9. 答案：AB。本题中，县政府发布文件的行为是针对特定的相对人 9 家屠宰场，侵犯了该 9 家屠宰场的财产权，具有直接执行力，因此是可诉的具体行政行为，而不是抽象行政行为。

10. 答案：BC。本题中考查行政诉讼的不受理事项。

《行政诉讼法》第 13 条规定："人民法院不受理公民、法人或者其他组织对下列事项提起的诉讼：（一）国防、外交等国家行为；（二）行政法规、规章或者行政机关制定、发布的具有普遍约束力的决定、命令；（三）行政机关对行政机关工作人员的奖惩、任免等决定；（四）法律规定由行政机关最终裁决的行政行为。"

A 错，题中"法规"而不是"法律"。根据《行政诉讼法》第 13 条第 4 项的规定，只有法律有权授予行政机关最终裁决权，法规无权作出行政终裁的规定。

《行诉解释》第 2 条第 4 款规定："行政诉讼法第十三条第四项规定的'法律规定由行政机关最终裁决的行政行为'中的'法律'，是指全国人民代表大会及其常务委员会制定、通过的规范性文件。"据此，即使法规有此类规定，也因越权而不发生法律效力，人民法院仍可受理。

BC 对，B 项表述中的国家制定外交政策的行为属于《行政诉讼法》第 13 条第 1 项规定的国家行为；C 项表述中的行政机关对其工作人员的免职决定属于《行政诉讼法》第 13 条第 3 项规定的内部行政行为，依法皆不在行政诉讼的受案范围内。

D 错，即时强制属于行政强制措施的一种。《行政诉讼法》第 12 条第 1 款规定："人民法院受理公民、法人或者其他组织提起的下列诉讼：……（二）对限制人身自由或者对财产的查封、扣押、冻结等行政强制措施和行政强制执行不服的……"据此，即时强制属于人民法院受理的事项。

11. 答案：AB。在行政诉讼中，一般由被告承担主要的举证责任，但是对于行政不作为案件，根据《最高人民法院关于行政诉讼证据若干问题的规定》[①] 第 4 条第 2 款规定：在起诉被告不作为的案件中，原告应当提供其在行政程序中曾经提出申请的证据材料。另根据《政府信息公开行政案件规定》第 5 条规定，被告拒绝向原告提供

① 以下简称《行诉证据规定》。

政府信息的，应当对拒绝的根据以及履行法定告知和说明理由义务的情况举证。故AB两选项正确，当选。

关于C选项，根据《政府信息公开行政案件规定》正确的应当是法院应当判决其转送给有权更正的机关处理而不是判决驳回原告诉讼请求。所以C选项不选。

另根据《政府信息公开行政案件规定》第9条，被告对依法应当公开的政府信息拒绝或者部分拒绝公开的，人民法院应当撤销或者部分撤销被诉不予公开决定，并判决被告在一定期限内公开。这里的“一定期限”属于指定期间，并非像选项中表述的“即应”在15日内更正。故D选项错误。

12. **答案**：BCD。关于A选项，《行政诉讼法》第12条规定：“人民法院受理公民、法人或者其他组织提起的下列诉讼：……（十一）认为行政机关不依法履行、未按照约定履行或者违法变更、解除政府特许经营协议、土地房屋征收补偿协议等协议的；……”故A项不当选。

关于B选项，《行政诉讼法》第13条规定：“人民法院不受理公民、法人或者其他组织对下列事项提起的诉讼：……（三）行政机关对行政机关工作人员的奖惩、任免等决定；……”故B项当选。

关于C选项，《行政诉讼法》第2条规定：“公民、法人或者其他组织认为行政机关和行政机关工作人员的行政行为侵犯其合法权益，有权依照本法向人民法院提起诉讼。前款所称行政行为，包括法律、法规、规章授权的组织作出的行政行为。”行政诉讼属于“民告官”的案件，而C选项属于“官告民”，目前中国不存在这类行政诉讼。故C项当选。

关于D选项，《行政诉讼法》第13条规定：“人民法院不受理公民、法人或者其他组织对下列事项提起的诉讼：……（二）行政法规、规章或者行政机关制定、发布的具有普遍约束力的决定、命令；……”D选项属于抽象行政行为，不能直接提起行政诉讼。故D项当选。

三、不定项选择题

1. **答案**：（1）B。行政处罚是指行政机关或其他行政主体依法定职权和程序对违反法律、行政法规、规章，尚未构成犯罪的相对人给予行政制裁的具体行政行为。

行政强制措施是指行政机关在行政管理过程中，为制止违法行为、防止证据损毁、避免危害发生、控制危险扩大等情形，依法对公民的人身自由实施暂时性限制，或者对公民、法人或者其他组织的财物实施暂时性控制的行为。

行政征收是指行政机关或者法定授权的组织根据法律、法规的规定，向公民、法人或者其他组织无偿收取一定财物的行政行为。行政征收须以公民、法人或者其他组织负有行政法上的缴纳义务为前提，其实质是国家以强制方式无偿取得管理相对人一定的财产所有权。

行政强制执行是指行政相对人拒不履行行政主体所作出的，并且已经生效的具体行政行为所确定的义务，有关国家机关依法强制该相对人履行该义务，或者由国家机关本身或第三人直接履行或代为履行该义务，然后向义务人征收费用的法律制度。

由上可知，本题中三部门共同实施的责令孙某立即停止违法开采的行为非行政处罚，也非行政征收，且此具体行政行为的作出更非在相对人拒不履行义务的前提下进行的强制执行，而是对其行为具有责令改正性质的行政强制措施。综上，本题选B。

（2）AD。A选项正确，根据《行政诉讼法》第12条、第13条关于行政诉讼受案范围的规定，市林业局的致函仅是行政机关之间一种业务上的沟通需要，不具有强制力且尚未对相对人产生实际影响，因此不具有可诉性。同样，县政府的会议纪要仅是行政机关的工作安排，是过程性行为，尚未对相对人产生实际影响，因此也不具有可诉性，B选项错误。

行政合同也叫行政契约，指行政机关为

达到维护与增进公共利益、实现行政管理目标的目的，与相对人之间经过协商一致达成的协议。因此，三部门之间达成的处理意见，不是与行政相对人达成的，只是一般的共同行政行为，而非订立行政合同，内容上也不涉及相对人民事权利、义务的得丧变更，故而C选项说法错误。

三部门的通知行为属于行政强制措施，对相对人刘某产生了实际影响，具有可诉性，故D选项正确。综上，本题选AD。

2. 答案：C。《行政诉讼法》第12条规定："人民法院受理公民、法人或者其他组织提起的下列诉讼：（一）对行政拘留、暂扣或者吊销许可证和执照、责令停产停业、没收违法所得、没收非法财物、罚款、警告等行政处罚不服的；（二）对限制人身自由或者对财产的查封、扣押、冻结等行政强制措施和行政强制执行不服的；（三）申请行政许可，行政机关拒绝或者在法定期限内不予答复，或者对行政机关作出的有关行政许可的其他决定不服的；（四）对行政机关作出的关于确认土地、矿藏、水流、森林、山岭、草原、荒地、滩涂、海域等自然资源的所有权或者使用权的决定不服的；（五）对征收、征用决定及其补偿决定不服的；（六）申请行政机关履行保护人身权、财产权等合法权益的法定职责，行政机关拒绝履行或者不予答复的；（七）认为行政机关侵犯其经营自主权或者农村土地承包经营权、农村土地经营权的；（八）认为行政机关滥用行政权力排除或者限制竞争的；（九）认为行政机关违法集资、摊派费用或者违法要求履行其他义务的；（十）认为行政机关没有依法支付抚恤金、最低生活保障待遇或者社会保险待遇的；（十一）认为行政机关不依法履行、未按照约定履行或者违法变更、解除政府特许经营协议、土地房屋征收补偿协议等协议的；（十二）认为行政机关侵犯其他人身权、财产权等合法权益的……"C选项的依据为上述第12条第1款第8项规定。A选项为刑事诉讼行为不属于行政诉讼受案范围。关于B选项，中国目前不存在"官告民"的行政诉讼类型。D选项对"市政府发布的征收土地补偿费标准"具有抽象行政行为的性质，不可直接起诉。

四、名词解释

1. 答案：可诉性行政行为是指根据法律的规定能够被人民法院受理并审理的行政行为。具有以下特征：(1) 可诉性行政行为是具有行政管理职能的行政主体实施的具体行政行为；(2) 可诉性行政行为是与行政主体行使行政管理职权有关的行为；(3) 可诉性行政行为是对行政相对人的权利义务产生实际影响的行为；(4) 可诉性行政行为是在现有条件下有行政诉讼可能性的行为；(5) 可诉性行政行为是具有行政诉讼必要性的行为。

2. 答案：可诉性不作为是指行政主体违反法律的规定未履行作为义务的具体行政行为。具有以下特征：(1) 与可诉性不作为相对应的作为必须具有可诉性。与国家行为、抽象行政行为、内部行政行为、终局裁决行为相对应的不作为不具有可诉性。(2) 可诉性不作为须涉及公民的财产权和人身权，涉及政治权利的不作为如无法律、法规特别规定，不具有可诉性。(3) 可诉性不作为是超过法定期间或者合理期间而不实施一定法定职责的行为。

3. 答案：终局行政裁决行为是指法律规定由行政机关作出最终决定的行为。目前，我国有些法律赋予了行政机关对于某些行政争议拥有最终裁决权，即由行政机关依法作出最终裁决，当事人不服，只能向作出最终裁决的机关或其上级机关申诉，而不能向人民法院起诉。

4. 答案：行政诉讼的对象是指法院依法行使审判权所针对的行政机关的行政行为。行政诉讼的内容是具体行政行为的合法性。包含以下三层含义：一是行政诉讼只针对行政机关的行政行为，对立法机关、军事机关的职权行为，行政机关的抽象行政行为，人民法院一般不予审查。行政法律关系中相对方的行为也不是行政诉讼的对象。二是行政诉讼的程度和强度是对行政行为是否合法作出法律评价，行政行为是否适当一般不审查。三是人民法院通过诉讼方式去审查，即相对方认为行政行为违法的，向人民法院提起诉讼，经人民法院受理后，再通过审理行政案件，对所争议的行政行为进行审查。未经起诉的行政行为，人民法院不得依职权主动进行审查。

五、简答题

答案：我国《行政诉讼法》对行政诉讼的受案范围即人民法院受理行政案件的范围作了明确规定。

（1）人民法院受理公民、法人或者其他组织提起的下列诉讼：

①对行政拘留、暂扣或者吊销许可证和执照、责令停产停业、没收违法所得、没收非法财物、罚款、警告等行政处罚不服的；

②对限制人身自由或者对财产的查封、扣押、冻结等行政强制措施和行政强制执行不服的；

③申请行政许可，行政机关拒绝或者在法定期限内不予答复，或者对行政机关作出的有关行政许可的其他决定不服的；

④对行政机关作出的关于确认土地、矿藏、水流、森林、山岭、草原、荒地、滩涂、海域等自然资源的所有权或者使用权的决定不服的；

⑤对征收、征用决定及其补偿决定不服的；

⑥申请行政机关履行保护人身权、财产权等合法权益的法定职责，行政机关拒绝履行或者不予答复的；

⑦认为行政机关侵犯其经营自主权或者农村土地承包经营权、农村土地经营权的；

⑧认为行政机关滥用行政权力排除或者限制竞争的；

⑨认为行政机关违法集资、摊派费用或者违法要求履行其他义务的；

⑩认为行政机关没有依法支付抚恤金、最低生活保障待遇或者社会保险待遇的；

⑪认为行政机关不依法履行、未按照约定履行或者违法变更、解除政府特许经营协议、土地房屋征收补偿协议等协议的；

⑫认为行政机关侵犯其他人身权、财产权等合法权益的。

除前款规定外，人民法院受理法律、法规规定可以提起诉讼的其他行政案件。

（2）人民法院不受理公民、法人或者其他组织对下列事项提起的诉讼：

①国防、外交等国家行为；

②行政法规、规章或者行政机关制定、发布的具有普遍约束力的决定、命令；

③行政机关对行政机关工作人员的奖惩、任免等决定；

④法律规定由行政机关最终裁决的行政行为。

六、论述题

1. **答案**：根据《行政诉讼法》第13条和《行诉解释》第1条的规定，下列行为属于不可诉行为：

（1）国家行为。国家行为是指国务院、中央军事委员会、国防部、外交部等根据宪法和法律的授权，以国家的名义实施的有关国防和外交事务的行为，以及经宪法和法律授权的国家机关宣布紧急状态、实施戒严和总动员等行为。

（2）抽象行政行为。抽象行政行为是指行政主体针对不特定行政相对人所作的行政行为。判定一个行为是具体行政行为还是抽象行政行为，应从以下三个方面进行界定：第一，行为所针对的对象是不是确定的。第二，适用效力是“一次性”还是反复适用。第三，能否直接进入执行过程。

（3）内部人事管理行为。行政机关与公民、法人和其他组织之间作为上下级的从属关系的是内部行政法律关系。在内部行政法律关系中，行政机关作出的涉及该行政机关公务员的权利义务的决定，包括奖惩、任免等，都属于内部人事管理行为。区别内部行政行为与外部行政行为主要应以行政行为所涉及的权利义务的不同来划分，要看该行为所涉及的是一个普通公民的权利义务，还是行政机关工作人员所特有的权利义务，如果是行政机关工作人员所特有的权利义务，应当认定为内部行为。

(4) 终局行政裁决行为。终局行政裁决行为是指法律规定由行政机关作出最终决定的行为，这里的法律指的是全国人大及其常委会制定、通过的规范性文件。当事人对最终裁决不服，只能向作出最终裁决的机关或其上级机关申诉，而不能向人民法院起诉。拥有终局裁决权的机关并不对所有的事项都拥有终局裁决权，如果拥有终局裁决权的机关超出了终局裁决权的范围，所实施的行为应是可诉的。

(5) 公安、国家安全等机关依照刑事诉讼法的明确授权实施的行为。明确授权实施的行为包括两个方面的要求，既要符合授权的范围，也要符合刑事诉讼法授权的目的。

(6) 调解行为以及法律规定的仲裁行为。调解和仲裁行为虽然对当事人的权利义务产生一定的影响，但它是在当事人自愿的基础上进行的，对当事人权利义务产生影响的决定因素是当事人的意思表示而不是行政主体的意志。

(7) 行政指导行为。

(8) 驳回当事人对行政行为提起申诉的重复处理行为。重复处理行为没有给当事人设定新的权利义务，没有形成、变更或消灭行政法律关系，当事人仍受原来行为的拘束，没有提起行政诉讼的必要。

(9) 行政机关作出的不产生外部法律效力的行为。

(10) 行政机关为作出行政行为而实施的准备、论证、研究、层报、咨询等过程性行为。

(11) 行政机关根据人民法院的生效裁判、协助执行通知书作出的执行行为，但行政机关扩大执行范围或者采取违法方式实施的除外。

(12) 上级行政机关基于内部层级监督关系对下级行政机关作出的听取报告、执法检查、督促履责等行为。

(13) 行政机关针对信访事项作出的登记、受理、交办、转送、复查、复核意见等行为。

(14) 对公民、法人或者其他组织权利义务不产生实际影响的行为。行政机关的活动作为一种权力的行使或多或少地都会对相对人的权利义务产生一定的影响，当这种影响还没有达到实际影响相对人权利义务的地步时，救济就没有必要。

2. 答案：行政法上的准行政行为通常指以下四种行为：

(1) 受理行为。行政主体受理行政相对人的申请，其他利害关系人可以提起行政诉讼；行政主体不接受行政相对人的申请或不予立案，行政相对人一般都可提起行政诉讼。

(2) 通告行为。如果通告只是将事前作出的行政决定的内容告知相对人，没有形成任何权利义务，对通告不服不能提起行政诉讼。如果通告的内容涉及公民的权利义务，而且没有其他可诉行为存在，可以对通告提起行政诉讼。

(3) 确认行为。行政主体对行为性质及事实的确认属于确认行为。对于确认行为，一般属可诉性行为。对交通事故的确认属于行政确认行为，是可以提起行政诉讼的。

(4) 证明行为。证明行为虽然涉及相对人的权利义务，但不直接创设权利义务，是一种观念上的表示。证明行为包括公证行为和一般证明行为。如果公证行为是行政机关以国家的名义作出的，具有准行政行为的性质，是可诉的。

3. 答案：国家行为，是涉及国家根本制度的维护和国家主权的运用，由国家承担法律后果的政治行为。它的内容和范围是可以不断变化的。国家行为具有以下三个方面的特征：①国家行为是一种政治性的行为。②国家行为的后果由整体意义的国家承担。③国家行为是极其严肃的行为，它的实施关系到国家的整体利益和国际声誉。

从各国的实践看，国家行为通常不属于行政诉讼的受案范围，其原因是：①国家行为有其特殊性，它不仅涉及相对人的利益，而且涉及国家的整体利益和人民的根本利益，关系到国家的荣誉、尊严甚至存亡，在这种情况下，不能因为利害关系人的权益受到损害，而使国家行为无效。②国家行为通常以国家的对内、对外的基本政策为依据，以国际政治斗争的形势为转移，法院很难做出判断。③国家行为的失误通常只由有关领导人承担政治责任，而政治责任的承担只能通过立法机关或议会进行追究。我国领导人承担政治责任，不由法院审理。政府领导人是否称职，由国家权力机关评判，其向人民代表大会及常务委员会负政治责任。①

七、案例分析题

1. 答案：（1）本案属于行政诉讼受案范围。因为《行政诉讼法》规定“对行政拘留、暂扣或者吊销许可证和执照、责令停产停业、没收违法所得、没收非法财物、罚款、警告等行政处罚不服的”，可以提起行政诉讼，而本案属于拘留行为。

（2）刘父有权提起行政诉讼。因为有权提起诉讼的公民死亡，其近亲属可以提起诉讼。

（3）刘父可以向广州市甲区人民法院、广州市乙区人民法院以及洛阳市某区人民法院中的任一个法院提起行政诉讼。

本案涉及行政诉讼的受案范围、主体管辖等问题。

行政诉讼受案范围是指人民法院受理行政案件、裁判行政争议的范围；对相对人来说是其对行政机关的行为不服，可以向人民法院提起行政诉讼的范围；对行政机关来说，就是其行政行为接受人民法院审查的范围。行政诉讼受案范围问题是行政诉讼中极为关键的问题，也是行政诉讼不同于其他诉讼的特点。我国《行政诉讼法》采取概括、列举、排除等方式确定了行政诉讼的受案范围。该法第2条规定：“公民、法人或者其他组织认为行政机关和行政机关工作人员的行政行为侵犯其合法权益，有权依照本法向人民法院提起诉讼。前款所称行政行为，包括法律、法规、规章授权的组织作出的行政行为。”该法第12条第1款前11项具体列举了可诉的几类行为。第12项则概括地规定“认为行政机关侵犯其他人身权、财产权等合法权益的”可以提起行政诉讼。同时该法第13条规定了不予受理的几类行为。

对有权提起行政诉讼的公民死亡的，《行政诉讼法》第25条规定，“其近亲属可以提起诉讼”。这里的近亲属包括配偶、父母、子女、兄弟姐妹、祖父母、外祖父母、孙子女、外孙子女。

对限制人身自由的行政强制措施不服，《行政诉讼法》第19条规定，“由被告所在地或者原告所在地人民法院管辖”。这里的原告所在地应包括原告的住所地、经常居住地和被限制人身自由所在地。

2. 答案：（1）①不是。该扣押行为是行政强制措施，因之引发的争议依《行政诉讼法》第12条第1款第2项的规定，属于行政诉讼的受案范围。

②该行为具有可诉性。因不可诉的刑事侦查行为不仅要有刑事诉讼法的条文依据，更要满足其授权目的，不然就是可诉的具体行政行为。

（2）不可以。公安机关对万某所采取的拘留行为是有《刑事诉讼法》授权的刑事侦查行为，目的是要防止万某逃避侦查和审判，以保障刑事诉讼活动的顺利进行。

3. 答案：（1）不是。因该行为仅仅是行政处罚行为的程序性准备行为，未对梁某的合法权益产生实际的影响，因而因该行为引发的争议不属于行政诉讼的受案范围。

（2）是。属于强制传唤，是行政强制措施的一种。梁某对之不服所提起的行政诉讼属于行政诉讼的受案范围。

4. 答案：（1）文华木器厂可以起诉。根据《行政诉讼法》第12条第1款第7项规定，属于

---

① 编者注：行政诉讼的受案范围是行政诉讼法中的重要问题，每个国家对行政诉讼的理解不同，对行政诉讼赋予的功能也不同，因而受案范围不尽相同。例如，抽象行政行为在有的国家属于行政诉讼的受案范围，在有的国家是不属于的。但对于国家行为，是世界各国普遍都排除于行政诉讼受案范围的。这种排除有其理论和现实依据，主要是国家行为的性质和对国家行为的救济，这些都是行政诉讼不能承担的。

侵犯法定经营自主权的行为，属于具体行政行为，具有可诉性。

（2）未逾起诉期间，因为一般的起诉期间为6个月（行诉法规定在当事人知道或应当知道行政行为作出之日起6个月内可以起诉）。

（3）地区中院应当受理此案，因为根据《行政诉讼法》第15条规定："中级人民法院管辖下列第一审行政案件：（一）对国务院部门或者县级以上地方人民政府所作的行政行为提起诉讼的案件；（二）海关处理的案件；（三）本辖区内重大、复杂的案件；（四）其他法律规定由中级人民法院管辖的案件。"

第二十四章　行政诉讼的管辖

基础知识图解

- 行政诉讼的管辖
  - 概述：概念、种类及确定原则
  - 级别管辖
    - 概念
    - 规则及完善
  - 地域管辖
    - 概念
    - 一般地域管辖规则
    - 特殊地域管辖规则
  - 裁定管辖
    - 移送管辖
    - 指定管辖
    - 管辖权的转移
  - 管辖异议
    - 含义及意义
    - 条件
    - 处理

配套测试

一、单项选择题

1. 黄某因涉嫌走私被郑州海关处以巨额罚款，他遂向（　　）申请复议，经复议减轻了原处罚，但黄某仍不服，向人民法院提起诉讼，此案可由（　　）管辖。

A. 河南省人民政府、郑州市中级人民法院

B. 海关总署、郑州市海关所在区基层人民法院

C. 河南省人民政府、郑州海关所在区基层人民法院

D. 海关总署、海关总署所在地中级人民法院

2. 下列案件属于行政诉讼法规定的专属管辖的是（　　）。

A. 因不动产提起的行政诉讼

B. 经过行政复议的案件，复议机关改变原具体行政行为的

C. 对限制人身自由的强制措施不服提起诉讼的

D. 重大涉外案件

3. 王某户籍所在地是甲市 A 区，工作单位所在地是甲市 B 区。2002 年 1 月王某在乙市出差时因涉嫌嫖娼被乙市 A 区公安分局传唤，后被该公安分局以嫖娼为由处以罚款 500 元。在被处罚以前，王某被留置于乙市 B 区两天。经复议王某对罚款和留置措施提起行政诉讼。下列哪一法院对本案没有管辖权？（　　）

A. 甲市 A 区人民法院

B. 甲市 B 区人民法院

C. 乙市 A 区人民法院

D. 乙市 B 区人民法院

4. 海关处理的案件由（　　）管辖。

A. 基层人民法院

B. 中级人民法院

C. 高级人民法院

D. 最高人民法院

5. 因某省政府违反国务院有关收购蚕茧的规定，国家主管部门经国务院批准对该省进

行一定数量的罚款。如该省政府对此罚款不服，它应该向（　　）起诉。

A. 该主管部门所在地的基层人民法院
B. 该省政府所在地的基层人民法院
C. 北京市有关中级人民法院
D. 该省政府所在地的中级人民法院

6. 法律规定当事人不服行政机关的行政行为，可以向人民法院起诉，也可以申请复议并由复议机关作最终裁决的，如果当事人既提起诉讼又申请复议，且法院和复议机关同时收到有关材料的，应如何确定有管辖权的机关？（　　）

A. 由复议机关管辖
B. 由法院管辖
C. 由法院与复议机关协商确定管辖的机关
D. 由当事人选择管辖的机关

7. 居所地在甲区而户籍地在乙区的公民，被所在地为丙区的公安局收容审查。该公民对此不服而直接起诉于某法院（　　）。

A. 该法院必定是甲区人民法院
B. 该法院必定是乙区人民法院
C. 该法院必定是丙区人民法院
D. 该法院可能是甲、乙、丙三区法院中的任何一个法院

8. 所在地为甲区的城市规划管理机关，对所在地为乙区的工厂在丙区和丁区的两幢新楼房作出限期拆除的决定。工厂不服该决定而提起诉讼。该案应由（　　）。

A. 甲区人民法院管辖
B. 乙区人民法院管辖
C. 甲区人民法院和乙区人民法院共同管辖
D. 丙区人民法院和丁区人民法院共同管辖

9. 对经复议的案件提起诉讼的（　　）。

A. 只能由复议机关所在地的人民法院管辖
B. 只能由最初作出行政行为的行政机关所在地的法院管辖
C. 可以由原告所在地法院管辖
D. 可以由最初作出行政行为的行政机关所在地人民法院管辖，也可以由复议机关所在地人民法院管辖

10. 甲、乙两村分别位于某市两县境内，因土地权属纠纷向市政府申请解决，市政府裁决争议土地属于甲村所有。乙村不服，向省政府申请复议，复议机关确认争议的土地属于乙村所有。甲村不服行政复议决定，提起行政诉讼。下列哪个法院对本案有管辖权？（　　）（司考2007. 2. 39）

A. 争议土地所在地的基层人民法院
B. 争议土地所在地的中级人民法院
C. 市政府所在地的基层人民法院
D. 省政府所在地的中级人民法院

11. 某区卫计局以董某擅自开展诊疗活动为由作出没收其违法诊疗工具并处5万元罚款的处罚。董某向区政府申请复议，区政府维持了原处罚决定。董某向法院起诉。下列哪一说法是正确的？（　　）（司考2016. 2. 49）

A. 如董某只起诉区卫计局，法院应追加区政府为第三人
B. 本案应以区政府确定案件的级别管辖
C. 本案可由区卫计局所在地的法院管辖
D. 法院应对原处罚决定和复议决定进行合法性审查，但不对复议决定作出判决

二、多项选择题

1. 对限制人身自由强制措施不服提起行政诉讼，有管辖权的法院有（　　）。

A. 被告所在地人民法院
B. 原告户籍所在地人民法院
C. 原告经常居住地人民法院
D. 被限制人身自由地人民法院

2. 对管辖权异议说法正确的有（　　）。

A. 被告应当在接到起诉状副本之日起15日内提出
B. 管辖异议成立的，应裁定将案件移送有管辖权的人民法院
C. 异议不成立的，应裁定驳回
D. 对裁定驳回不服的，可以上诉

3. 以下哪些行政案件应该由中级人民法院管辖？（　　）
A. 社会影响重大的共同诉讼案件
B. 甲因不服海关对其的行政处罚而起诉的行政案件
C. 涉外行政案件
D. 涉及我国澳门特别行政区的行政案件

4. 行政诉讼中的移送管辖应当具备的条件有（　　）。
A. 移送的人民法院已经受理了案件
B. 移送的人民法院对案件没有管辖权
C. 已受理的案件不属于行政诉讼受案范围
D. 移送的人民法院只能向其上级人民法院移送

5. 关于行政诉讼管辖说法正确的有（　　）。
A. 行政诉讼管辖解决的是人民法院与其他国家机关之间处理行政案件的权限划分问题，解决的是外部分工问题
B. 中级人民法院管辖的第一审行政案件是根据级别管辖来划分的
C. 行政诉讼一般地域管辖是按照最初作出行政行为的行政机关的所在地为标准来确定行政案件的管辖法院
D. 行政诉讼规定的裁定管辖包括移送管辖、指定管辖和管辖权的转移等

6. 对拘留决定不服的案件，由（　　）人民法院管辖。
A. 原告所在地
B. 被告所在地
C. 拘留所所在地
D. 中级人民法院

7. 属于裁定管辖的有（　　）。
A. 移送管辖　　B. 指定管辖
C. 专属管辖　　D. 移转管辖

8. 行政诉讼的管辖可以解决以下问题（　　）。
A. 人民法院之间审判行政案件的权限与分工
B. 由哪个审判庭负责对行政案件的审理
C. 起诉人向哪一个人民法院起诉
D. 行政机关向哪一个人民法院申请执行其具体行政行为

9. 以下行政案件的选项中构成选择管辖的是（　　）。
A. 公民对限制人身自由的行政强制措施不服而起诉的行政案件
B. 经过复议但复议机关维持了原具体行政行为的行政案件
C. 公民对不作为不服而起诉的行政案件
D. 经过复议但复议机关撤销了原具体行政行为的案件

10. 下列选项中哪些既可以由复议机关所在地人民法院管辖，也可以由最初作出具体行为的行政机关所在地人民法院管辖？（　　）
A. 经复议而复议机关改变原具体行政行为所认定的主要事实的
B. 经复议而复议机关维持原具体行政行为的
C. 经复议而复议机关部分撤销原具体行政行为内容的
D. 经复议而复议机关撤销原具体行政行为决定的

11. 下列选项中哪些属于中级人民法院管辖的条件？（　　）
A. 对深圳市政府所作行政行为不服起诉的案件
B. 海关处理的案件
C. 社会影响重大的共同诉讼案件
D. A县法院与B县法院就管辖权产生争议的案件

12. 李某从田某处购得一辆轿车，但未办理过户手续。在一次查验过程中，某市公安局认定该车系走私车，予以没收。李某不服，向省公安厅申请复议，后者维持了没收决定。李某提起行政诉讼。下列哪一选项是正确的？（　　）（司考 2009. 2. 46）
A. 省公安厅为本案的被告
B. 田某不能成为本案的第三人
C. 市公安局所在地的法院对本案有管辖权
D. 省公安厅所在地的法院对本案有管辖权

13. 甲县宋某到乙县访亲，因醉酒被乙县公安局扣留 24 小时。宋某认为乙县公安局的行为违法，提起行政诉讼。下列哪些说法是正确的？（　　）（司考 2012.2.79）

A. 扣留宋某的行为为行政处罚

B. 甲县法院对此案有管辖权

C. 乙县法院对此案有管辖权

D. 宋某的亲戚为本案的第三人

三、不定项选择题

1. 杨某贵是甲省境县农民，听说富甲市乐善好施，遂赶到该市心美区，沿街乞讨。不巧正遇心美区公安分局整顿治安，杨某贵被送至设在该市星云区的收容站，在关了 12 天后被遣送回境县。

（1）如果杨某贵对心美区公安分局的行为不服起诉，下列法院中有管辖权的是（　　）。

A. 星云区人民法院，因其是杨某贵被限制人身自由地

B. 只有被告心美区公安分局所在地的心美区人民法院拥有管辖权

C. 境县人民法院，因其是杨某贵的户籍所在地

D. 心美区人民法院，因其是心美区公安分局所在地

（2）如果杨某贵向境县、心美区、星云区人民法院提起行政诉讼，假设该三家法院均有管辖权，则下列说法中正确的有（　　）。

A. 如果受诉法院之间就由谁管辖本案产生争议，应当报请共同上级法院指定

B. 应该由杨某贵限制人身自由地——星云区人民法院管辖，因为星云区是本案的最密切联系地

C. 应该按照一般地域管辖的原则，由心美区人民法院管辖此案

D. 原则上讲，哪个法院先立案，该案件就由哪个法院管辖

（3）杨某贵被遣送回原籍之后，受家人催促赴运好县做工。20 天后以心美区公安分局为被告，向运好县人民法院提起行政诉讼。下列做法中正确的有（　　）。

A. 运好县人民法院是杨某贵经常居住地法院，因此对本案拥有管辖权

B. 运好县人民法院不应该受理此案，因为其不享有对该案的管辖权

C. 运好县人民法院如果受理杨某贵的起诉后发现自己没有管辖权，应当将该案件移送至有管辖权的法院，接受移送的人民法院不能再移送，只能受理该行政案件

D. 运好县人民法院如在受理后发现自己无管辖权，可以将该案件移送至境县人民法院。如果境县人民法院认为自己也没有管辖权，应与运好县人民法院协商解决，协商不成的，报请共同上级法院指定

2. 甲市发生一起特大交通事故，但肇事车辆逃逸。一日，乙市公安局发现，在该市跑运输的张某（户籍所在地为丙市）所开车辆与肇事车辆非常相像，遂将该车扣押，后将该车移交给甲市公安局。张某对乙市公安局的扣押行为不服，欲提起行政诉讼。下列哪个法院对此案有管辖权？（　　）

A. 乙市人民法院，因其是最初作出具体行政行为的行政机关所在地

B. 甲市人民法院，因其是汽车现在被扣押地

C. 丙市人民法院，因其是张某的户籍所在地

D. 上述法院对本案均有管辖权，张某可以选择其一提起诉讼

四、名词解释

1. 行政诉讼管辖

2. 裁定管辖

3. 管辖权异议

五、简答题

1. 简述划分行政诉讼地域管辖应遵循的规则。

2. 简述划分行政诉讼级别管辖应遵循的规则。①

六、论述题

试论我国行政诉讼的裁定管辖。

七、案例分析题

2021年3月23日，乙县公安局接到报案，报案人赵某声称：他在A地购买了一批化肥，雇了司机万某运至B地，运输途中在某旅馆住宿。3月23日早晨，赵某起床发现其所运货物不知所踪，万某也不知去向。乙县公安局根据赵某提供的线索找到甲县的万某。2021年4月11日，乙县公安局以万某涉嫌盗窃为由，将万某收容审查，同时将万某的货车扣押，4月27日，乙县公安局又以追缴赔款为由向万某家属索取人民币5000元，同时将万某解除收容审查，但货车仍然扣押。万某对乙县公安局的处罚决定不服，向甲县人民法院提起行政诉讼。甲县人民法院受理该案后，通知乙县公安局应诉，乙县公安局提出管辖异议，甲县人民法院经审查裁定予以驳回。

问：甲县人民法院对本案有无管辖权？

参考答案

一、单项选择题

1. 答案：D。《行政复议法》第27条规定，对海关、金融、外汇管理等实行垂直领导的行政机关、税务和国家安全机关的行政行为不服的，向上一级主管部门申请行政复议。《行政诉讼法》第15条规定：“中级人民法院管辖下列第一审行政案件：……（二）海关处理的案件；……”第18条第1款规定：“行政案件由最初作出行政行为的行政机关所在地人民法院管辖。经复议的案件，也可以由复议机关所在地人民法院管辖。”

2. 答案：A。参见《行政诉讼法》第20条规定：“因不动产提起的行政诉讼，由不动产所在地人民法院管辖。”

3. 答案：B。本题考查行政诉讼中的管辖。

《行政诉讼法》第19条规定：“对限制人身自由的行政强制措施不服提起的诉讼，由被告所在地或者原告所在地人民法院管辖。”《行诉解释》第8条规定：“行政诉讼法第十九条规定的‘原告所在地’，包括原告的户籍所在地、经常居住地和被限制人身自由地。对行政机关基于同一事实，既采取限制公民人身自由的行政强制措施，又采取其他行政强制措施或者行政处罚不服的，由被告所在地或者原告所在地的人民法院管辖。”故选B。

4. 答案：B。参见《行政诉讼法》第15条规定：“中级人民法院管辖下列第一审行政案件：（一）对国务院部门或者县级以上地方人民政府所作的行政行为提起诉讼的案件；（二）海关处理的案件；（三）本辖区内重大、复杂的案件；（四）其他法律规定由中级人民法院管辖的案件。”

5. 答案：C。参见《行政诉讼法》第15条规定。

6. 答案：D。当人民法院和复议机关同时收到时，行政相对人享有选择权。

7. 答案：D。参见《行政诉讼法》第19条规定：“对限制人身自由的行政强制措施不服提起的诉讼，由被告所在地或者原告所在地人民法院管辖。”《行诉解释》第8条：“行政诉讼法第十九条规定的‘原告所在地’，包括原告的户籍所在地、经常居住地和被限制人身自由地。对行政机关基于同一事实，既采取限制公民人身自由的行政强制措施，又采取其他行政强制措施或者行政处罚不服的，由被告所在地或者原告所在地的人民法院管辖。”

8. 答案：D。参见《行政诉讼法》第20条规定：“因不动产提起的行政诉讼，由不动产所在地人民法院管辖。”

9. 答案：D。参见《行政诉讼法》第18条规

① 编者注：北京大学2006年考研试题——行政诉讼法规定中级人民法院管辖哪些案件。

定："行政案件由最初作出行政行为的行政机关所在地人民法院管辖。经复议的案件，也可以由复议机关所在地人民法院管辖。经最高人民法院批准，高级人民法院可以根据审判工作的实际情况，确定若干人民法院跨行政区域管辖行政案件。"

10. **答案**：B。本题考查经过复议的行政诉讼案件的管辖。首先确定本案的级别管辖法院。《行政诉讼法》第26条第2款规定："经复议的案件，复议机关决定维持原行政行为的，作出原行政行为的行政机关和复议机关是共同被告；复议机关改变原行政行为的，复议机关是被告。"《行诉解释》第22条规定："行政诉讼法第二十六条第二款规定的'复议机关改变原行政行为'，是指复议机关改变原行政行为的处理结果。复议机关改变原行政行为所认定的主要事实和证据、改变原行政行为所适用的规范依据，但未改变原行政行为处理结果的，视为复议机关维持原行政行为。复议机关确认原行政行为无效，属于改变原行政行为。复议机关确认原行政行为违法，属于改变原行政行为，但复议机关以违反法定程序为由确认原行政行为违法的除外。"根据《行政诉讼法》第15条第1项的规定，可排除A、C。《行政诉讼法》第20条规定："因不动产提起的行政诉讼，由不动产所在地人民法院管辖。"因此，本案应当适用不动产案件的专属管辖，D不正确。B为正确答案。

11. **答案**：C。关于A选项，根据《行政诉讼法》第26条规定，经复议的案件，复议机关决定维持原行政行为的，作出原行政行为的行政机关和复议机关是共同被告。《行诉解释》第134条第1款规定："复议机关决定维持原行政行为的，作出原行政行为的行政机关和复议机关是共同被告。原告只起诉作出原行政行为的行政机关或者复议机关的，人民法院应当告知原告追加被告。原告不同意追加的，人民法院应当将另一机关列为共同被告。"A项错误。

关于B选项，《行诉解释》第134条第3款规定："复议机关作共同被告的案件，以作出原行政行为的行政机关确定案件的级别管辖。"故应以作出原行政行为的机关即区卫计局确定级别管辖，B项错误。

关于C选项，《行政诉讼法》第18条第1款规定："行政案件由最初作出行政行为的行政机关所在地人民法院管辖。经复议的案件，也可以由复议机关所在地人民法院管辖。"区卫计局为最初作出行政行为的行政机关，其所在地法院有管辖权，C项正确。

关于D选项，既然复议机关为共同被告，就要对复议决定作出判决。《行诉解释》第136条第1款规定："人民法院对原行政行为作出判决的同时，应当对复议决定一并作出相应判决。"D项错误。

二、多项选择题

1. **答案**：ABCD。《行政诉讼法》第19条规定，对限制人身自由的行政强制措施不服提起的诉讼，由被告所在地或者原告所在地人民法院管辖。《行诉解释》对"原告所在地"解释为包括原告户籍所在地、经常居住地和被限制人身自由地。

2. **答案**：ABCD。参见《行诉解释》第10条规定："人民法院受理案件后，被告提出管辖异议的，应当在收到起诉状副本之日起十五日内提出。对当事人提出的管辖异议，人民法院应当进行审查。异议成立的，裁定将案件移送有管辖权的人民法院；异议不成立的，裁定驳回。人民法院对管辖异议审查后确定有管辖权的，不因当事人增加或者变更诉讼请求等改变管辖，但违反级别管辖、专属管辖规定的除外。"

3. **答案**：ABCD。《行政诉讼法》第15条规定："中级人民法院管辖下列第一审行政案件：（一）对国务院部门或者县级以上地方人民政府所作的行政行为提起诉讼的案件；（二）海关处理的案件；（三）本辖区内重大、复杂的案件；（四）其他法律规定由中级人民法院管辖的案件。"

《行诉解释》第5条规定："有下列情形

之一的，属于行政诉讼法第十五条第三项规定的‘本辖区内重大、复杂的案件’：(一) 社会影响重大的共同诉讼案件；(二) 涉外或者涉及香港特别行政区、澳门特别行政区、台湾地区的案件；(三) 其他重大、复杂案件。”

4. **答案**：AB。对于不属于行政诉讼受案范围的案件，应当不予受理或者驳回起诉，而不是将其移送管辖。D 项中将其移送给上级人民法院属于管辖权转移而非移送管辖。

5. **答案**：BCD。A 项属于案件的主管，而非行政诉讼的管辖。管辖是指关于不同级别和地方的人民法院之间受理第一审行政案件的权限分工，是涉及行政审判的组织体制、公民的诉权保护等基本问题的重要诉讼法律制度。

6. **答案**：AB。参见《行政诉讼法》第 19 条：“对限制人身自由的行政强制措施不服提起的诉讼，由被告所在地或者原告所在地人民法院管辖。”

7. **答案**：ABD。本题考查对裁定管辖的理解。

8. **答案**：ACD。行政诉讼的管辖，是指上下级法院之间和同级法院之间受理第一审行政案件的权限分工，其可以解决的问题包括：(1) 人民法院之间审判行政案件的权限与分工；(2) 起诉人向哪一个人民法院起诉；(3) 行政机关向哪一个人民法院申请执行其具体行政行为。行政诉讼管辖分为级别管辖、地域管辖和裁定管辖三类，其中级别管辖和地域管辖是由法律明确规定的，又称为“法定管辖”。

B 错，由哪个审判庭负责对行政案件的审理属于行政诉讼主审机构的问题。行政诉讼的主审，是指在拥有管辖权的法院内部应由哪一个审判机构具体负责行政案件的审理。主审不解决不同法院之间的权限分工问题。

9. **答案**：ABD。《行政诉讼法》第 21 条规定了选择管辖：“两个以上人民法院都有管辖权的案件，原告可以选择其中一个人民法院提起诉讼。原告向两个以上有管辖权的人民法院提起诉讼的，由最先立案的人民法院管辖。”

A 对，《行政诉讼法》第 19 条规定：“对限制人身自由的行政强制措施不服提起的诉讼，由被告所在地或者原告所在地人民法院管辖。”据此，公民对限制人身自由的行政强制措施不服而起诉的行政案件构成选择管辖。

B 对，C 错，D 对。《行政诉讼法》第 18 条第 1 款规定：“行政案件由最初作出行政行为的行政机关所在地人民法院管辖。经复议的案件，也可以由复议机关所在地人民法院管辖。”

10. **答案**：ABCD。本题考查行政诉讼的地域管辖。

《行政诉讼法》第 18 条第 1 款规定：“行政案件由最初作出行政行为的行政机关所在地人民法院管辖。经复议的案件，也可以由复议机关所在地人民法院管辖。”

11. **答案**：ABC。本题考查行政诉讼的级别管辖。

ABC 对，《行政诉讼法》第 15 条规定：“中级人民法院管辖下列第一审行政案件：(一) 对国务院部门或者县级以上地方人民政府所作的行政行为提起诉讼的案件；(二) 海关处理的案件；(三) 本辖区内重大、复杂的案件；(四) 其他法律规定由中级人民法院管辖的案件。”

《行诉解释》第 5 条规定：“有下列情形之一的，属于行政诉讼法第十五条第三项规定的‘本辖区内重大、复杂的案件’：(一) 社会影响重大的共同诉讼案件；(二) 涉外或者涉及香港特别行政区、澳门特别行政区、台湾地区的案件；(三) 其他重大、复杂案件。”

《行政诉讼法》第 23 条规定，有管辖权的人民法院由于特殊原因不能行使管辖权的，由上级人民法院指定管辖。人民法院对管辖权发生争议，由争议双方协商解决。协商不成的，报它们的共同上级人民法院指定管辖。

12. **答案**：CD。现行《行政诉讼法》第 26 条第 2 款规定：“经复议的案件，复议机关决定维持原行政行为的，作出原行政行为的行政机关和复议机关是共同被告；复议机关改变原行政行为的，复议机关是被告。”本案中，省公安厅维持了没收决定，故应以市公安局和省公安厅为共同被告，A选项错误。所谓行政诉讼第三人，是指与具体行政行为有利害关系的诉讼一方主体。修订后的《行政诉讼法》第29条第1款规定：“公民、法人或者其他组织同被诉行政行为有利害关系但没有提起诉讼，或者同案件处理结果有利害关系的，可以作为第三人申请参加诉讼，或者由人民法院通知参加诉讼。”本案中，李某系从田某处购得该问题轿车，若该轿车被认定为走私车，则田某可能承担相关民事、行政甚至刑事责任。据此，田某可以成为本案第三人，B选项错误。修订后的《行政诉讼法》第18条第1款规定：“行政案件由最初作出行政行为的行政机关所在地人民法院管辖。经复议的案件，也可以由复议机关所在地人民法院管辖。”故本案既可以由市公安局所在地法院管辖，也可以由省公安厅所在地法院管辖。因此，CD两项均正确。

13. 答案：BC。所谓行政处罚，是指行政机关在行政管理过程中，对违反行政管理秩序的相对人实施的惩罚性措施。简言之，行政处罚是对违法行为的行政制裁。在本题中，醉酒并非违法行为，故乙县公安局因宋某醉酒而采取的扣留并非行政处罚，A项错误。根据行政法原理，限制人身自由的行政行为，不是行政处罚，就是行政强制措施。故本案中的扣留应属于行政强制措施。

乙县公安局为被告，管辖法院应当是基层法院。根据《行政诉讼法》第19条的规定，对限制人身自由的行政强制措施不服提起的诉讼，由被告所在地或者原告所在地人民法院管辖。根据《行诉解释》第8条的规定，“原告所在地”，包括原告的户籍所在地、经常居住地和被限制人身自由地。本题中的扣留为行政强制措施，故宋某对此不服的，可以由其户籍所在地甲县法院管辖此案，也可由被告乙县公安局所在地乙县法院管辖。故B、C项应选。根据《行政诉讼法》第29条的规定，同提起诉讼的行政行为和处理结果有利害关系的人才可以作为第三人参加行政诉讼。宋某亲戚与被诉的扣留行为不存在法律上的利害关系，即该扣留未影响宋某亲戚的权益和义务，故D项错误。

三、不定项选择题

1. 答案：(1) ACD。《行政诉讼法》第19条规定：“对限制人身自由的行政强制措施不服提起的诉讼，由被告所在地或者原告所在地人民法院管辖。”

《行诉解释》第8条第1款规定，行政诉讼法第19条规定的“原告所在地”，包括原告的户籍所在地、经常居住地和被限制人身自由地。

综上所述，本题中的星云区人民法院(被限制人身自由地)、境县人民法院（原告的户籍所在地)、心美区人民法院（被告所在地）均有管辖权。

(2) AD。《行政诉讼法》第21条规定：“两个以上人民法院都有管辖权的案件，原告可以选择其中一个人民法院提起诉讼。原告向两个以上有管辖权的人民法院提起诉讼的，由最先立案的人民法院管辖。”

《行政诉讼法》第23条第2款规定：“人民法院对管辖权发生争议，由争议双方协商解决。协商不成的，报它们的共同上级人民法院指定管辖。”

综上所述，如果原告同时向两个以上有管辖权的人民法院提起诉讼的，原则上哪个法院先立案，该案件就由哪个法院管辖；如果受诉法院就由谁管辖本案产生争议，应当报请共同上级法院指定。

(3) BD。根据前述分析，本题中的运好县人民法院对该案没有管辖权，不应该受理此案。

《行政诉讼法》第22条规定：“人民法院发现受理的案件不属于本院管辖的，应当移送有管辖权的人民法院，受移送的人民法院应当受理。受移送的人民法院认为受移送的案件按照规定不属于本院管辖的，应当报请上级人民法院指定管辖，不得再自行移送。”

《行政诉讼法》第 23 条第 2 款规定：“人民法院对管辖权发生争议，由争议双方协商解决。协商不成的，报它们的共同上级人民法院指定管辖。”据此，C 项表述“不能再移送，只能受理该行政案件”错误。

综上所述，运好县人民法院如在受理后发现自己无管辖权，可以将该案件移送至境县人民法院。如果境县人民法院认为自己也没有管辖权，应与运好县人民法院协商解决，协商不成的，报请共同上级法院指定。

2. **答案**：A。《行政诉讼法》第 18 条第 1 款规定“行政案件由最初作出行政行为的行政机关所在地人民法院管辖。经复议的案件，也可以由复议机关所在地人民法院管辖。”

《行政诉讼法》第 19 条规定：“对限制人身自由的行政强制措施不服提起的诉讼，由被告所在地或者原告所在地人民法院管辖。”

综上所述，本题中的情形是扣押财产而不是限制人身自由的行政强制措施，因此，应由最初作出行政行为的行政机关所在地乙市人民法院管辖。

四、名词解释

1. **答案**：行政诉讼管辖是指人民法院之间受理第一审行政案件的职权分工。确定行政诉讼管辖有重要意义：(1) 有利于确定同级人民法院之间审理行政案件的具体分工，明确上下级人民法院之间受理第一审行政案件的权限划分。(2) 有利于使当事人明确在发生争议后到哪一级的哪一个法院去起诉或应诉。
2. **答案**：裁定管辖是相对法定管辖而言的，由法律直接规定诉讼管辖法院的，称作法定管辖。不是根据法律直接规定，而是由法院作出裁定和决定确定诉讼管辖的，称作裁定管辖。裁定管辖包括移送管辖、指定管辖和管辖权的转移。
3. **答案**：管辖权异议是当事人向受诉人民法院提出的该院对于案件没有管辖权的主张。当事人提出管辖权异议，必须符合下列条件：第一，提出异议的主体是本案的当事人，案件的当事人包括原告、被告。第二，管辖权异议的客体是第一审行政案件的管辖权。第三，被告提出管辖权异议的时间须在收到起诉状副本之日起 15 日内。

五、简答题

1. **答案**：行政诉讼地域管辖，又称行政诉讼的土地管辖或区域管辖，它是指在同级人民法院之间横向划分其各自辖区内受理第一审行政案件的权限。根据《行政诉讼法》的规定，地域管辖分为一般地域管辖和特殊地域管辖。

(1) 行政诉讼一般地域管辖规则。一般地域管辖是指按照最初作出具体行政行为的行政机关的所在地为标准来确定行政案件的管辖法院。

(2) 行政诉讼特殊地域管辖规则。特殊地域管辖分为专属管辖和共同管辖两种。①专属管辖。专属管辖是指法律以诉讼标的所在地为标准，强制规定特定的诉讼只能由特定法院进行管辖。《行政诉讼法》第 20 条规定：“因不动产提起的行政诉讼，由不动产所在地人民法院管辖。”②共同管辖。共同管辖是指依照法律规定，两个以上的人民法院对同一行政案件都有管辖权而由原告选择具体管辖法院的管辖。共同管辖主要有以下两种情况：第一，经过行政复议的案件，由最初作出具体行政行为的行政机关所在地或者由复议机关所在地的人民法院管辖。第二，对限制人身自由的行政强制措施不服提起行政诉讼，由被告所在地或者原告所在地人民法院管辖。

2. **答案**：行政诉讼的级别管辖是指上下级人民法院之间受理第一审行政案件的分工和权限。

(1) 基层人民法院管辖的第一审行政案件。《行政诉讼法》第 14 条规定：“基层人民法院管辖第一审行政案件。”除法律特别规定应由中级人民法院、高级人民法院、最高人民法院管辖的案件外，其余所有第一审案件都由基层人民法院管辖。

(2) 中级人民法院管辖下列第一审行政案件：①对国务院部门或者县级以上地方人

民政府所作的行政行为提起诉讼的案件；②海关处理的案件；③本辖区内重大、复杂的案件；④其他法律规定由中级人民法院管辖的案件。

(3) 高级人民法院管辖的第一审行政案件。《行政诉讼法》第16条规定："高级人民法院管辖本辖区内重大、复杂的第一审行政案件。"

(4) 最高人民法院管辖的第一审行政案件。《行政诉讼法》第17条规定："最高人民法院管辖全国范围内重大、复杂的第一审行政案件。"①

六、论述题

答案：《行政诉讼法》第22条、第23条、第24条分别规定的移送管辖、指定管辖和管辖权的转移，均属于裁定管辖。

(1) 移送管辖

移送管辖是指人民法院对已受理的案件经审查发现不属于本法院管辖时，将案件移送给有管辖权的人民法院管辖的一种法律制度。它是无管辖权的人民法院受理了不属于其管辖案件的情况下所采取的一种补救措施，实质上是案件的移送，而不是管辖权的转移。移送管辖必须具备以下三个条件：第一，移送的案件必须是已经受理的案件；第二，移送的法院对案件没有管辖权；第三，受移送的人民法院必须有管辖权。

(2) 指定管辖

指定管辖是指上级人民法院用裁定的方式，将某一案件交由某个下级人民法院进行管辖的法律制度。根据《行政诉讼法》第23条的规定，指定管辖有以下两种情况：一是由于发生了特殊原因，有管辖权的人民法院不能行使管辖权。二是管辖权发生争议，争议的双方法院又协商不成。在这种情况下，应报请它们的共同上级法院指定管辖。

(3) 管辖权的转移

管辖权的转移，是指由上级人民法院决定或者同意，把案件的管辖权由下级人民法院移交给上级人民法院。根据《行政诉讼法》第24条的规定，管辖权的转移可以分为以下两种情况：①上级人民法院有权审理下级人民法院管辖的第一审行政案件。②下级人民法院对其管辖的第一审行政案件，认为需要由上级人民法院审理或指定管辖的，可以报请上级人民法院决定。

七、案例分析题

答案：甲县人民法院对本案享有管辖权。乙县公安局基于同一事实，以涉嫌盗窃为由，对万某作出限制人身自由和扣押财产两个具体行政行为，万某对这两个具体行政行为均不服，向其所在地的甲县人民法院提起诉讼，甲县人民法院对当事人的这两个诉讼可以一并管辖。理由如下：

首先，由原告所在地人民法院一并管辖不违背行政诉讼法有关特殊地域管辖的规定。行政机关基于同一事实对同一当事人作出限制人身自由和扣押财产的两个具体行政行为，从形式上看，收审与扣押财产是两个具体行政行为，但实际上看，它们是紧密联系、相辅相成的，收审的正确与否直接决定着扣押财产的合法性，扣押财产的行为与收审的行为直接相关，收审之诉是主诉，扣押财产之诉是从诉，主诉适用特殊地域管辖规定，从诉也应适用行政诉讼的特殊地域管辖

---

① 编者注：《最高人民法院印发〈关于专利、商标等授权确权类知识产权行政案件审理分工的规定〉的通知》(2009年6月22日，法发〔2009〕39号）第1条规定："下列一、二审案件由北京市有关中级人民法院、北京市高级人民法院和最高人民法院知识产权审判庭审理：（一）不服国务院专利行政部门专利复审委员会作出的专利复审决定和无效决定的案件；（二）不服国务院专利行政部门作出的实施专利强制许可决定和实施专利强制许可的使用费裁决的案件；（三）不服国务院工商行政管理部门商标评审委员会作出的商标复审决定和裁定的案件；（四）不服国务院知识产权行政部门作出的集成电路布图设计复审决定和撤销决定的案件；（五）不服国务院知识产权行政部门作出的使用集成电路布图设计非自愿许可决定的案件和使用集成电路布图设计非自愿许可的报酬裁决的案件；（六）不服国务院农业、林业行政部门植物新品种复审委员会作出的植物新品种复审决定、无效决定和更名决定的案件；（七）不服国务院农业、林业行政部门作出的实施植物新品种强制许可决定和实施植物新品种强制许可的使用费裁决的案件。"

规定。

其次，《行政诉讼法》第 19 条规定："对限制人身自由的行政强制措施不服提起的诉讼，由被告所在地或者原告所在地人民法院管辖。"《行诉解释》第 8 条第 1 款规定，"行政诉讼法第十九条规定的'原告住所地'，包括原告的户籍所在地、经常居住地和被限制人身自由地"。据此条规定，上述三种地点都被视为"原告所在地"。但上述三种情况并不是平分秋色，任意选择。一般而言，"户籍所在地"与"经常居住地"不一致的，原则上由"经常居住地"法院管辖。如果起诉时原告仍在关押之中，原则上应以被限制人身自由所在地法院管辖。就该案件的万某而言，诉讼时，已经被乙县公安局于同年 4 月 27 日解除了"收容审查"，其人身自由已不再受任何限制。因此，万某在其户籍所在地和经常居住地甲县人民法院起诉，完全符合行政诉讼法有关管辖的立法精神。甲县人民法院驳回乙县公安局提出的管辖权异议，是正确的。

第二十五章 行政诉讼参加人

基础知识图解

- 行政诉讼参加人
  - 概述
    - 行政诉讼参加人的概念
    - 行政诉讼当事人的特征
  - 行政诉讼原告
    - 含义及资格条件
    - 行政诉讼原告资格的转移、认定
  - 行政诉讼被告
    - 含义及其条件
    - 一般情形及认定
  - 行政诉讼的共同诉讼人：概念及种类
  - 行政诉讼第三人：概念及种类
  - 行政诉讼代理人
    - 概念及种类
    - 行政诉讼委托代理中的律师代理

配套测试

一、单项选择题

1. 某乡人民政府批准了小河村村民甲建房申请。但当甲开始建房时，乙发现甲占了应属自己的一部分宅基地，甲、乙两人遂发生争执，甲以自己有乡政府批准文件为由不予让步。乙对该批准行为是否享有原告资格？（　　）

A. 不享有。乙所受的侵害来自甲的建房行为，与之发生争执的也是甲，乙应以甲为被告提起民事诉讼而不能以乡政府为被告提起行政诉讼

B. 不享有。乡人民政府的批准行为不是针对乙作出的，乙不能针对该行为提起行政诉讼

C. 享有。乙是合法权益受到损害的相邻权人，可以提起行政诉讼

D. 享有。乙处于乡人民政府批准行为的相关人地位。其虽不是该行为的发动者，但却受到该行为效力的影响

2. 根据《行诉解释》的规定，合伙企业向人民法院提起行政诉讼时的原告是（　　）。

A. 执行合伙事务的合伙人

B. 核准登记的字号

C. 全体合伙人

D. 由合伙人推举产生的负责人

3. 某规划部门批准了甲的建房申请，但甲的房子被水利部门以违章建筑为由强行拆除，甲对水利部门的拆除决定不服向法院起诉。这时规划部门应是（　　）。

A. 共同被告

B. 第三人

C. 原告

D. 不能作为诉讼参与人

4. 行政机关的内设机构或者派出机构在没有法律、法规或者规章授权的情况下，以自己的名义作出具体行政行为，当事人不服提起诉讼的，被告应为（　　）。

A. 行政机关

B. 内设机构或者派出机构

C. 以行政机关和内设机构或者派出机构为共同被告

D. 以内设机构或派出机构为被告，行政机关为第三人

5. 对行政复议机关改变原具体行政行为的复议

决定不服提起行政诉讼，被告是（　　）。
A. 原机关和复议机关
B. 复议机关
C. 复议机关的上级机关
D. 原机关

6. 下列不属于行政诉讼当事人的是（　　）。
A. 原告　　B. 第三人
C. 被告　　D. 委托代理人

7. 行政诉讼中，当事人、法定代理人可委托（　　）作为诉讼代理人。
A. 1~2人　　B. 4人
C. 3人　　D. 1~3人

8. 某市兴建环城公路，需征用郊区某乡耕地100亩，建设单位依法经批准后即对该土地进行了征用，后该乡几户农民因征地补偿费的金额问题与建设单位发生纠纷，提请市政府予以裁决，市政府作出了强制性补偿决定，但农民对此决定不服，则这几户农民（　　）。
A. 应当以建设单位为被告提起民事诉讼
B. 应当以市政府为被告提起民事诉讼
C. 应当以市政府为被告提起行政诉讼
D. 只能向市政府请求重新作出决定

9. 某市某区建委根据市政府总体规划，对某大街实施改造，刘某房屋位于改造区。某日，某区建委改造建设指挥部下达住房安置通知，刘某未搬迁。数日后，区建委工作人员带领50余人强行拆除了刘某房屋，刘某起诉，下列哪个选项是本案被告？（　　）
A. 市政府
B. 某区政府
C. 某区建委
D. 某区建委改造建设指挥部

10. 行政诉讼中，被告无权（　　）。
A. 提出上诉
B. 自行向原告和证人收集证据
C. 作出停止执行原具体行政行为的决定
D. 改变自己所作的具体行政行为

11. 某派出所以扰乱公共秩序为由扣押了高某的拖拉机。高某不服，以派出所为被告提起行政诉讼。诉讼中，法院认为被告应是县公安局，要求变更被告，高某不同意。法院下列哪种做法是正确的？（　　）（司考2007.2.44）
A. 以派出所为被告继续审理本案
B. 以县公安局为被告审理本案
C. 裁定驳回起诉
D. 裁定终结诉讼

二、多项选择题

1. 以下哪些属于类似于原告地位的第三人？（　　）
A. 行政确权案件中的被确权人
B. 行政处罚案件中的受害人或被处罚人
C. 行政裁决案件中未起诉的共同被处罚人
D. 与行政复议决定有利害关系但却未起诉的公民

2. 下列关于行政委托的说法中正确的有（　　）。
A. 受托者的行为一般视为委托者的行为，受托者一般不具有行政主体资格
B. 如果受托者实施的具体行政行为被诉，委托其行使职权的行政机关是被告
C. 行政机关在没有法律、法规或规章规定的情况下，授权其内设机构、派出机构或其他组织行使行政职权的，应视为委托，即行政委托可以在没有法律依据的情况下进行
D. 如果法律、法规或规章有授权的行政机关内设机构等组织，超出法定授权范围实施具体行政行为，被授权组织具备行政主体资格，应作被告

3. 下列关于具体行政行为相关人的表述正确的有（　　）。
A. 具体行政行为的发动人是相关人的一种
B. 相关人的存在是因为具体行政行为的复杂性
C. 相关人是相对人以外的受具体行政行为效力影响的人
D. 行政处罚案件中的受害人、建筑物建设许可中的相邻权人，相对于行政处

罚行为及行政许可行为均是相关人

4. 河西县甜酱厂生产的奇香牌甜酱进入河东县市场后，因其物美价廉，销路特好。河东县当地的 2 家甜酱厂销售额因此受到严重影响。为保护地方经济，河东县政府向河东县范围以内所有的甜酱批发商、零售商下发文件，禁止销售外地甜酱，而当时在河东县市场上的甜酱也只有奇香牌这一种是外地货。下列说法中正确的有（　　）。

A. 河东县政府下发文件的行为是针对特定的对象作出的，是可诉的具体行政行为，河东县甜酱批发商、零售商可以县政府侵犯自己的经营自主权为由提起行政诉讼

B. 河西县甜酱厂是河东县政府文件的相关人，河东县政府的行为实际上侵犯了河西县甜酱厂的公平竞争权，河西县甜酱厂具有原告资格

C. 河西县甜酱厂的公平竞争权虽然受到了河东县政府文件的侵害，但因该行为是不可诉的抽象行政行为，因而河西县甜酱厂不具原告资格

D. 河西县甜酱厂因不是河东县政府文件的相对人，不享有对该行为的原告资格

5. 不具备法人资格的其他组织向人民法院提起行政诉讼（　　）。

A. 由该组织的主要负责人为法定代表人

B. 由该组织的主要负责人指定的人为法定代表人

C. 没有主要负责人的，可以由实际的负责人为法定代表人

D. 没有主要负责人时，由该组织的全体组成人员推选某个成员为法定代表人

6. 人民法院在行政诉讼第一审程序中，可以依职权变更被告。下列情形中哪一做法是正确的？（　　）

A. 无需征得原告同意，而直接变更被告

B. 征得原告的同意后，才能变更被告

C. 原告不同意变更被告的，人民法院不得变更被告，而继续审理案件

D. 原告不同意变更被告的，人民法院裁定驳回起诉

7. 行政诉讼中，作为原告的法人或者其他组织的主要负责人被更换，使得参加诉讼的法定代表人也要更换。对此，下列表述哪些是正确的？（　　）

A. 新的法定代表人不能继续参加诉讼

B. 新的法定代表人应向人民法院提交其身份证明书，继续参加诉讼

C. 已进行的诉讼活动对继续参加诉讼的法定代表人具有约束力

D. 已进行的诉讼活动对继续参加诉讼的法定代表人不具有约束力

8. 行政诉讼中的第三人和民事诉讼中的第三人共同具备的特征是（　　）。

A. 可以本诉的原告和被告为共同被告而主张独立的请求

B. 可以由人民法院通知参加诉讼，也可以申请参加诉讼

C. 因为同双方当事人争议的标的有利害关系，而必然站在本诉的原告和被告的其中一方

D. 参加诉讼的目的是维护自己的合法权益

9. 下列关于行政诉讼上诉人说法不正确的有（　　）。

A. 普通共同诉讼中共同诉讼人一人上诉，其他当事人也被列为上诉人

B. 只有法律规定有上诉权的当事人才能提起上诉，所以第三人不能充当上诉人

C. 在必要的共同诉讼中，如果共同诉讼人的诉讼请求不同，其中一人上诉，其他人不能当然视为上诉人

D. 必要共同诉讼中，共同诉讼人的诉讼请求相同时，其中一人上诉，其他人是当然的上诉人

10. 行政诉讼中，原告可以是（　　）。

A. 具体行政行为直接指向的公民、法人或其他组织

B. 在行政法律关系中处于被管理地位的行政机关

C. 具有原告资格的公民死亡后，承受其权利的近亲属
D. 具有原告资格的组织终止，其权利义务承受者
E. 认为具体行政行为不合法的任何公民

11. 下列可成为行政诉讼案件第三人的有（　　）。
A. 张某因口角将邻居李某打伤，被处罚款200元，李某不服，经复议维持原处罚决定后，李某向法院起诉，张某可成为第三人
B. 两行政机关就同一事项作出相互矛盾的具体行政行为，现甲机关成为行政诉讼被告，则乙机关可为第三人
C. 甲、乙、丙三人因赌博被处罚款，现甲、乙提起行政诉讼，则丙为第三人
D. 某市妇联与市场监督管理局共同作出对出售伪劣妇女用品的某商场的处罚决定，现该商场提起诉讼并要求赔偿，如果商场不同意追加妇联为共同被告，则市妇联应为第三人

12. 市规划局批准房地产企业大力公司在一片旧居民区开发商品房，规划范围内的居民认为自己由于历史原因没有办理土地使用权证，但已经在该片土地上居住40年，规划局在大力公司尚未取得土地使用权证的情况下批准建房是违法的。如果居民不服提起诉讼，下列有关本案原告资格的说法，哪些是错误的？（　　）（司考2002. 2. 73）
A. 居民不是土地合法使用权人，不具备原告资格
B. 法院审查的对象是行政行为的合法性，居民权益是否合法不影响其享有原告资格
C. 规划行为是针对大力公司的，居民不是规划行为的相对人，故不具备原告资格
D. 居民在批准规划阶段不具备原告资格，一旦实施强制拆迁行为便享有原告资格

13. 1997年沈某取得一房屋的房产证。2001年5月其儿媳李某以委托代理人身份到某市房管局办理换证事宜，在申请书一栏中填写“房屋为沈某、沈某某（沈某的儿子）共有”，但沈某后领取的房产证中在共有人一栏空白。2005年沈某将此房屋卖给赵某，并到某市房管局办理了房屋转移登记手续，赵某领取了房产证。沈某某以他是该房屋的共有人为由向某市人民政府申请复议，某市人民政府以房屋转移登记事实不清为由撤销了房屋登记。赵某和沈某不服，向法院提起行政诉讼。下列哪些说法是正确的？（　　）（司考2006. 2. 83）
A. 沈某某和李某为本案的第三人
B. 某市房管局办理此房屋转移登记行为是否合法不属本案的审查对象
C. 某市房管局为沈某办理换证行为是否合法不属本案的审查对象
D. 李某是否有委托代理权是法院审理本案的核心

14. 甲厂是某市建筑装潢公司下属的独立核算的集体企业，2007年1月，某市建筑装潢公司经批准与甲厂脱离隶属关系。2007年4月，行政机关下达文件批准某市建筑装潢公司的申请，将甲厂并入另一家集体企业乙厂。对此行为，下列何者有权向法院起诉？（　　）（司考2008. 2. 86）
A. 甲厂
B. 乙厂
C. 甲厂法定代表人
D. 乙厂法定代表人

15. 关于具体行政行为的效力，下列哪些说法是正确的？（　　）（司考2010. 2. 81）
A. 可撤销的具体行政行为在被撤销之前，当事人应受其约束
B. 具体行政行为废止前给予当事人的利益，在该行为废止后应收回
C. 为某人设定专属权益的行政行为，如此人死亡其效力应终止
D. 对无效具体行政行为，任何人都可以向法院起诉主张其无效

16. 一公司为股份制企业，认为行政机关作出的决定侵犯企业经营自主权，下列哪些主体有权以该公司的名义提起行政诉讼？（　　）（司考 2013. 2. 82）

A. 股东　　B. 股东大会

C. 股东代表大会　　D. 董事会

三、不定项选择题

富康公司欲在阳光市教师公寓前修建一高 20 层的综合大楼。教师公寓的老师们认为规划图中的大楼建成后势必会影响教师公寓 200 多户老师家的正常通风与采光，遂要求市规划局不批准富康公司的申请，并要求富康公司另行择地。但市规划局认为富康公司的申请符合标准，批准了盖楼申请，并向其颁发了相关许可证。

（1）住在教师公寓的老师们对有关部门的批准行为是否享有原告资格？（　　）

A. 不享有。因尽管住在教师公寓的老师们处于相关人地位，但是批准行为还没有对他们的相邻权造成既存的损害，即这种损害是在将来发生的，因此批准行为与住在教师公寓的老师们之间无利害关系

B. 享有，因作为相关人，批准行为已经侵犯了其相邻权，尽管这种损害是大楼建成之后才发生，但是这种损害的发生是必然的，因而可以不必等到损害实际发生才起诉

C. 享有。但是只能等到大楼建成，损害实际发生以后才能起诉

D. 不享有。既然规划局认为盖楼申请符合标准，不会损害住在教师公寓的老师们的相邻权，老师们不能起诉

（2）如果只有两户居民提起了诉讼，其他相关人均未起诉，人民法院在受理之后是（　　）。

A. 有义务通知其他相关人以第三人身份参加诉讼，是否参加，取决于他们自己

B. 因为是必要共同诉讼，对于不愿以第三人身份参加诉讼的其他相关人应该强行列为第三人

C. 可以通知其他利害关系人以第三人身份参加诉讼

D. 因为是必要共同诉讼，因而应当强行追加其他相关人为共同原告

四、名词解释

1. 行政诉讼参加人

2. 行政诉讼的当事人

3. 行政诉讼的原告

4. 行政诉讼的被告

5. 共同诉讼

6. 行政诉讼的第三人

五、简答题

1. 简述行政诉讼过程中的第三人。

2. 简述行政诉讼中发生原告资格转移的几种情形。

六、论述题

行政诉讼的被告是如何认定的？

七、案例分析题

1. 厦门市王某驾驶货轮在我国内海航运时，被上海市海关缉私队查获，货轮上载有禁止进口的货物。上海市海关对该货轮作出处罚决定：该货轮载有我国禁止进口的产品，无合法证明，认定该货物为走私货物，依海关法给予该货轮罚款 2 万元，拘留 10 日，并没收上述走私货物。王某以处罚决定认定事实不清，证据不足为由，向海关总署申请复议，请求海关总署撤销该处罚决定。海关总署经复议，决定除没收走私物品予以维持外，罚款改为 5 万元，并决定对王某处以 15 日的拘留。

问题：

（1）王某仍然不服。王某如果提起行政诉讼应向哪个法院提起？理由是什么？

（2）如果王某提起行政诉讼，应以谁为被告？为什么？

（3）王某如果不经过复议，而直接提起行政诉讼，由谁管辖，谁是被告？为什么？

2. 阳光招待所多次发生卖淫嫖娼事件，市公安局向市市场监督管理局提出吊销该招待

所营业执照的建议。市市场监督管理局市场管理科在接到建议后，即以自己的名义作出吊销阳光招待所营业执照的行政处罚决定。如果阳光招待所针对吊销营业执照的具体行政行为提起行政诉讼，应以谁为被告？

3. 某县卫生防疫站认为某饮食店销售的食品不符合卫生标准，决定对其罚款2000元。饮食店不服，依法向人民法院提起行政诉讼。卫生防疫站为避免败诉，告诉（知）原告若能撤诉，可以减少罚款数额。在原告表示同意后，将罚款数额改为200元。随后，原告向人民法院申请撤诉。

问题：

（1）属于事业单位的县卫生防疫站能否作为本案的被告？为什么？

（2）如果县卫生防疫站具备本案被告资格，人民法院应否准许原告的撤诉申请？为什么？

参考答案

一、单项选择题

1. **答案**：D。AB错D对，行政管理的相关人，是指相对人之外的受具体行政行为效力影响的人。具体行政行为具有复效性，复效性是指具体行政行为一经成立、生效，其产生的效力不仅是行为所直接针对的人，对其他人的权利、义务也会产生影响，或加重其负担或使其受益，这里的"其他人"就是行政管理的相关人。本题中的乙处于乡人民政府批准行为的相关人地位，其虽不是该行为的发动者，但却受到该行为效力的影响，因此乙享有原告的资格。

　　C错，相邻权，是指相邻近的不动产所有人或利用人之间由法律所规定的权利、义务关系，如采光权、排水权、通风权、截水权等。

2. **答案**：B。根据《行诉解释》第15条第1款规定，合伙企业向人民法院提起诉讼的，应当以核准登记的字号为原告。未依法登记领取营业执照的个人合伙的全体合伙人为共同原告；全体合伙人可以推选代表人，被推选的代表人，应当由全体合伙人出具推选书。

3. **答案**：B。参见《行政诉讼法》第29条第1款："公民、法人或者其他组织同被诉行政行为有利害关系但没有提起诉讼，或者同案件处理结果有利害关系的，可以作为第三人申请参加诉讼，或者由人民法院通知参加诉讼。"

4. **答案**：A。参见《行诉解释》第20条第3款："没有法律、法规或者规章规定，行政机关授权其内设机构、派出机构或者其他组织行使行政职权的，属于行政诉讼法第二十六条规定的委托。当事人不服提起诉讼的，应当以该行政机关为被告。"

5. **答案**：B。参见《行政诉讼法》第26条第2款："经复议的案件，复议机关决定维持原行政行为的，作出原行政行为的行政机关和复议机关是共同被告；复议机关改变原行政行为的，复议机关是被告。"

6. **答案**：D。在行政诉讼中，属于当事人的就是原告、被告和第三人，委托代理人不是当事人。

7. **答案**：A。参见《行政诉讼法》第31条："当事人、法定代理人，可以委托一至二人作为诉讼代理人。下列人员可以被委托为诉讼代理人：（一）律师、基层法律服务工作者；（二）当事人的近亲属或者工作人员；（三）当事人所在社区、单位以及有关社会团体推荐的公民。"

8. **答案**：C。

9. **答案**：C。本题考查行政诉讼中被告的确定。

　　C对。《行政诉讼法》第26条第1款规定："公民、法人或者其他组织直接向人民法院提起诉讼的，作出行政行为的行政机关是被告。"可见，行政诉讼中的被告是指作出行政行为的行政主体，本题中强行拆除房屋的行政强制执行行为是区建委实施的，区建委是县级人民政府的工作部门，依法具有行政主体的资格，因而被告应为区建委。

　　D错，某区建委改造建设指挥部不是一级行政机关，只是区建委的内部工作机构，其行为应视为某区建委的行为，故建设指挥部不能作为本案被告。

AB 错，市政府与区政府是某区建委的上级行政机关，它们均未对刘某直接行使行政职权，因此不是本案中的被告。

10. **答案**：B。参见《行政诉讼法》第 35 条：在诉讼过程中，被告及其诉讼代理人不得自行向原告、第三人和证人收集证据。

11. **答案**：C。本题考查对原告起诉被告不适格情形的处理。根据《行诉解释》第 26 条的规定："原告所起诉的被告不适格，人民法院应当告知原告变更被告；原告不同意变更的，裁定驳回起诉。应当追加被告而原告不同意追加的，人民法院应当通知其以第三人的身份参加诉讼，但行政复议机关作共同被告的除外。"据此，C 说法正确，应当选。

二、多项选择题

1. **答案**：ABCD。类似于原告地位的第三人主要有以下几种情形：(1) 行政处罚案件中的被处罚人或者受害人；(2) 行政处罚案件中未起诉的共同被处罚人；(3) 行政确权案件中的被确权人或其他主张权利的人；(4) 行政许可案件中的被许可人或许可争议人；(5) 行政机关裁决的民事纠纷的一方当事人；(6) 与行政复议决定有利害关系但却未起诉的人。

2. **答案**：ABCD。AB 对，《行政诉讼法》第 26 条第 5 款规定："行政机关委托的组织所作的行政行为，委托的行政机关是被告。"据此，受托者的行为一般视为是委托者的行为，受托者一般不具有行政主体资格。如果受托者实施的具体行政行为被诉，委托其行使职权的行政机关是被告。

C 对，《行诉解释》第 20 条第 3 款规定："没有法律、法规或者规章规定，行政机关授权其内设机构、派出机构或者其他组织行使行政职权的，属于行政诉讼法第二十六条规定的委托。当事人不服提起诉讼的，应当以该行政机关为被告。"据此，行政委托可以在没有法律依据的情况下进行。

D 对，《行诉解释》第 20 条第 2 款规定："法律、法规或者规章授权行使行政职权的行政机关内设机构、派出机构或者其他组织，超出法定授权范围实施行政行为，当事人不服提起诉讼的，应当以实施该行为的机构或者组织为被告。"此处的"超出法定授权范围"应理解为内设机构或派出机构行为时超过了法律、法规或规章授权的幅度，而不是超出授权种类。

3. **答案**：BCD。A 错，具体行政行为的发动人是相对人的一种，而不是相关人。相对人，是指具体行政行为所直接针对的人，或是具体行政行为的受领人，或是行政行为的发动人（如申请人），均是直接、明显地受具体行政行为影响的人。

BC 对，相关人，是指相对人以外的受具体行政行为效力影响的人。由于具体行政行为具有复效性，即具体行政行为一经成立、生效，效力所及的不仅仅是行为所直接针对的人，对其他人的权利、义务也会产生影响，或加重其负担或使其受益。因此，相关人的存在是因为具体行政行为的复效性。

D 对，相关人与具体行政行为之间的联系虽不如相对人那样明显，但是，在合法权益受到具体行政行为损害时与相对人一样享有原告资格。例如，行政处罚案件中的受害人、建筑物建设许可中的相邻权人，相对于行政处罚行为及行政许可行为都是相关人。

4. **答案**：AB。河东县政府下发文件的行为是针对特定的对象作出的，是可诉的具体行政行为。河西县甜酱厂是河东县政府文件的相关人，河东县政府的行为实际上侵犯了河西县甜酱厂的公平竞争权，也侵犯了河东县甜酱批发商、零售商的经营自主权。因此，无论是河西县甜酱厂还是河东县甜酱批发商、零售商对该行为均享有原告资格。

5. **答案**：AC。本题考查法定代表人的确定，参见民事诉讼法以及意见中关于法定代表人的规定。

6. **答案**：BD。参见《行诉解释》第 26 条第 1 款规定："原告所起诉的被告不适格，人民法院应当告知原告变更被告；原告不同意变更的，裁定驳回起诉。"

7. **答案**：BC。

8. 答案：BD。公民、法人或者其他组织同被诉行政行为有利害关系但没有提起诉讼，或者同案件处理结果有利害关系的，可以作为第三人申请参加诉讼，或者由人民法院通知参加诉讼。第三人分为原告型、被告型和证人型，所以说第三人不必然站在本诉中的原告和被告其中一方。

9. 答案：AB。本题考查行政诉讼上诉人的相关规定。

10. 答案：ABCD。《行政诉讼法》第25条第1款规定：行政行为的相对人以及其他与行政行为有利害关系的公民、法人或者其他组织，有权提起诉讼。第49条第1项规定：原告是符合本法第25条规定的公民、法人或者其他组织。

11. 答案：ABCD。《行政诉讼法》第29条第1款规定："公民、法人或者其他组织同被诉行政行为有利害关系但没有提起诉讼，或者同案件处理结果有利害关系的，可以作为第三人申请参加诉讼，或者由人民法院通知参加诉讼。"

12. 答案：ACD。本题考查行政诉讼的原告资格。

ACD三项表述错误，《行政诉讼法》第25条第1款规定："行政行为的相对人以及其他与行政行为有利害关系的公民、法人或者其他组织，有权提起诉讼。"据此，行政诉讼原告资格的享有不限于行政相对方。本题中规划范围内的居民已经在该片土地上居住40年，市规划局批准房地产企业在该地开发商品房必然对居民利益产生重大影响，居民属于法律上利害关系人，依法应享有原告资格。

B项表述正确，在起诉阶段，原告权益是否合法不是法院审查的内容，因而不影响其享有原告的资格。

13. 答案：BC。本题考查行政诉讼参与人；行政诉讼中法院的审查对象。

A项中李某只是以委托代理人的身份到房管局办理换证事宜，与某市人民政府的复议行为没有利害关系，所以不得作为第三人；B项中赵某和沈某是对政府撤销登记的行为不服，因此法院只审查撤销行为的合法性；C理由同上；D理由同上。

14. 答案：ABCD。本题考查行政诉讼原告资格。根据《行诉解释》第16条第3款规定，非国有企业被行政机关注销、撤销、合并、强令兼并、出售、分立或者改变企业隶属关系的，该企业或者其法定代表人可以提起诉讼。甲厂作为集体企业，被行政机关合并进入另一家集体企业，则甲厂、甲厂的法定代表人都有权提起诉讼。故A、C正确。同理，乙厂作为集体企业，被强令要求兼并甲厂，因此乙厂、乙厂的法定代表人都有权向法院起诉。故正确答案为ABCD。

15. 答案：AC。本题D项考查原告的主体资格问题。无效的具体行政行为不存在公定力问题，自始确定无效，但是并非任何人都可以向法律起诉主张其无效，因为向法院起诉的一个条件是"与行政行为有利害关系"，据此D选项不正确。

16. 答案：BCD。《行诉解释》第16条规定，股份制企业的股东大会、股东会、董事会等认为行政机关作出的行政行为侵犯企业经营自主权的，可以企业名义提起诉讼。联营企业、中外合资或者合作企业的联营、合资、合作各方，认为联营、合资、合作企业权益或者自己一方合法权益受行政行为侵害的，可以自己的名义提起诉讼。非国有企业被行政机关注销、撤销、合并、强令兼并、出售、分立或者改变企业隶属关系的，该企业或者其法定代表人可以提起诉讼。BCD应选。

三、不定项选择题

答案：（1）B。行政诉讼原告是指认为行政机关和行政机关工作人员的具体行政行为侵犯其合法权益，依照行政诉讼法的规定以自己的名义向法院起诉的公民、法人或者其他组织。

《行诉解释》第12条规定："有下列情形之一的，属于行政诉讼法第二十五条第一款规定的'与行政行为有利害关系'：（一）被诉的行政行为涉及其相邻权或者公平竞争权的；(二) 在行政复议等行政程序中被追加为第三人的；(三) 要求行政机关依法追究加害人法律责任的；(四) 撤销或者变更行政行为涉及其合法权益的；(五) 为维护自身合法权益向行政机关投诉，具有处理投诉职责的行政机关作出或者未作出处理的；(六) 其他与行政行为有利害关系的情形。”相邻权，是指相邻近的不动产所有人或利用人之间由法律所规定的权利、义务关系，如采光权、排水权、通风权、截水权等，相邻权人实际上是处于相关人的地位，有原告的资格。

综上所述，住在教师公寓的老师们作为相关人，批准行为已经侵犯了其相邻权。尽管这种损害是大楼建成之后才发生，但是这种损害的发生是必然的，故可以不必等到损害实际发生才起诉。

(2) A。《行诉解释》第 30 条第 1 款规定：“行政机关的同一行政行为涉及两个以上利害关系人，其中一部分利害关系人对行政行为不服提起诉讼，人民法院应当通知没有起诉的其他利害关系人作为第三人参加诉讼。”据此，本题中人民法院有义务通知其他相关人以第三人身份参加诉讼，是否参加，取决于他们自己。

四、名词解释

1. **答案：**行政诉讼参加人指在诉讼中为保护自己或他人的合法权益而参加诉讼的当事人和类似当事人诉讼地位的人。包括原告、被告、共同诉讼人、第三人、诉讼代理人。

2. **答案：**行政诉讼的当事人是指在发生行政争议后，以自己的名义起诉、应诉或参加诉讼，并受人民法院裁判约束的公民、法人或其他组织和行政主体。当事人具有以下特征：(1) 以自己的名义进行诉讼。(2) 与案件有直接或间接的利害关系。(3) 受人民法院裁判拘束。

3. **答案：**行政诉讼的原告是指认为行政主体及其工作人员的具体行政行为侵犯其合法权益，向人民法院提起诉讼，引起行政诉讼开始的公民、法人或其他组织。行政诉讼的原告应具备以下条件：(1) 必须是作为行政相对人的公民、法人或其他组织。(2) 必须是认为具体行政行为侵犯了其合法权益的行政相对人。(3) 必须是向人民法院提起行政诉讼的行政相对人。

4. **答案：**行政诉讼的被告是被原告诉称作出了侵犯其合法权益的具体行政行为，经人民法院通知应诉的行政机关或法律、法规授权的组织。被告应当具备以下条件：(1) 必须是具有诉讼权利能力的行政机关或法律、法规授权的组织。(2) 必须是具体行政法律关系中作出具体行政行为的行政机关或法律、法规授权的组织。(3) 必须由人民法院通知其应诉。

5. **答案：**在行政诉讼中，当事人一方或双方二人以上的诉讼，称为共同诉讼。原告为二人以上的称为共同原告，被告为二人以上的称为共同被告。共同原告和共同被告统称为共同诉讼人。共同诉讼的构成条件有：(1) 当事人一方或双方必须是二人以上；(2) 因同一行政行为发生的行政案件，或者因同类行政行为发生的行政案件，人民法院认为可以合并审理的并经当事人同意。

6. **答案：**行政诉讼的第三人是指同被诉行政行为有利害关系但没有提起诉讼，或者同案件处理结果有利害关系，在行政诉讼过程中申请参加诉讼或由人民法院通知参加诉讼的公民、法人或其他组织。第三人应具备以下条件：(1) 同被诉具体行政行为有利害关系但没有提起诉讼，或者同案件处理结果有利害关系。所谓有利害关系，是指有法律上的权利、义务关系。(2) 第三人应是行政法律关系的主体。(3) 经本人申请或人民法院通知而参加本诉已经开始但未终结的诉讼。

五、简答题

1. **答案：**行政诉讼过程中的第三人是指同提起诉讼的具体行为有利害关系但没有提起诉讼，或者同案件处理结果有利害关系，为了维护自己的合法权益而参加诉讼的个人或组织。在行政诉讼实践中，常见的行政诉讼的第三人有：

(1) 原告所起诉的被告不适格，人民法

院应当告知原告变更被告；原告不同意变更的，裁定驳回起诉。应当追加被告而原告不同意追加的，人民法院应当通知其以第三人的身份参加诉讼。

此外，两个或两个以上的行政主体如果基于同一事实、针对同一对象作出了相互关联或相互矛盾的行政行为，其中一个行为被诉，其他行政主体应当作为第三人参加诉讼。

(2) 行政机关的同一具体行政行为涉及两个以上利害关系人，其中一部分利害关系人对具体行政行为不服提起诉讼，人民法院应当通知没有起诉的其他利害关系人作为第三人参加诉讼。

大致有以下几种情形：

①行政处罚案件中的受害人或被处罚人。在行政处罚案件中，如有被处罚人和受害人，如果被处罚人不服处罚决定提起行政诉讼，受害人可以作为第三人参加诉讼，如果受害人对处罚决定不服提起行政诉讼，则被处罚人可以作为第三人参加诉讼。

②行政机关与非行政机关共同署名作出处理决定的非行政机关。行政相对人对行政机关与非行政机关共同署名作出的处理决定不服，向法院提起行政诉讼，应当以行政机关为被告，非行政机关作为第三人参加诉讼。

③确权案件中主张权利的人。在专利、商标行政案件中，被行政机关驳回权利申请的一方当事人不服提起行政诉讼的，被确权一方当事人及其他被驳回的申请人应当作为第三人参加诉讼。

④共同利害关系人。行政机关就同一具体行政行为涉及两个以上利害关系人，其中一部分利害关系人对具体行政行为不服提起诉讼，人民法院应当通知没有起诉的其他利害关系人作为第三人参加诉讼。

2. **答案**：根据《行政诉讼法》和最高人民法院司法解释的规定，行政诉讼原告资格的转移主要有以下几种情形：

(1) 有权提起诉讼的公民死亡，其近亲属可以提起诉讼。近亲属的范围包括：配偶、父母、子女、兄弟姐妹、祖父母、外祖父母、孙子女、外孙子女以及其他具有抚养、赡养关系的亲属。公民因被限制人身自由而不能提起诉讼的，其亲属可以依其口头或书面委托以该公民的名义提起诉讼。

(2) 有权提起诉讼的法人或者其他组织终止，承受其权利的法人或者其他组织可以提起诉讼。

六、论述题

答案：行政诉讼被告是指它实施的具体行政行为被作为原告的个人或者组织指控侵犯其行政法上的合法权益，而由人民法院通知应诉的行政主体。

(1) 行政诉讼被告的一般情形。《行政诉讼法》第 26 条分别规定了行政诉讼被告的六种情形：①公民、法人或者其他组织直接向人民法院提起诉讼的，作出行政行为的行政机关是被告。②经复议的案件，复议机关决定维持原行政行为的，作出原行政行为的行政机关和复议机关是共同被告；复议机关改变原行政行为的，复议机关是被告。③复议机关在法定期限内未作出复议决定，公民、法人或者其他组织起诉原行政行为的，作出原行政行为的行政机关是被告；起诉复议机关不作为的，复议机关是被告。④两个以上行政机关作出同一行政行为的，共同作出行政行为的行政机关是共同被告。⑤行政机关委托的组织所作的行政行为，委托的行政机关是被告。⑥行政机关被撤销或者职权变更的，继续行使其职权的行政机关是被告。

(2) 行政诉讼被告认定的其他几种情形。①当事人不服行政机关经上级机关批准实施的具体行政行为，向人民法院提起行政诉讼，应以在对外发生法律效力的文书上署名的机关为被告。②当事人对人民政府组建并赋予相应管理职能但不具有独立承担法律责任能力的机构以自己的名义作出的具体行政行为不服，向人民法院提起行政诉讼，应以组建该机构的人民政府为被告。③当事人对行政机关的内设或派出机构在没有法律、法规授权的情况下以自己的名义作出的具体行政行为不服，向人民法院提起行政诉讼，应以该行政机关为被告。④当事人对法律、法规授权的行政机关所属机构或职能部门、被授权行使行政职权的组织超出法定授权范围实施行政行为不服，向人民法院提起行政诉讼，应以实施该行为的机构、部门或组织为被告。

七、案例分析题

1. **答案**：(1) 王某可以向上海市第二中级人民法院、北京市第二中级人民法院、厦门市中级人民法院任何一个法院提起行政诉讼。第一，因为《行政诉讼法》规定，对海关处理的案件不服的，由中级人民法院管辖。第二，《行政诉讼法》还规定，行政案件由最初作出具体行政行为的行政机关所在地的人民法院管辖。所以上海市中级人民法院有权管辖。第三，《行政诉讼法》还规定，经复议的案件，也可以由复议机关所在地的人民法院管辖。所以，海关总署所在地的北京市中级人民法院有权管辖。第四，因为《行诉解释》规定：行政诉讼法规定的“原告所在地”，包括原告户籍所在地、经常居住地和被限制人身自由所在地。行政机关基于同一事实既对人身又对财产实施行政处罚或者采取强制措施的，被限制人身自由的公民、被扣押或者被没收财产的公民、法人或者其他组织对上述行为均不服的，既可以向被告所在地人民法院提起诉讼，也可以向原告所在地人民法院提起诉讼，受诉人民法院可一并管辖。

(2) 王某应以海关总署为被告。因为行政诉讼法规定，经复议的案件，复议机关改变原具体行政行为的，复议机关是被告。

(3) 王某可以向上海市中级人民法院或厦门市中级人民法院直接提起行政诉讼。王某应以上海市海关为被告。因为《行政诉讼法》规定，公民、法人或者其他组织直接向人民法院提起诉讼的，作出行政行为的机关是被告。

2. **答案**：应以市市场监督管理局为被告。理由如下：

(1) 虽然市市场监督管理局是根据市公安局的建议吊销了阳光招待所的营业执照，但是市公安局的建议对其并没有强制力，仅起到为市市场监督管理局提供管理所需要的信息的作用。因此吊销阳光招待所营业执照的行为是市市场监督管理局的具体行政行为而不是与市公安局的共同行为。

(2) 市市场监督管理局市场管理科仅是市市场监督管理局的一个内设机构，并没有获得法律、法规或规章的授权，因而不能作被告，被告应是其所属的行政机关市市场监督管理局。

3. **答案**：(1) 能。因为根据有关法律、法规的授权，县卫生防疫站可以以自己的名义行使相应的行政处罚权并承担法律后果，具备了行政主体资格。

(2) 不应。因为卫生防疫站的行为是规避法律的违法行为，行政权是国家权力，行政机关不能自行处分。根据《行政诉讼法》第 62 条的规定，原告申请撤诉是否准许，由人民法院裁定。

第二十六章　行政诉讼证据

基础知识图解

- 行政诉讼证据
  - 概述：概念及分类、法定证据种类
  - 举证责任
    - 性质和构成
    - 分配和范围
    - 举证时限
  - 证据规则
    - 提供证据的规则
    - 调取证据的规则
    - 出庭作证规则
    - 质证规则
    - 认证规则
  - 证明标准：概述和设定
  - 证据保全
    - 条件
    - 启动方式
    - 方法
    - 诉前证据保全

配套测试

一、单项选择题

1. 田某对某市房管局向李某核发房屋所有权证的行为不服，以自己是房屋所有权人为由请求法院判决撤销某市房管局的发证行为。田某向法院提交了房屋所有权证，李某向法院提交了该房屋买卖合同，某市房管局向法院提交了李某的房屋产权登记申请、契税完税证等证据。下列哪一说法是正确的？（　　）

A. 房屋所有权证、房屋买卖合同、房屋产权登记申请、契税完税证均系书证

B. 李某可以在一审庭审结束前向法院提交房屋买卖合同

C. 田某向法院提交其房屋所有权证是承担举证责任的表现

D. 法院在收到被告提交的证据后应当出具收据，加盖法院印章和经办人员印章

2. 依据行政诉讼的有关规定，下列哪一证据材料在原告不能自行收集，但能够提供确切线索时，可以申请人民法院调取？（　　）

A. 涉及公共利益的证据材料

B. 涉及个人隐私的证据材料

C. 涉及中止诉讼事项的证据材料

D. 涉及回避事项的证据材料

3. 关于行政诉讼证据，下列哪一说法是正确的？（　　）

A. 人民法院依职权调取的证据，应当在法庭出示，由当事人质证

B. 涉及商业秘密的证据，可以不公开质证

C. 第二审程序中，所有第一审认定的证据无须再质证

D. 生效的人民法院判决书认定的事实无须质证，可以作为定案的证据

4. 下列有关证据收集的说法中正确的是（　　）。

A. 在诉讼过程中，被告经人民法院同意可以向原告收集证据
B. 行政诉讼中被告提供的证据必须来自行政程序
C. 在诉讼过程中，被告不得向原告和证人收集证据
D. 在诉讼过程中，诉讼代理人可向有关证人收集证据

5. 行政诉讼中原告的举证期限是（　　）。
A. 一审庭审结束前
B. 人民法院指定的交换证据之日或一审庭审开始前
C. 法庭辩论终结前
D. 递交起诉状之日起 10 日内

6. 行政诉讼举证责任分担的基本原则是（　　）。
A. 被告负举证责任
B. 原告负举证责任
C. 被告对作出的行政行为负举证责任
D. 原告对作出的行政行为负举证责任

7. 在行政诉讼中，被告向人民法院举证的期限为（　　）。
A. 收到起诉状副本之日起 15 日内
B. 第一审庭审结束前
C. 第二审之前
D. 生效判决作出之前

8. 某区城管执法局以甲工厂的房屋建筑违法为由强行拆除，拆除行为被认定违法后，甲工厂要求某区城管执法局予以赔偿，遭到拒绝后向法院起诉。甲工厂除提供证据证明房屋损失外，还提供了甲工厂工人刘某与当地居民谢某的证言，以证明房屋被拆除时，房屋内有办公用品、机械设备未搬出，应予赔偿。某区城管执法局提交了甲工厂工人李某和执法人员张某的证言，以证明房屋内没有物品。下列哪一选项是正确的？（　　）（司考 2008. 2. 50）
A. 法院不能因李某为甲工厂工人而不采信其证言
B. 法院收到甲工厂提交的证据材料，应当出具收据，由经办人员签名并加盖法院印章
C. 张某的证言优于谢某的证言
D. 在庭审过程中，甲工厂要求刘某出庭作证，法院应不予准许

9. 李某和钱某参加省教委组织的“省中小学教师自学考试”。后省教委以“通报”形式，对李某、钱某等 4 名作弊考生进行了处理，并通知当次考试各科成绩作废，3 年之内不准报考。李某、钱某等均得知该通报内容。李某向省政府递交了行政复议申请书，省政府未予答复。李某诉至法院。下列哪一选项是错误的？（　　）（司考 2007. 2. 42）
A. 法院应当受理李某对通报不服提起的诉讼
B. 李某对省教委提起诉讼后，法院可以通知钱某作为第三人参加诉讼
C. 法院应当受理李某对省政府不予答复行为提起的诉讼
D. 钱某在诉讼程序中提供的、被告在行政程序中未作为处理依据的证据可以作为认定被诉处理决定合法的依据

10. 关于行政诉讼中的证据保全申请，下列哪一选项是正确的？（　　）（司考 2007. 2. 45）
A. 应当在第一次开庭前以书面形式提出
B. 应当在举证期限届满前以书面形式提出
C. 应当在举证期限届满前以口头形式提出
D. 应当在第一次开庭前以口头形式提出

11. 关于在行政诉讼中法庭对证据的审查，下列哪一说法是正确的？（　　）（司考 2010. 2. 49）
A. 从证据形成的原因方面审查证据的合法性
B. 从证人与当事人是否具有利害关系方面审查证据的关联性
C. 从发现证据时的客观环境审查证据的真实性
D. 从复制件与原件是否相符审查证据的合法性

二、多项选择题

1. 以下哪些事实属于人民法院在审理某个行政案件中可能需要查明的事实？（　　）

A. 未载于行政机关的卷宗之中，但确实是行政机关遗漏的事实

B. 原告是否重复起诉

C. 某一行政行为是否需要废止

D. 行政机关所认定的事实

2. 行政诉讼中被告对其作出的具体行为负有举证责任，应当提供（　　）。

A. 作出该具体行政行为的证据

B. 所依据的规范性文件

C. 行政机关及其公务员违法与不当的证据

D. 答辩状

3. 下列事项属于原告举证责任范围的是（　　）。

A. 在一并提起的行政赔偿诉讼中，证明因受被诉行为侵害而造成损害的事实

B. 证明起诉未超过法定期限

C. 在起诉行政机关不作为的案件中，证明提出申请的事实

D. 证明起诉符合法定条件

4. 下列说法正确的有（　　）。

A. 行政诉讼中的定案证据都必须经法庭开庭质证

B. 复议机关在复议过程中收集和补充的证据不能作为人民法院认定原具体行政行为合法的根据

C. 被告在行政程序中非法剥夺公民、法人或者其他组织依法享有的陈述、申辩或者听证权利所采用的证据，不能作为认定被诉具体行政行为合法的依据

D. 被告及其诉讼代理人在作出具体行政行为后收集的证据，不能作为证明具体行政行为合法的证据

5. 甲、乙公司签订了甲公司向乙公司购买五辆“三星”牌汽车的合同。乙公司按约定将汽车运至甲公司所在地火车站。某市工商局接举报扣押了汽车，并最终认定乙公司提供的五辆“三星”牌汽车是国外某一品牌汽车，乙公司将其冒充国产车进行非法销售，遂决定没收该批汽车。乙公司在提起行政诉讼后，向法院提供了该批汽车的技术参数，某市工商局则提供了某省商检局对其中一辆车的鉴定结论。下列哪些说法是正确的？（　　）（司考 2006. 2. 85）

A. 乙公司在提供图片及技术参数时，应附有说明材料

B. 若乙公司提供证据证明某省商检局的鉴定结论内容不完整，法院应不采纳该鉴定结论

C. 某省商检局的鉴定结论为某市工商局处罚乙公司的证据，是法院采纳此鉴定结论的条件之一

D. 对某市工商局的没收决定，甲公司具有原告资格

6. 下列说法中正确的有（　　）。

A. 行政诉讼证据种类广泛，包括了其他诉讼证据中所不具有的现场笔录与其他规范性文件

B. 行政诉讼证据中不包含其他规范性文件，但规范性文件在行政诉讼中同样具有证明作用

C. 行政诉讼证据主要来源于行政程序中，并且主要由被告行政机关来承担

D. 行政诉讼中被告对具体行政行为的合法性承担举证责任，原告只在特定情况下承担对特定事项的举证责任

7. 下列说法正确的有（　　）。

A. 被告及其代理人在行政诉讼过程中不得向原告或者第三人调查、收集证据

B. 被告严重违反法定程序收集的证据不能作为被诉具体行政行为合法的根据

C. 被告应当在收到起诉状副本之日起 10 日内提交答辩状，并提供作出具体行政行为的证据、依据

D. 被告在二审过程中向法庭提交在一审过程中没有提交的证据，法院不予采用

8. 县烟草专卖局发现刘某销售某品牌外国香烟，执法人员表明了自己的身份，并制作了现场笔录。因刘某拒绝签名，随行电视

台记者张某作为见证人在笔录上签名，该局当场制作《行政处罚决定书》，没收15条外国香烟。刘某不服该决定，提起行政诉讼。诉讼中，县烟草专卖局向法院提交了现场笔录、县电视台拍摄的现场录像、张某的证词。下列哪些选项是正确的？（　　）（司考2007.2.84）

A. 现场录像应当提供原始载体

B. 张某的证词有张某的签字后，即可作为证人证言使用

C. 现场笔录必须有执法人员和刘某的签名

D. 法院收到县烟草专卖局提供的证据应当出具收据，由经办人员签名或盖章

9. 许某与汤某系夫妻，婚后许某精神失常。二人提出离婚，某县民政局准予离婚。许某之兄认为许某为无民事行为能力人，县民政局准予离婚行为违法，遂提起行政诉讼。县民政局向法院提交了县医院对许某作出的间歇性精神病的鉴定结论。许某之兄申请法院重新进行鉴定。下列哪些选项是正确的？（　　）（司考2009.2.87）

A. 原告需对县民政局准予离婚行为违法承担举证责任

B. 鉴定结论应有鉴定人的签名和鉴定部门的盖章

C. 当事人申请法院重新鉴定可以口头提出

D. 当事人申请法院重新鉴定应当在举证期限内提出

10. 某县公安局接到有人在薛某住所嫖娼的电话举报，遂派员前往检查。警察到达举报现场，敲门未开破门入室，只见薛某一人。薛某拒绝在检查笔录上签字，警察在笔录上注明这一情况。薛某认为检查行为违法，提起行政诉讼。下列哪些选项是正确的？（　　）（司考2009.2.88）

A. 某县公安局应当对电话举报进行登记

B. 警察对薛某住所进行检查时不得少于二人

C. 警察对薛某住所进行检查时应当出示工作证件和县级以上政府公安机关开具的检查证明文件

D. 因薛某未在警察制作的检查笔录上签字，该笔录在行政诉讼中不具有证据效力

11. 市城管执法局委托镇政府负责对一风景区域进行城管执法。镇政府接到举报并经现场勘验，认定刘某擅自建房并组织强制拆除。刘某父亲和嫂子称房屋系二人共建，拆除行为侵犯合法权益，向法院起诉，法院予以受理。关于此案，下列哪些说法是正确的？（　　）（司考2010.2.89）

A. 此案的被告是镇政府

B. 刘某父亲和嫂子应当提供证据证明房屋为二人共建或与拆除行为有利害关系

C. 如法院对拆除房屋进行现场勘验，应当邀请当地基层组织或当事人所在单位派人参加

D. 被告应当提供证据和依据证明有拆除房屋的决定权和强制执行的权力

12. 梁某酒后将邻居张某家的门、窗等物品砸坏。县公安局接警后，对现场进行拍照、制作现场笔录，并请县价格认证中心作价格鉴定意见，对梁某作出行政拘留8日处罚。梁某向法院起诉，县公安局向法院提交照片、现场笔录和鉴定意见。下列哪些说法是正确的？（　　）（司考2015.2.84）

A. 照片为书证

B. 县公安局提交的现场笔录无当事人签名的，不具有法律效力

C. 县公安局提交的鉴定意见应有县价格认证中心的盖章和鉴定人的签名

D. 梁某对现场笔录的合法性有异议的，可要求县公安局的相关执法人员作为证人出庭作证

13. 县生态环境局现场检查发现某公司涉嫌超标排放废水，取样后委托市环境监测中心站检测。县生态环境局随后依据检测报告、现场拍摄的视频以及证人证言对该公司罚款30万元。该公司不服，提起行政诉讼。县生态环境局提交了上述

证据。下列选项哪些是正确的？（　　）

A. 如果依法应当对该公司进行行政处罚，县生态环境局不给予处罚的，市生态环境局可以直接作出处罚决定

B. 证人证言应附有证明证人身份的文件

C. 提交的视频资料应注明制作方法、制作人、制作时间和证明对象等

D. 检测报告是现场笔录

三、不定项选择题

1. 某县公安局以郭某因邻里纠纷殴打并致邱某轻微伤为由，对郭某作出拘留 10 天的处罚。郭某向法院提起诉讼。某县公安局向法院提交了处罚的主要证据，华某和邱某舅舅叶某二人的证言及该县中心医院出具的邱某的伤情证明。下列说法正确的是（　　）。

A. 华某的证言的证明效力优于叶某的证言

B. 某县公安局申请华某出庭作证，应当在开庭前提出

C. 若华某、叶某二人的证言相互矛盾，法庭应判决撤销某县公安局的处罚决定

D. 若一审法庭未通知邱某参加诉讼，二审法院应将案件发回重审

2. 某药厂以本厂过期药品作为主原料，更改生产日期和批号生产出售。甲市乙县药监局以该厂违反《药品管理法》第 49 条第 1 款关于违法生产药品规定，决定没收药品并处罚款 20 万元。药厂不服向县政府申请复议，县政府依《药品管理法》第 49 条第 3 款关于生产劣药行为的规定，决定维持处罚决定。药厂起诉。关于本案的举证与审理裁判，下列说法正确的有：（　　）（司考 2012. 2. 98）

A. 法院应对被诉行政行为和药厂的行为是否合法一并审理和裁判

B. 药厂提供的证明被诉行政行为违法的证据不成立的，不能免除被告对被诉行政行为合法性的举证责任

C. 如在本案庭审过程中，药厂要求证人出庭作证的，法院不予准许

D. 法院对本案的裁判，应当以证据证明的案件事实为依据

3. 经夏某申请，某县社保局作出认定，夏某晚上下班途中驾驶摩托车与行人发生交通事故受重伤，属于工伤。夏某供职的公司认为其发生交通事故系醉酒所致，向法院起诉要求撤销认定。某县社保局向法院提交了公安局交警大队交通事故认定书、夏某住院的病案和夏某同事孙某的证言。下列说法正确的是：（　　）（司考 2014. 2. 98）

A. 夏某为本案的第三人

B. 某县社保局提供的证据均系书证

C. 法院对夏某住院的病案是否为原件的审查，系对证据真实性的审查

D. 如有证据证明交通事故确系夏某醉酒所致，法院应判决撤销某县社保局的认定

四、名词解释

1. 行政诉讼的证据

2. 直接证据

3. 派生证据

4. 行政诉讼的证明对象

5. 行政诉讼的举证责任

6. 证据保全

五、简答题

1. 试比较行政诉讼举证制度与民事诉讼举证制度的不同。

2. 简述在行政诉讼中由被诉行政主体一方负举证责任的意义。

3. 简述原告在行政诉讼中承担举证责任的事项。

六、论述题

试论述我国行政诉讼的证明标准。

参考答案

一、单项选择题

1. 答案：A。本题考查的是行政诉讼中举证的

有关问题。A项涉及证据的分类，房屋所有权证、房屋买卖合同、房屋产权登记申请、契税完税证确实均系书证。

B项涉及行政诉讼的举证期限，《行诉证据规定》第7条第1款规定，原告或者第三人应当在开庭审理前或者人民法院指定的交换证据之日提供证据。

C项涉及行政诉讼的举证责任。《行政诉讼法》第34条第1款规定，被告对作出的行政行为负有举证责任，应当提供作出该行政行为的证据和所依据的规范性文件。田某不承担举证责任。他向法院提供证据的行为是为了证明其主张，而非承担举证责任。

D项涉及人民法院接受当事人提交证据时的义务规定。《行诉证据规定》第20条规定，人民法院收到当事人提交的证据材料，应当出具收据，注明证据的名称、份数、页数、件数等以及收到的时间，由经办人员签字或者盖章。从该规定来看，并不要求加盖法院印章，因此D项也是错误的。

2. **答案**：B。本题考查的是原告或者第三人申请法院调取证据的法定情形。《行诉证据规定》第22条规定：根据《行政诉讼法》第34条第2款的规定，有下列情形之一的，人民法院有权向有关行政机关以及其他组织、公民调取证据：（一）涉及国家利益、公共利益或者他人合法权益的事实认定的；（二）涉及依职权追加当事人、中止诉讼、终结诉讼、回避等程序性事项的。第23条规定：原告或者第三人不能自行收集，但能够提供确切线索的，可以申请法院调取下列证据材料：涉及国家秘密、商业秘密、个人隐私的证据材料。结合以上法律规定可以确定，A、C、D三项均属人民法院依职权调取证据的情形，只有B项属于原告或者第三人申请法院调取证据的法定情形。

3. **答案**：D。本题考查的是行政诉讼证据的有关规定。《行诉证据规定》第38条第2款规定：人民法院依职权调取的证据，由法庭出示，并可就调取证据的情况进行说明，听取当事人意见。结合该条第1款的规定“当事人申请人民法院调取的证据，由申请调取证据的当事人在庭审中出示，并由当事人质证”来看，对人民法院依职权调取的证据，不用进行质证。所以A项错误。《行诉证据规定》第37条规定：涉及国家秘密、商业秘密和个人隐私或者法律规定的其他应当保密的证据，不得在开庭时公开质证。要注意的是，本条规定为强制性规定，人民法院必须执行。所以B项错误。《行诉证据规定》第50条规定：在第二审程序中，对当事人依法提供的新的证据，法庭应当进行质证；当事人对第一审认定的证据仍有争议的，法庭也应当进行质证。所以C项错误。《行诉证据规定》第70条规定：生效的人民法院裁判文书或者仲裁机构裁判文书确认的事实，可以作为定案依据。所以D项正确。

4. **答案**：A。在行政诉讼过程中，人民法院有权要求当事人提供或补充证据，当人民法院要求被告提供或者补充证据时，被告的取证行为是合法的。据此，在诉讼过程中，被告经人民法院同意可以向原告收集证据，但仅限于以下两种情形：

（1）被告在作出具体行政行为时已经收集，但因不可抗力等正当事由不能提供的。包含两层含义：①被告补充的证据必须是在具体行政行为时已经收集的，并作为作出具体行政行为的依据。②被告补充的证据是由于不可抗力等正当事由而不能向法院提供的。

（2）原告或第三人在诉讼中，提出了其在被告实施行政行为过程中没有提出的反驳理由或者证据的。

5. **答案**：B。《行诉证据规定》第7条规定：“原告或者第三人应当在开庭审理前或者人民法院指定的交换证据之日提供证据。因正当事由申请延期提供证据的，经人民法院准许，可以在法庭调查中提供。逾期提供证据的，视为放弃举证权利。原告或者第三人在第一审程序中无正当事由未提供而在第二审程序中提供的证据，人民法院不予接纳。”

6. **答案**：C。行政诉讼举证责任分担的基本原则是被告对作出的行政行为负举证责任。

7. **答案**：A。参见《行政诉讼法》第67条规定："人民法院应当在立案之日起五日内，将起诉状副本发送被告。被告应当在收到起诉状副本之日起十五日内向人民法院提交作出行政行为的证据和所依据的规范性文件，并提出答辩状。人民法院应当在收到答辩状之日起五日内，将答辩状副本发送原告。被告不提出答辩状的，不影响人民法院审理。"

8. **答案**：A。本题考查行政诉讼证据。人民法院在决定是否采纳某项证据时，应审查证据的"三性"——真实性、关联性和合法性，符合该条件的证据可以作为证据予以采用。根据《行诉证据规定》第42条的规定，不能正确表达意志的人不能作证。《行诉证据规定》第71条列举了7种不能单独作为定案依据的证据，其中与一方当事人有不利关系的证人所作的对该当事人不利的证言和与一方当事人有亲属关系或其他密切关系的证人所作的对该当事人有利的证言都不能单独作为定案依据。李某符合第42条规定的证人条件，并且李某与该厂有密切关系，但所作证言对该厂不利，不属于第71条规定之情况，故法院应采信李某之证言，A项正确。《行诉证据规定》第20条规定，人民法院收到当事人提交的证据材料，应当出具收据，注明证据的名称、份数、页数、件数、种类等以及收到的时间，由经办人员签名或者盖章。故法院收到甲工厂提交的证据材料，应当出具收据，并由经办人员签名或者盖章即可，不需要加盖法院印章。因此B项错误。根据《行诉证据规定》第63条第7项之规定，其他证人证言优于与当事人有亲属关系或者其他密切关系的证人提供的对该当事人有利的证言。谢某作为当地居民与甲工厂并不存在亲属关系或者其他密切关系，因此，张某的证言也就不能优先于谢某的证言。故C项错误。根据《行诉证据规定》第43条之规定，当事人申请证人出庭作证，应当在举证期限届满前提出，并经人民法院许可。当事人在庭审过程中要求证人出庭作证的，法庭可以根据审理案件的具体情况，决定是否准许以及是否延期审理。因此，甲工厂在庭审中要求刘某作证，法庭有权决定是否准许。故D项错误。

9. **答案**：D。本题考查证据证明力的认定。根据《行诉证据规定》第60条第3项的规定，原告或者第三人在诉讼程序中提供的、被告在行政程序中未作为具体行政行为依据的证据，不能作为认定被诉具体行政行为合法的依据。因此，D项错误，为应选项。

10. **答案**：B。本题考查申请证据保全的期限和形式。根据《行诉证据规定》第27条第1款的规定："当事人根据行政诉讼法第三十六条的规定向人民法院申请保全证据的，应当在举证期限届满前以书面形式提出，并说明证据的名称和地点、保全的内容和范围、申请保全的理由等事项。"据此，A、D项说法中的期限错误，C项中的"口头形式"错误，只有B项说法正确，应当选。

11. **答案**：C。《行诉证据规定》第55条规定，法庭应当根据案件的具体情况，从以下方面审查证据的合法性：（1）证据是否符合法定形式；（2）证据的取得是否符合法律、法规、司法解释和规章的要求；（3）是否有影响证据效力的其他违法情形。据此AD选项错误。根据《行诉证据规定》第56条的规定，法庭应当根据案件的具体情况，从以下方面审查证据的真实性：（1）证据形成的原因；（2）发现证据时的客观环境；（3）证据是否为原件、原物，复制件、复制品与原件、原物是否相符；（4）提供证据的人或者证人与当事人是否具有利害关系；（5）影响证据真实性的其他因素。据此C选项正确，B项错误。

二、多项选择题

1. **答案**：ABCD。人民法院在审理某个行政案件时可能需要查明的事实有：某一行政行为是否需要废止；行政机关所认定的事实等。

2. **答案**：AB。参见《行诉证据规定》第1条："根据行政诉讼法第三十二条和第四十三条的规定，被告对作出的具体行政行为负有举证责任，应当在收到起诉状副本之日起十日内，提供据以作出被诉具体行政行为的全部证据和所依据的规范性文件……"

3. **答案**：ACD。A 对，《行诉证据规定》第 5 条规定："在行政赔偿诉讼中，原告应当对被诉具体行政行为造成损害的事实提供证据。"B 错，《行诉证据规定》第 4 条第 3 款规定："被告认为原告起诉超过法定期限的，由被告承担举证责任。"C 对，《行诉证据规定》第 4 条第 2 款规定："在起诉被告不作为的案件中，原告应当提供其在行政程序中曾经提出申请的证据材料。但有下列情形的除外：（一）被告应当依职权主动履行法定职责的；（二）原告因被告受理申请的登记制度不完备等正当事由不能提供相关证据材料并能够作出合理说明的。"D 对，《行诉证据规定》第 4 条第 1 款规定："公民、法人或者其他组织向人民法院起诉时，应当提供其符合起诉条件的相应的证据材料。"

4. **答案**：ABCD。A 对，根据《行政诉讼法》第 33 条规定，证据必须经法庭审查属实，方可作为认定案件事实的根据。B 对，《行诉证据规定》第 61 条规定："复议机关在复议程序中收集和补充的证据，或者作出原具体行政行为的行政机关在复议程序中未向复议机关提交的证据，不能作为人民法院认定原具体行政行为合法的依据。"CD 对，《行诉证据规定》第 60 条规定："下列证据不能作为认定被诉具体行政行为合法的依据：（一）被告及其诉讼代理人在作出具体行政行为后或者在诉讼程序中自行收集的证据；（二）被告在行政程序中非法剥夺公民、法人或者其他组织依法享有的陈述、申辩或者听证权利所采用的证据；（三）原告或者第三人在诉讼程序中提供的、被告在行政程序中未作为具体行政行为依据的证据。"

5. **答案**：ABC。本题考查行政诉讼证据；行政诉讼原告资格。根据《行诉证据规定》第 10 条第 1 款第 3 项的规定，当事人向人民法院提供书证的，应当符合下列要求：……（三）提供报表、图纸、会计账册、专业技术资料、科技文献等书证的，应当附有说明材料……A 正确，应选。根据上述司法解释第 62 条第 3 项的规定，对被告在行政程序中采纳的鉴定结论，原告或者第三人提出证据证明有下列情形之一的，人民法院不予采纳：……（三）鉴定结论错误、不明确或者内容不完整。B 正确，应选。证据必须具有关联性，是证据被采纳的条件之一，某省商检局的鉴定结论是某市工商局作出行政处罚的证据，与被诉行政行为密切相关。C 正确，应选。该案中工商局没收的是乙公司非法销售的某外国品牌汽车，并非甲公司订购的国产车，甲公司对该批车不具有法律上的利害关系，根据行政行为的相对性原则，对于工商局的没收决定，甲公司没有原告资格。D 错误，不应选。

6. **答案**：BCD。A 错，BC 对，《行政诉讼法》第 33 条规定："证据包括：（一）书证；（二）物证；（三）视听资料；（四）电子数据；（五）证人证言；（六）当事人的陈述；（七）鉴定意见；（八）勘验笔录、现场笔录。以上证据经法庭审查属实，才能作为认定案件事实的根据。"其中并不包括其他规范性文件。但根据《行政诉讼法》第 34 条第 1 款规定："被告对作出的行政行为负有举证责任，应当提供作出该行政行为的证据和所依据的规范性文件。"据此，规范性文件在行政诉讼中同样具有证明作用。行政诉讼证据主要来源于行政程序中，且主要由被告行政机关来承担。D 对，《行政诉讼法》第 34 条规定："被告对作出的行政行为负有举证责任，应当提供作出该行政行为的证据和所依据的规范性文件。被告不提供或者无正当理由逾期提供证据，视为没有相应证据。但是，被诉行政行为涉及第三人合法权益，第三人提供证据的除外。"据此，行政诉讼中被告对具体行政行为的合法性承担举证责任。《行诉证据规定》第 4 条规定："公民、法人或者其他组织向人民法院起诉时，应当提供其符合起诉条件的相应的证据材料。在起诉被告不作为的案件中，原告应当提供其在行政程序中曾经提出申请的证据材料。但有下列情形的除外：（一）被告应当依职权主动履行法定职责的；（二）原告因被告受理申请的登记制度不完备等正当事由不能提供相关证据材料并能够作出合理说明的。被告认为原告起诉超过法定期限的，由被告承担举证责任。”综上所述，原告只在特定情况下承担对特定事项的举证责任。

7. 答案：BC。被告及其诉讼代理人在行政诉讼中不得自行向原告或者其他公民、法人和其他组织调查收集证据，但是在得到人民法院许可的某些情形下是可以收集证据的。参见《行政诉讼法》第35条。另外，被告在二审过程中向法庭提交的在一审过程中没有提交的证据，不能作为二审法院撤销或者变更一审裁判的根据，并非绝对不予采用。

8. 答案：AD。本题考查对提供证据的要求。关于A，根据《行诉证据规定》第12条第1项的规定，当事人向人民法院提供计算机数据或者录音、录像等视听资料的，应当提供有关资料的原始载体。所以，A正确，应当选。根据《行诉证据规定》第13条的规定：“……当事人向人民法院提供证人证言的，应当符合下列要求：（一）写明证人的姓名、年龄、性别、职业、住址等基本情况；（二）有证人的签名，不能签名的，应当以盖章等方式证明；（三）注明出具日期；（四）附有居民身份证复印件等证明证人身份的文件。”B项至少缺乏第1项和第4项规定的要件，因此，B说法错误。根据《行诉证据规定》第15条的规定：“根据行政诉讼法第三十一条第一款第（七）项的规定，被告向人民法院提供的现场笔录，应当载明时间、地点和事件等内容，并由执法人员和当事人签名。当事人拒绝签名或者不能签名的，应当注明原因。有其他人在现场的，可由其他人签名。法律、法规和规章对现场笔录的制作形式另有规定的，从其规定。”所以，C说法错误。根据《行诉证据规定》第20条的规定：“人民法院收到当事人提交的证据材料，应当出具收据，注明证据的名称、份数、页数、件数、种类等以及收到的时间，由经办人员签名或者盖章。”所以，D说法正确，应当选。

9. 答案：BD。根据《行诉证据规定》第1条规定，被告对作出的具体行政行为负有举证责任。同时根据《行诉证据规定》第6条规定，原告可以提供证明被诉具体行政行为违法的证据。原告提供的证据不成立的，不免除被告对被诉具体行政行为合法性的举证责任。据此，本案当中，应该由某县民政局对准予离婚行为的合法性承担举证责任，原告有提供证据证明民政局的行为违法的权利，但是不承担证明其违法的举证责任。故A项错误。根据《行诉证据规定》第14条规定，被告向人民法院提供的在行政程序中采用的鉴定结论，应当载明委托人和委托鉴定的事项、向鉴定部门提交的相关材料、鉴定的依据和使用的科学技术手段、鉴定部门和鉴定人鉴定资格的说明，并应有鉴定人的签名和鉴定部门的盖章。通过分析获得的鉴定结论，应当说明分析过程。据此，B项正确。根据《行诉证据规定》第29条规定，原告或者第三人有证据或者有正当理由表明被告据以认定案件事实的鉴定结论可能有错误，在举证期限内书面申请重新鉴定的，人民法院应予准许。据此，C项错误，D项正确。

10. 答案：ABC。根据《治安管理处罚法》第77条规定，公安机关对报案、控告、举报或者违反治安管理行为人主动投案，以及其他行政主管部门、司法机关移送的违反治安管理案件，应当及时受理，并进行登记。据此，A选项正确。根据该法第87条规定，公安机关对与违反治安管理行为有关的场所、物品、人身进行检查时，人民警察不得少于二人，并应当出示工作证件和县级以上人民政府公安机关开具的检查证明文件。对确有必要立即进行检查的，人民警察经出示工作证件，可以当场检查，但检查公民住所应当出示县级以上人民政府公安机关开具的检查证明文件。据此，警察对薛某住所进行检查时不得少于两人；同时，因为是对住所进行检查，不能当场进行，必须出示工作证件和县级以上政府公安机关开具的检查证明文件。故B、C选项正确。根据该法第88条规定，检查的情况应当制作检查笔录，由检查人、被检查人和见证人签名或者盖章；被检查人拒绝签名的，人民警察应当在笔录上注明。据此，薛某未签字但警察注明情况的笔录是符合法律规定的，具有合法性，具有证据效力。故D选项错误。

11. 答案：BCD。根据《行政诉讼法》第26条规定，由行政机关委托的组织所作的行政行为，委托的行政机关是被告。该案中委托机关市城管执法局为被告，A选项错误。根据《行诉证据规定》第4条第1款："公民、法人或者其他组织向人民法院起诉时，应当提供其符合起诉条件的相应的证据材料。"因此，刘某父亲和嫂子应当提供相应证据证明房屋为二人共建或与拆除有利害关系，B选项正确。根据《行诉证据规定》第33条第2款规定，法院进行现场勘验，"勘验人必须出示人民法院的证件，并邀请当地基层组织或者当事人所在单位派人参加"，据此C选项正确。根据《行诉证据规定》第1条规定，被告行政机关应当对作出具体行政行为的合法性提供全部证据和所依据的规范性文件，本案中即表现为应提供证据证明被告有拆除房屋的决定权和强制执行的权力，D选项正确。

12. 答案：ACD。根据《行诉证据规定》第10条规定，当事人向人民法院提供书证的，应当符合下列要求：(1)提供书证的原件，原本、正本和副本均属于书证的原件。提供原件确有困难的，可以提供与原件核对无误的复印件、照片、节录本。(2)提供由有关部门保管的书证原件的复制件、影印件或者抄录件的，应当注明出处，经该部门核对无异后加盖其印章。(3)提供报表、图纸、会计账册、专业技术资料、科技文献等书证的，应当附有说明材料。(4)被告提供的被诉行政行为所依据的询问、陈述、谈话类笔录，应当有行政执法人员、被询问人、陈述人、谈话人签名或者盖章。法律、法规、司法解释和规章对书证的制作形式另有规定的，从其规定。故照片属于书证，选项A正确。《行诉证据规定》第15条规定，被告向人民法院提供的现场笔录，应当载明时间、地点和事件等内容，并由执法人员和当事人签名。当事人拒绝签名或者不能签名的，应当注明原因。有其他人在现场的，可由其他人签名。法律、法规和规章对现场笔录的制作形式另有规定的，从其规定。由上述规定可知，现场笔录没有当事人签名，但注明原因或第三人签名佐证的，具有证据效力。B项说法太绝对，故选项B错误。

《行诉证据规定》第14条规定，被告向人民法院提供的在行政程序中采用的鉴定意见，应当载明委托人和委托鉴定的事项、向鉴定部门提交的相关材料、鉴定的依据和使用的科学技术手段、鉴定部门和鉴定人鉴定资格的说明，并应有鉴定人的签名和鉴定部门的盖章。通过分析获得的鉴定意见，应当说明分析过程。故选项C正确。

《行诉证据规定》第44条第1项规定，对现场笔录的合法性或者真实性有异议的，原告或者第三人可以要求相关行政执法人员作为证人出庭作证。故选项D正确。

13. 答案：BC。

三、不定项选择题

1. 答案：ACD。A项中，根据《行诉证据规定》第63条规定，证明同一事实的数个证据，其证明效力一般可以按照下列情形分别认定：其他证人证言优于与当事人有亲属关系或者其他密切关系的证人提供的对该当事人有利的证言。因此，华某作为与当事人无亲属或其他密切关系的证人，证言的证明力更高。

C项中，根据《行政诉讼法》第70条规定，行政行为有下列情形之一的，人民法院判决撤销或者部分撤销，并可以判决被告重新作出行政行为：(1)主要证据不足的；(2)适用法律、法规错误的；(3)违反法定程序的；(4)超越职权的；(5)滥用职权的；(6)明显不当的。本项属于主要证据不足的情形，法院应当判决撤销具体行政行为。

D项中，根据《行诉解释》第30条的规定，行政机关的同一行政行为涉及两个以上利害关系人，其中一部分利害关系人对行政行为不服提起诉讼，人民法院应当通知没有起诉的其他利害关系人作为第三人参加诉讼。与行政案件处理结果有利害关系的第三人，可以申请参加诉讼，或者由人民法院通知其参加诉讼。人民法院判决其承担义务或者减损其权益的第三人，有权提出上诉或者申请再审。《行政诉讼法》第29条规定的第三人，因不能归责于本人的事由未参加诉讼，但有证据证明发生法律效力的判决、裁定、调解书损害其合法权益的，可以依照《行政诉讼法》第90条的规定，自知道或者应当知道其合法权益受到损害之日起6个月内，向上一级人民法院申请再审。第109条第3款规定，原审判决遗漏了必须参加诉讼的当事人或者诉讼请求的，第二审人民法院应当裁定撤销原审判决，发回重审。本案中邱某作为利害关系人，应当参加诉讼，如果没有，则二审法院应当撤销原审判决，发回重审。因此，D项正确。

至于B项，法院要求华某出庭作证，是行政诉讼中法官审查判断行政机关作出具体行政行为所依据的证据的必然要求，并不需要公安局申请。

2. 答案：BD。根据行政诉讼原理，在行政诉讼案件中，人民法院对被诉具体行政行为是否合法进行审理并裁判，故A项称“药厂的行为是否合法一并审理和裁判”的说法错误。根据《行诉证据规定》第6条规定，原告可以提供证明被诉具体行政行为违法的证据；原告提供的证据不成立的，不免除被告对被诉具体行政行为合法性的举证责任。故B项正确。根据该法第43条规定，当事人申请证人出庭作证的，应当在举证期限届满前提出，并经人民法院许可；当事人在庭审过程中要求证人出庭作证的，法庭可以根据审理案件的具体情况，决定是否准许以及是否延期审理。据此，C项“法院不予准许”的说法过于绝对，法院享有根据审理案件的具体情况“决定是否准予”的裁量权。根据该法第53条规定，人民法院裁判行政案件，应当以证据证明的案件事实为依据。故D项正确。

3. 答案：ACD。夏某当然属于第三人，如果不参加诉讼对自己有利的工伤认定有可能被撤销，夏某一定要参加诉讼陈述事实、提供证据。A选项正确。

B选项中夏某同事孙某的证言不属于书证，错误不选。

根据《行诉证据规定》第56条规定，法庭应当根据案件的具体情况，从以下方面审查证据的真实性：(1) 证据形成的原因；(2) 发现证据时的客观环境；(3) 证据是否为原件、原物，复制件、复制品与原件、原物是否相符；(4) 提供证据的人或者证人与当事人是否具有利害关系；(5) 影响证据真实性的其他因素。依据上述第3项规定，所以C选项正确，当选。

“如有证据证明交通事故确系夏某醉酒所致”，某县社保局的工伤认定则是建立在虚假证据基础上的，法院以没有相应事实根据为由判决撤销就是正确的，故而D选项正确当选。

四、名词解释

1. 答案：行政诉讼的证据是能够用来证明行政案件真实情况的一切材料或手段。要使证据能够证明案件的真实情况，证据必须具备以下特征：第一，证据必须具有客观真实性。证据所记载的情况和所反映的情况必须是客观真实的。第二，证据必须与案件的事实具有一定的关联性，证据所证明的事实必须是案件的事实，证据与案件事实之间存在内在的联系。第三，证据必须具有合法性。证据的来源、内容、形式以及取得证据的方式和程序应当合法。

2. 答案：直接证据是指只凭借证据本身具有的性质、特征和内容就可以证明案件事实的证据。

3. 答案：派生证据是指从原始证据中衍生出来或者在信息传递中间环节中形成的证据。派生证据是经过一定媒介手段加工产生的，它本身的品质和内容不能直接产生证明作用，但是可以利用派生证据寻找、发现和核实原始证据，或者与其他证据结合起来证明案件事实。

4. 答案：行政诉讼的证明对象也称待证事实，是指行政诉讼中真实情况不明，需要加以证明的，对案件的解决具有重要意义的事实。具有以下特征：(1) 待证事实是对案件的解决具有重要意义的事实；(2) 待证事实是真相不明的法律事实；(3) 待证事实不仅包括案件事实，而且包括证据事实；(4) 行政诉讼的待证事实还包括被告行政机关作出具体行政行为所依据的规范性文件。

5. **答案**：行政诉讼的举证责任是指由法律预先规定，在行政案件的真实情况难以确定的情况下，由一方当事人提供证据予以证明，如果其提供不出相应事实情况的证据，则承担败诉风险及不利后果的制度。

6. **答案**：证据保全是指在证据可能灭失或者以后难以取得的情况下，人民法院根据诉讼参加人的请求或依职权采取措施对证据加以确定和保护的一项诉讼制度。采取证据保全措施需要具备以下几个条件：(1) 必须存在可能灭失或者以后难以取得证据的情况。可能灭失，是指证据以后有可能不存在或者提供证据的人有可能不存在。(2) 采取保全措施的证据必须是与案件有一定的关联性。即该项证据能够证明该行政案件的事实，案件事实与证据之间存在内在的联系。(3) 提请证据保全的时间一般应当是在诉讼开始之后法院调查程序开始之前。

五、简答题

1. **答案**：根据《行政诉讼法》的规定，我国行政诉讼举证制度与民事诉讼举证制度相比，有如下区别：

区别	民事诉讼举证制度	行政诉讼举证制度
举证责任分担	实行“谁主张，谁举证”的原则，原告负有更多的举证责任	实行“谁作出行政行为谁举证”的原则，由被告承担基本的举证责任
证明要求侧重点	侧重点主要放在原、被告双方当事人主张的事实基础和合法性上	侧重点主要放在被诉行政行为的事实基础和合法性上
证明对象	主要是原、被告双方当事人所主张的事实，包括法律事实和相关的证据事实	是被诉的行政行为，因此，被诉的行政主体应证明作出具体行政行为的事实根据和法律根据

2. **答案**：行政诉讼法确定被告对被诉具体行政行为负举证责任，是行政诉讼举证责任的原则和特色，在行政法中具有重要意义，其主要理论和实践依据如下：

(1) 由被告负举证责任，有利于保护原告一方的诉权。行政相对人难以了解行政管理行为的具体依据和有关的专业知识，由原告承担举证责任其诉权得不到实质性的保护。

(2) 由被告负举证责任，有利于充分发挥行政主体的举证优势。在国家行政管理活动中，行政主体不需要相对人同意，可自行依据法律、行政规范和相应事实作出具体行政行为，举证能力比原告强，由其负举证责任有利于当事人双方的诉讼地位在事实上的平等。

(3) 由被告负举证责任，有利于行政主体依法行政。根据依法行政的要求，行政主体在作出具体行政行为之时，应当具有事实根据和法律依据，否则就是非法的和无效的，由原告负举证责任也是依法行政本身的要求。

3. **答案**：《行政诉讼法》第34条的规定并不意味着原告不承担任何举证责任。一般而言，其承担举证责任的事项包括：(1) 其起诉符合行政诉讼要件（或者行政诉讼受理条件）的事实；(2) 主张行政机关不作为违法的，其已提出申请的事实；(3) 主张行政机关滥用职权的，行政机关滥用职权的事实；(4) 在侵权赔偿诉讼中，证明其所受到的损害的事实。

六、论述题

答案：(1) 证明标准是为了实现法定证明任务，法律规定在每一个案件中诉讼证明必须达到的程度。证明标准是衡量证据的证明程度的标准，它既是衡量当事人举证到何种程度才能满足举证要求的标准，又是法官据以确信案件事实以及评判法官对事实认定是否妥当的尺度。

(2) 关于在行政诉讼中应当采取何种证明标准，存在不同的意见。

在如何设定行政诉讼的证明标准上，应当考虑以下因素：第一，应当考虑法律程序的价值取向。第二，设定证明标准还应当考虑举证责任的差异，因推进责任和说服责任的不同而不同。第三，设定证明标准应当考虑行政案件的性质及对当事人权益影响的大小程度。

（3）由于行政案件的特殊性和多样性，证明行政案件事实的方式也具有多样性，不可能适用单一的证明标准，而应当根据不同的案件类型，有针对性地分别适用不同的证明标准。具体来说：

①以明显优势证明标准为原则。除法律和《行诉证据规定》另有规定外，法庭应当适用明显优势证明标准认定案件事实。这种证明标准充分体现了行政诉讼的特色。

②以优势证明标准和严格证明标准为补充。

对于严重影响相对人权利的行政案件适用严格证明标准或排除合理怀疑标准。因为拘留、责令停产停业、吊销执照等行政案件，对行政相对人的人身权、财产权益产生重大的影响，对行政机关应当有更高的证明要求，因而应当适用与刑事诉讼相同的证明标准。

对于下列行政案件应当适用优势证明标准：第一，财产权或者人身权争议的行政裁决案件，因为这类案件在性质上属于经过行政机关处理的民事案件，因而应当适用通行的民事证明标准。第二，非行政行为的案件。因为非行政行为诉讼类似于民事诉讼，诉讼标的主要是民事权益，适用民事诉讼的审理规则，因而其证明标准也应采用民事诉讼的证据优势标准。第三，行政机关适用简易程序作出具体行政行为的案件以及行政机关采取临时保全措施的案件。

第二十七章　行政诉讼程序

基础知识图解

- 行政诉讼程序
  - 诉与诉权
    - 诉的概念、种类
    - 诉的合并和分离
    - 诉权
  - 起诉和受理
    - 起诉、法院的审查
    - 受理
    - 起诉与受理的法律意义
  - 一审程序
    - 审理前的准备
    - 开庭审理
    - 共同诉讼、撤诉、缺席判决、财产保全与先予执行
  - 二审程序
    - 上诉的提起
    - 对上诉的受理
    - 二审审理
  - 审判监督程序
    - 提起
    - 再审程序
  - 诉讼中止、诉讼终结与期间、送达
    - 诉讼中止
    - 诉讼终结
    - 期间与期日
    - 送达

配套测试

一、单项选择题

1. 如果当事人申请复议后又向法院起诉的，只要因复议机关逾期不作决定，诉讼是在复议期满之日起 15 天内提出的，人民法院（　　）受理。

A. 必须　　B. 应当

C. 可以　　D. 不能

2. 人民法院审判行政案件的具体组织形式是（　　）。

A. 行政审判庭　　B. 合议庭

C. 独任法官　　D. 审判委员会

3. 法律、法规未规定行政复议是行政诉讼的必经程序的，公民、法人或其他组织既提起诉讼又申请复议的，应如何处理？（　　）

A. 由复议机关先行受理，因为先复议后诉讼是处理复议与诉讼关系的原则

B. 由法院先受理，因为处理复议与诉讼的关系应遵循司法最终解决原则

C. 由最先受理的机关管辖

D. 由复议机关与法院协商解决

4. 行政相对人在起诉书中指控的被告为行政机关工作人员时，受诉人民法院应（　　）。

A. 应予受理，因为最终明确被告是法院的职责，法院可要求起诉人补正

B. 不予受理，因为起诉不满足有明确的被告的要求

C. 应予受理，因为指明行政机关工作人员就已满足起诉有明确被告的要求
D. 不予受理，因为行政诉讼的被告只能是行政主体，而不能是行政机关工作人员

5. 下列说法中正确的是（　　）。
A. 被诉具体行政行为合法与否在其他生效的刑事、民事、行政判决中已被确认，当事人再提起行政诉讼的，人民法院都应当受理，人民法院应给当事人提供再次获得司法救济的机会
B. 如果被诉具体行政行为合法与否在其他生效的刑事、民事、行政判决中已被确认，当事人再提起行政诉讼的，人民法院不予受理
C. 被诉具体行政行为合法与否只有在其他生效的民事、行政判决中已被确认，当事人再提起行政诉讼的，人民法院才不予受理
D. 被诉具体行政行为合法与否只有在其他生效的行政判决中已被确认，当事人再提起行政诉讼的，人民法院才不予受理

6. 行政相对人提起行政诉讼必须“有具体的诉讼请求与事实根据”中的“事实根据”的含义是（　　）。
A. 行政相对人必须提供行政处理决定书等能够证明具体行政行为的法律文书
B. 行政相对人必须提供能够证明具体行政行为违法的事实根据与法律依据
C. 行政相对人必须能够提供证明具体行政行为违法的事实证据
D. 行政相对人只要能够提供证明具体行政行为存在即满足要求

7. 下列说法中正确的是（　　）。
A. 行政诉讼中起诉状副本送达被告后，法庭辩论终结前，原告提出新的诉讼请求或变更原诉讼请求的，人民法院都应予准许
B. 行政诉讼中起诉状副本送达被告后，原告提出新的诉讼请求的，人民法院不予准许，但有正当理由的除外
C. 行政诉讼中起诉状副本送达被告后，原告不可以提出新的诉讼请求，但变更原诉讼请求的，人民法院应予准许
D. 行政诉讼中起诉状副本送达被告后，法庭辩论终结前，原告提出新的诉讼请求的，人民法院应予准许

8. 下列说法正确的是（　　）。
A. 在诉讼过程中，被告人因为原告仍有其他违法行为并对其作出处理，原告不服向同一人民法院起诉的，人民法院应当合并审理
B. 在诉讼过程中，被告改变原具体行政行为，原告不同意撤诉，同时对改变后的具体行政行为亦不服向人民法院起诉的，人民法院可以合并审理
C. 两个以上行政机关分别依据不同的法律、法规对同一事实作出具体行政行为，公民、法人或者其他组织不服向同一人民法院起诉的，人民法院应当合并审理
D. 行政机关就同一事实对若干公民、法人或其他组织分别作出具体行政行为，公民、法人或者其他组织不服向同一人民法院起诉的，人民法院应当合并审理

9. 区工商局以涉嫌虚假宣传为由扣押了王某财产，王某不服诉至法院。在此案的审理过程中，法院发现王某涉嫌受贿犯罪需追究刑事责任。法院的下列哪种做法是正确的？（　　）（司考 2006. 2. 43）
A. 终止案件审理，将有关材料移送有管辖权的司法机关处理
B. 继续审理，待案件审理终结后，将有关材料移送有管辖权的司法机关处理
C. 中止案件审理，将有关材料移送有管辖权的司法机关处理，待刑事诉讼程序终结后，恢复案件审理
D. 继续审理，将有关材料移送有管辖权的司法机关处理

10. 下列不属于中止诉讼的情形是（　　）。
A. 案件的审理以其他相关刑事、民事或者其他行政案件的审理结果为依据，

而相关案件尚未审结的

B. 作为一方当事人的行政机关、法人或其他组织终止，尚未确定权利义务承受人的

C. 原告死亡，没有近亲属或者近亲属放弃诉讼权利的

D. 案件涉及法律适用问题，须送请有权机关作出解释或确认的

11. 下列属于终结诉讼情形的是（　　）。

A. 作为一方当事人的行政机关终止的

B. 原告丧失诉讼行为能力，中止诉讼满90天仍未确定法定代理人的

C. 原告在诉讼过程中死亡的

D. 案件的审理应以相关民事、刑事或者其他行政案件的审理结果为依据，而相关案件尚未审结的

12. 人民法院对于下列哪种案件，根据当事人申请，可以书面裁定先予执行？（　　）

A. 要求行政机关依法赔偿损失

B. 要求行政机关依法返还罚款

C. 要求行政机关依法发放抚恤金

D. 要求行政机关依法解除收容审查

13. 吴某向人民法院提起行政诉讼，法院以向上级请示为由一直未予任何答复，吴某应当如何处理？（　　）

A. 可以向上一级人民法院起诉

B. 可以向上一级人民法院上诉

C. 可以向上一级人民检察院申诉

D. 可以请求同级人民检察院抗诉

14. 下列关于行政诉讼二审审查内容的说法正确的是（　　）。

A. 行政诉讼二审既审查被诉具体行政行为的合法性，又审查一审裁判，且不受当事人上诉范围的限制

B. 行政诉讼二审的审查范围受当事人上诉范围的限制

C. 行政诉讼二审只审查一审裁判，原则上不涉及被诉具体行政行为的合法性

D. 行政诉讼二审只审查被诉具体行政行为的合法性

15. 下列说法中正确的是（　　）。

A. 二审中行政机关不能改变原具体行政行为

B. 二审中行政机关原则上不能改变原具体行政行为，但有正当理由的除外

C. 二审中行政机关原则上不能改变原具体行政行为，但对方当事人同意申请撤回上诉法院准许的除外

D. 二审中行政机关可以改变具体行政行为，只要通知法院即可

16. 下列说法中正确的是（　　）。

A. 行政诉讼二审实行书面审理

B. 行政诉讼二审实行开庭审理

C. 行政诉讼二审事实清楚的可以实行书面审理，但事实不清、证据不足的开庭审理

D. 行政诉讼二审原则上实行开庭审理，经过阅卷、调查和询问当事人，对没有提出新的事实、证据或者理由，合议庭认为不需要开庭审理的，也可以不开庭审理

17. 行政诉讼中，起诉状副本送达被告后，下列关于行政诉讼程序的哪种说法是正确的？（　　）（司考2006.2.50）

A. 原告可以提出新的诉讼请求，但变更原诉讼请求的，法院不予准许

B. 法庭辩论终结前，原告提出新的诉讼请求的，法院应予准许

C. 法庭辩论终结前，原告提出新的诉讼请求或变更原诉讼请求的，法院应予准许

D. 原告提出新的诉讼请求的，法院不予准许，但有正当理由的除外

18. 甲有乙、丙两子。甲与乙曾订立赡养协议，并将自己的10棵荔枝树全部给乙。县政府向乙颁发了10棵荔枝树的林权证。甲去世后，丙认为自己的继承权受到侵犯，要求镇政府处理。镇政府重新分割了荔枝树，还派员将荔枝果摘下来变卖，保存价款3000元，烂果400斤交由乙处理。乙不服，向法院提起行政诉讼。下列哪一选项是错误的？（　　）（司考2007.2.43）

A. 诉讼过程中，县政府颁发给乙的林权

证仍然有效

B. 如果乙撤诉后，以同一事实和理由重新起诉的，法院不予受理

C. 法院将起诉状副本送达被告后，乙提出被告应赔偿荔枝烂果损失的诉讼请求，法院应予准许

D. 镇政府变卖荔枝果并保存价款的行为没有法律依据

19. 经王某请求，国家专利复审机构宣告授予李某的专利权无效，并于 2011 年 5 月 20 日向李某送达决定书。6 月 10 日李某因交通意外死亡。李某妻子不服决定，向法院提起行政诉讼。下列哪一说法是正确的？（　　）（司考 2012.2.46）

A. 李某妻子应以李某代理人身份起诉

B. 法院应当通知王某作为第三人参加诉讼

C. 本案原告的起诉期限为 60 日

D. 本案原告应先申请行政复议再起诉

20. 李某失业后向民政局申领最低生活保障金，民政局经过审查发现李某不符合最低生活保障金的申领条件，作出不予核准的决定。李某不服，提起行政诉讼。在诉讼过程中，李某申请先予执行。下列哪一说法是正确的？（　　）

A. 李某申请先予执行，应当提供担保

B. 李某经行政复议后方可申请先予执行

C. 如果法院作出先予执行裁定，民政局不服可以申请复议

D. 法院应当适用确认判决

二、多项选择题

1. 人民法院判决被告重新作出具体行政行为的被告（　　）。

A. 可以以同一事实不同理由作出与原行政行为基本相同的行政行为

B. 可以以不同事实同一理由作出与原行政行为基本相同的行政行为

C. 可以以同一事实同一理由作出与原行政行为基本相同的行政行为

D. 不得作出与原行政行为基本相同的行政行为

2. 行政诉讼中原告申请撤诉的条件是（　　）。

A. 申请撤诉必须是原告自愿的

B. 必须是因为被告改变了被诉的具体行政行为

C. 必须符合法律规定，不得侵犯国家集体或者他人的合法权益

D. 必须在人民法院宣判前提出

3. 王某因不服市场监督管理局的责令停业处罚向人民法院提起诉讼。经审查，某市场监督管理局干部李某违法违纪，挟私报复而对王某作出处罚决定，则人民法院应当（　　）。

A. 直接处理李某

B. 将材料移交市场监督管理局或者其上一级行政机关

C. 将材料移交检察机关

D. 将材料移交有关监察机关

4. 根据《行政诉讼法》的规定，公民、法人或其他组织提起行政诉讼必须具备的条件有（　　）。

A. 必须是符合《行政诉讼法》第 25 条规定的公民、法人或其他组织

B. 必须有明确的被告

C. 必须有具体的诉讼请求和事实根据

D. 起诉的案件属于人民法院受案范围和受诉人民法院管辖

5. 下列说法中正确的有（　　）。

A. 原告申请撤诉经人民法院准许后又起诉的，人民法院应予受理

B. 原告或上诉人申请撤诉，人民法院裁定不予准许的，原告或上诉人经合法传唤无正当理由拒不到庭或者未经法庭许可中途退庭的，人民法院可以缺席判决

C. 被告改变原具体行政行为，原告申请撤诉，人民法院不予准许的，原告与被告经合法传唤，原告无正当理由拒不到庭的，人民法院可以缺席判决

D. 原告或者上诉人经合法传唤，无正当理由拒不到庭或者未经法庭许可中途退庭可以按撤诉处理

6. 行政诉讼中的财产保全与非诉行政案件执

行前的财产保全的区别有（　　）。

A. 申请人不同

B. 申请财产保全的原因不同

C. 前者分为人民法院依申请和依职权这两种形式采取财产保全措施，后者只能是人民法院依申请采取财产保全措施

D. 前者申请人可以不提供担保，后者申请人必须提供担保

7. 下列属于中止审理的情形的是（　　）。

A. 案件证据不足，须传唤新的证人到庭或继续调查、取证的

B. 案件涉及法律适用问题需送请有权机关作出解释的

C. 原告死亡，须等待其近亲属表明是否参加诉讼的

D. 一方当事人因不可抗力的事由不能参加诉讼的

8. 下列说法中正确的有（　　）。

A. 法律、法规规定行政复议为提起行政诉讼的必经程序，公民、法人或者其他组织既提起诉讼又申请复议的，由先受理的机关管辖

B. 公民、法人或者其他组织已经申请复议，在法定复议期间又向法院起诉的，法院不予受理

C. 法律、法规规定行政复议为提起行政诉讼的必经程序，公民、法人或者其他组织未经复议直接向法院提起行政诉讼的，法院不予受理

D. 法律、法规未规定行政复议为提起行政诉讼的必经程序，公民、法人或者其他组织向复议机关申请复议后，又经复议机关同意撤回复议申请的，在法定期限内对原具体行政行为提起诉讼的，法院应当受理

9. 在复议机关不受理复议申请或在法定复议期间内不作复议决定的情形下，下列说法中正确的有（　　）。

A. 如果法律、法规未规定复议是诉讼的必经程序的，公民、法人或其他组织可以直接向法院起诉，可以起诉复议机关不履行法定职责

B. 如果法律、法规未规定复议是诉讼的必经程序的，公民、法人或其他组织可以向法院起诉，但只能请求法院判令履行法定职责，而不能要求法院直接审理原具体行政行为

C. 如果法律、法规未规定复议是诉讼的必经程序的，公民、法人或其他组织可以直接向法院起诉，可以起诉原具体行政行为

D. 如果法律、法规未规定复议是诉讼的必经程序的，公民、法人或其他组织只能向复议机关的上级机关申诉，而不能直接向法院起诉

10. 下列哪些选项属于人民法院不能裁定驳回起诉的情形？（　　）

A. 起诉人所起诉的具体行政行为合法与否已在其他生效的民事判决中被确认

B. 原告因未按规定缴纳案件受理费而按撤诉处理的，在法定起诉期间内又起诉的

C. 规章规定行政复议为提起诉讼的必经程序，当事人未经复议直接向人民法院提起诉讼的

D. 当事人在行政机关作出具体行政行为时不知道具体行政行为的内容，从具体行政行为作出之日起5年内提起行政诉讼的

11. 下列关于行政诉讼起诉期限的说法正确的是（　　）。

A. 复议机关逾期不作决定的，申请人可以在复议期满之日起60日内向人民法院提起诉讼

B. 公民、法人或其他组织直接向人民法院提起诉讼的，应当自知道或者应当知道作出行政行为之日起6个月内提出

C. 如果单行法律规定的起诉期限与《行政诉讼法》所规定的起诉期限不同时，应适用单行法律的有关规定

D. 公民、法人或其他组织不知道行政机关作出的具体行政行为的，其起诉期

限从知道或应当知道该具体行政行为之日计算，但除涉及不动产的具体行政行为外，其他具体行政行为从作出之日起超过 5 年提起诉讼的，人民法院不予受理

12. 行政诉讼过程中，在哪些情形下，人民法院可以按照撤诉处理？（　　）

A. 原告经合法传唤无正当理由拒不到庭的

B. 上诉人认为法院偏袒被告未经法庭许可中途退庭的

C. 原告申请撤诉，法院裁定不予准许，经合法传唤拒不到庭的

D. 被告改变原具体行政行为，原告不撤诉的

13. 行政诉讼中，当事人对裁定可以提起上诉的情形有（　　）。

A. 起诉不予受理的裁定

B. 不准许撤诉的裁定

C. 中止或终结诉讼的裁定

D. 驳回起诉的裁定

14. 下列选项中属于引起审判监督程序的原因的有（　　）。

A. 原判决、裁定认定事实的主要证据不足

B. 原判决、裁定适用法律、法规确有错误

C. 原判决、裁定违反法定程序可能影响公正审判

D. 有新的证据足以推翻原判决、裁定的

15. 段某拥有两块山场的山林权证。林改期间，王某认为该山场是自家的土改山，要求段某返还。经村委会协调，段某同意把部分山场给予王某，并签订了协议。事后，段某反悔，对协议提出异议。王某请镇政府调处，镇政府依王某提交的协议书复印件，向王某发放了山林权证。段某不服，向县政府申请复议，在县政府作出维持决定后向法院起诉。下列哪些选项是正确的？（　　）（司考 2009. 2. 84）

A. 对镇政府的行为，段某不能直接向法院提起行政诉讼

B. 县政府为本案第三人

C. 如当事人未能提供协议书原件，法院不能以协议书复印件单独作为定案依据

D. 如段某与王某在诉讼中达成新的协议，可视为本案被诉具体行政行为发生改变

16. 2009 年 3 月 15 日，严某向某市房管局递交出让方为郭某（严某之母）、受让方为严某的房产交易申请表以及相关材料。4 月 20 日，该局向严某核发房屋所有权证。后因家庭纠纷郭某想出售该房产时发现房产已不在名下，于 2013 年 12 月 5 日以该局为被告提起诉讼，要求撤销向严某核发的房屋所有权证，并给自己核发新证。一审法院判决驳回诉讼请求，郭某提出上诉。下列哪些说法是正确的？（　　）

A. 本案的起诉期限为 2 年

B. 本案的起诉期限从 2009 年 4 月 20 日起算

C. 如诉讼中郭某解除对诉讼代理人的委托，在其书面报告法院后，法院应当通知其他当事人

D. 二审法院应对一审法院的裁判和被诉具体行政行为是否合法进行全面审查

17. 交警大队以方某闯红灯为由当场处以 50 元罚款，方某不服起诉。法院适用简易程序审理。关于简易程序，下列哪些说法是正确的？（　　）（司考 2016. 2. 84）

A. 由审判员一人独任审理

B. 法院应在立案之日起 30 日内审结，有特殊情况需延长的经批准可延长

C. 法院在审理过程中发现不宜适用简易程序的，裁定转为普通程序

D. 对适用简易程序作出的判决，当事人不得提出上诉

18. 甲、乙两村因土地使用权发生争议，县政府裁决使用权归甲村。乙村不服向法院起诉撤销县政府的裁决，并请求法院判定使用权归乙村。关于乙村提出的土地使用权归属请求，下列哪些说法是正确的？（　　）（司考 2016. 2. 85）

A. 除非有正当理由的，乙村应于第一审开庭审理前提出
B. 法院作出不予准许决定的，乙村可申请复议一次
C. 法院应单独立案
D. 法院应另行组成合议庭审理

19. 关于行政诉讼简易程序，下列哪些说法是正确的？（　　）（司考 2015. 2. 83）
A. 对第一审行政案件，当事人各方同意适用简易程序的，可以适用
B. 案件涉及款额 2000 元以下的发回重审案件和上诉案件，应适用简易程序审理
C. 适用简易程序审理的行政案件，由审判员一人独任审理
D. 适用简易程序审理的行政案件，应当庭宣判

20. 在行政诉讼中，针对下列哪些情形，法院应当判决驳回原告的诉讼请求？（　　）
A. 起诉被告不作为理由不能成立的
B. 受理案件后发现起诉不符合起诉条件的
C. 被诉具体行政行为合法，但因法律变化需要变更或者废止的
D. 被告在一审期间改变被诉具体行政行为，原告不撤诉的

21. 县政府征用某公司名下的酒店作为急性传染性病毒密切接触者的隔离酒店，某公司不服，申请行政复议。市政府认为某公司的复议申请超过了法定期限，不予受理。某公司不服，提起行政诉讼，下列选项哪些是准确的？（　　）
A. 某公司不服征用决定提起行政诉讼的，被告是县政府
B. 本案为复议前置案件，某公司对征用决定不服提起行政诉讼的，法院不予立案
C. 本案县政府和市政府为共同被告
D. 当事人各方同意适用简易程序的，法院可以适用简易程序审理

三、不定项选择题

1. 某公司提起行政诉讼，要求撤销区教育局作出的《关于不同意申办花蕾幼儿园的批复》，并要求法院判令该局在 20 日内向花蕾幼儿园颁发独立的《办学许可证》。一审法院经审理后作出确认区教育局批复违法的判决，但未就颁发《办学许可证》的诉讼请求作出判决。该公司不服一审判决，提起上诉。下列说法正确的是：（　　）（司考 2007. 2. 93）
A. 二审法院应当裁定撤销一审判决
B. 二审法院应当维持一审判决
C. 二审法院可以裁定发回一审法院重审
D. 二审法院应当裁定发回一审法院重审，一审法院应当另行组成合议庭进行审理

2. 张某通过房产经纪公司购买王某一套住房并办理了转让登记手续，后王某以房屋买卖合同无效为由，向法院起诉要求撤销登记行为。行政诉讼过程中，王某又以张某为被告就房屋买卖合同的效力提起民事诉讼。下列选项正确的是：（　　）（司考 2010. 2. 99）
A. 本案行政诉讼中止，等待民事诉讼的判决结果
B. 法院可以决定民事与行政案件合并审理
C. 如法院判决房屋买卖合同无效，应当判决驳回王某的行政诉讼请求
D. 如法院判决房屋买卖合同有效，应当判决确认转让登记行为合法

3. 2006 年 5 月 9 日，县公安局以甲偷开乙的轿车为由，向其送达 1000 元罚款的处罚决定书。甲不服，于同月 19 日向市公安局申请行政复议。6 月 8 日，复议机关同意甲撤回复议申请。6 月 20 日，甲就该处罚决定向法院提起行政诉讼。下列说法正确的是：（　　）（司考 2010. 2. 100）
A. 对甲偷开的轿车县公安局可以扣押
B. 如甲能够证明撤回复议申请违背其真实意思表示，可以同一事实和理由再次对该处罚决定提出复议申请
C. 甲逾期不缴纳 1000 元罚款，县公安局可以每日按罚款数额的 3%加处罚款
D. 法院不应当受理甲的起诉

某环保联合会对某公司提起环境民事公益诉讼，因在诉讼中需要该公司的相关环保资料，遂向县环保局提出申请公开该公司的排污许可证、排污口数量和位置等有关环境信息。申请书中载明了单位名称、住所地、联系人及电话并加盖了公章、获取信息的方式等。县环保局收到申请后，要求环保联合会提供申请人身份的证明材料。环保联合会提供了社会团体登记证复印件。县环保局以申请公开的内容不明确为由拒绝公开，该环保联合会遂提起行政诉讼。

请回答第 4~6 题。

4. 关于本案的信息公开申请及其处理，下列说法正确的是：(　　)（司考 2017. 2. 97）

A. 环保联合会可采用数据电文形式提出信息公开

B. 环保联合会不具有提出此信息公开申请的资格

C. 县环保局有权要求环保联合会提供申请人身份的证明材料

D. 县环保局认为申请内容不明确的，应告知环保联合会作出更改、补充

5. 关于本案的起诉，下列说法正确的是：(　　)（司考 2017. 2. 98）

A. 本案由县环保局所在地法院或者环保联合会所在地法院管辖

B. 起诉期限为 6 个月

C. 如法院当场不能判定起诉是否符合条件的，应接受起诉状，出具注明收到日期的书面凭证，并在 7 日内决定是否立案

D. 如法院当场不能判定起诉是否符合条件，7 日内仍不能作出判断的，应裁定暂缓立案

6. 若法院受理此案，关于此案的审理，下列说法正确的是：(　　)（司考 2017. 2. 99）

A. 法院审理第一审行政案件，当事人各方同意适用简易程序的，可适用简易程序

B. 县环保局负责人出庭应诉的，可另委托 1 名至 2 名诉讼代理人

C. 县环保局应当对拒绝的根据及履行法定告知和说明理由义务的情况举证

D. 法院应要求环保联合会对其所申请的信息与其自身生产、生活、科研等需要的相关性进行举证

四、名词解释

1. 行政诉讼的受理

2. 受理事先审查

3. 诉讼中止

4. 诉讼终结

5. 案件移送

6. 缺席判决

7. 留置送达

五、简答题

1. 简述公民、法人或其他组织向人民法院提起行政诉讼应当具备的条件。

2. 简述行政诉讼撤诉的种类及其应具备的条件。

3. 简述提起审判监督程序的几种方式。

六、论述题

试论述行政诉讼中的共同诉讼。

参考答案

一、单项选择题

1. 答案：B。《行政诉讼法》第 45 条规定："……不服复议决定的，可以在收到复议决定书之日起十五日内向人民法院提起诉讼。复议机关逾期不作决定的，申请人可以在复议期满之日起十五内向人民法院提起诉讼。法律另有规定的除外。"

2. 答案：B。人民法院审理行政案件和其他案件一样，都是采用合议庭的形式。

3. 答案：C。《行诉解释》第 57 条规定："法律、法规未规定行政复议为提起行政诉讼必经程序，公民、法人或者其他组织既提起诉讼又申请行政复议的，由先立案的机关管辖；同时立案的，由公民、法人或者其他组织选择。公民、法人或者其他组织已经申请

行政复议，在法定复议期间内又向人民法院提起诉讼的，人民法院裁定不予立案。”

4. **答案**：A。起诉的条件包括：(1) 原告适格；(2) 有明确的被告；(3) 有具体的诉讼请求和事实根据；(4) 属于人民法院的受案范围和受诉人民法院管辖。所谓“有明确的被告”，是指原告起诉需明确指出实施具体行政行为的行政机关，法律、法规授权的组织名称，即明确与自己发生行政争议的机关的名称。实践中，原告指明的被告不一定是真正的被告，但只要原告指明自己告谁，有明确被告的要求即满足。如果原告所指控的被告为行政机关工作人员，因某种条件所限弄不清应告哪一行政机关，人民法院应该帮助原告找出应该作为被告的行政机关，并让原告在起诉书中补正，即行政相对人在起诉书中指控的被告为行政机关工作人员时，最终明确被告是法院的职责。

5. **答案**：D。如果被诉具体行政行为合法与否在其他生效的民事或刑事判决中已被确认的，当事人再提起行政诉讼的，人民法院应予受理；但如果被诉具体行政行为合法与否已在其他生效的行政判决中被确认的，当事人再提起行政诉讼的，人民法院不予受理。因为如果受理将出现不一致的判决而导致无法执行的情况发生。注意民事判决、刑事判决与行政判决的区别。

6. **答案**：D。事实根据，是指原告向法院起诉所依据的事实和根据，要求原告提供事实根据只是为了证明案情事实（主要是具体行政行为）是否存在，而不是要求原告提供证据证明具体行政行为违法，即不是要求原告承担具体行政行为的举证责任。对原告所提供的事实根据，也不要求具有全面的、真实的证明作用，只要能够证明具体行政行为存在即满足要求。

7. **答案**：B。《行诉解释》第70条规定：“起诉状副本送达被告后，原告提出新的诉讼请求的，人民法院不予准许，但有正当理由的除外。”

8. **答案**：B。《行诉解释》第73条规定：“根据行政诉讼法第二十七条的规定，有下列情形之一的，人民法院可以决定合并审理：(一)两个以上行政机关分别对同一事实作出行政行为，公民、法人或者其他组织不服向同一人民法院起诉的；(二)行政机关就同一事实对若干公民、法人或者其他组织分别作出行政行为，公民、法人或者其他组织不服分别向同一人民法院起诉的；(三)在诉讼过程中，被告对原告作出新的行政行为，原告不服向同一人民法院起诉的；(四)人民法院认为可以合并审理的其他情形。”

9. **答案**：D。本题考查案件的移送。行政诉讼审查的对象是行政行为的合法性，如果涉及犯罪行为，需移送有管辖权的司法机关处理。而行政诉讼与刑事司法没有关系，不以刑事案件的审结为前提，所以无须中止或终止行政案件审理，因此A、B、C说法均错误。

10. **答案**：C。《行诉解释》第88条规定：“在诉讼过程中，有下列情形之一的，终结诉讼：(一)原告死亡，没有近亲属或者近亲属放弃诉讼权利的；(二)作为原告的法人或者其他组织终止后，其权利义务的承受人放弃诉讼权利的。因本解释第八十七条第一款第一、二、三项原因中止诉讼满九十日仍无人继续诉讼的，裁定终结诉讼，但有特殊情况的除外。”据此，C项表述属于诉讼终结的情形。

11. **答案**：B。AD项表述均属诉讼中止的情形；B项表述属诉讼终结的情形；C错，原告在诉讼过程中死亡还需在中止诉讼满90天仍无人继续诉讼的，方可终结审理。

12. **答案**：C。本题考查行政诉讼中的先予执行。《行政诉讼法》第57条第1款规定：“人民法院对起诉行政机关没有依法支付抚恤金、最低生活保障金和工伤、医疗社会保险金的案件，权利义务关系明确、不先予执行将严重影响原告生活的，可以根据原告的申请，裁定先予执行。”

13. **答案**：A。本题考查行政诉讼的起诉程序。A对，《行政诉讼法》第52条规定：“人民法院既不立案，又不作出不予立案裁定的，当事人可以向上一级人民法院起诉。上一级人民法院认为符合起诉条件的，应当立案、审理，也可以指定其他下级人民法院立案、审理。”B错，上诉须针对一审判决或裁定提出，而本题中受诉人民法院既未作出裁定也未作出任何判决，所以无法上诉。C错，申诉应向上一级人民法院提出。D错，抗诉须针对生效的一审判决或裁定提出，而本题中检察院没有可以抗诉的一审裁判。

14. **答案**：A。《行政诉讼法》第87条规定：“人民法院审理上诉案件，应当对原审人民法院的判决、裁定和被诉行政行为进行全面审查。”二审人民法院对上诉案件的审理，实行全面审查原则。表现为：（1）二审法院审理行政案件，既要对原审法院的裁判是否合法进行审查，也要对被诉具体行政行为的合法性进行审查；（2）二审法院审理行政案件，对被诉具体行政行为的合法性进行全面审查，不受上诉范围的限制。

15. **答案**：A。上诉一经受理，在第二审程序中，行政机关不得改变原具体行政行为。原因在于：具体行政行为是行政机关代表国家所实施的能产生法律效果的行为，一经作出，本身就具有确定力。而且，在第一审程序中，行政机关的具体行政行为已被人民法院审查，无论合法、违法，均已被国家审判权确认，行政机关对此完全丧失处分权。因此，在二审程序中，行政机关无论是作为上诉人还是被上诉人，均不得改变原具体行政行为。

16. **答案**：D。《行政诉讼法》第86条规定：“人民法院对上诉案件，应当组成合议庭，开庭审理。经过阅卷、调查和询问当事人，对没有提出新的事实、证据或者理由，合议庭认为不需要开庭审理的，也可以不开庭审理。”

17. **答案**：D。本题考查诉讼中原告提出新的诉讼请求的时限和处理。《行诉解释》第70条规定，起诉状副本送达被告后，原告提出新的诉讼请求的，人民法院不予准许，但有正当理由的除外。

18. **答案**：C。本题考查对原告提出新的诉讼请求的处理。根据《行诉解释》第70条的规定：起诉状副本送达被告后，原告提出新的诉讼请求的，人民法院不予准许，但有正当理由的除外。因此，C的说法是错误的。本题为选非题，C当选。

19. **答案**：B。李某已经死亡，不具有法律主体资格，故A项错误。根据《行政诉讼法》第25条的规定，有权提起诉讼的公民死亡，其近亲属可以提起诉讼。据此，李某妻子应以近亲属身份起诉，即以自己的名义起诉。

根据《专利法》第46条第2款的规定，对国务院专利行政部门宣告专利权无效或者维持专利权的决定不服的，可以自收到通知之日起3个月（故C项“60日”说法错误）内向人民法院起诉；人民法院应当通知（故B项“应当通知”说法正确）无效宣告请求程序的对方当事人作为第三人参加诉讼。

根据《行政诉讼法》第44条第2款的规定，法律、法规规定应当先向行政机关申请复议，对复议决定不服再向人民法院提起诉讼的，依照法律、法规的规定。据此，复议前置必须由法律、法规作出明确规定。《专利法》第46条第2款并未将专利复审委员会宣告专利权无效的案件规定为复议前置案件，故D项关于复议前置的说法错误。另外，《国家知识产权局行政复议规程》第5条第3项规定，专利权人或者无效宣告请求人对无效宣告请求审查决定不服的，不能申请行政复议。故D项关于能申请复议的说法也是错误的。

20. **答案**：C。此处的复议，不是指行政复议，而是司法复议。行政复议，申请主体是行政相对人；司法复议，申请主体既可以是原告，也可以是被告。司法复议是诉讼参与人对法院的决定不服，而寻求法院予以纠正的救济制度。民政局不服法院作出的先予执行裁定，可以向法院申请复议一次，C选项准确。

二、多项选择题

1. **答案**：AB。
2. **答案**：ACD。本题考查行政诉讼中原告申请撤诉的条件。
3. **答案**：BD。《行政诉讼法》第66条规定："人民法院在审理行政案件中，认为行政机关的主管人员、直接责任人员违法违纪的，应当将有关材料移送监察机关、该行政机关或者其上一级行政机关；认为有犯罪行为的，应当将有关材料移送公安、检察机关。人民法院对被告经传票传唤无正当理由拒不到庭，或者未经法庭许可中途退庭的，可以将被告拒不到庭或者中途退庭的情况予以公告，并可以向监察机关或者被告的上一级行政机关提出依法给予其主要负责人或者直接责任人员处分的司法建议。"
4. **答案**：ABCD。《行政诉讼法》第49条规定："提起诉讼应当符合下列条件：（一）原告是符合本法第二十五条规定的公民、法人或者其他组织；（二）有明确的被告；（三）有具体的诉讼请求和事实根据；（四）属于人民法院受案范围和受诉人民法院管辖。"
5. **答案**：BCD。A错，《行诉解释》第60条规定："人民法院裁定准许原告撤诉后，原告以同一事实和理由重新起诉的，人民法院不予立案。准予撤诉的裁定确有错误，原告申请再审的，人民法院应当通过审判监督程序撤销原准予撤诉的裁定，重新对案件进行审理。"BC对，《行诉解释》第79条第1款规定："原告或者上诉人申请撤诉，人民法院裁定不予准许的，原告或者上诉人经传票传唤无正当理由拒不到庭，或者未经法庭许可中途退庭的，人民法院可以缺席判决。"D对，《行政诉讼法》第58条规定："经人民法院传票传唤，原告无正当理由拒不到庭，或者未经法庭许可中途退庭的，可以按照撤诉处理；被告无正当理由拒不到庭，或者未经法庭许可中途退庭的，可以缺席判决。"综上所述，视为申请撤诉也须经过人民法院审查。如果发现有欺诈、胁迫、恶意串通规避法律等禁止的情形，或撤诉将对公共利益和公共秩序产生不利影响，人民法院将裁定不准撤诉。
6. **答案**：ABC。诉讼中的财产保全，是指人民法院对于因一方当事人的行为或者其他原因，可能使具体行政行为或者人民法院生效裁判不能或者难以执行的案件，可以根据对方当事人的申请作出财产保全的裁定；当事人没有提出申请的，人民法院在必要时也可以依法采取财产保全措施。财产保全可以依当事人的申请，也可以由人民法院依职权主动采取。非诉行政案件执行前的财产保全，是指行政机关或具体行政行为确定的权利人申请人民法院强制执行前，有充分理由认为被执行人可能逃避执行而申请人民法院采取的财产保全措施。

   综上所述，两者的区别主要在于：

   （1）申请人不同。前者的申请人是原告或被告；后者的申请人是行政机关或具体行政行为确定的权利人。

   （2）申请财产保全的原因不同。

   （3）前者分为人民法院依申请采取财产保全措施与依职权采取财产保全措施两种，后者只能是人民法院依申请采取财产保全措施。

   D错，对于非诉行政案件执行前的财产保全，如果申请人是行政机关的，则无须提供担保；但如果是权利人，则应提供担保。
7. **答案**：BCD。A错，A项表述属于延期审理的情形。BCD对，《行诉解释》第87条规定："在诉讼过程中，有下列情形之一的，中止诉讼：（一）原告死亡，须等待其近亲属表明是否参加诉讼的；（二）原告丧失诉讼行为能力，尚未确定法定代理人的；（三）作为一方当事人的行政机关、法人或者其他组织终止，尚未确定权利义务承受人的；（四）一方当事人因不可抗力的事由不能参加诉讼的；（五）案件涉及法律适用问题，需要送请有权机关作出解释或者确认的；（六）案件的审判须以相关民事、刑事或者其他行政案件的审理结果为依据，而相关案件尚未审结的；（七）其他应当中止诉讼的情形。中止诉讼的原因消除后，恢复诉讼。"

8. 答案：BCD。A 错 C 对，《行诉解释》第 56 条第 1 款规定："法律、法规规定应当先申请复议，公民、法人或者其他组织未申请复议直接提起诉讼的，人民法院裁定不予立案。" B 对，《行诉解释》第 57 条规定："……公民、法人或者其他组织已经申请行政复议，在法定复议期间内又向人民法院提起诉讼的，人民法院裁定不予受理。" D 对，《行诉解释》第 58 条规定："法律、法规未规定行政复议为提起行政诉讼必经程序，公民、法人或者其他组织向复议机关申请行政复议后，又经复议机关同意撤回复议申请，在法定起诉期限内对原行政行为提起诉讼的，人民法院应当依法立案。"

9. 答案：AC。《行诉解释》第 56 条第 2 款规定："依照行政诉讼法第四十五条的规定，复议机关不受理复议申请或者在法定期限内不作出复议决定，公民、法人或者其他组织不服，依法向人民法院提起诉讼的，人民法院应当依法立案。"据此，无论是否属于法律、法规规定复议是诉讼的必经程序，只要复议机关不受理复议申请或者在法定期限内不作出复议决定，公民、法人或其他组织均可直接向法院起诉，并且既可以起诉复议机关不履行法定职责，也可以起诉原具体行政行为。

10. 答案：ACD。A 对，起诉人所起诉的具体行政行为合法与否已在其他生效的民事判决中被确认的，人民法院不能裁定驳回起诉。B 错，根据《行诉解释》第 61 条规定，原告因未按规定的期限预交案件受理费而按撤诉处理的，在法定起诉期限内又起诉的，并依法解决诉讼费预交问题的，人民法院应予以受理，不能裁定驳回起诉。C 对，复议前置必须由法律、法规予以规定，其他规范性文件不得设定此种限制。因此，规章规定行政复议为提起诉讼的必经程序的，当事人未经复议直接向人民法院提起诉讼，人民法院应予受理，不能裁定驳回起诉。D 对。根据《行诉解释》第 65 条规定："公民、法人或者其他组织不知道行政机关作出的行政行为内容的，其起诉期限从知道或者应当知道该行政行为内容之日起计算，但最长不得超过行政诉讼法第四十六条第二款规定的起诉期限。"

11. 答案：BCD。A 错，《行政诉讼法》第 45 条规定："公民、法人或者其他组织不服复议决定的，可以在收到复议决定书之日起十五日内向人民法院提起诉讼。复议机关逾期不作决定的，申请人可以在复议期满之日起十五日内向人民法院提起诉讼。法律另有规定的除外。" B 对，《行政诉讼法》第 46 条第 1 款规定："公民、法人或者其他组织直接向人民法院提起诉讼的，应当自知道或者应当知道作出行政行为之日起六个月内提出。法律另有规定的除外。"据此，直接向人民法院提起诉讼期限应为自行政机关作出行政行为之日起 6 个月。C 对，《行政诉讼法》第 45 条、第 46 条等条文中对起诉期限均规定"法律另有规定的除外"。据此，如果单行法律规定的起诉期限与《行政诉讼法》所规定的起诉期限不同时，应适用单行法律的有关规定。D 对，《行政解释》第 65 条规定："公民、法人或者其他组织不知道行政机关作出的行政行为内容的，其起诉期限从知道或者应当知道该行政行为内容之日起计算，但最长不得超过行政诉讼法第四十六条第二款规定的起诉期限。"

12. 答案：AB。本题考查撤诉的适用情形。AB 对，《行政诉讼法》第 58 条规定："经人民法院传票传唤，原告无正当理由拒不到庭，或者未经法庭许可中途退庭的，可以按照撤诉处理；被告无正当理由拒不到庭，或者未经法庭许可中途退庭的，可以缺席判决。" C 错，《行诉解释》第 79 条规定："原告或者上诉人申请撤诉，人民法院裁定不予准许的，原告或者上诉人经传票传唤无正当理由拒不到庭，或者未经法庭许可中途退庭的，人民法院可以缺席判决。第三人经传票传唤无正当理由拒不到庭，或者未经法庭许可中途退庭的，不发生阻止案件审理的效果。根据行政诉讼法第五十八条的规定，被告经传票传唤无正当理由拒不到庭，或者未经法庭许可中途退庭的，人民法院可以按期开庭或者继续开庭审理，对到庭的当事人诉讼请求、双方的诉辩理由以及已经提交的证据及其他诉讼材料进行审理后，依法缺席判决。”据此，C项表述中法院应作缺席判决，而不是按照撤诉处理。D错，《行诉解释》第81条第3款规定：“被告改变原违法行政行为，原告仍要求确认原行政行为违法的，人民法院应当依法作出确认判决。”据此，D项表述中的法院应当作出确认判决，而不是按照撤诉处理。

13. **答案**：AD。参见《行诉解释》第101条：“裁定适用于下列范围：（一）不予立案；（二）驳回起诉；（三）管辖异议；（四）终结诉讼；（五）中止诉讼；（六）移送或者指定管辖；（七）诉讼期间停止行政行为的执行或者驳回停止执行的申请；（八）财产保全；（九）先予执行；（十）准许或者不准许撤诉；（十一）补正裁判文书中的笔误；（十二）中止或者终结执行；（十三）提审、指令再审或者发回重审；（十四）准许或者不准许执行行政机关的行政行为；（十五）其他需要裁定的事项。对第一、二、三项裁定，当事人可以上诉。裁定书应当写明裁定结果和作出该裁定的理由。裁定书由审判人员、书记员署名，加盖人民法院印章。口头裁定的，记入笔录。”

14. **答案**：ABCD。《行政诉讼法》第90条规定：“当事人对已经发生法律效力的判决、裁定，认为确有错误的，可以向上一级人民法院申请再审，但判决、裁定不停止执行。”第91条规定：“当事人的申请符合下列情形之一的，人民法院应当再审：（一）不予立案或者驳回起诉确有错误的；（二）有新的证据，足以推翻原判决、裁定的；（三）原判决、裁定认定事实的主要证据不足、未经质证或者系伪造的；（四）原判决、裁定适用法律、法规确有错误的；（五）违反法律规定的诉讼程序，可能影响公正审判的；（六）原判决、裁定遗漏诉讼请求的；（七）据以作出原判决、裁定的法律文书被撤销或者变更的；（八）审判人员在审理该案件时有贪污受贿、徇私舞弊、枉法裁判行为的。”

15. **答案**：AC。本案中，段某已经取得了山林权证，因此，段某认为镇政府的行为侵犯其已经取得的权利的，则应当先复议、后诉讼。据此，A选项正确。《行政诉讼法》第26条第2款规定：“经复议的案件，复议机关决定维持原行政行为的，作出原行政行为的行政机关和复议机关是共同被告；复议机关改变原行政行为的，复议机关是被告。”据此，本案中，县政府作出了复议维持决定，其作为复议机关与镇政府是本案的共同被告，而非第三人。故B选项错误。根据《行诉证据规定》第71条的规定，无法与原件、原物核对的复制件或者复制品不能单独作为定案依据。据此，倘若本案中双方当事人都不能提供协议原件，则法院不能单独以协议复印件作为定案依据。故C选项正确。被诉具体行政行为的改变需要由有权机关作出，而不能因为当事人的协议而改变。本案中，若段某与王某达成新的协议，只能说二人的民事纠纷得到了解决，并不影响镇政府具体行政行为存在的事实及法院对其合法性的审查。据此，D选项错误。

16. **答案**：CD。关于起诉期限及起算点，根据《行政诉讼法》第46条规定，公民、法人或者其他组织直接向人民法院提起诉讼的，应当自知道或者应当知道作出行政行为之日起6个月内提出，法律另有规定的除外。因不动产提起诉讼的案件自行政行为作出之日起超过20年，其他案件自行政行为作出之日起超过5年提起诉讼的，人民法院不予受理。因此A、B两项错误。

关于C选项，《行诉解释》第31条规定：“当事人委托诉讼代理人，应当向人民法院提交由委托人签名或者盖章的授权委托书。委托书应当载明委托事项和具体权限。公民在特殊情况下无法书面委托的，也可以由他人代书，并由自己捺印等方式确认，人民法院应当核实并记录在卷；被诉行政机关或者其他有义务协助的机关拒绝人民法院向被限制人身自由的公民核实的，视为委托成立。当事人解除或者变更委托的，应当书面报告人民法院。”所以C选项正确。

关于D选项，《行政诉讼法》第87条规定，人民法院审理上诉案件，应当对原审人民法院的判决、裁定和被诉行政行为进行全面审查。D项符合全面审查原则的要求，正确当选。

17. 答案：AC。关于A、B选项，《行政诉讼法》第83条规定：“适用简易程序审理的行政案件，由审判员一人独任审理，并应当在立案之日起四十五日内审结。”故A项正确，B项错误。

关于C选项，《行政诉讼法》第84条规定：“人民法院在审理过程中，发现案件不宜适用简易程序的，裁定转为普通程序。”故C项正确。

关于D选项，《行政诉讼法》第85条规定：“当事人不服人民法院第一审判决的，有权在判决书送达之日起十五日内向上一级人民法院提起上诉。当事人不服人民法院第一审裁定的，有权在裁定书送达之日起十日内向上一级人民法院提起上诉……”简易程序适用于第一审行政案件，对其判决不服，可以提出上诉。故D项错误。

18. 答案：AB。关于AB选项，根据《行诉解释》第137条规定：“公民、法人或者其他组织请求一并审理行政诉讼法第六十一条规定的相关民事争议，应当在第一审开庭审理前提出；有正当理由的，也可以在法庭调查中提出。”《行诉解释》第139条第2款规定：“对不予准许的决定可以申请复议一次。”故AB项正确。

关于CD选项，根据《行诉解释》第140条规定：“人民法院在行政诉讼中一并审理相关民事争议的，民事争议应当单独立案，由同一审判组织审理。人民法院审理行政机关对民事争议所作裁决的案件，一并审理民事争议的，不另行立案。”本案属于行政机关对民事争议所作裁决的案件，因此不单独立案，由同一审判组织审理。故C、D项错误。

19. 答案：AC。《行政诉讼法》第82条规定：“人民法院审理下列第一审行政案件，认为事实清楚、权利义务关系明确、争议不大的，可以适用简易程序：（一）被诉行政行为是依法当场作出的；（二）案件涉及款额二千元以下的；（三）属于政府信息公开案件的。除前款规定以外的第一审行政案件，当事人各方同意适用简易程序的，可以适用简易程序。发回重审、按照审判监督程序再审的案件不适用简易程序”。故选项A正确。发回重审的案件不得适用简易程序，故选项B错误。第83条规定，适用简易程序审理的行政案件，由审判员一人独任审理，并应当在立案之日起45日内审结。故选项C正确。《行政诉讼法》第101条规定，人民法院审理行政案件，关于期间、送达、财产保全、开庭审理、调解、中止诉讼、终结诉讼、简易程序、执行等，以及人民检察院对行政案件受理、审理、裁判、执行的监督，本法没有规定的，适用《民事诉讼法》的相关规定。《行政诉讼法》对简易程序的宣判没有特殊规定，因此适用民诉法相关规定。《最高人民法院关于适用简易程序审理民事案件的若干规定》第27条规定，适用简易程序审理的民事案件，除人民法院认为不宜当庭宣判的以外，应当当庭宣判。D选项表述中差了“除人民法院认为不宜当庭宣判的以外”的前提条件，故选项D错误。

20. 答案：AC。

21. 答案：AD。行政相对人不服行政行为申请行政复议的，可能有三种结局：复议维持、复议改变、复议不作为。其中，复议不作为的情形主要有：(1)不接收申请书、不受理复议申请；(2)拒绝作出复议决定、不按时作出复议决定；(3)复议机关以申请人申请的行政复议复议申请。市政府以复议申请超过复议申请期限为由不予受理，属于复议不作为案件。复议不作为案件

“选择告”，即原告不服哪个行为，哪个机关作为被告。假如某公司不服县政府作出的征用决定，县政府是被告；假如某公司不服市政府作出的不予受理决定，市政府是被告。A选项准确，C选项错误。行政征用案件不属于复议前置案件。B选项错误。

三、不定项选择题

1. **答案**：AD。本题考查二审法院对一审遗漏诉讼请求情形的处理。根据《行诉解释》第109条第3款的规定：“原审判决遗漏了必须参加诉讼的当事人或者诉讼请求的，第二审人民法院应当裁定撤销原审判决，发回重审。”本案中，法院即使不支持原告关于请求其判令该局在20日内向花蕾幼儿园颁发独立的《办学许可证》的诉讼请求，也应当对此作出判决；因此法院的做法属上述遗漏诉讼请求的情形，二审法院依法应当裁定撤销原审判决，发回重审。所以，AD说法正确，应当选；B说法错误，应当撤销原判决；C说法错误，不是“可以”裁定发回重审，而是“应当”裁定发回重审。

2. **答案**：A。《行政诉讼法》第61条第2款规定：“在行政诉讼中，人民法院认为行政案件的审理需以民事诉讼的裁判为依据的，可以裁定中止行政诉讼。”题中行政诉讼需要认定的登记行为是否合法，需要以民事诉讼确定的房屋买卖合同效力为依据，故可以裁定中止行政诉讼，A选项正确。《行政诉讼法》第61条第1款规定：“在涉及行政许可、登记、征收、征用和行政机关对民事争议所作的裁决的行政诉讼中，当事人申请一并解决相关民事争议的，人民法院可以一并审理。”据此，行政诉讼与民事诉讼一并审理必须是涉及行政许可、登记、征收、征用和行政机关对民事争议所作的行政裁决的案件。本案中王某以张某为被告就买卖合同的效力提起了民事诉讼，该案件性质不属于上述任何一种情形，故法院不可以合并审理，B选项错误。根据修订后的《行政诉讼法》第70条规定，若法院判决房屋买卖合同无效，则行政机关的转让登记所依据的事实不存在，法院应判决撤销登记行为；根据修订后的《行政诉讼法》第69条规定，若法院判决房屋买卖合同有效，则转让登记合法，法院应判决驳回原告诉讼请求。据此，CD选项错误。需要特别说明的是，2014年修订后的《行政诉讼法》取消了一审中的维持判决，改为适用判决驳回原告诉讼请求。

3. **答案**：BC。本题中，甲偷开乙的轿车，轿车并不是违法财物，公安局不可以对乙的轿车予以扣押，A选项错误。根据《行政复议法实施条例》第38条规定，经行政复议机构同意撤回行政复议后，不得再以同一事实和理由提出行政复议申请。但是，申请人能够证明撤回行政复议申请违背其真实意思表示的除外。据此，如甲能够证明撤回复议申请违背其真实意思表示，可以同一事实和理由再次对该处罚决定提出复议申请，B选项正确。根据《行政处罚法》第72条规定，到期不缴纳罚款的，行政机关可每日按罚款数额的3%加处罚款，据此C选项正确。根据《行诉解释》第58条规定：“法律、法规未规定行政复议为提起行政诉讼必经程序，公民、法人或者其他组织向复议机关申请行政复议后，又经复议机关同意撤回复议申请，在法定起诉期限内对原行政行为提起诉讼的，人民法院应当依法立案。”据此，法院应当受理甲的起诉，D选项错误。

4. **答案**：ACD。关于A选项，《政府信息公开条例》第29条第1款规定，公民、法人或者其他组织申请获取政府信息的，应当向行政机关的政府信息公开工作机构提出，并采用包括信件、数据电文在内的书面形式；采用书面形式确有困难的，申请人可以口头提出，由受理该申请的政府信息公开工作机构代为填写政府信息公开申请。据此，可以采用数据电文形式提出公开申请。A选项正确。

关于B选项，2008年《政府信息公开条例》第13条规定，除本条例第9条、第10条、第11条、第12条规定的行政机关主动公开的政府信息外，公民、法人或者其他组织还可以根据自身生产、生活、科研等特殊需要，向国务院部门、地方各级人民政府及县级以上地方人民政府部门申请获取相关政府信息。2019年修订后的《政府信息公开条例》删去原条例第13条申请获取相关政府信息需“根据自身生产、生活、科研等特殊需要”的“三需要”条件，据此，《政府信息公开条例》对依申请公开的申请人的范围不再加以限制，故环保联合会具有申请信息公开的资格。B选项错误。

关于C选项，根据2008年《政府信息公开条例》第25条第1款规定，公民、法人或者其他组织向行政机关申请提供与其自身相关的税费缴纳、社会保障、医疗卫生等政府信息的，应当出示有效身份证件或者证明文件。本案中，环保联合会申请公开的政府信息与其自身不相关，故县环保局无权要求其提供申请人身份的证明材料。故根据旧条例C选项错误。2019年《政府信息公开条例》第29条第2款规定，政府信息公开申请应当包括下列内容：（1）申请人的姓名或者名称、身份证明、联系方式；（2）申请公开的政府信息的名称、文号或者便于行政机关查询的其他特征性描述；（3）申请公开的政府信息的形式要求，包括获取信息的方式、途径。本案中，环保联合会在提出申请时未提交申请人身份的证明材料，故县环保局有权要求其提供，故C选项正确。

关于D选项，《政府信息公开条例》第30条规定，政府信息公开申请内容不明确的，行政机关应当给予指导和释明，并自收到申请之日起7个工作日内一次性告知申请人作出补正，说明需要补正的事项和合理的补正期限。答复期限自行政机关收到补正的申请之日起计算。申请人无正当理由逾期不补正的，视为放弃申请，行政机关不再处理该政府信息公开申请。据此，D选项正确。

5. **答案**：BC。关于A选项，应以被告县环保局所在地确定管辖法院。故A选项错误。

关于B选项，《行政诉讼法》第46条第1款规定：“公民、法人或者其他组织直接向人民法院提起诉讼的，应当自知道或者应当知道作出行政行为之日起六个月内提出。法律另有规定的除外。”故B选项正确。

关于C、D选项，《行政诉讼法》第51条第1款、第2款规定：“人民法院在接到起诉状时对符合本法规定的起诉条件的，应当登记立案。对当场不能判定是否符合本法规定的起诉条件的，应当接收起诉状，出具注明收到日期的书面凭证，并在七日内决定是否立案。不符合起诉条件的，作出不予立案的裁定。裁定书应当载明不予立案的理由。原告对裁定不服的，可以提起上诉。”《行诉解释》第53条第2款规定：“对当事人依法提起的诉讼，人民法院应当根据行政诉讼法第五十一条的规定接收起诉状。能够判断符合起诉条件的，应当当场登记立案；当场不能判断是否符合起诉条件的，应当在接收起诉状后七日内决定是否立案；七日内仍不能作出判断的，应当先予立案。”所以C选项正确；D选项7日内仍不能作出判断的，应当先予立案，故错误。

6. **答案**：ABC。关于A选项，依据《行政诉讼法》第82条规定：“人民法院审理下列第一审行政案件，认为事实清楚、权利义务关系明确、争议不大的，可以适用简易程序：（一）被诉行政行为是依法当场作出的；（二）案件涉及款额二千元以下的；（三）属于政府信息公开案件的。除前款规定以外的第一审行政案件，当事人各方同意适用简易程序的，可以适用简易程序。发回重审、按照审判监督程序再审的案件不适用简易程序。”故A项正确。

关于B选项，依据《行诉解释》第128条的规定，行政机关负责人出庭应诉的，可以另行委托一名至二名诉讼代理人。故B项正确。

关于C选项，依据《行政诉讼法》第34条第1款的规定：“被告对作出的行政行为负有举证责任，应当提供作出该行政行为的证据和所依据的规范性文件。”《政府信息公开行政案件规定》第5条第1款规定：“被告拒绝向原告提供政府信息的，应当对拒绝的根据以及履行法定告知和说明理由义务的情况举证。”故C项正确。

关于D选项，《政府信息公开行政案件规定》第5条第6款规定：“被告以政府信息与申请人自身生产、生活、科研等特殊需要无关为由不予提供的，人民法院可以要求原告对特殊需要事由作出说明。”本案中，被告县环保局是以申请公开的内容不明确为由拒绝公开，而非以政府信息与申请人自身生产、生活、科研等特殊需要无关为由不予公开，所以环保联合会无需对其所申请的信息与其自身生产、生活、科研等需要的相关性进行举证。此外，此处“进行举证”的说法也有误，应是“进行说明”；“应要求”的说法错误，应是“可以要求”。综上，D项错误。

四、名词解释

1. **答案**：行政诉讼的受理指人民法院对原告的起诉行为进行审查后，认为起诉符合法律规定的要件，在法定期限内予以立案；或者认为起诉不符合法律规定，决定不予受理的行为。
2. **答案**：受理事先审查是指当事人提起诉讼后，人民法院在决定是否受理该案前所作的审查。在行政诉讼中，它主要审查两个内容：(1) 当事人提起行政诉讼是否符合起诉的必要条件。(2) 本院对该行政案件的管辖权。即弄清该案是不是行政案件；对该案件法院是否有权管辖。
3. **答案**：诉讼中止即在诉讼过程中，由于发生某种无法克服和难以避免的特殊情况，人民法院裁定暂时停止诉讼程序的进行。诉讼中止的特征是：(1) 在诉讼中止期间，人民法院除依法采取诉讼保全措施或者停止执行具体行政行为的措施外，应当停止对本案的审理；(2) 在诉讼中止期间，当事人及其他诉讼参与人的诉讼活动全部停止；(3) 诉讼中止期间不计算在审理期限之内；(4) 是否结束诉讼中止，恢复诉讼程序，取决于导致诉讼中止的原因是否消除；(5) 恢复诉讼后，当事人在诉讼中止前的诉讼行为依然有效。
4. **答案**：诉讼终结即在诉讼过程中，因出现使诉讼不能继续进行且不能恢复或者诉讼继续进行已经没有实际意义的情况，人民法院裁定结束正在进行的诉讼程序。在诉讼终结的情况下，人民法院对当事人之间的争议因没有必要而没有作出实体处理。导致诉讼终结的情况有以下两类：(1) 诉讼继续进行已经没有实际意义。如原告撤诉，法院同意，就可以终结诉讼。(2) 诉讼无法继续进行。如原告死亡，没有近亲属或者近亲属放弃诉讼权利的；作为原告的法人或者其他组织终止后，其权利义务的承受人放弃诉讼权利的。
5. **答案**：案件移送即人民法院在诉讼过程中，把自己审理的案件或者案件材料全部或者部分送交有关部门处理的措施。在行政诉讼中，有必要移送的情形有：(1) 人民法院发现受理的案件不属于自己管辖，将整个案件移送给有管辖权的人民法院管辖。(2) 人民法院在审理行政案件中，认为行政机关的主管人员、直接责任人员违法违纪的，应将有关材料移送监察机关、该行政机关或者其上一级行政机关。(3) 人民法院在审理行政案件中，发现被处罚人的行为构成犯罪，应当追究刑事责任的，如果对刑事责任的追究不影响本案审理的，应继续审理，并应及时将有关犯罪材料移送有关机关；如果对刑事责任的追究影响本案审理的，应中止诉讼，将有关犯罪材料移送有关机关处理，在有关机关作出最终处理后，再恢复诉讼。
6. **答案**：缺席判决是在法院开庭审理时，当事人一方经法院合法传唤无正当理由拒不到庭，法院继续审理并经合议庭合议后作出裁判的诉讼活动。缺席判决适用于下列情况：(1) 被告经合法传唤无正当理由拒不到庭或到庭后未经法庭准许中途退庭的；(2) 原告虽申请撤诉但法院不准许，其拒不到庭，若原告未申请撤诉，但经法院两次合法传唤，仍拒不到庭的。缺席判决的效力同于对席判决的效力，原告、被告、第三人均可提起上诉。
7. **答案**：留置送达是送达的一种。受送达人拒绝接收送达文书时，送达人可邀请当地有关基层组织的代表或其他人到场，说明情况，在送达回执上记明拒收事由和日期，由送达人、见证人签名或盖章，把送达文书留在受送达人住处，即视为已经送达的一种送达方式。留置送达的效力与直接送达相同。规定留置送达的目的是保障诉讼活动的正常进行。

五、简答题

1. 答案：行政诉讼的起诉是指公民、法人或其他组织认为行政机关的具体行政行为侵犯其合法权益，向法院提起诉讼，请求法院行使国家审判权，审查具体行政行为合法性并向其提供法律救济，以保护其合法权益的行为。根据行政诉讼法的规定，起诉应具备以下条件：（1）必须是符合《行政诉讼法》第25条规定的公民、法人或其他组织。《行政诉讼法》第25条规定，行政行为的相对人以及其他与行政行为有利害关系的公民、法人或者其他组织，有权提起诉讼。有权提起诉讼的公民死亡，其近亲属可以提起诉讼。有权提起诉讼的法人或者其他组织终止，承受其权利的法人或者其他组织可以提起诉讼。(2)必须有明确的被告。(3)必须有具体的诉讼请求和事实根据。(4)起诉的案件属于人民法院受案范围和受诉人民法院管辖。

2. 答案：撤诉是原告表示或依其行为推定其将已经成立的起诉行为撤销，法院审查后予以同意的诉讼行为。依据法律规定，行政诉讼撤诉分为三种类型：

（1）原告申请撤诉。在行政诉讼过程中，当法院受理案件以后，裁判宣告以前，原告要求法院撤回业已成立的诉讼，法院审查同意后，可准许其撤诉。①

（2）被告改变自己的具体行政行为并且得到原告的同意，原告同意撤诉，并且经过法院审查准许。②

（3）按撤诉处理。原告或上诉人经人民法院合法传唤无正当理由拒不到庭或者未经法庭同意而中途退庭，或者未按规定的期限预交案件受理费，又不提出缓交、减交、免交申请或者提出申请后未获批准的，按自动撤诉处理。

3. 答案：行政诉讼的审判监督程序是指法院根据当事人的申请、检察机关的抗诉或法院自己发现已经发生法律效力的判决、裁定确有错误，依法对案件进行再审的程序。

审判监督程序的提起有以下三种情形：

（1）原审人民法院或其上级人民法院发现发生法律效力的判决、裁定确有错误的，可以提起再审，进入审判监督程序。

（2）最高人民检察院对各级人民法院、上级人民检察院对下级人民法院已发生法律效力的判决裁定，发现违反法律、法规规定的，有权向作出生效裁判的人民法院的上一级人民法院提出抗诉，人民法院应当再审。

（3）当事人对已发生法律效力的裁判、调解书认为确有错误的，可在判决、调解书生效两年内向人民法院申请再审。人民法院审查当事人的再审申请后，认为符合条件的，应当再审。

六、论述题

答案：行政诉讼中的共同诉讼是指当事人一方或各方为二人以上的行政诉讼。

（1）法律设立共同诉讼制度的意义

法律设立共同诉讼制度的意义在于：①简

---

① 编者注：《最高人民法院关于行政诉讼撤诉若干问题的规定》（2008年1月14日，法释〔2008〕2号）第2条规定："被告改变被诉具体行政行为，原告申请撤诉，符合下列条件的，人民法院应当裁定准许：（一）申请撤诉是当事人真实意思表示；（二）被告改变被诉具体行政行为，不违反法律、法规的禁止性规定，不超越或者放弃职权，不损害公共利益和他人合法权益；（三）被告已经改变或者决定改变被诉具体行政行为，并书面告知人民法院；（四）第三人无异议。"

② 编者注：《最高人民法院关于行政诉讼撤诉若干问题的规定》（2008年1月14日，法释〔2008〕2号）第3条规定："有下列情形之一的，属于行政诉讼法第五十一条规定的'被告改变其所作的具体行政行为'：（一）改变被诉具体行政行为所认定的主要事实和证据；（二）改变被诉具体行政行为所适用的规范依据且对定性产生影响；（三）撤销、部分撤销或者变更被诉具体行政行为处理结果。"第4条规定："有下列情形之一的，可以视为'被告改变其所作的具体行政行为'：（一）根据原告的请求依法履行法定职责；（二）采取相应的补救、补偿等措施；（三）在行政裁决案件中，书面认可原告与第三人达成的和解。"

化诉讼程序。②避免法院对同一类案件作出不同的或互相抵触的裁判。

(2) 行政诉讼中的共同诉讼的条件

行政诉讼中的共同诉讼的条件有二：①主体条件。一种情形是当事人（原告、被告或第三人）一方或各方为两人以上，两个以上原告针对行政机关同一具体行政行为提起诉讼，这种情况为共同原告。另一种情形，则是两个以上行政机关作出同一个具体行政行为而引发行政诉讼，原告以共同作出行为的所有行政机关为被告，此种情形构成共同被告。还有一种情形是原告和被告同为两人以上。即该共同诉讼既由共同原告又由共同被告构成。此外，与行政诉讼判决结果有法律上的利害关系的第三人为两人以上的，亦构成共同诉讼。②客体条件。共同诉讼的诉讼客体为同一具体行政行为或同样的具体行政行为。这里的“同样”，是指两个或两个以上的具体行政行为性质相同，或作出具体行政行为的事实和理由、法律根据相同，当事人一方或各方为两人以上，认为同样的具体行政行为侵犯他们各人的合法权益，向法院起诉，法院从而决定合并审理。

(3) 行政诉讼中的共同诉讼的几种情形

在司法实践中，行政诉讼中的共同诉讼的主要情形有：①两个以上行政机关分别依据不同的法律、法规对同一事实作出同一具体行政行为，公民、法人或者其他组织不服向同一人民法院起诉的。此种诉讼出现后，依共同诉讼的原则，法院可以决定合并审理。②行政机关就同一事实，对若干相对人分别作出具体行政行为，相对人分别向法院起诉，是否合并审理由法院决定。③在诉讼过程中，被告以新的事实和理由对原告作出新的具体行政行为，原告认为新的具体行政行为侵犯其合法权益，向法院提起新的诉讼，是否合并审理由法院决定。

第二十八章　行政诉讼的法律适用

基础知识图解

- 行政诉讼的法律适用
  - 概述
    - 含义及特点
    - 行政诉讼的法律适用与行政行为的法律适用
    - 立法与实战
  - 行政审判法律适用的规范
    - 行政审判法律依据的含义及意义
    - 行政审判法律依据的范围
    - 行政审判中参照规章
  - 审判规范之间的冲突与处理
    - 行政法律规范冲突
    - 法院选择适用规范的规则

配套测试

一、单项选择题

1. 在行政诉讼过程中，人民法院对于《行政诉讼法》没有规定的问题，应当怎么办？（　　）

A. 不能适用《民事诉讼法》

B. 只能适用《民事诉讼法》

C. 可以依法参照适用《民事诉讼法》

D. 适用《行政复议法》

2. 下列表述中正确的是（　　）。

A. 人民法院适用其他规范性文件判案的，不应在裁判文书中引用，否则会降低裁判的说服力

B. 对于其他规范性文件人民法院应不予理睬

C. 人民法院在使用其他规范性文件时具有比对待规章更大的取舍权力

D. 人民法院在行政审判中应当对其他规范性文件予以参照

3. 李某在某特区打工时被机器轧断手臂，就赔偿问题与企业发生争议起诉至法院。根据该特区依据全国人大授权制定的地方性法规，李某只能得到 20 个月工资的赔偿额，而根据该特区所在省的地方性法规，他可以得到 25 个月的赔偿额。法院应如何处理本案？（　　）

A. 直接依据省地方性法规审理判决此案

B. 直接依据特区地方性法规审理判决此案

C. 提请全国人大常委会作出裁决后审理判决此案

D. 提请国务院作出裁决后审理判决此案

4. 人民法院审理行政案件过程中，发现地方规章与部门规章不一致时，应当选择下列哪种做法？（　　）

A. 由受理该案的人民法院送请上级人民法院裁决

B. 由最高人民法院送请国务院作出解释或者裁决

C. 由受理该案法院的上级人民法院送请同级权力机关裁决

D. 由受理该案法院的同级权力机关解释或者作出裁决

5. 在行政复议中作为依据而在行政诉讼中作为参照的行政管理法规是（　　）。

A. 法律　　B. 行政法规

C. 规章　　D. 地方性法规

6. 在行政诉讼中，人民法院如果发现行政规章与宪法、法律相抵触，可以（　　）。

A. 撤销　　B. 变更

C. 废止　　D. 不予适用

二、多项选择题

1. 下列表述中正确的有（　　）。
A. 不同效力等级的行政法律规范发生冲突实际上是一种违法性冲突，应选择适用效力等级高的行政法律规范
B. 新的行政法律规范与旧的行政法律规范发生冲突时并不一定适用新的法律规范
C. 人民法院审理民族自治地方的行政案件，并以民族自治地方的自治条例和单行条例为依据是人际冲突规则的体现
D. 人民法院认为地方人民政府制定、发布的规章与国务院部委制定、发布的规章不一致的，由最高人民法院报请国务院作出解释或裁决

2. 下列表述中正确的有（　　）。
A. 对于规章以下的规范性文件人民法院一律不得引用作为判案的根据
B. 人民法院审理行政案件以法律为依据
C. 行政法规也是人民法院审理行政案件的依据，人民法院不能拒绝适用
D. 对于规章人民法院有审查并决定是否适用的权力

3. 关于行政诉讼，下列哪些情形法院可以认定下位法不符合上位法？（　　）（司考2010. 2. 90）
A. 下位法延长上位法规定的履行法定职责的期限
B. 下位法以参照方式限缩上位法规定的义务主体的范围
C. 下位法限制上位法规定的权利范围
D. 下位法超出上位法规定的强制措施的适用范围

三、名词解释

1. 行政审判的法律依据
2. 法院参照适用规章

四、简答题

1. 简述我国行政审判中法律规范冲突的类型及其处理原则。
2. 简述行政诉讼与刑事诉讼、民事诉讼相比较法律适用的特点。
3. 简述人民法院在审理行政案件时“参照”规章的含义。

五、论述题

论述行政诉讼的法律适用。

六、案例分析题

案情：高某系A省甲县个体工商户，其持有的营业执照载明经营范围是林产品加工，经营方式是加工、收购、销售。高某向甲县市场监督管理局缴纳了松香运销管理费后，将自己加工的松香运往A省乙县出售。当高某进入乙县时，被乙县林业局执法人员拦截。乙县林业局以高某未办理运输证为由，依据A省地方性法规《林业行政处罚条例》以及授权省林业厅制定的《林产品目录》（该目录规定松香为林产品，应当办理运输证）的规定，将高某无证运输的松香认定为“非法财物”，予以没收。高某提起行政诉讼要求撤销没收决定，法院予以受理。

有关规定：

《森林法》及行政法规《森林法实施条例》涉及运输证的规定如下：除国家统一调拨的木材外，从林区运出木材，必须持有运输证，否则由林业部门给予没收、罚款等处罚。

A省地方性法规《林业行政处罚条例》规定“对规定林产品无运输证的，予以没收”。

问题：

1. 如高某在起诉时一并提出行政赔偿请求，法院应如何立案？对该请求可否进行单独审理？

2. 省林业厅制定的《林产品目录》的性质是什么？可否适用于本案？理由是什么？

3. 高某运输的松香是否属于“非法

财物”？理由是什么？

4.（1）法院审理本案时应如何适用法律、法规？理由是什么？

（2）依据《行政处罚法》的规定，法律、行政法规对违法行为已经作出行政处罚规定，地方性法规需要作出具体规定的，应当符合什么要求？本案《林业行政处罚条例》关于没收的规定是否符合该要求？

参考答案

一、单项选择题

1. **答案**：C。《行政诉讼法》第101条规定：“人民法院审理行政案件，关于期间、送达、财产保全、开庭审理、调解、中止诉讼、终结诉讼、简易程序、执行等，以及人民检察院对行政案件受理、审理、裁判、执行的监督，本法没有规定的，适用《中华人民共和国民事诉讼法》的相关规定。”

2. **答案**：C。根据《行政诉讼法》第64条的规定：“人民法院在审理行政案件中，经审查认为本法第五十三条规定的规范性文件不合法的，不作为认定行政行为合法的依据，并向制定机关提出处理建议。”法院在适用一般规范性文件时拥有比对待规章更大的取舍权力。规章在符合法律、法规情况下人民法院必须参照适用，而其他规范性文件只具有辅助作用。据此，AB两项表述明显错误；D项表述应为“可以”参照，而不是“应当”参照。

3. **答案**：B。本题考查地方性法规的冲突适用。A错B对，《立法法》第101条第2款规定：“经济特区法规根据授权对法律、行政法规、地方性法规作变通规定的，在本经济特区适用经济特区法规的规定。”据此，本题中应适用该特区依据全国人大授权制定的地方性法规，而非该特区所在省的地方性法规。《立法法》第105条规定：“法律之间对同一事项的新的一般规定与旧的特别规定不一致，不能确定如何适用时，由全国人民代表大会常务委员会裁决。行政法规之间对同一事项的新的一般规定与旧的特别规定不一致，不能确定如何适用时，由国务院裁决。”C错，《立法法》第106条规定：“地方性法规、规章之间不一致时，由有关机关依照下列规定的权限作出裁决：（一）同一机关制定的新的一般规定与旧的特别规定不一致时，由制定机关裁决；（二）地方性法规与部门规章之间对同一事项的规定不一致，不能确定如何适用时，由国务院提出意见，国务院认为应当适用地方性法规的，应当决定在该地方适用地方性法规的规定；认为应当适用部门规章的，应当提请全国人民代表大会常务委员会裁决；（三）部门规章之间、部门规章与地方政府规章之间对同一事项的规定不一致时，由国务院裁决。根据授权制定的法规与法律规定不一致，不能确定如何适用时，由全国人民代表大会常务委员会裁决。”综上所述，《立法法》第105条、第106条对规范冲突裁决事项作了决定，但并未涉及本题所述情形。D错，D项表述违背立法常识，国务院只有权裁决行政法规、规章之间的适用冲突，无权裁决地方性法规之间的冲突。

4. **答案**：B。《立法法》第106条第1款第3项规定：“部门规章之间、部门规章与地方政府规章之间对同一事项的规定不一致时，由国务院裁决。”据此，本题中的地方规章与部门规章之间不一致，依法应由最高人民法院送请国务院作出解释或者裁决。本题也可由常识推导出，地方规章是由地方人民政府制定发布的，部门规章是由国务院部委制定发布的，两者的冲突属于行政立法内部的冲突，自然是在行政系统内部解决，无需由权力机关或司法机关来裁决。

5. **答案**：C。《行政诉讼法》第63条规定：“人民法院审理行政案件，以法律和行政法规、地方性法规为依据。地方性法规适用于本行政区域内发生的行政案件。人民法院审理民族自治地方的行政案件，并以该民族自治地方的自治条例和单行条例为依据。人民法院审理行政案件，参照规章。”

6. **答案**：D。行政法规和行政规章在效力上低于宪法和法律，根据法律冲突的适用规则，当上位法与下位法发生冲突时，适用上位法。人民法院虽然无权对与宪法和法律相抵触的行政法规和规章予以撤销或变更，但可以在审理案件时不予适用。

二、多项选择题

1. **答案**：ABCD。法律适用冲突可以分为：特别冲突、层级冲突、同级冲突、新旧法冲突、人际冲突、区际冲突。A对，层级冲突，即各种法律效力等级不同的法律文件就同一事项的规定不相一致而产生的法律适用上的冲突，实际上是一种违法性冲突，其适用规则是：应选择适用效力等级高的行政法律规范。B对，新旧法冲突，即新的行政法律规范与旧的行政法律规范之间内容发生抵触而产生的是适用新法还是适用旧法的法律适用上的冲突。其适用规则是：新法优于旧法和法律不溯及既往的原则。C对，人际冲突，即由于公民的民族、种族、身份的不同，法律对其权利义务也作了不同的规定，由此而产生的法律适用上的冲突。人际冲突适用规则一般有明确的规定。其适用规则是：不同民族、种族或特殊身份的人，适用就该民族、种族或特殊身份的人作出特别规定的法律文件或规范。D对，同级冲突，即制定机关不同但法律效力层级相同的各种法律文件就同一事项的规定不一致而产生的法律适用冲突。其适用规则是：当案件的审理涉及同级冲突时，法院只能将冲突提请有权机关进行解释或者裁决，法院对于法律规范的这种冲突没有判断权。
2. **答案**：BCD。A错，《行诉解释》第100条规定："人民法院审理行政案件，适用最高人民法院司法解释的，应当在裁判文书中援引。人民法院审理行政案件，可以在裁判文书中引用合法有效的规章及其他规范性文件。"据此，对于规章以下的规范性文件，如果合法有效，人民法院是可以引用作为判案根据的。BC对，《行政诉讼法》第63条规定，人民法院审理行政案件，以法律和行政法规、地方性法规为依据。地方性法规适用于本行政区域内发生的行政案件。据此，法律、法规都是人民法院审理行政案件的依据，人民法院不能拒绝适用。D对，《行政诉讼法》第63条第3款规定："人民法院审理行政案件，参照规章。""参照规章"实际上赋予了人民法院对规章的审查权。人民法院对规章的作用和效力不是一概否定或肯定，而是对规章有选择适用权。也就是说，对于规章人民法院有审查并决定是否适用的权力。
3. **答案**：ABCD。根据《最高人民法院关于审理行政案件适用法律规范问题的座谈会纪要》，下位法不符合上位法的常见情形有：下位法缩小上位法规定的权利主体范围，或者违反上位法立法目的扩大上位法规定的权利主体范围；下位法限制或者剥夺上位法规定的权利，或者违反上位法立法目的扩大上位法规定的权利范围；下位法扩大行政主体或其职权范围；下位法延长上位法规定的履行法定职责期限；下位法以参照、准用等方式扩大或者限缩上位法规定的义务或者义务主体的范围、性质或者条件；下位法增设或者限缩违反上位法规定的适用条件；下位法扩大或者限缩上位法规定的给予行政处罚的行为、种类和幅度的范围；下位法改变上位法已规定的违法行为的性质；下位法超出上位法规定的强制措施的适用范围、种类和方式，以及增设或者限缩其适用条件；法规、规章或者其他规范文件设定不符合行政许可法规定的行政许可，或者增设违反上位法的行政许可条件；其他相抵触的情形。根据上述规定，可知ABCD四项均当选。

三、名词解释

1. **答案**：行政审判的法律依据是人民法院在解决行政争议时，确认所诉具体行政行为合法性的法律标准和尺度。明确行政诉讼的法律依据，意义在于：（1）有利于进一步加强和完善行政法的立法；（2）有利于进一步加强对行政机关抽象行政行为实施监督，切实保证抽象行政行为的合法有效；（3）有利于行政诉讼制度的进一步完善，促使行政诉讼与行政复议在法律依据上的进一步协调。
2. **答案**：法院参照适用规章指人民法院在审理

行政案件时，对符合法律、行政法规规定的行政规章，可以作为衡量具体行政行为是否合法的标准；对于不符合或者不完全符合法律、行政法规原则精神的规章，可以有灵活处理的余地。确定规章是否合法，应视其是否符合以下条件：(1) 规章的制定和发布是否有相应的法律、法规依据；(2) 规章的内容是否与更高层次的合法有效的规范性文件相一致；(3) 规章的制定和发布是否符合法定程序。人民法院参照适用行政规章有两种情况：一是人民法院对部门规章之间、部门规章与地方政府规章之间相抵触的，应由最高人民法院送请国务院作出解释或者裁决。在这种情况下，人民法院无权选择适用。二是当某一个规章与更高层次的规范性文件是否一致存在疑问时，人民法院有权进行审查，并予以选择适用。

四、简答题

1. **答案**：法律规范冲突，指就同一事项，不同法律规范有不同内容的规定，导致在效力上的相互抵触。就冲突的多个规范，适用法律的主体必须选择其一予以适用，处理具体案件。具体如下：

(1) 对于层级冲突，应当确立高位阶的法律规范优于低位阶的法律规范的适用规则。(2) 对于同级冲突，我国目前尚无这方面统一的适用规则，一般应送请或报送有权机关解释、裁决。(3) 对于新旧冲突，通常适用新的法律规范优于旧的法律规范的规则，但新的法律规范一般不溯及既往。(4) 对于特别冲突，通常适用于特别法规优于普通法规范的规则。

2. **答案**：行政诉讼的法律适用不同于法院在民事诉讼、刑事诉讼活动中的法律适用，也不同于行政机关在行政执法活动中的法律适用，它具有以下几个特点：

(1) 行政诉讼法律适用的主体是人民法院，这一特点使行政诉讼的法律适用与行政机关的法律适用区别开来。

(2) 行政诉讼法律适用的性质具有监督性。行政诉讼的法律适用是人民法院对行政机关法律适用的审查，是对同一行政事项的第二次法律适用，此次法律适用是对第一次法律适用的监督。

(3) 行政诉讼法律适用的范围具有广泛性。不仅包括行政实体性的法律规范，而且包括行政程序性的法律规范。

(4) 行政诉讼法律适用的形式具有多样性。既有“依据”，又有“参照”。

(5) 行政诉讼法律适用的效力具有终局性，具有最终的法律效力。不仅高于行政执法机关的法律适用，而且也高于行政复议机关的法律适用。

3. **答案**：(1) 人民法院在审理行政案件时，除以法律、行政法规和地方性法规为依据外，还可以“参照”规章。参照是指人民法院在审理行政案件时可以参考、依照规章的有关规定。由于行政规章与法律、法规在性质、地位、效力等方面存在着明显的差异以及我国目前有的规章还存在一些问题，所以《行政诉讼法》规定人民法院审理行政案件参照规章。依据和参照的法律地位是不同的，行政规章从总体上说对人民法院不具有拘束力，对不符合或不完全符合法律、法规的行政规章，人民法院有灵活处理、拒绝适用的权力。

(2) 参照规章不仅要求人民法院对符合法律、法规原则精神的规章“参照”适用，而且还赋予人民法院对不符合或不完全符合法律、法规原则精神的规章以灵活处理不予适用的权力。

五、论述题

答案：行政诉讼的法律适用指人民法院审理行政案件，依据法律、法规、参照规章，对具体行政行为的合法性进行审查、评价和作出裁判的活动，它包括以下几方面的内容：第一，行政诉讼中的法律依据。根据《行政诉讼法》规定，人民法院审理行政案件，以法律、行政法规、地方性法规为依据。地方性法规适用于本行政区域内发生的行政案件。审理民族自治地方的行政案件，以该民族自治地方的自治条例、单行条例为依据。这表明行政诉讼的法律依据体系是以宪法为基础，以法律为骨干，包括行政法规、地方性法规、自治条例、单行条例。宪法起指导作用，而法律、行政法规、地方性法规、自治条例、单行条例都是人民法院进行行政诉讼时可直接适用的法律依据。第二，行政诉讼中的“参照规章”。根据《行政诉讼法》规定，人民法院审理行政案件，参照部门规章和地方规章。所谓“参照规章”指人民法院在进行行政诉讼时对具体行政行为所适用的规章参酌、鉴认后，决定是否依照。这表明人民法院不能单纯以规章作为判断具体行政行为合法与否的法律依据，而是有条件地适用规章，即对符合法律、行政法规规定的规章要参照适用，对不符合或不完全符合法律、行政法规的原则、精神的规章，人民法院可以灵活处理。第三，行政诉讼中的规范冲突及其选择适用。在行政诉讼中，人民法院会遇到法律、行政法规、地方性法规、部门规章和地方规章等不同层次、不同部门的行政法律规范冲突。由于选择不同规范会得出不同结果，因此人民法院必须先解决选择什么样的规范予以适用是合法的这一问题。在这种情况下，对法律规范的选择适用应遵循以下原则：（1）新的法律规范优于旧的法律规范；（2）高层级的法律规范优于低层级的法律规范；（3）特别法的规范优于普通法的规范；（4）送请或报送有权机关解释、裁决。人民法院通过上述原则解决规范冲突问题，选择适用合法、有效的法律规范，从而保证行政诉讼法律适用的合法性、有效性。

六、案例分析题

答案：1. 若高某在起诉时一并提出行政赔偿请求的，法院应该一并受理，分别立案。对该请求可以单独审理。

2. 省林业厅制定的《林产品目录》是规章以外的其他规范性文件，在行政诉讼中不属于法院应当依据或参照适用的规范，但可以作为证明行政行为合法性的依据。

3. 高某运输的松香不属于“非法财物”。因为“非法财物”是指行为人非法占有的财产和物品。本案中，高某对松香的占有并非“非法占有”，也就不可能是“非法财物”。

4. （1）法院审理本案时，应当依据《森林法》和《森林法实施条例》。

理由：根据《行政诉讼法》第63条：“人民法院审理行政案件，以法律和行政法规、地方性法规为依据。地方性法规适用于本行政区域内发生的行政案件。人民法院审理民族自治地方的行政案件，并以该民族自治地方的自治条例和单行条例为依据。人民法院审理行政案件，参照规章。”《行诉解释》第100条规定：“人民法院审理行政案件，适用最高人民法院司法解释的，应当在裁判文书中援引。人民法院审理行政案件，可以在裁判文书中引用合法有效的规章及其他规范性文件。”本案中，《森林法》是法律，《森林法实施条例》是行政法规，因此，法院审理本案时必须依据上述法律、法规。《林业行政处罚条例》是地方性法规，原则上法院在审理时应该作为依据予以适用。但是，因为《林业行政处罚条例》的规定与《森林法》《森林法实施条例》的规定相抵触，故应不予适用。同时《林产品目录》是规章以外的其他规范性文件，符合法律、法规规定，法院在审理本案时可以引用。

（2）法律、行政法规对违法行为已经作出行政处罚规定，地方性法规需要作出具体规定的，必须在法律、行政法规规定给予的行政处罚的行为、种类和幅度的范围内规定。本案中，《林业行政处罚条例》关于没收的规定不符合该要求。

第二十九章　行政诉讼的判决、裁定与决定

基础知识图解

- 行政诉讼的判决、裁定与决定
  - 行政诉讼判决概述
    - 概念
    - 种类
    - 效力
    - 行政判决书的制作
  - 行政判决的适用条件
    - 一审判决的适用条件
    - 二审判决的适用条件
  - 行政诉讼的裁定
    - 概念及特征
    - 种类及适用条件
    - 形式及效力
  - 行政诉讼的决定
    - 概念、种类及适用范围
    - 形式及效力

配套测试

一、单项选择题

1. 《行政诉讼法》第71条明确规定，人民法院判决被告重新作出行政行为的，被告不得以同一事实和理由作出与原行政行为基本相同的行政行为，但下列哪种情况不受此规定的限制？(　　)

A. 以适用法律、法规错误为由，判决重新作出具体行政行为的

B. 以证据不足为由，判决重新作出具体行政行为的

C. 以违反法定程序为由，判决重新作出具体行政行为的

D. 以滥用职权为由，判决重新作出具体行政行为的

2. 人民法院在审理行政案件中，认为行政机关的主管人员、直接责任人员违法违纪的，或认为有犯罪行为的，应如何处理？(　　)

A. 对于前者应当向该行政机关或者其上一级行政机关或者监察机关提出处理的司法建议，对于后者应当将有关材料移送公安、检察机关

B. 对于前者应当将有关材料移送监察机关、该行政机关或者其上一级行政机关，对于后者应当将有关材料移送公安、检察机关

C. 对于前者应当将案件移送该行政机关或者其上一级行政机关或者向监察、人事机关提出处理的司法建议，对于后者应当直接审理该案件并交由刑庭定罪量刑

D. 对于前者应当将有关材料移送该行政机关或者其上一级行政机关或者监察、人事机关，对于后者应当直接审理该案件并交由刑庭定罪量刑

3. 某化工企业生产国家明令淘汰的产品，某市场监督管理局依据《产品质量法》某条的规定作出罚款2000元的处罚决定。该企业不服，提起行政诉讼，法院经审查以市场监督管理局的处罚决定适用法律不当为由判决撤销了处罚决定。下列哪一说法是正确的？(　　)

A. 市场监督管理局不得再对该企业作出

行政处罚

B. 市场监督管理局不得再对该企业作出罚款决定，但可以作出其他行政处罚

C. 市场监督管理局可以依据原处罚决定适用的《产品质量法》条文规定作出与原来不同的处罚决定

D. 市场监督管理局可以依据原处罚决定适用的《产品质量法》条文规定以外的相关条款作出与原来相同的处罚决定

4. 下列事项中不适用裁定的是（　　）。

A. 补正判决书中的笔误

B. 对妨碍行政诉讼的行为采取强制措施

C. 移送或指定管辖

D. 准许或不准许撤诉

5. 公安机关在执行职务中违法殴打他人，受害人不服提起行政诉讼，人民法院应作出（　　）。

A. 确认无效判决

B. 确认违法判决

C. 撤销判决

D. 撤销并责令被告重新作出具体行政行为的判决

6. 行政机关作出的具体行政行为违反法定程序时，人民法院应作出何种判决？（　　）

A. 只要违反法定程序，人民法院就应作出撤销判决

B. 虽违反法定程序，但实体内容正确的，人民法院判决驳回诉讼请求

C. 只有违反法定程序，且实体内容错误的，人民法院才应作出撤销判决

D. 只有严重违反法定程序的，人民法院才应作出撤销判决

7. 下列选项中不属于法院撤销判决的法定事由是（　　）。

A. 具体行政行为超越职权

B. 具体行政行为滥用职权

C. 具体行政行为证据不足

D. 具体行政行为适用法律、法规错误

8. 原判决基本事实不清、证据不足，人民法院可作出何种裁判？（　　）

A. 对于主要事实不清的，二审法院应当查清事实后改判

B. 二审法院应当依法改判

C. 二审法院必须裁定撤销原判、发回重审

D. 二审法院可以依法改判

9. 行政诉讼的执行主体是（　　）。

A. 人民法院

B. 人民法院和行政机关

C. 由行政机关申请，人民法院执行

D. 行政机关

10. 下列说法中正确的是（　　）。

A. 发生法律效力的行政判决书、行政裁定书和行政赔偿调解书原则上由一审人民法院执行，情况特殊的，二审人民法院可决定由其执行

B. 发生法律效力的行政判决书、行政裁定书、行政赔偿判决书和行政赔偿调解书原则上由中级人民法院执行，情况特殊的，高级人民法院可决定由其执行

C. 发生法律效力的行政判决书、行政裁定书、行政赔偿判决书和行政赔偿调解书必须由一审人民法院执行

D. 发生法律效力的行政判决书、行政裁定书、行政赔偿判决书和行政赔偿调解书必须由中级人民法院执行

11. 下列关于非诉行政案件执行的申请人的表述中正确的是（　　）。

A. 非诉行政案件执行的申请人只能是行政机关

B. 非诉行政案件执行的申请人只能是具体行政行为确立的权利人

C. 非诉行政案件执行的申请人一般是行政机关或者法律、法规授权的组织，但在特定情形下也可以是具体行政行为确定的权利人

D. 具体行政行为确定的权利人提出非诉案件的执行申请必须经行政机关同意

12. 人民法院对非诉案件的审查标准是（　　）。

A. 申请执行的具体行政行为是否违法

B. 申请执行的具体行政行为是否明显违法

C. 申请执行的具体行政行为是否会损害被执行人的合法权益
D. 申请执行的具体行政行为是否明显违法且损害被执行人的合法权益

13. 非诉行政案件执行的前提是（　　）。
A. 公民、法人或其他组织在法定期限内既不提起诉讼又不履行具体行政行为所确定的义务
B. 公民、法人或其他组织在法定期限内提起诉讼
C. 公民、法人或其他组织在法定期限内不提起诉讼
D. 公民、法人或其他组织在法定期限内不履行具体行政行为所确定的义务

14. 赵某向市场监督管理局申请办理营业执照，市场监督管理局以材料不全为由一直未予办理。赵某遂向法院提起诉讼。法院认为赵某符合法定条件，市场监督管理局应予办理，判决市场监督管理局在 1 个月内为其办理营业执照。该项判决属于什么类型判决？（　　）
A. 确认判决　　B. 履行判决
C. 变更判决　　D. 撤销判决

15. 某县政府与甲开发公司签订《某地区改造项目协议书》，对某地区旧城改造范围、拆迁补偿费及支付方式和期限等事宜加以约定。乙公司持有经某市政府批准取得的国有土地使用证的第 15 号地块，位于某地区改造范围。甲开发公司获得改造范围内新建的房屋预售许可证，并向社会公开预售。乙公司认为某县政府以协议形式规划、管理和利用项目改造的行为违法，向法院起诉，法院受理。下列哪一选项是正确的？（　　）（司考 2008. 2. 48）
A. 某县政府与甲开发公司签订的《某地区改造项目协议书》属内部协议
B. 某县政府应当依职权先行收回乙公司持有的第 15 号地块国有土地使用证
C. 因乙公司不是《某地区改造项目协议书》的当事人，法院应驳回起诉
D. 若法院经审理查明，某县政府以协议形式规划、管理和利用项目改造的行为违法，应当判决确认某县政府的行为违法，并责令采取补救措施

二、多项选择题

1. 对下列哪些情形，人民法院应当采取裁定形式？（　　）
A. 诉讼期间停止具体行政行为的执行
B. 驳回起诉
C. 驳回上诉，维持原判
D. 撤销原判，发回原审人民法院重审

2. 行政行为确立的权利人申请人民法院强制执行的条件是（　　）。
A. 负有义务的一方当事人在法定期限内既不履行又不提起诉讼的，权利人可申请人民法院强制执行
B. 权利人申请法院强制执行，必须满足行政机关申请强制执行的条件
C. 除生效具体行政行为确定的权利人外，权利人的继承人或权利承受人也可以提出申请
D. 权利人申请执行的具体行政行为仅限于法律授权行政机关对平等主体之间作出的裁决

3. 下列说法中正确的有（　　）。
A. 行政机关申请人民法院强制执行具体行政行为，由基层人民法院执行，基层人民法院认为执行有困难的，可以报请上一级人民法院执行
B. 行政机关申请人民法院强制执行具体行政行为的，由基层人民法院执行，基层人民法院认为执行有困难的，可以报请上级人民法院执行
C. 行政机关申请人民法院强制执行具体行政行为的，由申请人所在地的人民法院执行
D. 行政机关申请人民法院强制执行具体行政行为的，由被申请人所在地的人民法院执行

4. 二审撤销原判，发回重审适用的情形有（　　）。
A. 一审判决认定事实不清

B. 一审判决证据不足
C. 一审严重违反法定程序
D. 一审判决遗漏了当事人

5. 行政诉讼中，人民法院对于妨碍诉讼行为采取的强制措施中，须经人民法院院长批准的有（　　）。
A. 责令具结悔过　　B. 罚款
C. 拘留　　D. 训诫

6. 有关裁定说法正确的有（　　）。
A. 裁定一经作出，立即发生法律效力
B. 裁定应采用书面的形式
C. 与判决不同，在行政诉讼的各个阶段都可作出裁定
D. 裁定不决定实体问题

7. 行政诉讼撤销判决的形式有（　　）。
A. 判决全部撤销
B. 判决部分撤销
C. 判决撤销作出具体行政行为的依据
D. 判决撤销并责成被告重新作出具体行政行为

8. 下列关于非诉行政案件申请财产保全措施的表述正确的有（　　）。
A. 财产保全既可由人民法院依申请人的申请而采取，也可由人民法院依职权采取
B. 申请人必须提供相应的财产担保
C. 申请主体必须是作出该具体行政行为的行政机关或具体行政行为确定的权利人
D. 必须是申请人有充分理由认为被执行人有逃避执行的可能

9. 下列属于行政诉讼执行中对行政机关所采取的强制措施的有（　　）。
A. 查封、扣押、冻结、拍卖属于该行政机关所有的财产
B. 对应当归还的罚款或者应当给付的款额通知银行从该行政机关的账户中划拨
C. 在规定期限内不履行的，对该行政机关负责人按日处 50 元至 100 元的罚款
D. 将行政机关拒绝履行的情况予以公告

10. 甲、乙两人因邻里纠纷发生互殴，公安局分别作出对甲拘留 15 天，对乙警告的行政处罚决定。甲不服公安局的拘留 15 天处罚决定，提起诉讼。法院经查发现甲、乙在互殴中均有责任，损害结果也相当。在此情况下，法院可以作出何判决？（　　）
A. 撤销被告对甲的处罚决定
B. 变更被告对甲的处罚决定
C. 撤销被告对乙的处罚决定
D. 变更被告对乙的处罚决定

11. 行政机关拒绝履行判决裁定的，第一审人民法院可以采取的措施有（　　）。
A. 通知银行划拨
B. 对其负责人罚款
C. 提出司法建议
D. 拒不履行判决裁定构成犯罪的，依法追究刑事责任

12. 某区公安分局以蔡某殴打孙某为由对蔡某拘留十日并处罚款 500 元。蔡某向法院起诉，要求撤销处罚决定和赔偿损失。一审法院经审理认定处罚决定违法。下列哪些选项是正确的？（　　）
A. 蔡某所在地的法院对本案无管辖权
B. 一审法院应判决撤销拘留决定，返还罚款 500 元、按照国家上年度职工日平均工资赔偿拘留十日的损失和一定的精神抚慰金
C. 如一审法院的判决遗漏了蔡某的赔偿请求，二审法院应当裁定撤销一审判决，发回重审
D. 如蔡某在二审期间提出赔偿请求，二审法院可以进行调解，调解不成的，应告知蔡某另行起诉

三、不定项选择题

1. 某镇政府以一公司所建钢架大棚未取得乡村建设规划许可证为由责令限期拆除。该公司逾期不拆除，镇政府现场向其送达强拆通知书，组织人员拆除了大棚。该公司向法院起诉要求撤销强拆行为。如一审法院审理认为强拆行为违反法定程序，可作出的判决有：（　　）（司考 2015. 2. 99）

A. 撤销判决　　B. 确认违法判决
C. 履行判决　　D. 变更判决

2. 县政府以某化工厂不符合国家产业政策、污染严重为由，决定强制关闭该厂。该厂向法院起诉要求撤销该决定，并提出赔偿请求。一审法院认定县政府决定违法，予以撤销，但未对赔偿请求作出裁判，县政府提出上诉。下列说法正确的是：（　　）（司考 2017. 2. 100）

A. 本案第一审应由县法院管辖
B. 二审法院不得以不开庭方式审理该上诉案件
C. 二审法院应对一审法院的判决和被诉行政行为进行全面审查
D. 如二审法院经审查认为依法不应给予该厂赔偿的，应判决驳回其赔偿请求

四、名词解释

1. 行政诉讼判决
2. 驳回诉讼请求判决
3. 履行判决
4. 变更判决
5. 行政诉讼中的裁定
6. 行政判决的效力
7. 行政裁定的效力
8. 行政诉讼中的决定
9. 行政诉讼中决定的效力

五、简答题

简述行政裁定的效力。

六、论述题

行政诉讼一审判决的类型与适用。①

七、案例分析题

1. 某国家机关科研处处长赵某利用外出考察的机会，从国外带回若干违禁小物品，受到海关罚款 500 元的行政处罚，其所在机关了解情况后，又给予其撤职的行政处分。赵某不服，认为处罚、处分太重，分别以海关和所在机关为被告，向法院提起行政诉讼，要求撤销上述处罚和处分。问：

（1）人民法院应否受理赵某的起诉？为什么？

（2）人民法院如受理赵某提起的两项诉讼请求或其中的一项，审理后可能作出哪几种形式的判决？并说明其适用条件。

2. 海华市规划局批准本市市政府在海天花园小区盖了一栋高层办公楼，严重影响该小区居民的住宅采光。小区居民将海华市规划局诉至人民法院。问：

（1）海华市规划局的行为应如何认定？

（2）海天花园小区的居民是否可以原告资格提起行政诉讼，为什么？

（3）如果海天花园小区的居民有原告资格可以提起行政诉讼，法院应作出何种判决？

参考答案

一、单项选择题

1. 答案：C。《行诉解释》第 90 条第 2 款规定："人民法院以违反法定程序为由，判决撤销被诉行政行为的，行政机关重新作出行政行为不受行政诉讼法第七十一条规定的限制。"

2. 答案：B。《行政诉讼法》第 66 条规定："人民法院在审理行政案件中，认为行政机关的主管人员、直接责任人员违法违纪的，应当将有关材料移送监察机关、该行政机关或者其上一级行政机关；认为有犯罪行为的，应当将有关材料移送公安、检察机关。人民法院对被告经传票传唤无正当理由拒不到庭，或者未经法庭许可中途退庭的，可以将被告拒不到庭或者中途退庭的情况予以公告，并可以向监察机关或者被告的上一级行政机关提出依法给予其主要负责人或者直接责任人员处分的司法建议。"

---

① 编者注：中南财经政法大学 2009 年考研试题——简述行政诉讼变更判决和履行判决各自的适用条件。

3. **答案**：D。本题考查的是人民法院判决撤销具体行政行为后的法律效果，即行政机关能否以及如何再次作出具体行政行为。《行政诉讼法》第70条规定："行政行为有下列情形之一的，人民法院判决撤销或者部分撤销，并可以判决被告重新作出行政行为：（一）主要证据不足的；（二）适用法律、法规错误的；（三）违反法定程序的；（四）超越职权的；（五）滥用职权的；（六）明显不当的。"可见，题中的市场监督管理局可以重新作出行政行为，对某化工企业进行处罚。所以A项不正确。

《行政诉讼法》第71条规定："人民法院判决被告重新作出行政行为的，被告不得以同一的事实和理由作出与原行政行为基本相同的行政行为。"从该条规定来看，行政机关既可以以同一的事实和理由作出与原行政行为不同的行政行为，也可以以不同的事实和理由作出与原行政行为基本相同的行政行为。所以B项不正确。

既然市场监督管理局的行政行为被以适用法律错误为由予以撤销，则市场监督管理局不得在重新作出的行政行为中适用该错误适用的法律，因此C项也是错误的，唯有D项符合《行政诉讼法》的规定。

4. **答案**：B。《行诉解释》第101条规定了裁定的适用范围。对妨碍行政诉讼的行为采取强制措施应适用决定。

5. **答案**：B。根据《行政诉讼法》第74条第2款的相关规定，法院对此应作出确认违法的判决。

6. **答案**：A。行政机关作出具体行政行为时，只要违反法定程序，人民法院就应作出撤销判决。

7. **答案**：C。《行政诉讼法》第70条规定："行政行为有下列情形之一的，人民法院判决撤销或者部分撤销，并可以判决被告重新作出行政行为：（一）主要证据不足的；（二）适用法律、法规错误的；（三）违反法定程序的；（四）超越职权的；（五）滥用职权的；（六）明显不当的。"

8. **答案**：D。《行政诉讼法》第89条规定："人民法院审理上诉案件，按照下列情形，分别处理：……（三）原判决认定基本事实不清、证据不足的，发回原审人民法院重审，或者查清事实后改判……"

9. **答案**：B。《行政诉讼法》第95条规定："公民、法人或者其他组织拒绝履行判决、裁定、调解书的，行政机关或者第三人可以向第一审人民法院申请强制执行，或者由行政机关依法强制执行。"据此，行政诉讼的执行主体是人民法院和行政机关。

10. **答案**：A。《行诉解释》第154条规定："发生法律效力的行政判决书、行政裁定书、行政赔偿判决书和行政调解书，由第一审人民法院执行。第一审人民法院认为情况特殊，需要由第二审人民法院执行的，可以报请第二审人民法院执行；第二审人民法院可以决定由其执行，也可以决定由第一审人民法院执行。"

11. **答案**：C。《行诉解释》第158条规定："行政机关根据法律的授权对平等主体之间民事争议作出裁决后，当事人在法定期限内不起诉又不履行，作出裁决的行政机关在申请执行的期限内未申请人民法院强制执行的，生效行政裁决确定的权利人或者其继承人、权利承受人在六个月内可以申请人民法院强制执行。享有权利的公民、法人或者其他组织申请人民法院强制执行生效行政裁决，参照行政机关申请人民法院强制执行行政行为的规定。"据此，一般情形下，非诉行政案件执行的申请人是作出该具体行政行为的行政机关或者法律、法规授权的组织，被执行人只能为公民、法人或者其他组织，但在特定情况下，非诉行政案件的申请人也可能是生效具体行政行为确定的权利人或其继承人、权利承受人。

12. **答案**：D。人民法院对于非诉行政案件申请执行的审查标准是被申请执行的具体行政行为是否"明显违法并损害被执行人的合法权益"。

13. **答案**：A。《行政诉讼法》第97条规定："公民、法人或者其他组织对行政行为在法定期限内不提起诉讼又不履行的，行政机关可以申请人民法院强制执行，或者依法强制执行。”

14. **答案**：B。本题考查行政诉讼判决的类型。《行政诉讼法》第69条规定：“行政行为证据确凿，适用法律、法规正确，符合法定程序的，或者原告申请被告履行法定职责或者给付义务理由不成立的，人民法院判决驳回原告的诉讼请求。”第70条规定：“行政行为有下列情形之一的，人民法院判决撤销或者部分撤销，并可以判决被告重新作出行政行为：（一）主要证据不足的；（二）适用法律、法规错误的；（三）违反法定程序的；（四）超越职权的；（五）滥用职权的；（六）明显不当的。”第72条规定：“人民法院经过审理，查明被告不履行法定职责的，判决被告在一定期限内履行。”第77条规定：“行政处罚明显不当，或者其他行政行为涉及对款额的确定、认定确有错误的，人民法院可以判决变更。人民法院判决变更，不得加重原告的义务或者减损原告的权益。但利害关系人同为原告，且诉讼请求相反的除外。”上述四项判决的名称在学理上分别定义为驳回判决、撤销判决、履行判决和变更判决。综上所述，本题中的市场监督管理局一直不予办理赵某执照的行为属于不履行法定职责，法院判决市场监督管理局限期办理执照，所作出的就是第三种判决，即履行判决。

15. **答案**：D。本题考查行政行为；行政诉讼判决种类。行政主体实现行政目的的方式多种多样，其行使权力的表现形式也就多种多样。某县政府作为行使行政职权的行政机关，以协议的方式与甲公司约定旧城改造事宜，该协议是某县政府行使权力的一种形式，具有对外的法律效力，因此并非内部协议。故A选项错误。某县政府的行为实质是行使行政许可权力的行为，该具体行政行为损害了乙公司的利益，因此乙公司有权向人民法院提起行政诉讼，法院应予受理、审理。故C选项错误。由于乙公司持有的是经市政府批准取得的土地使用证，所以某县政府作为市政府的下级机关无权收回乙公司持有的第15号地块国有土地使用证。因此B选项错误。《行政诉讼法》第74条规定：“行政行为有下列情形之一的，人民法院判决确认违法，但不撤销行政行为：（一）行政行为依法应当撤销，但撤销会给国家利益、社会公共利益造成重大损害的；（二）行政行为程序轻微违法，但对原告权利不产生实际影响的。行政行为有下列情形之一，不需要撤销或者判决履行的，人民法院判决确认违法：（一）行政行为违法，但不具有可撤销内容的；（二）被告改变原违法行政行为，原告仍要求确认原行政行为违法的；（三）被告不履行或者拖延履行法定职责，判决履行没有意义的。”《行政诉讼法》第76条规定：“人民法院判决确认违法或者无效的，可以同时判决责令被告采取补救措施；给原告造成损失的，依法判决被告承担赔偿责任。”某县政府违法实施行政许可，但是甲开发公司已向社会公开预售，撤销该许可将会给国家利益、公共利益造成重大损失，所以应该确认该行政行为违法，并责令某县政府采取补救措施。故D选项正确。

二、多项选择题

1. **答案**：ABD。人民法院应当采取裁定形式的有诉讼期间停止具体行政行为的执行；驳回起诉；撤销原判，发回原审人民法院重审等。

2. **答案**：BCD。BCD对，《行诉解释》第158条规定：“行政机关根据法律的授权对平等主体之间民事争议作出裁决后，当事人在法定期限内不起诉又不履行，作出裁决的行政机关在申请执行的期限内未申请人民法院强制执行的，生效行政裁决确定的权利人或者其继承人、权利承受人在六个月内可以申请人民法院强制执行。享有权利的公民、法人或者其他组织申请人民法院强制执行生效行政裁决，参照行政机关申请人民法院强制执行行政行为的规定。”A错，行政机关根据法律的授权对平等主体之间民事争议作出裁决后，权利人或其继承人、权利承受人申请人民法院强制执行的前提条件是：(1) 当事人在法定期限内不起诉又不履行；(2) 作出裁决的行政机关在申请执行的期限内未申请人民法院强制执行的。两个条件须同时具备。

3. **答案**：BC。《行诉解释》第157条规定："行政机关申请人民法院强制执行其行政行为的，由申请人所在地的基层人民法院受理；执行对象为不动产的，由不动产所在地的基层人民法院受理。基层人民法院认为执行确有困难的，可以报请上级人民法院执行；上级人民法院可以决定由其执行，也可以决定由下级人民法院执行。"

4. **答案**：ABCD。参见《行政诉讼法》第89条规定："人民法院审理上诉案件，按照下列情形，分别处理：(一) 原判决、裁定认定事实清楚，适用法律、法规正确的，判决或者裁定驳回上诉，维持原判决、裁定；(二) 原判决、裁定认定事实错误或者适用法律、法规错误的，依法改判、撤销或者变更；(三) 原判决认定基本事实不清、证据不足的，发回原审人民法院重审，或者查清事实后改判；(四) 原判决遗漏当事人或者违法缺席判决等严重违反法定程序的，裁定撤销原判决，发回原审人民法院重审。原审人民法院对发回重审的案件作出判决后，当事人提起上诉的，第二审人民法院不得再次发回重审。人民法院审理上诉案件，需要改变原审判决的，应当同时对被诉行政行为作出判决。"

5. **答案**：BC。参见《行政诉讼法》第59条规定："……罚款、拘留须经人民法院院长批准。当事人不服的，可以向上一级人民法院申请复议一次。复议期间不停止执行。"

6. **答案**：BCD。裁定的种类不同，发生法律效力的时间也不同。对于不准上诉的裁定，一经作出即发生法律效力；对于可以上诉的裁定，只有在法定上诉期满当事人不上诉时，才发生法律效力。

7. **答案**：ABD。参见《行政诉讼法》第70条："行政行为有下列情形之一的，人民法院判决撤销或者部分撤销，并可以判决被告重新作出行政行为：(一) 主要证据不足的；(二) 适用法律、法规错误的；(三) 违反法定程序的；(四) 超越职权的；(五) 滥用职权的；(六) 明显不当的。"

8. **答案**：CD。《行诉解释》第159条规定："行政机关或者行政行为确定的权利人申请人民法院强制执行前，有充分理由认为被执行人可能逃避执行的，可以申请人民法院采取财产保全措施。后者申请强制执行的，应当提供相应的财产担保。"据此，非诉行政案件申请财产保全措施须满足的条件是：(1) 法院必须依申请采取财产保全措施，而不能主动依职权采取；(2) 申请主体必须是作出该具体行政行为的行政机关或具体行政行为确定的权利人；(3) 申请人有充分理由认为被执行人有可能逃避执行；(4) 具体行政行为确定的权利人申请财产保全的，必须向人民法院提供相应的财产担保。但行政机关无提供财产担保的义务。

9. **答案**：BCD。《行政诉讼法》第96条规定："行政机关拒绝履行判决、裁定、调解书的，第一审人民法院可以采取下列措施：(一) 对应当归还的罚款或者应当给付的款额，通知银行从该行政机关的账户内划拨；(二) 在规定期限内不履行的，从期满之日起，对该行政机关负责人按日处五十元至一百元的罚款；(三) 将行政机关拒绝履行的情况予以公告；(四) 向监察机关或者该行政机关的上一级行政机关提出司法建议。接受司法建议的机关，根据有关规定进行处理，并将处理情况告知人民法院；(五) 拒不履行判决、裁定、调解书，社会影响恶劣的，可以对该行政机关直接负责的主管人员和其他直接责任人员予以拘留；情节严重，构成犯罪的，依法追究刑事责任。"

10. **答案**：BD。本题考查行政诉讼的判决。BD对，《行政诉讼法》第77条规定："行政处罚明显不当，或者其他行政行为涉及对款额的确定、认定确有错误的，人民法院可以判决变更。人民法院判决变更，不得加重原告的义务或者减损原告的权益。但利害关系人同为原告，且诉讼请求相反的除外。”本题中，由于甲、乙两人的责任相当，损害结果也相当，但对两人的处理结果却差异巨大，说明公安局对两者的行政处罚存在明显不当的情况。

11. 答案：ABCD。《行政诉讼法》第96条规定：“行政机关拒绝履行判决、裁定、调解书的，第一审人民法院可以采取下列措施：（一）对应当归还的罚款或者应当给付的款额，通知银行从该行政机关的账户内划拨；（二）在规定期限内不履行的，从期满之日起，对该行政机关负责人按日处五十元至一百元的罚款；（三）将行政机关拒绝履行的情况予以公告；（四）向监察机关或者该行政机关的上一级行政机关提出司法建议。接受司法建议的机关，根据有关规定进行处理，并将处理情况告知人民法院；（五）拒不履行判决、裁定、调解书，社会影响恶劣的，可以对该行政机关直接负责的主管人员和其他直接责任人员予以拘留；情节严重，构成犯罪的，依法追究刑事责任。”

12. 答案：答案：AD。对限制人身自由的行政强制措施不服提起的诉讼，由被告所在地或者原告所在地人民法院管辖。据此可见，只有对限制人身自由的“行政强制措施”不服提起的诉讼，原告所在地法院和被告所在地法院均有管辖权。但本案是限制人身自由的“行政处罚”，因此，只能是被告所在地法院管辖，原告所在地的法院没有管辖权。A选项正确。根据《国家赔偿法》第36条的规定，返还执行的罚款或者罚金、追缴或没收的金钱，解除冻结的存款或者汇款的，应当支付银行同期存款利息。据此可见，除返还罚款500元外，应当支付银行同期存款利息。且错误拘留蔡某10日并处罚款500元，并未造成严重后果，很难支持蔡某的精神抚慰金请求，故由赔偿义务机关为受害人消除影响、恢复名誉或向其赔礼道歉即可，无需支付精神损害抚慰金，故B选项错误。如一审法院的判决遗漏了蔡某的赔偿请求，二审法院不是直接全案发回重审，而是先审查一下，是否需要赔偿。如果不应当予以赔偿的，判决驳回赔偿请求；如果要赔偿的，先调解，调解不成的，把赔偿部分发回重审。C选项错误。当事人在第二审期间提出行政赔偿请求的，第二审法院可以进行调解；调解不成的，应当告知当事人另行起诉。D选项正确。

三、不定项选择题

1. 答案：B。根据《行政诉讼法》第74条规定：“行政行为有下列情形之一的，人民法院判决确认违法，但不撤销行政行为：（一）行政行为依法应当撤销，但撤销会给国家利益、社会公共利益造成重大损害的；（二）行政行为程序轻微违法，但对原告权利不产生实际影响的。行政行为有下列情形之一，不需要撤销或者判决履行的，人民法院判决确认违法：（一）行政行为违法，但不具有可撤销内容的；（二）被告改变原违法行政行为，原告仍要求确认原行政行为违法的；（三）被告不履行或者拖延履行法定职责，判决履行没有意义的。”ACD选项均不符合本条规定。

2. 答案：CD。关于A选项，依据《行政诉讼法》第15条规定：“中级人民法院管辖下列第一审行政案件：（一）对国务院部门或者县级以上地方人民政府所作的行政行为提起诉讼的案件；（二）海关处理的案件；（三）本辖区内重大、复杂的案件；（四）其他法律规定由中级人民法院管辖的案件。”本案被告为县政府，一审应当由市中级人民法院管辖。A项错误。

关于B选项，依据《行政诉讼法》第86条规定：“人民法院对上诉案件，应当组成合议庭，开庭审理。经过阅卷、调查和询问当事人，对没有提出新的事实、证据或者理由，合议庭认为不需要开庭审理的，也可以不开庭审理。”故本案如果没有新的事实、证据或者理由，合议庭认为不需要开庭审理的，也可以不开庭审理。B项错误。

关于C选项，依据《行政诉讼法》第87条规定：“人民法院审理上诉案件，应当对原审人民法院的判决、裁定和被诉行政行为进行全面审查。”本案二审法院应当对一审法院的判决和被诉行政行为进行全面审查。所以C项正确。

关于D选项，依据《行诉解释》第109条第4款规定：“原审判决遗漏行政赔偿请求，第二审人民法院经审查认为依法不应当予以赔偿的，应当判决驳回行政赔偿请求。”故D项正确。

四、名词解释

1. **答案：**行政诉讼判决是指人民法院代表国家，对被诉具体行政行为是否合法作出的具有法律约束力的判定，以及对被诉具体行政行为的效力作出的权威性处理。具有以下特征：(1)行政判决是人民法院行使国家审判权的意思表示，是国家司法意志的体现；(2)行政判决是具有法律约束力的司法判断和处理；(3)行政判决是对行政争议的处理结论。
2. **答案：**驳回诉讼请求判决是指人民法院驳回原告诉讼请求的判决。驳回诉讼请求判决可以适用于以下情形：(1)被诉行政行为完全合法的；(2)原告起诉被告不履行法定职责但是其理由不能成立的。
3. **答案：**履行判决是指人民法院判令被告限期履行法定职责的判决。适用履行判决必须具备以下条件：(1)有关当事人向行政主管机关提出了合法申请，要求行政机关作出一定的行政行为，并且这种申请符合法律规定的条件与形式。(2)被告对相对人依法负有履行职责的义务。即依存在的行政法律关系，作为被告的行政机关有依法行使职权，对作为原告的行政相对人负有作出他所需求的具体行政行为的义务。(3)被告具有不履行或者拖延履行法定职责的行为，而不履行或者拖延履行没有合法的理由，即没有法律所规定或认可的理由。
4. **答案：**变更判决是指人民法院变更被诉具体行政行为的判决。人民法院变更具体行政行为有以下两种情况：(1)行政处罚明显不当；(2)其他行政行为涉及对款额的确定、认定确有错误。
5. **答案：**行政诉讼中的裁定是指人民法院在审理行政案件过程中，为解决本案的程序问题所作出的对诉讼参与人发生法律效果的司法意思表示。具有以下特点：(1)裁定是人民法院解决程序问题的审判行为，是对程序问题作出的判定。(2)裁定在诉讼的任何阶段都可以作出。(3)由于裁定所解决的是程序问题，因而其法律依据是程序性规范。(4)裁定可以是书面的形式，也可以是口头的形式。
6. **答案：**行政判决的效力是指人民法院依法定程序作出的行政判决对行政诉讼当事人和其他有关人所具有的强制约束力。行政判决是国家意志力的司法表现，它以国家强制力为后盾，其效力及于所有与该案有关的人。行政判决效力包含三个内容，即行政判决的确定力、拘束力和执行力。
7. **答案：**行政裁定是解决行政诉讼程序问题的审判行为，裁定只对案件参与人发生拘束力，对社会不发生拘束力。因为程序问题是在当事人进行诉讼和人民法院指挥诉讼中发生的，通常不涉及案件以外的人和事，所以对于社会不发生拘束力。在特殊情况下，如果裁定涉及当事人以外的单位或个人，那么，对所涉及的单位或个人亦发生相应的拘束力。
8. **答案：**行政诉讼中的决定是指人民法院为了保证行政诉讼的顺利进行，对诉讼中发生的某些特殊事项所作的司法意思表示。决定具有如下特点：(1)就决定所解决的问题而言，其既不同于判决所解决的案件争议问题，也不同于裁定所解决的程序问题，而是解决诉讼过程中可能出现的特殊问题。(2)就决定的功能而言，它旨在保证案件的正常审理和诉讼程序的正常进行，或者为案件审理和正常的诉讼活动创造必要的条件。(3)就决定的效力而言，决定不是对案件的审判行为，不能依上诉程序提起上诉，当事人对决定不服，只能申请复议。
9. **答案：**行政诉讼中的决定是人民法院为迅速解决诉讼上或者涉及诉讼问题的司法行为。这种行为一经作出，当即发生效力，具有执行内容的，立即付诸执行。对影响当事人权利的决定，当事人可申请复议一次，但不因当事人申请复议而停止决定的执行和影响决定的效力。决定发生效力后，如果发现认定事实或者适用法律确有错误，可由作出决定的人民法院撤销或变更，但不能依审判监督程序进行再审，也不能通过上诉程序由上一级人民法院予以纠正。

五、简答题

答案：行政裁定是解决行政诉讼程序问题的审判行为，就其空间效力而言，一般来说，裁定只对案件参与人发生拘束力，对社会不发生拘束力。在特殊情况下，如果裁定涉及当事人以外的单位或个人，那么，对涉及的单位或个人亦发生相应的拘束力。

就裁定的时间效力而言，因裁定的内容不同而不同。对于不准上诉的裁定，一经宣布或送达即发生法律效力。对于可以上诉的裁定，只有在法定上诉期间当事人不上诉时，才发生法律效力。对于某些可以依法申请复议的裁定（如是否停止具体行政行为的执行），一经作出即发生法律效力，当事人申请复议不影响裁定的执行。

作出裁定的人民法院，对已经宣告或送达的裁定，通常不能随意变更。根据《行政诉讼法》的规定，有的裁定允许上诉，有的裁定不允许上诉。对于允许上诉的裁定，原裁定人民法院一般不得自行撤销、变更。当事人不服，可以通过上诉程序救济。对于不允许上诉的裁定，当事人不服只能申请复议。当事人申请复议后，人民法院认为原裁定确有错误的，可以自行撤销或变更。

裁定是解决程序问题的方式，一般在诉讼期间有效，随着诉讼的结束，裁定的效力自行消失。如停止具体行政行为执行的裁定，一旦人民法院对案件宣告判决，即失去效力。但是，有的裁定具有独立性，不依附于诉讼而持续存在，即使诉讼结束，裁定的效力并不随之消失。

六、论述题

答案：

	类型	含义	适用
一审	撤销判决	部分或全部撤销被诉行政行为，并可以责令被告重新作出行政行为	1. 主要证据不足的 2. 适用法律、法规错误的 3. 违反法定程序的 4. 超越职权的 5. 滥用职权的 6. 明显不当的
	履行判决	责令被告限期履行法定职责	被告不履行或者拖延履行法定职责
	变更判决	直接改变行政处罚或确定数额的行为	行政处罚明显不当，或其他行政行为涉及对款项的确定、认定有错误的
一审	驳回原告诉讼请求判决	否定原告诉讼请求，取代原维持判决和确认被诉具体行政行为合法或有效	行政行为证据确凿，适用法律、法规正确，符合法定程序的，或者原告申请被告履行法定职责或者给付义务理由不成立的
	给付判决	被告负给付义务的	
	确认判决	确认违法	1. 行政行为依法应当撤销，但撤销会给国家利益、社会公共利益造成重大损害的 2. 行政行为程序轻微违法，但对原告权利不产生实际影响的 3. 行政行为违法，但不具有可撤销内容的 4. 被告改变原违法行政行为，原告仍要求确认原行政行为违法的 5. 被告不履行或者拖延履行法定职责，判决履行没有意义的
		确认无效	行政行为有实施主体不具有行政主体资格或者没有依据等重大且明显违法情形，原告申请确认行政行为无效的

七、案例分析题

1. **答案**：(1) 人民法院应受理赵某不服海关处罚的起诉，而不应受理赵某以其所在机关为被告不服行政处分的起诉。参见《行政诉讼法》第12条和第13条。

(2) 对于赵某不服海关处罚的起诉，法院受理后，可能作出以下三种形式的判决：①驳回诉讼请求。(条件略) ②撤销。(条件略) ③变更。(处罚明显不当)

2. **答案**：(1) 市规划局的行为是违法的，因其作出批准行为时未考虑建房之间的间距问题，导致市政府的办公楼建好后严重影响了其他居民的采光权。

(2) 海天花园小区的居民有原告资格，可以对市规划局的批准行为提起诉讼。因为小区的居民虽然不是市规划局批准行为所直接针对的对象，但其相邻权却受到了该行为的侵害，因此与市规划局的批准行为有法律上的利害关系，具有原告资格。

(3) 法院应作出确认违法判决，并责令行政机关采取其他措施对海天花园小区的居民所受到的损失予以补救。因为市规划局的行为违法理应撤销。但撤销将给国家利益造成重大损失，因此从维持国家利益的角度出发，法院应确认市规划局的行为违法，同时判令市政府采取相应的补救措施。

第三十章　涉外行政诉讼

基础知识图解

- 涉外行政诉讼
  - 概述：概念及特征
  - 原则
    - 平等原则
    - 对等原则
    - 适用国际条约原则
    - 使用中国通用语言文字的原则
    - 原告必须委托中国律师代理诉讼的原则
  - 法律渊源
    - 法律
    - 最高司法机关的司法解释
    - 国际条约和惯例
  - 涉外行政诉讼法律规范的适用
    - 概念
    - 原则
  - 涉外行政诉讼的期间、期日和送达
    - 期间和期日
    - 送达

配套测试

一、名词解释

1. 涉外行政诉讼的法律渊源

2. 外交送达

二、简答题

简述涉外行政诉讼。

三、论述题

试论涉外行政诉讼的原则。

参考答案

一、名词解释

1. 答案： 涉外行政诉讼的法律渊源是指由我国立法机关制定或者认可的适用于涉外行政诉讼关系的法律规范系统。包括：（1）法律；（2）最高司法机关的司法解释；（3）国际条约和国际惯例。

2. 答案： 外交送达是指人民法院将需要送达给不在我国居住的当事人的诉讼文书，首先送交给我外交机关，再由我外交机关送往当事人所在国驻我国的外交机构，然后由其转送该国外交机关，该国外交机关再转交该国司法机关送达当事人的一种诉讼文书送达方式，这种方式是国际公认的一种正规送达方式，被各国采用。

二、简答题

答案：（1）涉外行政诉讼的概念：涉外行政诉讼是指各级人民法院审理的，原告或第三人为外国人、无国籍人、外国组织，依法向我国人民法院提起诉讼，人民法院依法定程序审查行政主体的行政行为的合法性，并判断外国人、无国籍人、外国组织作为相对人的主张是否妥当，并作出裁判的诉讼。

（2）涉外行政诉讼的特征：①涉外行政

诉讼是解决涉外行政管理过程中产生的行政争议的重要途径。②提起诉讼的原告应当是外国人、无国籍人或外国组织；中国香港特别行政区、澳门特别行政区、我国台湾地区居民和组织提起或参加的行政诉讼不属于涉外行政诉讼。③涉外行政诉讼争议的标的是中国行政机关作出的具体行政行为。④涉外行政诉讼解决的行政争议发生在中华人民共和国领域内。⑤涉外行政诉讼必须依照中国法律进行。

三、论述题

答案：涉外行政诉讼的原则是指由涉外行政诉讼本身的特殊规律所决定的、反映涉外行政诉讼特殊要求并为人民法院在审理涉外行政诉讼案件活动中必须遵守的行为准则。除行政诉讼的一般原则是人民法院在涉外行政诉讼中必须遵守的外，人民法院还必须遵守涉外行政诉讼所特有的原则。涉外行政诉讼所特有的原则主要有：

（1）平等原则。平等原则是在涉外行政诉讼中的外国人、外国组织应享有和承担与中国公民、组织同样的诉讼权利和义务。

涉外行政诉讼中的平等原则主要有以下表现：

①基于国际法的规定。诉讼权利平等原则是国际上的"国民待遇原则"在诉讼中的反映。"国民待遇原则"要求本国公民享有的权利，也应同等地赋予本国境内的外国人，它体现了国家之间的平等、友好关系，是国际交往中的一项重要规则。

②基于宪法的规定。我国现行《宪法》第32条规定，中华人民共和国保护在中国境内的外国人的合法权利和利益。外国公民和组织在中国境内必须遵守我国的法律规范，我国的法律规范也同样保护他们的合法权益。

（2）对等原则。涉外行政诉讼中的对等原则是指外国法院如果对我国公民和组织的行政诉讼权利加以限制的，我国便对该国公民和组织采取相应的限制措施，以使我国公民和组织在他国的行政诉讼权利与他国公民和组织在我国的行政诉讼权利对等。

涉外行政诉讼的对等原则主要表现在以下三个方面：

①这一原则只适用于外国对我国公民或组织的行政诉讼权利加以限制的情况下，它不适用于权利的赋予。

②所谓诉讼权利的限制，是指我国公民在该国所享有的诉讼权利低于该国公民的普遍标准。

③对等原则并未赋予我国人民法院首先限制外国公民和组织诉讼权利的权力，相反，从立法旨意上来说，我国立法是不允许这样做的。

（3）适用国际条约原则。国际条约是各个缔约国在国家之间有关政治、经济、文化等方面经友好协商确定相互间权利、义务的各种条约或协定。国际条约是各个缔约国都必须遵守的。

（4）使用中国通用语言文字的原则。涉外行政诉讼的审理活动应当使用中国的通用语言文字。依照我国《民事诉讼法》第273条的规定，人民法院审理涉外民事案件，应当使用中华人民共和国通用的语言、文字。当事人要求提供翻译的，可以提供，费用由当事人承担。

（5）涉外行政诉讼的原告必须委托中国律师代理诉讼的原则。《行政诉讼法》第100条规定，涉外行政诉讼的原告（外国人、无国籍人、外国组织）在中华人民共和国进行行政诉讼，委托律师代理诉讼的，应当委托中华人民共和国律师机构的律师。

第三十一章　行政附带民事诉讼

基础知识图解

- 行政附带民事诉讼
  - 概述
    - 概念、特征
    - 种类
    - 条件和范围
  - 当事人
    - 原告
    - 被告
    - 第三人
  - 审理与裁判
    - 审理
    - 裁判

配套测试

一、单项选择题

下列不属于行政附带民事诉讼的条件是（　　）。

A. 民事争议当事人要求法院对民事争议一并审理

B. 人民法院认为民事争议审理难度不大可以由行政审判庭一并审理的

C. 被诉具体行政行为是被告对争议双方所作出的处理决定

D. 被诉的具体行政行为违法

二、名词解释

行政附带民事诉讼

三、简答题

简述行政附带民事诉讼在审理中与行政诉讼的不同。

四、论述题

试述行政诉讼附带民事诉讼的条件和范围。

参考答案

一、单项选择题

答案：C。行政附带民事诉讼，是人民法院在审理行政案件的同时，对与引起该案件的行政争议相关的民事纠纷一并审理的诉讼活动和诉讼关系的总称，简称行政附带民事诉讼。其适用条件为：被诉具体行政行为是被告对平等主体之间民事争议所作的行政裁决。如果原告提起行政诉讼的标的不是行政裁决行为的，即使涉及民事纠纷，法院也不能一并审理。据此，C项表述不属于行政附带民事诉讼的条件；被诉的具体行政行为违法。因为一并审理的目的是在行政诉讼中解决民事纠纷。若行政裁决合法，法院应当判决驳回诉讼请求。民事纠纷可以依行政裁决而得以解决；民事争议当事人要求法院一并解决相关民事争议。若当事人没有要求法院一并审理的，法院不应一并审理。是否对民事纠纷和行政争议一并审理，应尊重当事人意愿。若有一方当事人不同意一并审理的，法院就不应该一并审理。应当注意：即使在上述所列的条件均具备的情况下，法院也不是“必须”一并审理，而是“可以”一并审理，因为在某些情况下，一些民事案件，特别是涉及复杂案情的案件，不适宜由行政审判庭来审理。

二、名词解释

答案：行政附带民事诉讼指人民法院在审理行政案件的同时附带审理与行政案件相关联的民事案件，并作出裁判的诉讼活动。行政诉讼附带的民事诉讼是由行政诉讼派生的，且是在行政诉讼中附带审理和裁判的，所以称为行政附带民事诉讼。具有以下特征：（1）只有当事人的民事诉讼请求与行政诉讼所指向的具体行政行为的合法与否相关联，当事人才可以在提起行政诉讼的同时附带提起民事诉讼；（2）附带民事诉讼能否成立取决于行政诉讼能否成立；（3）行政附带民事诉讼不同于行政诉讼中原告同时提起的赔偿诉讼；（4）行政附带民事诉讼的原告范围比行政诉讼原告范围广泛；（5）行政附带民事诉讼的被告不一定是行政诉讼的被告；（6）行政附带民事诉讼的第三人是与民事争议有利害关系的人。

三、简答题

答案：行政附带民事诉讼的审理应当既适用行政诉讼程序，也适用民事诉讼程序。与行政诉讼在审理中的不同表现如下：

区别	行政诉讼	行政附带民事诉讼
反诉的提出	行政诉讼的被告不可提出反诉	民事诉讼的被告则可以提出反诉
举证责任负担	举证责任由被诉行政机关承担，在审查具体行政行为的证据时，以行政机关举证并由各方质证为主	举证责任由主张权利的一方当事人承担，在审查民事争议的证据时，由争议双方质证
调解的适用	行政诉讼不适用调解，但行政赔偿、补偿以及行政机关行使法律、法规规定的自由裁量权的案件可以调解	附带民事诉讼部分则可以在法庭主持下调解，民事诉讼双方当事人甚至可以在案外和解
审查范围	审查限于具体行政行为的合法性	法院则可以对当事人行为的合法性、合理性同时审查

四、论述题

答案：（1）行政诉讼附带民事诉讼应当具备的条件：①行政诉讼案件已经成立。附带民事诉讼处于从属地位，依赖于行政诉讼的成立。行政诉讼的原告在提起行政诉讼的同时可以一并提起附带民事诉讼，法院经审查，裁定对行政诉讼不予受理的，对民事诉讼自然也不予受理。但人民法院也可以决定只受理行政诉讼，而对附带民事诉讼不予受理。②行政机关的具体行政行为引起了两种不同性质的争议。一方面，引起了当事人对具体行政行为不服；另一方面，引起了新的民事纠纷或者对业已存在的民事关系产生影响，从而形成两种不同性质、彼此关联的争议。③两个分属于不同诉讼系列的诉讼请求之间具有内在关联性。④附带民事诉讼的请求应当在行政诉讼过程中提出。行政诉讼开始后，原告、附带民事诉讼中有独立请求权的第三人或被告可以提出附带民事诉讼的请求，是否受理由人民法院裁定。⑤行政诉讼案件和附带民事诉讼案件属于同一人民法院管辖。不属于同一人民法院管辖时，附带民事诉讼应当由共同的上级人民法院特别指定。

（2）行政诉讼附带民事诉讼的范围不包括行政侵权赔偿诉讼。行政赔偿诉讼是由行政机关作被告并适用行政诉讼程序的诉讼。它不是附带民事诉讼。附带民事诉讼的范围具体包括：①当事人不服行政机关对有关权属纠纷所作的裁决，诉请人民法院撤销该裁决，并要求人民法院重新对民事权属纠纷作出裁决。②当事人不服行政机关对有关损害赔偿的裁决或有关的处理决定，诉请人民法院要求撤销行政机关的裁决或者处理决定，并要求人民法院对损害赔偿问题重新审理并作出判决。

第三十二章　行政赔偿与国家赔偿

基础知识图解

- 行政赔偿与国家赔偿
  - 概述
  - 国家赔偿制度的历史发展
  - 国家赔偿责任的性质
    - 民事责任与国家责任之争
    - 代位责任与国家自己责任之争
  - 国家赔偿责任的理论基础
  - 国家赔偿责任的归责原则
    - 过错归责原则
    - 过错加违法或不法归责原则
    - 无过错归责原则
    - 违法归责原则
  - 国家赔偿责任的构成要件
    - 侵权行为主体
    - 执行职务的行为违法
    - 损害事实
    - 因果关系

配套测试

一、单项选择题

1. 甲将自家养的牛宰杀后到城区中心市场出卖，但中心市场检验所认定甲的牛肉有问题，当即决定没收，后检验所将没收的牛肉按市价转卖给他人。甲不服提起诉讼。法院经审理撤销了检验所的没收决定。现甲要求赔偿。下列说法中正确的是（　　）。

A. 检验所应按牛肉的市场估价赔偿甲

B. 甲无权获得赔偿

C. 检验所应购买同等数量的牛肉予以赔偿

D. 检验所应将变卖牛肉所得价款给付甲

2. 甲（18岁）上山打猎，误以为乙是野猪，开枪射击打死了乙。检察院以过失杀人罪向法院提起公诉，一审法院经审理认定甲犯过失杀人罪，判处有期徒刑3年，甲不服上诉，二审法院维持了一审判决。服刑期间，甲父一直申诉，2年后，人民法院经再审认定甲射杀乙纯属意外事件，而非过失杀人，改判无罪，立即释放。甲要求国家赔偿。下列说法中正确的是（　　）。

A. 甲应当以作出一审判决的人民法院和作出逮捕决定的机关为共同赔偿义务机关

B. 甲应当以原一审人民法院作为赔偿义务机关

C. 甲应当以提起公诉的检察机关和作出一审判决的人民法院作为共同赔偿义务机关

D. 甲应当以二审人民法院作为赔偿义务机关

3. 甲与丙发生口角时一气之下掏刀将丙刺死。甲的哥哥乙心疼甲，遂代甲到公安局自首，被判处有期徒刑6年。但服刑后2年，乙供出真相被改判无罪。出狱后乙要求国家赔偿。下列说法中正确的是（　　）。

A. 乙不能获得国家赔偿，因其被羁押是自己的虚伪供述所致

B. 乙可以获得国家赔偿，因公安局错误拘留

C. 乙可以获得国家赔偿，因检察院错误逮捕

D. 乙可以获得国家赔偿，因法院错误判决

4. 根据《国家赔偿法》规定，侵犯公民生命健康权并造成公民身体伤害的，赔偿义务机关（　　）。

A. 应当支付医疗费以及因误工减少的收入，其最高额为国家上年度职工年平均工资的 20 倍

B. 应当支付医疗费、残疾赔偿金以及因误工减少的收入，其最高额为国家上年度职工年平均工资的 20 倍

C. 应当支付医疗费以及赔偿因误工减少的收入，其最高额为国家上年度职工年平均工资的 5 倍

D. 应当支付医疗费、残疾赔偿金以及因误工减少的收入，其最高额为国家上年度职工年平均工资的 10 倍

5. 2007 年 6 月，赵某被法院以受贿罪判处有期徒刑 2 年，以贪污罪判处有期徒刑 3 年，合并执行有期徒刑 4 年。赵某服刑后不断申诉。2011 年 2 月，法院经审判监督程序对该案再审。再审判决维持了原审法院对赵某受贿罪的判决部分，撤销了对赵某贪污罪的判决部分，随即释放。赵某提起国家赔偿请求，对其请求应如何处理？（　　）

A. 决定不予赔偿

B. 决定对赵某从 2007 年 6 月至 2011 年 2 月受羁押期间的损失给予赔偿

C. 决定对赵某从 2009 年 6 月至 2011 年 2 月受羁押期间的损失给予赔偿

D. 决定对赵某从 2010 年 6 月至 2011 年 2 月受羁押期间的损失给予赔偿

6. 国家赔偿法规定的侵犯公民人身自由的每日赔偿金应按下述哪一种方法计算？（　　）

A. 本年度职工年平均工资除以全年天数

B. 本年度职工年平均工资除以全年法定工作日数

C. 上年度职工年平均工资除以全年天数

D. 上年度职工年平均工资除以全年法定工作日数

7. 甲因故意伤害他人被公安机关取保候审，后经检察机关批准变更为逮捕。此案经一审法院审理判处有期徒刑 1 年，二审法院则改判无罪。现甲提出赔偿请求，赔偿义务机关应是（　　）。

A. 二审人民法院

B. 作出逮捕决定的检察机关

C. 一审人民法院

D. 采取取保候审的公安机关

8. 某法院以杜某逾期未履行偿债判决为由，先将其房屋查封，后裁定将房屋过户以抵债。杜某认为强制执行超过申请数额而申请国家赔偿，要求赔偿房屋过户损失 30 万元，查封造成屋内财产毁损和丢失 5000 元，误工损失 2000 元，以及精神损失费 1 万元。下列哪一事项属于国家赔偿范围？（　　）（司考 2013. 2. 49）

A. 2000 元　　B. 5000 元

C. 1 万元　　D. 30 万元

9. 甲市乙县法院强制执行生效民事判决时执行了案外人李某的财产且无法执行回转。李某向乙县法院申请国家赔偿，遭到拒绝后申请甲市中级法院赔偿委员会作出赔偿决定。赔偿委员会适用质证程序审理。下列哪一说法是正确的？（　　）（司考 2014. 2. 50）

A. 乙县法院申请不公开质证，赔偿委员会应当予以准许

B. 李某对乙县法院主张的不利于自己的事实，既未表示承认也未否认的，即视为对该项事实的承认

C. 赔偿委员会根据李某的申请调取的证据，作为李某提供的证据进行质证

D. 赔偿委员会应当对质证活动进行全程同步录音录像

10. 某市公安局以朱某涉嫌盗窃罪于 2013 年 7 月 25 日将其刑事拘留，经市检察院批准逮捕。2015 年 9 月 11 日，市中级法院判决朱某无罪，朱某被释放。2016 年 3 月 15 日，朱某以无罪被羁押为由申请国家赔

偿，要求支付侵犯人身自由的赔偿金，赔礼道歉，赔偿精神损害抚慰金 200 万元。下列哪一说法是正确的？（　　）（司考 2017. 2. 50）

A. 市检察院为赔偿义务机关

B. 朱某不能以口头方式提出赔偿申请

C. 限制人身自由的时间是计算精神抚慰金的唯一标准

D. 侵犯朱某人身自由的每日赔偿金应按照 2014 年度职工日平均工资计算

二、多项选择题

1. 下列对国家赔偿责任的特征表述正确的是（　　）。

A. 国家承担责任，机关履行赔偿义务

B. 赔偿范围有限，窄于民事赔偿，甚至有的国家机关造成了损害，国家也并不承担赔偿责任

C. 赔偿方式和标准法定化

D. 赔偿程序单一化，仅有《国家赔偿法》规定的单一程序

2. 再审改判无罪，作出原生效判决的人民法院为赔偿义务机关。下列表述中正确的有（　　）。

A. 被告人上诉或者人民检察院抗诉，原二审人民法院对一审人民法院判决予以改判的，原二审人民法院为赔偿义务机关

B. 被告人上诉或人民检察院抗诉，原二审人民法院维持一审判决，原一审人民法院为赔偿义务机关

C. 原一审人民法院作出判决后，判决发生法律效力的，原一审人民法院为赔偿义务机关

D. 被告人上诉或者人民检察院抗诉，原二审人民法院维持一审判决的，原二审人民法院为赔偿义务机关

3. 下列可提起国家赔偿的有（　　）。

A. 某市公安局误对李某处以警告，损害了李某的名誉权

B. 某市税务局为追回所欠税款，将个体户韩某关押 15 天

C. 某乡政府强制摊派每位农民缴纳 10 元，作为支援灾区的“捐款”

D. 某局无故免去下属某部门负责人职务，造成该人工资损失 3000 元

4. 下列情形中，国家依法不予赔偿的有（　　）。

A. 某区人民法院在审理合同纠纷案件时因适用法律错误造成错判，该判决的执行致使当事人蒙受 1000 余万元的经济损失

B. 李某自己故意伪造罪证被逮捕

C. 民警李某下班回家时见到其父与邻居争吵，怒从心起，开枪将其邻居打成重伤

D. 税务局干部朱某与个体户唐某不睦，遂以偷税为名对唐某处以人民币 5000 元的处罚

5. 有权要求国家赔偿的人包括（　　）。

A. 受害的公民、法人和其他组织

B. 受害的公民死亡，其继承人和其他有扶养关系的亲属

C. 受害的法人或其他组织终止，承受其权利的法人和其他组织

D. 必要时，由人民检察院代受害人提出

6. 2010 年 2 月 1 日，出租汽车司机陈某被公安局罚款 1000 元并扣车，陈某当场交纳了罚款。9 月 5 日，公安局提出只要陈某交 2000 元保证金就可以将出租车返还给陈某，陈某认为不合理而未交保证金。陈某向法院起诉，2011 年 4 月 1 日法院以证据不足为由撤销了公安局原罚款和扣车决定。依据《国家赔偿法》，对于陈某的损失，应如何进行赔偿？（　　）

A. 退还罚款 1000 元

B. 返还出租车

C. 2010 年 8 月 1 日至 2011 年 4 月 1 日车辆被扣期间的直接经济损失

D. 2010 年 8 月 1 日至 2011 年 9 月 5 日车辆被扣期间的直接经济损失

7. 被告人经审判监督程序改判无罪前的哪些情形，国家不承担赔偿责任？（　　）

A. 执行刑罚中被依法减刑的，对于被减

刑部分的刑罚

B. 执行刑罚中被保外就医的，对于保外就医期间的刑罚

C. 被判处有期徒刑缓刑的

D. 被判处管制刑罚的

8. 某县公安局以沈某涉嫌销售伪劣商品罪为由将其刑事拘留，并经县检察院批准逮捕。后检察院决定不起诉。沈某申请国家赔偿，赔偿义务机关拒绝。下列说法正确的是（　　）（司考 2014. 2. 100）

A. 县公安局为赔偿义务机关

B. 赔偿义务机关拒绝赔偿，应当书面通知沈某

C. 国家应当给予沈某赔偿

D. 对拒绝赔偿，沈某可以向县检察院的上一级检察院申请复议

9. 关于民事、行政诉讼中的司法赔偿，下列哪些说法是正确的？（　　）（司考 2017. 2. 85）

A. 对同一妨害诉讼的行为重复采取罚款措施的，属于违法采取对妨害诉讼的强制措施

B. 执行未生效法律文书的，属于对判决、裁定及其他生效法律文书执行错误

C. 受害人对损害结果的发生或者扩大也有过错的，国家不承担赔偿责任

D. 因正当防卫造成损害后果的，国家不承担赔偿责任

三、不定项选择题

1. 甲市某县公安局以李某涉嫌盗窃罪为由将其刑事拘留，经县检察院批准逮捕，县法院判处李某有期徒刑 6 年，李某上诉，甲市中级法院改判无罪。李某被释放后申请国家赔偿，赔偿义务机关拒绝赔偿，李某向甲市中级法院赔偿委员会申请作出赔偿决定。下列选项正确的是：（　　）（司考 2013. 2. 99）

A. 赔偿义务机关拒绝赔偿的，应书面通知李某并说明不予赔偿的理由

B. 李某向甲市中级法院赔偿委员会申请作出赔偿决定前，应当先向甲市检察院申请复议

C. 对李某申请赔偿案件，甲市中级法院赔偿委员会可指定一名审判员审理和作出决定

D. 如甲市中级法院赔偿委员会作出赔偿决定，赔偿义务机关认为确有错误的，可以向该省高级法院赔偿委员会提出申诉

2. 某县公安局以涉嫌诈骗为由将张某刑事拘留，并经县检察院批准逮捕，后县公安局以证据不足为由撤销案件，张某遂申请国家赔偿。下列说法正确的是：（　　）（司考 2015. 2. 100）

A. 赔偿义务机关为县公安局和县检察院

B. 张某的赔偿请求不属国家赔偿范围

C. 张某当面递交赔偿申请书，赔偿义务机关应当场出具加盖本机关专用印章并注明收讫日期的书面凭证

D. 如赔偿义务机关拒绝赔偿，张某可向法院提起赔偿诉讼

四、名词解释

1. 行政赔偿

2. 国家赔偿的过错归责原则

3. 国家赔偿的无过错责任原则

4. 危险责任

五、简答题

1. 简述行政赔偿与司法赔偿的不同点。

2. 简述国家承担赔偿责任的前提条件。

3. 简述国家行政赔偿“违法归责”原则。（清华大学 2009 年、北京大学 2012 年考研真题）

4. 简述国家赔偿责任的构成要件与归责原则的联系与区别。①

六、论述题

1. 试分析国家赔偿责任的性质。

---

① 编者注：中南财经政法大学 2005 年考研试题——行政赔偿责任的构成要件是什么？

2. 论国家赔偿责任的理论基础。

七、案例分析题

某车管局未经检查就给机动车办理了年检证，后一车因未被检查的毛病给他人造成损失。问：

（1）该案是否可以提起行政附带民事诉讼？

（2）用国家赔偿责任的因果关系理论评析车管部门的行为与损害是否存在因果关系。

（3）车主承担民事责任后，不足部分能否提出国家赔偿请求？或者国家赔偿与民事赔偿是何关系？互补还是替代？（北京大学2006年考研真题）

参考答案

一、单项选择题

1. **答案**：D。本题考查国家赔偿的方式。《国家赔偿法》第32条规定，国家赔偿以支付赔偿金为主要方式。能够返还财产或者恢复原状的，予以返还财产或者恢复原状。《国家赔偿法》第36条规定："侵犯公民、法人和其他组织的财产权造成损害的，按照下列规定处理：……（五）财产已经拍卖或者变卖的，给付拍卖或者变卖所得的价款；变卖的价款明显低于财产价值的，应当支付相应的赔偿金……"故该题答案为D。
2. **答案**：D。本题考查赔偿的义务机关。《国家赔偿法》第17条规定："行使侦查、检察、审判职权的机关以及看守所、监狱管理机关及其工作人员在行使职权时有下列侵犯人身权情形之一的，受害人有取得赔偿的权利：……（三）依照审判监督程序再审改判无罪，原判刑罚已经执行的……"《国家赔偿法》第21条第4款规定，再审改判无罪的，作出原生效判决的人民法院为赔偿义务机关。二审改判无罪，以及二审发回重审后作无罪处理的，作出一审有罪判决的人民法院为赔偿义务机关。故该题答案为D。
3. **答案**：A。《国家赔偿法》第19条规定："属于下列情形之一的，国家不承担赔偿责任：（一）因公民自己故意作虚伪供述，或者伪造其他有罪证据被羁押或者被判处刑罚的……"
4. **答案**：C。《国家赔偿法》第34条规定："侵犯公民生命健康权的，赔偿金按照下列规定计算：（一）造成身体伤害的，应当支付医疗费、护理费，以及赔偿因误工减少的收入。减少的收入每日的赔偿金按照国家上年度职工日平均工资计算，最高额为国家上年度职工年平均工资的五倍……"
5. **答案**：C。本题考查国家刑事赔偿的范围。根据《最高人民法院关于适用〈中华人民共和国国家赔偿法〉若干问题的解释（一）》第1条规定："国家机关及其工作人员行使职权侵犯公民、法人和其他组织合法权益的行为发生在2010年12月1日以后，或者发生在2010年12月1日以前、持续至2010年12月1日以后的，适用修正的国家赔偿法。"《国家赔偿法》第17条规定："行使侦查、检察、审判职权的机关以及看守所、监狱管理机关及其工作人员在行使职权时有下列侵犯人身权情形之一的，受害人有取得赔偿的权利：……（三）依照审判监督程序再审改判无罪，原判刑罚已经执行的；……"本题是法院再审维持了原受贿罪判决部分，对受贿罪的2年国家不赔偿；但对错判贪污罪的3年，国家应承担赔偿责任，即从2007年6月被判刑至2011年2月被释放，赵某已服刑3年8个月。这段时间内，对被维持的受贿罪刑期2年，即2007年6月至2009年6月，赵某不能获得赔偿，其赔偿期间应从2009年6月起算至2011年2月止获释。据此，C项表述正确。
6. **答案**：D。本题考查国家赔偿的计算方法。《国家赔偿法》第33条规定："侵犯公民人身自由的，每日赔偿金按照国家上年度职工日平均工资计算。"《最高人民法院关于人民法院执行〈中华人民共和国国家赔偿法〉几个问题的解释》第6条第2款规定："国家上年度职工日平均工资数额，应当以职工年平均工资除以全年法定工作日数的方法计算。年平均工资以国家统计局公布的数字为准。”综上所述，日偿金的正确计算方法是上年度职工年平均工资除以全年法定工作日数。

7. **答案**：C。《国家赔偿法》第21条第4款规定：“再审改判无罪的，作出原生效判决的人民法院为赔偿义务机关。二审改判无罪，以及二审发回重审后作无罪处理的，作出一审有罪判决的人民法院为赔偿义务机关。”

8. **答案**：B。根据《国家赔偿法》第36条的规定，国家赔偿只赔偿法定条件下的直接损失。A选项的2000元误工费属于间接损失。D选项中的30万元属于民事偿债判决应当履行的义务，不属于法院违法执行查封造成的直接损失，这30万元即便有问题最多需要执行回转。至于C项精神损害赔偿问题，《国家赔偿法》第35条只对人身自由权、生命健康权造成侵害且有严重后果的精神赔偿予以支持，本案情形不属于对人身自由权、生命健康权造成侵害，故C项不属于赔偿范围。可知本案赔偿数额仅限查封造成屋内财产毁损和丢失的5000元。综上，本题选B。

9. **答案**：C。《最高人民法院关于人民法院赔偿委员会适用质证程序审理国家赔偿案件的规定》（以下简称《适用质证程序审理国赔案件规定》）第3条第2款规定：赔偿请求人或者赔偿义务机关申请不公开质证，对方同意的，赔偿委员会可以不公开质证。A选项错误。

《适用质证程序审理国赔案件规定》第19条规定：赔偿请求人或者赔偿义务机关对对方主张的不利于自己的事实，在质证中明确表示承认的，对方无需举证；既未表示承认也未否认，经审判员询问并释明法律后果后，其仍不作明确表示的，视为对该事实的承认。B选项缺少审判员的询问和释明法律后果，错误，不选。

C选项正确。《适用质证程序审理国赔案件规定》第18条规定：赔偿委员会根据赔偿请求人申请调取的证据，作为赔偿请求人提供的证据进行质证。这一规定与《行诉证据规定》第38条规定的“当事人申请人民法院调取的证据，由申请调取证据的当事人在庭审中出示，并由当事人质证”精神相一致。

《适用质证程序审理国赔案件规定》第23条规定：具备条件的，赔偿委员会可以对质证活动进行全程同步录音录像。该条规定的是“可以”，并非“应当”。故D选项错误。

10. **答案**：A。关于A选项，依据《国家赔偿法》第21条第3款：“对公民采取逮捕措施后决定撤销案件、不起诉或者判决宣告无罪的，作出逮捕决定的机关为赔偿义务机关。”朱某经市检察院批准被逮捕，市检察院为赔偿义务机关，A选项正确。

关于B选项，依据《国家赔偿法》第12条第2款规定：“赔偿请求人书写申请书确有困难的，可以委托他人代书；也可以口头申请，由赔偿义务机关记入笔录。”朱某可以口头申请，故B选项错误。

关于C选项，依据《国家赔偿法》第35条规定：“有本法第三条或者第十七条规定情形之一，致人精神损害的，应当在侵权行为影响的范围内，为受害人消除影响，恢复名誉，赔礼道歉；造成严重后果的，应当支付相应的精神损害抚慰金。”第3条或者第17条规定了人身权受侵害的情形，所以计算精神抚慰金不仅要考虑限制人身自由的时间长短，还要考虑人身权是否受侵害、侵害程度引起的焦虑、痛苦以及社会影响评价的降低等来认定是否造成严重后果，故C选项错误。

关于D选项，依据《国家赔偿法》第33条规定：“侵犯公民人身自由的，每日赔偿金按照国家上年度职工日平均工资计算。”《最高人民法院、最高人民检察院关于办理刑事赔偿案件适用法律若干问题的解释》第21条第1款规定：“国家赔偿法第三十三条、第三十四条规定的上年度，是指赔偿义务机关作出赔偿决定时的上一年度；复议机关或者人民法院赔偿委员会改变原赔偿决定，按照新作出决定时的上一年度国家职工平均工资标准计算人身自由赔偿金。”2016年3月15日，朱某申请国家赔偿，赔偿义务机关市检察院应当在2个月的法定期限内作出赔偿决定。因此，赔偿义务机关作出赔偿决定的上一年度为2015年，故D选项错误。

二、多项选择题

1. **答案**：ABC。本题是对“国家赔偿责任的特征”的考查。D项错，赔偿程序其实是多元化，受害人可以通过多种渠道取得国家赔偿。
2. **答案**：ACD。《最高人民法院关于人民法院执行〈中华人民共和国国家赔偿法〉几个问题的解释》第5条规定：“根据赔偿法第十九条①第四款‘再审改判无罪的，作出原生效判决的人民法院为赔偿义务机关’的规定，原一审人民法院作出判决后，被告人没有上诉……人民检察院抗诉，原二审人民法院维持一审判决或者对一审人民法院判决予以改判的，原二审人民法院为赔偿义务机关。”
3. **答案**：BC。参见《国家赔偿法》第3条规定，行政机关及其工作人员在行使行政职权时有下列侵犯人身权情形之一的，受害人有取得赔偿的权利：(1) 违法拘留或者违法采取限制公民人身自由的行政强制措施的；(2) 非法拘禁或者以其他方法非法剥夺公民人身自由的；(3) 以殴打、虐待等行为或者唆使、放纵他人以殴打、虐待等行为造成公民身体伤害或者死亡的；(4) 违法使用武器、警械造成公民身体伤害或者死亡的；(5) 造成公民身体伤害或者死亡的其他违法行为。《国家赔偿法》第4条规定，行政机关及其工作人员在行使行政职权时有下列侵犯财产权情形之一的，受害人有取得赔偿的权利：(1) 违法实施罚款、吊销许可证和执照、责令停产停业、没收财物等行政处罚的；(2) 违法对财产采取查封、扣押、冻结等行政强制措施的；(3) 违法征收、征用财产的；(4) 造成财产损害的其他违法行为。依据《国家赔偿法》第35条，A项并不是因限制人身自由、身体受侵害等原因而请求精神损害赔偿，所以不能获得国家赔偿；D项为内部行政行为，对其的赔偿，《国家赔偿法》也未作规定。
4. **答案**：ABC。A项，参见《最高人民法院关于人民法院执行〈中华人民共和国国家赔偿法〉几个问题的解释》第2条；B、C项，参见《国家赔偿法》第5条，B为因公民自己的行为致使损害发生；C为与行使职权无关的个人行为。D虽为挟私报复，但以行政机关职权行为的面目出现，应由国家承担赔偿责任。
5. **答案**：ABC。参见《国家赔偿法》第6条规定：“受害的公民、法人和其他组织有权要求赔偿。受害的公民死亡，其继承人和其他有扶养关系的亲属有权要求赔偿。受害的法人或者其他组织终止的，其权利承受人有权要求赔偿。”
6. **答案**：ABC。本题考查国家赔偿的方式和计算。A对，《国家赔偿法》第36条规定：“侵犯公民、法人和其他组织的财产权造成损害的，按照下列规定处理：（一）处罚款、罚金、追缴、没收财产或者违法征收、征用财产的，返还财产；（二）查封、扣押、冻结财产的，解除对财产的查封、扣押、冻结，造成财产损坏或者灭失的，依照本条第三项、第四项的规定赔偿；（三）应当返还的财产损坏的，能够恢复原状的恢复原状，不能恢复原状的，按照损害程度给付相应的赔偿金；（四）应当返还的财产灭失的，给付相应的赔偿金；（五）财产已经拍卖或者变卖的，给付拍卖或者变卖所得的价款；变卖的价款明显低于财产价值的，应当支付相应的赔偿金；（六）吊销许可证和执照、责令停产停业的，赔偿停产停业期间必要的经常性费用开支；（七）返还执行的罚款或者罚金、追缴或者没收的金钱，解除冻结的存款或者汇款的，应当支付银行同期存款利息；（八）对财产权造成其他损害的，按照直接

① 编者注：对应现行《国家赔偿法》第21条。

损失给予赔偿。”《最高人民法院关于适用〈中华人民共和国国家赔偿法〉若干问题的解释（一）》第1条规定：“国家机关及其工作人员行使职权侵犯公民、法人和其他组织合法权益的行为发生在2010年12月1日以后，或者发生在2010年12月1日以前、持续至2010年12月1日以后的，适用修正的国家赔偿法。”据此，本题中的行政处罚决定已被依法撤销，根据《国家赔偿法》第36条第1项之规定，该1000元罚款应予退还。B对，根据《国家赔偿法》第36条第2项之规定，对所扣出租车应解除扣押，予以返还。C对D错，根据《国家赔偿法》第36条第8项之规定，对车辆被扣期间的直接经济损失，公安局应负责赔偿。赔偿期间的计算，应为实际被扣期间，即2010年8月1日至2011年4月1日。公安局9月5日要求交2000元保证金即还车的行为违法，不构成不承担9月5日以后期间的赔偿责任的理由。

7. **答案**：ACD。本题考查国家刑事赔偿的范围。CD对，人民法院判处管制、有期徒刑缓刑、剥夺政治权利等刑罚的人被依法改判无罪的，国家不承担赔偿责任，但是，赔偿请求人在判决生效前被羁押的，依法有权取得赔偿。据此，对CD两项表述中的情形，国家均不承担赔偿责任。A对，A项表述中被减刑部分的刑罚因为已免除，没有实际执行，所以国家无需承担赔偿责任。B错，B项表述中的保外就医期间仍然计算在刑期之内，被告人仍是在服刑状态，其人身自由受到严格限制，因此对此期间的刑罚国家仍需承担赔偿责任。

8. **答案**：BCD。A选项错误，县公安局不是赔偿义务机关。赔偿义务机关应为县检察院。《国家赔偿法》第21条第2款规定：对公民采取逮捕措施后决定撤销案件、不起诉或者判决宣告无罪的，作出逮捕决定的机关为赔偿义务机关。

   B选项正确。《国家赔偿法》第13条规定：赔偿义务机关应当自收到申请之日起2个月内，作出是否赔偿的决定。赔偿义务机关作出赔偿决定，应当充分听取赔偿请求人的意见，并可以与赔偿请求人就赔偿方式、赔偿项目和赔偿数额依照本法第四章的规定进行协商。赔偿义务机关决定赔偿的，应当制作赔偿决定书，并自作出决定之日起10日内送达赔偿请求人。赔偿义务机关决定不予赔偿的，应当自作出决定之日起10日内书面通知赔偿请求人，并说明不予赔偿的理由。

   C选项正确。根据《国家赔偿法》第17条规定，行使侦查、检察、审判职权的机关以及看守所、监狱管理机关及其工作人员对公民采取逮捕措施后，决定撤销案件、不起诉或者判决宣告无罪终止追究刑事责任的，受害人有取得赔偿的权利。

   D选项正确。对拒绝赔偿，沈某可以向县检察院的上一级检察院申请复议。依据《国家赔偿法》第24条第2款的规定：赔偿请求人对赔偿的方式、项目、数额有异议的，或者赔偿义务机关作出不予赔偿决定的，赔偿请求人可以自赔偿义务机关作出赔偿或者不予赔偿决定之日起30日内，向赔偿义务机关的上一级机关申请复议。

9. **答案**：ABD。A选项正确。《最高人民法院关于审理民事、行政诉讼中司法赔偿案件适用法律若干问题的解释》第2条规定：“违法采取对妨害诉讼的强制措施，包括以下情形：（一）对没有实施妨害诉讼行为的人采取罚款或者拘留措施的；（二）超过法律规定金额采取罚款措施的；（三）超过法律规定期限采取拘留措施的；（四）对同一妨害诉讼的行为重复采取罚款、拘留措施的；（五）其他违法情形。”A项属于第4项，这也符合法理上“一事不再罚”的规则。

   B选项正确。该司法解释第5条规定：“对判决、裁定及其他生效法律文书执行错误，包括以下情形：（一）执行未生效法律文书的；（二）超出生效法律文书确定的数额和范围执行的；（三）对已经发现的被执行人的财产，故意拖延执行或者不执行，导致被执行财产流失的；（四）应当恢复执行而不恢复，导致被执行财产流失的；（五）违法执行案外人财产的；（六）违法将案件执行款物执行给其他当事人或者案外人的；(七) 违法对抵押物、质物或者留置物采取执行措施，致使抵押权人、质权人或者留置权人的优先受偿权无法实现的；(八) 对执行中查封、扣押、冻结的财产不履行监管职责，造成财产毁损、灭失的；(九) 对季节性商品或者鲜活、易腐烂变质以及其他不宜长期保存的物品采取执行措施，未及时处理或者违法处理，造成物品毁损或者严重贬值的；(十) 对执行财产应当拍卖而未依法拍卖的，或者应当由资产评估机构评估而未依法评估，违法变卖或者以物抵债的；(十一) 其他错误情形。”B 项符合第 1 项。

C 选项错误。该司法解释第 9 条规定：“受害人对损害结果的发生或者扩大也有过错的，应当根据其过错对损害结果的发生或者扩大所起的作用等因素，依法减轻国家赔偿责任。”受害人对损害结果的发生也有过错的，国家应当在相应的范围内减轻责任，而不是不承担赔偿责任。

D 选项正确。该司法解释第 7 条规定：“具有下列情形之一的，国家不承担赔偿责任：(一) 属于民事诉讼法第一百零五条、第一百零七条第二款和第二百三十三条规定情形的；(二) 申请执行人提供执行标的物错误的，但人民法院明知该标的物错误仍予以执行的除外；(三) 人民法院依法指定的保管人对查封、扣押、冻结的财产违法动用、隐匿、毁损、转移或者变卖的；(四) 人民法院工作人员与行使职权无关的个人行为；(五) 因不可抗力、正当防卫和紧急避险造成损害后果的；(六) 依法不应由国家承担赔偿责任的其他情形。”D 项符合第 5 项。正当防卫具有合法性，即便属于防卫过当致害最多引起的是补偿责任，也非赔偿责任。

三、不定项选择题

1. **答案**：AD。根据《国家赔偿法》第 23 条第 3 款的规定，赔偿义务机关决定不予赔偿的，应当自作出决定之日起 10 日内书面通知赔偿请求人，并说明不予赔偿的理由。A 选项正确。

根据《国家赔偿法》第 24 条第 3 款的规定，赔偿义务机关是人民法院的，赔偿请求人可以依照本条规定向其上一级人民法院赔偿委员会申请作出赔偿决定。本案的适格赔偿义务机关是作出一审判决的县人民法院，无须经过司法复议程序，可直接进入赔偿委员会的决定程序，B 选项错误。

根据《国家赔偿法》第 29 条第 1 款的规定，中级以上的人民法院设立赔偿委员会，由人民法院 3 名以上审判员组成。C 选项错误。

关于 D 选项，根据《国家赔偿法》第 30 条第 1 款的规定，赔偿请求人或者赔偿义务机关对赔偿委员会作出的决定，认为确有错误的，可以向上一级人民法院赔偿委员会提出申诉。题目中已经作出假设，如果中级法院赔偿委员会作出赔偿决定，赔偿义务机关不服的，应向其上一级法院即省高级人民法院赔偿委员会提出申诉，所以 D 选项正确。综上，本题选 AD。

2. **答案**：C。根据《国家赔偿法》第 17 条第 2 项的规定，对公民采取逮捕措施后，决定撤销案件、不起诉或者判决宣告无罪终止追究刑事责任的，属于国家赔偿范围。故 B 选项错误。《国家赔偿法》第 21 条规定，行使侦查、检察、审判职权的机关以及看守所、监狱管理机关及其工作人员在行使职权时侵犯公民、法人和其他组织的合法权益造成损害的，该机关为赔偿义务机关。对公民采取拘留措施，依照本法的规定应当给予国家赔偿的，作出拘留决定的机关为赔偿义务机关。对公民采取逮捕措施后决定撤销案件、不起诉或者判决宣告无罪的，作出逮捕决定的机关为赔偿义务机关。故 A 选项错误。《国家赔偿法》第 12 条第 4 款规定，赔偿请求人当面递交申请书的，赔偿义务机关应当当场出具加盖本行政机关专用印章并注明收讫日期的书面凭证。申请材料不齐全的，赔偿义务机关应当当场或者在 5 日内一次性告知赔偿请求人需要补正的全部内容。故 C 选项正确。《国家赔偿法》第 24 条规定，赔偿义务机关在规定期限内未作出是否赔偿的决定，赔偿请求人可以自期限届满之日起30日内向赔偿义务机关的上一级机关申请复议。赔偿请求人对赔偿的方式、项目、数额有异议的，或者赔偿义务机关作出不予赔偿决定的，赔偿请求人可以自赔偿义务机关作出赔偿或者不予赔偿决定之日起30日内，向赔偿义务机关的上一级机关申请复议。故D选项错误。

四、名词解释

1. **答案**：行政赔偿是指国家行政机关和行政机关工作人员在行使职权时，违法侵犯公民、法人或其他组织的合法权益造成损害的，国家负责向受害人赔偿的制度。行政赔偿的特征是：（1）行政赔偿实质上是一种国家赔偿。（2）行政赔偿的起因是行政侵权行为。（3）行政赔偿的义务主体只能是侵权行政机关。（4）行政赔偿范围以具体行政行为造成的侵权损害为限。（5）行政赔偿的责任形式是损害赔偿。（6）行政赔偿的法律责任主体是行政主体。
2. **答案**：国家赔偿的过错归责原则是指致害行为人存在故意或过失或者致害行为本身存在某种欠缺，从而成为承担赔偿责任的根据。之所以肯定过错归责原则在国家赔偿中的地位，是由其功能与价值所决定的：第一，过错归责原则实现了规范与救济的有机统一；第二，过错归责原则可以从理论上合理解决共同侵权行为和混合过错的责任承担问题。
3. **答案**：国家赔偿的无过错责任原则是指在国家公务活动中，只要有损害结果发生，国家就要承担赔偿责任，而无须考虑致害人的过错。无过错责任原则的理论基础为社会连带主义与公共负担人人平等原则。公务无过错责任的意旨在于将公务危险造成的风险损失由个人承担转而由社会全体人员承担，以实现责任的社会化。无危险责任原则不评判侵权行为引起的原因、性质与内容，不问其是否违法或有无过错，而是从侵权行为的结果着眼，从结果责任出发，实行客观归责。
4. **答案**：危险责任是无过错责任的一种。它是指从事对周围环境有高度危险的作业而造成他人损害时，不论行为人主观上有无过错，都应承担法律责任。行政法上的危险责任是作为过错责任的补充形式而出现的。行政主体对下列三种情况，不承担行政赔偿责任：（1）所发生的损害是由受害人的故意造成的；（2）从事高度危险性业务的行政主体或行政人能证明损害是由不可抗拒的力量引起的；（3）损害与高度危险性业务无因果关系。

五、简答题

1. **答案**：司法赔偿，是指国家司法机关及其工作人员违法行使职权，侵犯公民、法人或其他组织的合法权益并造成损害，由国家承担赔偿责任的制度。行政赔偿与司法赔偿同属于国家赔偿的组成部分，在许多方面具有一致性，但两者的区别主要表现在：

   （1）两者的侵权行为主体不同。行政赔偿的侵权行为主体表现为国家行政机关及其工作人员，还包括法律、法规授权的组织及其工作人员，受委托的组织及其工作人员等。司法赔偿侵权行为主体表现为行使司法职能的国家公安机关、国家安全机关以及军队的保卫部门、国家检察机关、国家审判机关、监狱管理机关及在上述机关工作的人员。

   （2）两者发生的基础不同。行政赔偿发生在行政管理活动中，由行政机关及其工作人员违法行使职权所引起。司法赔偿是发生在司法活动中，由司法侵权行为所引起。

   （3）两者的追偿条件不同。行政赔偿中追偿的条件是行政工作人员或者受委托的组织、个人有故意、重大过失，采用的是主观标准。在司法赔偿中，追偿的条件是司法人员实施刑讯逼供、殴打或以其他暴力方式伤害公民身体，或违法使用武器、警械，或在审理案件中有贪污受贿、徇私舞弊、枉法裁判行为，采用的主要是客观标准。

   （4）两者的程序不同。行政赔偿与司法赔偿完全适用不同的程序。行政赔偿最终可以通过诉讼途径解决，司法赔偿则是通过非讼途径进行的。
2. **答案**：国家只有在符合一定条件时才承担侵权赔偿责任，具体来说应当符合下列条件：

(1) 主体要件。只有国家机关和国家机关工作人员以及其他组织、个人在法律授权或接受国家机关委托的情况下，才能成为侵权行为的主体，一般公民、法人不能成为国家侵权行为的主体。

(2) 行为要件。这一构成要件实际上包含两项内容：一是侵权行为必须是执行职务的行为；二是该执行职务的行为违法。

(3) 损害事实要件。损害事实的发生是国家承担侵权赔偿责任的首要条件。

(4) 因果关系要件。引起赔偿的损害必须为侵权行为主体的违法执行职务行为所造成，即国家侵权行为与损害事实之间存在因果关系。

3. **答案：** 违法归责原则，是指国家赔偿以职务违法行为为归责标准，而不问侵权公务人员过错的有无。目前，采用违法归责原则的典型国家是瑞士和奥地利。

修订前的《国家赔偿法》第 2 条规定："国家机关和国家机关工作人员违法行使职权侵犯公民、法人和其他组织的合法权益造成损害的，受害人有依照本法取得国家赔偿的权利。"但新法对归责原则并未明确，取消了"违法"字眼。目前，国内多数学者赞成立法采用违法归责原则。

具体说来，违法归责原则的优势表现在：

第一，违法归责原则与《宪法》《行政复议法》《行政诉讼法》的规定相协调，与法治原则、依法行政原则相一致。

第二，违法归责原则简单、明了，易于接受，可操作性强。

第三，违法归责原则避免了主观过错原则对主观方面认定的困难，便于受害人及时获得国家赔偿。

第四，违法归责原则以执行职务违法作为承担赔偿责任的前提，排除了对合法行为造成的损害给予赔偿的可能性，有效地区分了国家赔偿责任与国家补偿责任。

这里需要特别指出的是，作为违法归责原则的例外，对司法活动中的错捕实行无过错归责。

尽管学术界通说承认，我国国家赔偿采用的主要是违法归责原则，但由于对"违法"尚无法律规定或立法解释，所以学术界对之存在不同的观点。

4. **答案：** 国家赔偿责任的构成要件，是指国家承担赔偿责任所应具备的前提条件。国家赔偿的归责原则，是指在法律上确定国家承担赔偿责任所依据的某种标准，国家只对符合此种标准的行为承担赔偿责任。二者既有联系，又有区别。

(1) 联系表现在两者相辅相成，缺一不可。归责原则是责任构成要件的基础和前提，而责任构成要件是归责原则的具体体现，其目的是实现归责原则的功能和价值。

(2) 二者也存在区别。第一，归责原则是国家赔偿的核心原则，反映了国家赔偿的价值取向，具有普遍指导意义；国家赔偿的责任构成要件是国家赔偿责任是否成立的具体判断标准，主要作用于国家赔偿案件的审理过程。第二，归责原则只确立了国家承担赔偿责任的主要依据和标准，单凭此标准无法作出国家赔偿责任是否构成的判断；国家赔偿责任的构成要件则构成了国家承担赔偿责任的全部要件，除以归责原则为核心指导外，还包括主体要件、行为要件、结果要件、因果关系要件等。

六、论述题

1. **答案：** 国家赔偿责任，是指国家机关及其工作人员行使职权，有本法规定的侵犯公民、法人或其他组织的合法权益的情形，造成损害的，受害人有依照本法取得国家赔偿的权利。国家赔偿责任的性质通常在两种意义上使用：国家赔偿责任属于民事责任还是国家责任；国家赔偿责任属于代位责任还是自己责任。

对于前者，主要有以下两种制度及相应理论：(1) 国家赔偿责任属于民事责任。这种制度及理论在普通法系国家较流行。按照普通法规定，"法律面前人人平等"，一切人都受同一法律支配，无论是国家机关的过错还是公民的过错，造成他人损害的，都承担相同的法律责任。(2) 国家赔偿责任属于国家责任。国家赔偿制度的理论基础是，确定国家赔偿责任的目的是保护公民、法人和其他组织的合法权益不受国家权力的非法侵害，故将此种责任归属于国家责任更有利于立法目的的实现。我国《行政诉讼法》和《国家赔偿法》的颁布标志着我国从法律上确认了国家赔偿的国家责任性质，从立法上完成了从民事赔偿责任向国家赔偿责任的过渡。

对于后者，国家赔偿责任的性质主要有以下几种学说：

(1) 代位责任说。该说认为，国家赔偿是公务员侵权行为造成损害，由国家代为承担赔偿责任。

(2) 自己责任说。该说认为，无论公务员有无主观过错，只要损害发生在国家权力运作过程中，由违法行为所引起，国家都要负赔偿责任。

(3) 合并责任说。该说认为，国家赔偿责任的性质不能一概而论，应视公务员是否具有公务机关的身份而定。如果公务员具有公务机关的身份，则因其侵权行为所造成的损害，国家所承担的赔偿责任属自己责任；如果公务员不具有公务机关的身份，仅具有受雇人的身份，则其侵权行为所造成的损害，国家所承担的赔偿责任系代位责任。

(4) 中间责任说。该说认为，公务员的侵权行为被认定为公务机关的侵权行为时，国家对公务员的侵权行为所造成的损害承担责任，是自己责任。如果公务员在实施侵权行为时主观上具有故意或重大过失，则该行为便失去了公务机关行为的性质，仅为该公务员个人的行为。国家本不应该对这种行为造成的损害承担责任，只是为了保护受害人的权益而承担赔偿责任，这种责任系代位责任。

(5) 折中说。该说认为，如果公务员执行职务时实施侵权行为造成损害，其赔偿责任应属于国家自己责任；如果从国家赔偿责任的要件观察，须以公务员具有“故意或过失”始能成立，则该责任又具有代位责任的性质。

我国绝大多数学者主张国家赔偿责任为自己责任，我国《行政诉讼法》《国家赔偿法》的颁布，进一步确认了国家赔偿责任的性质是自己责任。

2. 答案：国家赔偿责任理论基础有不同学说：(1) 主权在民学说。这一学说是18世纪资产阶级革命家卢梭首先提出来的。国家同人民之间，不是统治者与被统治者、主人与臣仆的关系，而是委托与被委托的契约关系。国家政府以及官吏不是主权的持有者，他们必须执行和遵守人民制定的法律并接受法律的制约，违法者应承担相应的法律责任。这一理论对揭开封建专制国家被“神化”的外衣，建立国家赔偿制度起到了极其重要的作用。(2) 法律面前一律平等的思想。法律面前一律平等的思想是主权在民思想的进一步深入和具体化。当国家公务人员在公务活动中，侵犯了公民的合法权利，国家应负赔偿责任的时候，国家与公民不再是管理者与被管理者之间的权力与服从关系，而是民事法律关系中的平等主体关系，即在国家赔偿制度中，实行的是法律面前一律平等的原则。(3) 法律拟制说。该说认为，国家是一个拟制的法人，它和普通的私人一样，对其不法行为应同样承担责任，受同样的法律支配，国家赔偿在性质上与一般的民事责任没有差异。此种理论在普通法系国家较为盛行，并成为赔偿法的依据。(4) 公共负担平等学说。公共负担平等学说是法国关于国家赔偿的一个重要理论，是一种纯粹的公法理论，现有逐渐被其他国家接受的趋势。该学说认为，政府的活动是为公共利益而实施的，因而应由社会全体成员平等地分担费用。(5) 国家危险责任说。该学说认为，任何人由于某种行为而得到利益时，必须对该行为产生的危险负担责任，任何人均不得只获得利益而不负责任。(6) 社会保险说。这一学说将国家视为全社会的保险人，把社会成员向国家纳税视为向保险公司投保，把国家机关及其工作人员的公务行为所造成的侵权损害视为受害人的一种意外灾害。当这种灾害不幸发生时，受害人即可向社会保险人——国家索赔，国家应当同保险公司向投保人支付保险金一样，向受害人支付赔偿费用。上述各种学说从不同角度论证了国家赔偿责任的理论依据，都有一定的合理因素，但也存在不同程度的缺陷。由于各国政治、经济、文化、法律传统等方面的差异，至今没有哪一个学说能够为各国立法和学者所完全接受。有的学者主张确立下述四项理论作为我国国家赔偿制度的理论根据：①任何人都必须对自己的行为负责；②民主观念；③法治观念；④国家有限责任说。有的学者则提出了另外四项理论：①人民主权说；②国家平等说；③权力责任说；④国家有限责任说。总之，建立我国的国家赔偿责任制度，应考虑我国的国体、政体及国家职能诸因素，并应以国家与人民之间的关系为出发点。探讨国家赔偿的理论依据要从多方位把握，包括从国家性质、从公平正义的理论、保障国家管理秩序和维护社会稳定等方面予以分析。[①]

七、案例分析题

答案：（1）不可以提起行政附带民事诉讼。我国行政诉讼法没有明确规定行政附带民事诉讼制度，《行诉解释》第68条虽然规定被告对平等主体之间民事争议所作的裁决违法，民事争议当事人要求人民法院一并解决相关民事争议的，人民法院可以一并审理。但是凭此不能断定就此确立了行政附带民事诉讼制度，而且本案中的民事争议也并非由行政机关裁决违法所致。

（2）国家赔偿责任的因果关系的学说有以下几种：第一，条件说。此学说认为凡是导致某种结果发生的条件，都是结果的原因。第二，原因说。此学说认为在造成损害结果的诸多条件中，只有一个或几个重要的条件可以作为损害结果的原因。第三，相当因果关系说。此学说认为某种原因仅在现实特定情形中发生某结果，尚不能断定两者之间存在因果关系。而只有在一般情形中，依照普遍的社会观念和正常人的预见，也能发生同样结果的，才能认定有因果关系。由于国家机关行使职权的特殊性，其权力的来源和依法办事的原则均要求其必须以为社会提供优良服务为己任，对自己的违法职务行为导致相对人合法权益的损害，国家都应承担赔偿责任，因此，国家侵权行为的因果关系应适用条件说。本案中车管部门的行为与车主的行为共同造成了他人的损失，与损害之间具有因果关系。

（3）车主承担民事责任后不足部分可以提出国家赔偿的请求。国家赔偿与民事赔偿是互补的关系。在确定赔偿责任时，受害人应向民事侵权人请求赔偿，当从民事侵权人那里得不到赔偿或者得不到完全赔偿时，国家才承担赔偿责任。

---

① 编者注：一般来说，任何一项重要法律制度的出现，总要有两个重要的社会历史条件：一是社会经济条件；二是社会的政治思想条件。政治思想条件就是理论基础。国家赔偿的出现，是资本主义制度诞生之后才出现的新生事物，有其理论基础。各国由于历史情况和国情不同，有不同的理论基础。答此题应先介绍世界各国的主要的国家赔偿理论基础，然后再就我国的情况进行分析。这一题综合性强，要回答得全面，必须对国家赔偿的理论基础有全面充分的了解，其他有关国家赔偿的重要问题还有国家的赔偿归责原则等。

第三十三章　行政赔偿范围

基础知识图解

- 行政赔偿范围
  - 概述
    - 含义及制约因素
    - 确定方式和设定标准
  - 行政赔偿的侵权行为范围
    - 对侵犯人身权的行政赔偿
    - 对侵犯财产权的损害赔偿
    - 国家不予赔偿的情形
    - 几类行为的可赔偿性辨析
  - 行政赔偿的侵权损害范围
    - 物质损害
    - 精神损害

配套测试

一、单项选择题

1. 李某涉嫌盗窃被公安局刑事拘留，后检察院批准将其逮捕。法院审理时发现，李某系受人教唆，且是从犯，故判处李某有期徒刑 2 年，缓期 3 年执行。后李某以自己年龄不满 16 周岁为由提起上诉，二审法院因此撤销原判，改判李某无罪并解除羁押。下列哪一选项是正确的？（　　）

A. 对于李某受到的羁押损失，国家不予赔偿

B. 对于一审有罪判决至二审无罪判决期间李某受到的羁押损失，国家应当给予赔偿

C. 对于一审判决前李某受到的羁押损失，国家应当给予赔偿

D. 对于检察院批准逮捕之前李某受到的羁押损失，国家应当给予赔偿

2. 2009 年 2 月 10 日，王某因涉嫌诈骗被县公安局刑事拘留，2 月 24 日，县检察院批准逮捕王某。4 月 10 日，县法院以诈骗罪判处王某 3 年有期徒刑，缓期 2 年执行。5 月 10 日，县公安局根据县法院变更强制措施的决定，对王某采取取保候审措施。王某上诉，6 月 1 日，市中级法院维持原判。王某申诉，12 月 10 日，市中级法院再审认定王某行为不构成诈骗，撤销原判。对此，下列哪一说法是正确的？（　　）（司考 2010. 2. 50）

A. 因王某被判无罪，国家应当对王某在 2009 年 2 月 10 日至 12 月 10 日的损失承担赔偿责任

B. 因王某被判处有期徒刑缓期执行，国家不承担赔偿责任

C. 因王某被判无罪，国家应当对王某在 2009 年 6 月 1 日至 12 月 10 日的损失承担赔偿责任

D. 因王某被判无罪，国家应当对王某在 2009 年 2 月 10 日至 5 月 10 日的损失承担赔偿责任

二、多项选择题

1. 下列行政赔偿请求，人民法院应受理的有（　　）。

A. 因具体行政行为已被赔偿义务机关确认违法，遂未经赔偿义务机关先行处理而直接提起行政赔偿诉讼

B. 在提起行政诉讼的同时一并提出行政赔偿诉讼请求

C. 具体行政行为已被确认违法，但赔偿义务机关不予赔偿而提起行政赔偿诉讼

D. 认为具体行政行为明显违法，遂直接向人民法院提出行政赔偿诉讼

2. 下列情形中可为人民法院受理的国家赔偿案件有（　　）。

A. 某县政府作出规定，要求全县居民每人交纳 10 元希望工程捐款，张某拒绝交纳但被强制从工资单上扣除，张某诉至法院要求赔偿

B. 某县公安局民警在执行巡逻任务时拦阻一辆卡车，该民警着便装，故司机未停车。民警遂举枪射击，致司机当场死亡，卡车报废

C. 某公安局警察苏某与王某不睦，遂借王某被拘留之际唆使与王某同在一牢房的其他人员将王某打成重伤

D. 张某在与前来调查的反贪局工作人员李某谈话时谎称自己接受了 10000 元贿赂，遂被检察机关拘留

3. 下列情形中国家不应赔偿的有（　　）。

A. 某民警在市场买菜，对不愿让其白拿的个体摊贩用警棍击打成伤

B. 因相对人自己行为造成的损害

C. 因法律授权的组织违反法定程序行使职权对公民合法权益造成损害

D. 国家行政机关限制公民政治权利

4. 罗某受到朱某的人身威胁，向公安机关报案，公安机关未采取任何措施。3 天后，罗某了解到朱某因涉嫌抢劫被刑事拘留。罗某以公安机关不履行法定职责为由向法院提起行政诉讼，同时提出行政赔偿请求，要求赔偿精神损失。法院经审理认为，公安机关确未履行法定职责。下列哪些选项是正确的？（　　）（司考 2007. 2. 83）

A. 因朱某已被刑事拘留，法院应当判决驳回罗某起诉

B. 法院应当判决确认公安机关不履行职责行为违法

C. 法院应当判决公安机关赔偿罗某的精神损失

D. 法院应当判决驳回罗某的行政赔偿请求

5. 李某租用一商店经营服装。某区公安分局公安人员驾驶警车追捕时，为躲闪其他车辆，不慎将李某服装厅的橱窗玻璃及模特衣物撞坏。事后，公安分局与李某协商赔偿不成，李某请求国家赔偿。下列哪些选项是错误的？（　　）

A. 公安分局应作为赔偿义务机关，因为李某曾与其协商赔偿

B. 公安分局不应作为赔偿义务机关，因该公安人员行为属于与行使职权无关的个人行为

C. 公安分局不应作为赔偿义务机关，因为该公安人员的行为不是违法行使职权，应按行政补偿解决

D. 公安分局应作为赔偿义务机关，因为该公安人员的行为属于与行使职权有关的行为

6. 2006 年 9 月 7 日，县法院以销售伪劣产品罪判处杨某有期徒刑 8 年，并处罚金 45 万元，没收其推土机一台。杨某不服上诉，12 月 6 日，市中级人民法院维持原判交付执行。杨某仍不服，向省高级人民法院提出申诉。2010 年 9 月 9 日，省高级人民法院宣告杨某无罪释放。2011 年 4 月，杨某申请国家赔偿。关于本案的赔偿范围和标准，下列哪些说法是正确的？（　　）

A. 对杨某被羁押，每日赔偿金按国家上年度职工日平均工资计算

B. 返还 45 万元罚金并支付银行同期存款利息

C. 如被没收推土机已被拍卖的，应给付拍卖所得的价款及相应的赔偿金

D. 本案不存在支付精神损害抚慰金的问题

三、不定项选择题

某县市场监督管理局以某厂擅自使用专利申请号用于产品包装广告进行宣传、销售为由，向某厂发出扣押封存该厂胶片带成品通知书。该厂不服，向法院起诉要求撤销某县市场监督管理局的扣押财物通知书，并提出下列赔

偿要求：返还扣押财物、赔偿该厂不能履行合同损失 100 万元、该厂名誉损失和因扣押财物造成该厂停产损失 100 万元。后法院认定某县市场监督管理局的扣押通知书违法，该厂提出的下列何种请求事项不属于国家赔偿的范围？（　　）

A. 返还扣押财物

B. 某厂不能履行合同损失 100 万元

C. 某厂名誉损失

D. 某厂停产损失 100 万元

四、简答题

简述国家赔偿责任的消极范围。

五、论述题

试述我国行政赔偿的侵权损害范围。

参考答案

一、单项选择题

1. **答案**：A。本题考查国家赔偿的范围。根据《国家赔偿法》第 19 条第 2 项，《刑法》第 17 条、第 18 条规定不负刑事责任的人被羁押的，国家不承担赔偿责任。《刑法》第 17 条是关于刑事责任年龄的规定。因此，《国家赔偿法》的该项规定实际上是关于当事人因不可抗力造成损害或因未达到刑事责任年龄而不负刑事责任，但实际已被羁押情形下，国家不承担赔偿责任的规定。本案属于当事人因未达到刑事责任年龄而被羁押的情形，对此国家不承担赔偿责任，A 为正确答案。

2. **答案**：D。刑事赔偿采取“实际羁押”原则，即只对申请人被错误羁押并实际执行，才给予赔偿。本案中，王某于 2009 年 2 月 10 日被拘留，至 5 月 10 日被取保候审，在此期间是被“实际羁押”，国家应该给予赔偿。王某在 2009 年 5 月 10 日被取保候审后及从 6 月 1 日至 12 月 10 日的缓刑执行都不处于被实际羁押的状态，因此对于从 2009 年 5 月 10 日开始至其被宣判无罪的 12 月 10 日止的这段时间的损失，王某无权要求国家赔偿。据此，D 选项正确。

二、多项选择题

1. **答案**：BC。参见《国家赔偿法》第 9 条：“赔偿义务机关有本法第三条、第四条规定的情形之一的，应当给予赔偿。赔偿请求人要求赔偿，应当先向赔偿义务机关提出，也可以在申请行政复议或者提起行政诉讼时一并提出。”参见第 13 条、第 14 条关于赔偿程序的规定。

2. **答案**：AB。参见《国家赔偿法》第 3 条、第 4 条、第 17 条、第 19 条。

3. **答案**：ABD。参见《国家赔偿法》第 5 条。对政治权利受侵害，《国家赔偿法》暂未列入国家赔偿的范围。

4. **答案**：BD。本题考查法院对行政机关不履行法定职责案件的处理；国家赔偿的范围。本案中罗某投案时行政机关确实未采取任何措施，罗某起诉被告不作为的理由成立，符合法定条件，法院应当依法予以受理，A 说法错误。本案中，判决公安机关履行法定职责已无实际意义，因此，法院应当作出确认公安机关不履行法定职责的行为违法的判决，B 说法正确。根据《国家赔偿法》第 2 条第 1 款的规定，只有国家机关和国家机关工作人员行使职权的行为，已经对公民、法人和其他组织的合法权益造成“实际”的损害，而非“潜在的威胁”时，当事人才可以要求国家赔偿。本案中，公安机关未履行法定职责并未对罗某造成实际的损害，国家不承担赔偿责任。另外，根据《国家赔偿法》第 35 条规定，C 说法错误。

5. **答案**：ABC。本题考查国家赔偿的范围。《国家赔偿法》第 2 条规定，国家机关和国家机关工作人员行使职权，有本法规定的侵犯公民、法人和其他组织合法权益的情形，造成损害的，受害人有依照本法取得国家赔偿的权利。本题中，公安人员驾驶警车追捕是行使职权的行为，因此，李某应当获得国家赔偿，故 D 项正确，A、B、C 项错误。

6. **答案**：AB。

三、不定项选择题

答案：BCD。本题考查国家赔偿的范围。

国家赔偿的范围只包括直接损失，不包括间接损失和可得利益的损失。对于县市场监督管理局的违法扣押行为，某厂只能要求返还扣押的财产。不能履行合同的损失属于可得利益的损失，该厂的名誉损失不属于《国家赔偿法》第35条的精神损害赔偿的范围，B、C应选。至于停产损失，只在被吊销许可证和执照、责令停产停业时适用，而且只赔偿停产停业期间必要的经常性费用开支，某厂并未被吊销许可证和执照或责令停产停业，也并不确定停产的100万元是否属于经常性、必要的费用开支，因此D应选。

四、简答题

答案：在某些情况下，由于损害不是由行政机关的行为造成的，或者损害虽发生在行政活动中但由不可抗力造成，因而国家不负赔偿责任。《国家赔偿法》第5条明确规定，在以下三种情况下，国家不承担赔偿责任：

(1) 行政机关工作人员与行使职权无关的个人行为。

(2) 因公民、法人和其他组织自己的行为致使损害发生的。在该种情形下，虽然受害人受到了某种损害，但损害和行政机关的违法行为没有必然关系，国家不承担赔偿责任。如果损害的发生是由行政机关及工作人员行使行政职权的行为和受害人自己的行为共同造成，国家要根据行政机关工作人员行使职权行为过错的大小，部分地承担赔偿责任。

(3) 法律规定的其他情形。一般来说包括三类：国家责任的豁免；不符合行政侵权赔偿责任的构成要件；具有民法上的抗辩事由。此处所说“法律”，是全国人民代表大会及其常委会制定的规范性文件。

五、论述题

答案：根据损害的性质，行政侵权损害分为物质损害和精神损害两部分，《国家赔偿法》对物质损害和精神损害都有规定。(1) 物质损害，是指因侵权行为所导致的具有财产形态的价值减少或利益的丧失。物质损害又可分为直接损害和间接损害。直接损害是因侵权行为所导致的现存财产上的权利和利益的数量减少和品质降低。间接损害是指侵权行为阻却了财产上的期待利益。我国行政赔偿以赔偿直接损失为主，原则上不赔偿间接损失。(2) 精神损害，是指侵权行为致使受害人心理和感情遭受创伤和痛苦，无法正常进行日常活动的非财产上的损害。精神损害通常由侵犯人身权而造成，也不排除因侵犯财产权而引起。我国《国家赔偿法》第35条规定了精神损害赔偿：“有本法第三条或者第十七条规定情形之一，致人精神损害的，应当在侵权行为影响的范围内，为受害人消除影响，恢复名誉，赔礼道歉；造成严重后果的，应当支付相应的精神损害抚慰金。”即要求精神损害赔偿金的主体仅限于自然人，而且属于第3条和第17条规定的行为，并要求造成严重后果。

第三十四章　行政赔偿请求人和赔偿义务机关

基础知识图解

- 行政赔偿请求人和赔偿义务机关
  - 行政赔偿请求人
    - 概念
    - 资格和范围
    - 几种特殊情况
  - 行政赔偿义务机关
    - 概念
    - 设定原则
    - 范围

配套测试

一、单项选择题

1. 怀发市出租汽车管理处属市交通局下属事业单位。根据A省人大通过的法规授权，该出租汽车管理处有收取管理费的权利。现该出租汽车管理处收取甲的管理费4万元中有1万元经确认属违法。甲欲提起诉讼，应以（　　）为赔偿义务机关。

A. 怀发市交通局与出租汽车管理处为共同赔偿义务机关

B. 授予职权的A省人大

C. 怀发市交通局

D. 怀发市出租汽车管理处

2. 下列关于赔偿请求人向共同赔偿义务机关要求赔偿的说法中正确的是（　　）。

A. 赔偿请求人可以向共同赔偿义务机关中的任何一个赔偿义务机关要求赔偿

B. 应由共同赔偿义务机关协商酌定

C. 赔偿请求人应当向共同赔偿义务机关中最先侵权的赔偿义务机关要求赔偿

D. 赔偿请求人应当向共同赔偿义务机关中最先确认违法的赔偿义务机关要求赔偿

3. A省艺术学院治安联防队接受慈云区公安分局的委托，在值勤过程中联防队员王某抓获正在行窃的张某。因张某出言不逊，王某用警棍把张某击伤。张某向法院提起诉讼，应由谁承担赔偿的义务？（　　）

A. A省艺术学院治安联防队

B. 王某

C. 慈云区公安分局和A省艺术学院治安联防队

D. 慈云区公安分局

4. 某市公安局刑事警察赵某下班期间发现有人斗殴，即予以制止。正巧打架的马某与赵某有隙，便对赵某出言不逊。赵某大怒，拔枪将马某击伤。下列关于赔偿责任的说法正确的是（　　）。

A. 应由赵某赔偿，因其行为属于与行使职权无关的个人行为

B. 应由赵某赔偿，因其是刑事警察，无治安管理职权，且是在下班期间作出

C. 应由公安局赔偿，因赵某的行为是执行职务

D. 应由公安局赔偿，因赵某的行为属于违法使用武器、警械造成公民身体伤害的情形

5. 2011年4月5日，县交通局执法人员甲在整顿客运市场秩序的执法活动中，滥用职权致使乘坐在非法营运车辆上的孕妇乙重伤，检察机关对甲提起公诉。为保障自己的合法权益，乙的下列哪种做法是正确

的？（ ）

A. 提起刑事附带民事诉讼，要求甲承担民事赔偿责任

B. 向甲所在行政机关提出赔偿要求，要求其承担国家赔偿责任

C. 提起刑事附带行政赔偿诉讼，要求甲所在行政机关承担国家赔偿责任

D. 提起刑事附带民事诉讼，要求甲及其所在的行政机关承担民事赔偿责任

6. 行政机关及其工作人员违法行使职权造成未成年人的合法权益损害的，行政赔偿请求人应是（ ）。

A. 未成年人的父母

B. 未成年人本人

C. 监护人

D. 未成年人的监护人委托的律师

7. 行政机关工作人员作出的具体行政行为侵犯公民的合法权益，应依法由（ ）负责赔偿。

A. 该工作人员

B. 该工作人员所在的行政机关

C. 该行政机关的上级行政机关

D. 该行政机关的同级财政机关

8. 乡人民政府根据公安机关的委托所作的治安处罚，如果发生错误，相对方当事人有权要求（ ）给予赔偿。

A. 乡人民政府

B. 委托的公安机关

C. 县人民政府

D. 委托的公安机关的上一级公安机关

9. 海关违法处罚给某公司造成重大损失的，该公司直接请求赔偿的赔偿义务机关是（ ）。

A. 海关总署

B. 当地人民政府

C. 作出处罚决定的海关

D. 实施违法处罚的责任人

二、不定项选择题

1. 某保安公司受县公安局委托担负夜间治安巡逻任务，该公司临时工吴某在执行职务时违法使用警棍将孙某打伤，孙某提出赔偿请求，则赔偿义务机关是（ ）。

A. 保安公司

B. 孙某

C. 县公安局

D. 前三者承担连带责任

2. 王某是有权要求国家赔偿的受害人，在请求国家赔偿期间内王某突然死亡。下列关于王某请求国家赔偿的权利的说法，哪些是正确的？（ ）

A. 因死亡而自然消失

B. 转移给他的近亲属

C. 转移给他的继承人

D. 转移给与他有扶养关系的亲属

三、名词解释

1. 行政赔偿请求人

2. 行政赔偿义务机关

3. 行政赔偿第三人

4. 行政赔偿申请书

四、简答题

简述我国《国家赔偿法》确定的行政赔偿义务机关的范围。

五、论述题

分析行政赔偿请求人是如何确定的？

六、案例分析题

某市市场监督管理局干部郑某与个体户王某素有积怨，故借执行公务之机，以王某有销售假冒伪劣商品的行为为由将其货物查封，并同时扣押了王某的营业执照。在查封期间遇暴雨货物被淋湿。王某不服，向该市市场监督管理局要求处理此事。市场监督管理局作出处理决定，认为王某违法证据不足，郑某的行为是滥用职权，决定归还王某的营业执照。同时认定货物受淋的损失系房屋漏雨造成，应由市场监督管理局和郑某各承担50%的损失。王某对此决定不服，以市场监督管理局赔偿太少为由，随即向市人民法院提起诉讼，请求赔偿其货物的全部损失。问：

（1）法院能否受理此案？为什么？

（2）本案中市场监督管理行政机关的行政赔偿责任是否成立？为什么？

（3）本案的赔偿义务主体是该市市场监督管理局，还是郑某？为什么？

参考答案

一、单项选择题

1. **答案**：D。《国家赔偿法》第7条第3款规定："法律、法规授权的组织在行使授予的行政权力时侵犯公民、法人和其他组织的合法权益造成损害的，被授权的组织为赔偿义务机关。"

2. **答案**：A。《国家赔偿法》第10条规定："赔偿请求人可以向共同赔偿义务机关中的任何一个赔偿义务机关要求赔偿，该赔偿义务机关应当先予赔偿。"

3. **答案**：D。《国家赔偿法》第7条第4款规定："受行政机关委托的组织或者个人在行使受委托的行政权力时侵犯公民、法人和其他组织的合法权益造成损害的，委托的行政机关为赔偿义务机关。"

4. **答案**：D。本题考查行政赔偿的范围。《国家赔偿法》第3条规定："行政机关及其工作人员在行使行政职权时有下列侵犯人身权情形之一的，受害人有取得赔偿的权利：（一）违法拘留或者违法采取限制公民人身自由的行政强制措施的；（二）非法拘禁或者以其他方法非法剥夺公民人身自由的；（三）以殴打、虐待等行为或者唆使、放纵他人以殴打、虐待等行为造成公民身体伤害或者死亡的；（四）违法使用武器、警械造成公民身体伤害或者死亡的；（五）造成公民身体伤害或者死亡的其他违法行为。"《国家赔偿法》第17条第5项规定了行使侦查、检查、审判职权的机关以及看守所、监狱管理机关及其工作人员违法使用武器、警械造成公民身体伤害或者死亡的应承担赔偿义务。

A错，本题中的赵某作为警察，可能随时随地需要履行职责，属于特殊性质职业，在下班期间仍负有处理突发事件的义务。据此，其阻止斗殴的行为是职务行为。B错，赵某临时阻止斗殴的行为不是执行侦查任务，不是行使侦查职权，而是行使治安管理职权，不适用《国家赔偿法》第17条规定的刑事赔偿，而应适用《国家赔偿法》第3条规定的行政赔偿。其作为行政机关工作人员违法使用武器致人伤害，依法应由国家承担行政赔偿责任。C错，国家赔偿的前提是职务行为违法致害，仅是职务行为单独并不构成国家赔偿的理由。D对，赵某作为行政机关工作人员，在行使职权的过程中，违法使用武器致人伤害，属于国家应予赔偿的情形，赔偿义务机关为公安局。

5. **答案**：B。本题考查行政赔偿的范围。《国家赔偿法》第3条规定，行政机关及其工作人员在行使行政职权时有下列侵犯人身权情形之一的，受害人有取得赔偿的权利：……（五）造成公民身体伤害或者死亡的其他违法行为。县交通局执法人员甲在执行公务时滥用职权致乙受重伤，乙可以要求赔偿。

6. **答案**：B。本题考查行政赔偿请求人资格。按照《国家赔偿法》第2条、第6条的规定，行政赔偿请求人必须是受行政机关及其工作人员违法行为侵害并造成实际损失的公民、法人和其他组织。具体地说，行政赔偿请求人的资格有以下三项：（1）行政赔偿请求人必须是行政相对人。当行政机关以行政相对人的身份出现，受到其他行政主体违法行政侵害时，也可成为行政赔偿请求人。（2）行政赔偿请求人必须是自己的合法权益受到侵害并造成实际损害的人。这里包括四层含义：①请求人受到侵害的权益是合法权益。②请求人必须是自己的合法权益受到侵害的人。③请求人受到的损害已经发生。④这里的实际损害是行政相对人认为的"实际损害"。只要行政相对人认为其合法权益受到侵害并造成实际损失即可取得申请人资格。（3）行政赔偿请求人必须是其所受损害与行政违法行为有因果关系的人。请求人所受损害应由行政违法行为直接引起。这里的行政违法行为包括违法的具体行政行为、事实行为和内部管理行为等。这里的因果关系要求受害人指出损害系由行政机关及工作人员的行政侵权行为所致。

7. **答案**：B。《国家赔偿法》第7条第1款规定："行政机关及其工作人员行使行政职权侵犯公民、法人和其他组织的合法权益造成损害的，该行政机关为赔偿义务机关。"

8. **答案**：B。《国家赔偿法》第7条第4款规定："受行政机关委托的组织或者个人在行使受委托的行政权力时侵犯公民、法人和其他组织的合法权益造成损害的，委托的行政机关为赔偿义务机关。"

9. **答案**：C。

二、不定项选择题

1. **答案**：C。《国家赔偿法》第7条规定，受行政机关委托的组织或者个人在行使受委托的行政权力时侵犯公民、法人和其他组织的合法权益造成损害的，委托的行政机关为赔偿义务机关。

2. **答案**：CD。本题较简单，直接依法条规定答题即可。本题考查赔偿请求人。《国家赔偿法》第6条第2款规定："受害的公民死亡，其继承人和其他有扶养关系的亲属有权要求赔偿。"故CD对。A错，随着自然人的死亡，权利一般都要移转给其他人。

三、名词解释

1. **答案**：行政赔偿请求人是指因行政机关及其工作人员违法执行职务而遭受损害，有权请求国家予以赔偿的人。赔偿请求人既可能是公民，也可能是法人或其他组织。行政赔偿请求人包括：(1) 受到行政侵权的公民、法人或其他组织；(2) 受害人死亡的，其继承人和其他有扶养关系的亲属；(3) 受害的法人或其他组织终止的，承受其权利的法人或其他组织。

2. **答案**：行政赔偿义务机关是指依法履行赔偿义务，接受赔偿请求，支付赔偿费用，参加赔偿诉讼程序的行政机关。行政赔偿义务机关可以包括：(1) 行政机关；(2) 共同行政赔偿义务机关；(3) 法律、法规授权的组织；(4) 委托机关；(5) 行政赔偿义务机关被撤销后的责任承担者；(6) 经行政复议后的赔偿义务机关。

3. **答案**：行政赔偿第三人是指同行政赔偿案件处理结果有法律上的利害关系的，除行政赔偿请求人以外的公民、法人和其他组织。

4. **答案**：行政赔偿申请书是指赔偿请求人向赔偿义务机关提出赔偿请求的书面文件，也是赔偿义务机关据以审查赔偿请求、裁决赔偿内容及结果的依据。提出赔偿请求，首先应递交赔偿申请书。

四、简答题

答案：按照《国家赔偿法》第7条和第8条的规定，行政赔偿义务机关有行政机关和法律、法规授权组织两类，此外还需要就一些特殊的情况进行分析：

(1) 行政机关

行政机关作为行政赔偿义务机关具体分五种情况：

①单个行政机关致害时的赔偿义务机关；

②两个以上行政机关共同致害时的赔偿义务机关；

③行政机关委托的组织或个人致害时的赔偿义务机关；

④赔偿义务机关被撤销时的赔偿义务机关；

⑤经行政复议的赔偿义务机关。

(2) 法律、法规授权组织

法律、法规授权组织在行使被授予的行政职权时侵犯公民、法人和其他组织的合法权益造成损害的，被授权的组织为赔偿义务机关。

(3) 几类特殊情况

实践中，需要对以下几类行政机关行为致害的赔偿义务机关作进一步的确认：

①派出机关和派出机构

一般来说，派出机关具有行政主体资格，并有独立的财政，可确认其赔偿义务机关资格；而派出机构，无论有无法律的明确授权，由于其财政独立的欠缺，由派出机构所在的行政机关作赔偿义务机关比较适宜。

②内部机构和临时机构

在行政诉讼中，如果有法律、法规和规章的明确授权，行政机关的内部机构和临时机构可作为行政诉讼的被告；如果没有法律、法规和规章的明确授权，则只能由其所在行政机关作被告。

③批准机关

当事人不服经上级行政机关批准的具体行政行为，向人民法院提起诉讼的，应当以在对外发生法律效力的文书上署名的机关为被告。

五、论述题

答案：行政赔偿请求人的确定即资格，是指作为行政赔偿请求人所应具备的条件。确定行政赔偿请求人资格是为了防止相对人滥用行政赔偿请求权，保证行政秩序的稳定和避免司法成本的浪费。按照《国家赔偿法》第2条、第6条的规定，行政赔偿请求人必须是受行政机关及其工作人员违法行为侵害并造成实际损失的公民、法人和其他组织。具体地说，行政赔偿请求人的资格有以下三项：

（1）行政赔偿请求人必须是行政相对人。当行政机关以行政相对人的身份出现，受到其他行政主体违法行政侵害时，也可成为行政赔偿请求人。

（2）行政赔偿请求人必须是自己的合法权益受到侵害并造成实际损害的人。这里包括四层含义：①请求人受到侵害的权益是合法权益。②请求人必须是自己的合法权益受到侵害的人。③请求人受到损害已经发生。④这里的实际损害是行政相对人认为的“实际损害”。只要行政相对人认为其合法权益受到侵害并造成实际损失即可取得申请人资格。

（3）行政赔偿请求人必须是其所受损害与行政违法行为有因果关系的人。请求人所受损害应由行政违法行为直接引起。这里的行政违法行为包括违法的具体行政行为、事实行为和内部管理行为等。这里的因果关系要求受害人指出损害系由行政机关及工作人员的行政侵权行为所致。

六、案例分析题

答案：（1）能。因为按照《国家赔偿法》的规定，受害人单独提起行政赔偿请求的必须首先向赔偿义务机关提出，只有对赔偿义务机关的赔偿决定不服的情况下，才能提起行政复议或向人民法院提起行政赔偿诉讼。本案中赔偿义务机关已经对王某的单独赔偿请求作出了决定，王某对此决定不服可以提起行政赔偿诉讼。

（2）成立。因为郑某的行为是市场监督管理局的行政行为，而王某的损失是由该行为直接造成的，而且该损失也属于国家赔偿法规定的赔偿范围。所以，市场监督管理行政机关对王某所受到的损失应负赔偿责任。

（3）本案的赔偿义务主体是市场监督管理局。因为按照《国家赔偿法》规定，行政机关及其工作人员行使职权对侵犯公民、法人或其他组织合法权益造成损害的，该行政机关为赔偿义务机关。而对有故意和重大过失的工作人员，赔偿义务机关可以对其行使追偿权，但不能由其直接对受害人进行赔偿。

第三十五章　行政赔偿方式和计算标准

基础知识图解

- 行政赔偿方式和计算标准
  - 行政赔偿方式
    - 概述
    - 支付赔偿金
    - 返还财产
    - 恢复原状
  - 行政赔偿标准
    - 概述
    - 侵犯人身权的计算标准
    - 侵犯财产权的计算标准
  - 行政赔偿标准有关问题探讨
    - 行政赔偿标准的选择
    - 精神损害的赔偿标准
    - 人身权损害的赔偿标准
    - 财产权损害的赔偿标准
    - 其他财产权利损害的赔偿标准

配套测试

一、单项选择题

1. 延水市公安局接到甲出售黄色录像的举报后，遂对其经营场所进行停业检查，结果一无所获，但在检查过程中，公安人员不小心将甲的 DVD 弄坏。现甲要求公安局赔偿，下列表述中正确的是（　　）。

A. 公安局违法行使职权，应赔偿修复 DVD 的费用以及停业所造成的经济损失

B. 公安局违法行使职权，应赔偿甲修复 DVD 的费用以及停业检查期间正常运营所支付的费用

C. 公安局的行为是治安管理的需要，符合法定程序，不予赔偿

D. 公安局违法行使职权，应赔偿甲 DVD 的修复费用

2. 国家赔偿的主要方式是（　　）。

A. 赔礼道歉　　B. 返还财产

C. 恢复原状　　D. 支付赔偿金

3. 我国《国家赔偿法》规定的行政主体违法侵犯相对人合法权益，并导致其部分丧失劳动能力的国家赔偿金的最高额为国家上年度职工年平均工资的（　　）。

A. 5 倍　　B. 10 倍

C. 15 倍　　D. 20 倍

4. 2001 年 5 月李某被某县公安局刑事拘留，后某县检察院以证据不足退回该局补充侦查，2002 年 11 月李某被取保候审。2004 年，县公安局撤销案件。次年 3 月，李某提出国家赔偿申请。县公安局于 2005 年 12 月作出给予李某赔偿的决定书。李某以赔偿数额过低为由，于 2006 年先后向市公安局和市法院赔偿委员会提出复议和申请，二者均作出维持决定。对李某被限制人身自由的赔偿金，应按照下列哪个年度的国家职工日平均工资计算？（　　）（司考 2009. 2. 49）

A. 2002 年度　　B. 2003 年度

C. 2004 年度　　D. 2005 年度

二、多项选择题

1. 刘某被公安局拘留，在该公安局的拘留行为被确认违法并被撤销后，该公安局应在侵权影响的范围内，对刘某造成的精神损害承担责任的方式有（　　）。

A. 消除影响

B. 恢复名誉

C. 赔礼道歉

D. 造成严重后果的，支付精神损害抚慰金

2. 下列有关国家赔偿数额说法正确的有（　　）。

A. 造成身体伤害的，其误工减少的收入的最高赔偿额为国家上年度职工年平均工资的 5 倍

B. 侵犯公民人身自由的，每日赔偿金按照国家上年度职工日平均工资计算

C. 全部丧失劳动能力的最高赔偿额为国家上年度职工年平均工资的 20 倍

D. 造成公民死亡的，应当支付死亡赔偿金、丧葬费，总额为上年度职工年平均工资的 30 倍

3. 黄某于某日深夜路遇一辆卡车翻进路旁深沟，黄随即前往救人并将车上所载的货物往路上搬，闻讯而来的警察误以为黄某在盗窃事故车辆上的物品而将其拘留，公安机关对黄某应如何赔偿？（　　）

A. 按羁押的日期支付赔偿金

B. 恢复名誉

C. 消除影响

D. 赔礼道歉

4. 县市场监管部门以办理营业执照存在问题为由查封了张某开办的美容店。查封时，工作人员将美容店的窗户、仪器损坏。张某向法院起诉，法院撤销了市场监管部门的查封决定。张某要求行政赔偿。下列哪些损失属于县市场监管部门应予赔偿的费用？（　　）

A. 张某因美容店被查封损坏而生病支付的医疗费

B. 美容店被损坏仪器及窗户所需修复费用

C. 美容店被查封停业期间必要的经常性费用开支

D. 张某根据前一个月利润计算的被查封停业期间的利润损失

5. 县自然资源局认定某采沙厂未履行用地审批手续占用林地建采沙厂，以违反《土地管理法》为由作出责令停产停业的处罚决定。该厂不服，提起行政诉讼。法院经审理认为该厂不存在非法占地的违法事实，撤销了县自然资源局的决定。采沙厂不服，申请赔偿，下列选项哪些属于国家赔偿的范围？（　　）

A. 留守的员工工资

B. 厂房租金

C. 缴纳的水利资源费

D. 可预期的利润

6. 区公安分局民警孙某在抓嫖过程中，将孟某左眼打伤，后经鉴定构成 7 级伤残。孟某申请国家赔偿。下列属于国家赔偿范围的有：（　　）

A. 医疗费

B. 孟某扶养的无劳动能力人的生活费

C. 残疾生活辅助具费

D. 残疾赔偿金

三、名词解释

1. 行政赔偿方式
2. 行政赔偿标准
3. 行政赔偿费用

四、简答题

1. 简述我国《国家赔偿法》所规定的行政赔偿方式。
2. 简述国家承担行政赔偿时对侵犯财产权的计算标准的规定。

五、案例分析题

熊某系某市个体工商户，2009 年 5 月，熊某在该市某区市场监督管理局办理了经营咖啡的营业执照，并把经营地点确定在市飞机场的出口处第一个摊位。个体工商户张某在飞机场出口处经营书刊，其摊位与熊某相邻，

属第二个摊位。2010 年 4 月的一天，由于张某摆摊时侵占了熊某的摊位，双方发生争吵。某区市场监管所在解决两人之间纠纷时，责令双方停业并扣缴了各自的执照。5 月，在双方的纠纷未解决的情况下，市场监管所发还张某的执照，仍将熊某的执照扣下。对此，熊某多次找市场监管所尽快解决纠纷，归还执照，但没有结果。2010 年 12 月熊某向某区法院起诉市场监管所，要求发回执照，并赔偿因停业的经营损失 3600 元和因停业造成的咖啡变质的损失 60 元。

问：熊某提出赔偿共计 3660 元是否合法？为什么？

参考答案

一、单项选择题

1. **答案**：B。《国家赔偿法》第 36 条规定："侵犯公民、法人和其他组织的财产权造成损害的，按照下列规定处理：……（八）对财产权造成其他损害的，按照直接损失给予赔偿。"本题中公安局违法行使职权，应赔偿甲修复 DVD 的费用及停业检查期间为正常运营所支付的费用。
2. **答案**：D。《国家赔偿法》第 32 条规定："国家赔偿以支付赔偿金为主要方式。能够返还财产或者恢复原状的，予以返还财产或者恢复原状。"
3. **答案**：D。参见《国家赔偿法》第 34 条的规定。
4. **答案**：C。根据《国家赔偿法》第 33 条规定，侵犯公民人身自由的，每日赔偿金按照国家上年度职工日平均工资计算。该条中的"上年度"，依据《最高人民法院关于人民法院执行〈中华人民共和国国家赔偿法〉几个问题的解释》第 6 条规定，是指赔偿义务机关、复议机关或者人民法院赔偿委员会作出赔偿决定时的"上年度"；复议机关或者人民法院赔偿委员会决定维持原赔偿决定的，按作出原赔偿决定时的上年度执行。本案中，县公安局作为赔偿义务机关于 2005 年作出赔偿决定，虽然李某于 2006 年提出复议和申请，但因为二者均维持原赔偿决定，因此，仍应以原赔偿决定作出的上一年度为准计算赔偿金，即 2004 年。选项 C 为正确选项。

二、多项选择题

1. **答案**：ABCD。参见《国家赔偿法》第 35 条的规定。
2. **答案**：ABC。参见《国家赔偿法》第 33 条、第 34 条的规定。
3. **答案**：ABCD。《国家赔偿法》第 33 条规定："侵犯公民人身自由的，每日赔偿金按照国家上年度职工日平均工资计算。"BCD 选项参见该法第 35 条的规定。
4. **答案**：BC。本题考查国家赔偿金的计算。《国家赔偿法》第 36 条规定："侵犯公民、法人和其他组织的财产权造成损害的，按照下列规定处理：……（六）吊销许可证和执照、责令停产停业的，赔偿停产停业期间必要的经常性费用开支；……（八）对财产权造成其他损害的，按照直接损失给予赔偿。"据此，C 说法正确，应当选。本案中，美容店被损坏仪器及窗户所需修复费用属于由县市场监管部门的查封行为造成的直接损失，依法应予赔偿，所以，B 应当选。A、D 都属于间接损失，国家依法不予赔偿。
5. **答案**：ABC。
6. **答案**：ACD。只有人身侵害造成全部丧失劳动能力的，才给予其抚养的无劳动能力的人生活费。侵犯人身权导致一级至四级伤残的，视为全部丧失劳动能力；五级至十级伤残的，视为部分丧失劳动能力。本题，只是造成部分丧失劳动能力，不符合法定条件，B 选项错误。

三、名词解释

1. **答案**：行政赔偿方式是指国家承担行政赔偿责任的具体形式。行政赔偿是对侵权损害的救济，行政赔偿采用什么方式，依据什么标准，直接影响到救济的质量，影响到受害人权益，因而需要合理设计。行政赔偿涉及公权力的运作，不能因为赔偿事宜而影响公务，因而，行政赔偿以支付赔偿金为原则，以恢复原状为例外。我国行政赔偿的方式有三种：支付赔偿金、返还财产和恢复原状。

2. **答案**：行政赔偿标准是指国家对行政侵权受害人支付赔偿金的标准。行政赔偿标准的高低直接决定了对受害人的救济程度以及行政赔偿制度的社会效益，具有重要意义。

3. **答案**：行政赔偿费用是指国家用于支付行政赔偿金和恢复原状所支出的费用。从国外的情况看，行政赔偿费用制度有如下几种：(1) 中央政府统筹编列赔偿预算。地方行政所支出的赔偿费用，由中央财政拨付。(2) 各级政府分别编列赔偿预算，对本级政府各行政机关造成的损害负责。(3) 国家设立专项基金，国家和赔偿机关相结合共同负担赔偿费用。(4) 通过保险渠道支付赔偿费用。我国行政赔偿费用制度采用的是上述第二种方式，即国务院及所属部门的赔偿费用，由中央财政支出；省级政府及所属部门的赔偿费用，由省财政支出；县级政府的赔偿费用，由县财政支出。

四、简答题

1. **答案**：行政赔偿方式是指国家承担行政赔偿责任的具体形式。我国行政赔偿的方式主要有三种：支付赔偿金、返还财产和恢复原状。

(1) 支付赔偿金，是指赔偿义务机关以货币形式支付赔偿金额，补偿受害人所受损失的方式。

(2) 返还财产，又称返还原物，是指赔偿义务机关将违法所取得的财产返还受害人的赔偿方式。

(3) 恢复原状，是指赔偿义务机关对受害人所受损害的财产进行修复，使之恢复到受损害前的形状和性能的赔偿方式。

除上述三种行政赔偿方式外，承担行政侵权责任的方式还有停止侵害、消除影响、恢复名誉和赔礼道歉等。

2. **答案**：侵犯财产权的形式有多种，与此相应，财产权损害的赔偿方式也有返还财产、恢复原状和支付赔偿金等。严格地说侵犯财产权的计算标准主要是指支付赔偿金的标准，另外还指返还财产、恢复原状的标准，具体包括以下几种情形：

(1) 对违法取得的财物予以返还，如行政机关违法处以罚款、罚金、追缴、没收财产或者国家规定征收财物、摊派费用等，都可以适用返还财产。

(2) 应当返还的财产受到损害的，予以恢复原状。

(3) 不能返还财产或财产损害不能恢复原状的，支付赔偿金。这一规则的具体内容是：第一，应当返还的财产受损害的，能够恢复原状的恢复原状，不能够恢复原状的，按照损害程度给付相应的赔偿金；第二，应当返还的财产灭失的，给付相应的赔偿金；第三，财产已经拍卖的，给付拍卖所得价款。

(4) 吊销许可证和执照，责令停产停业的赔偿标准。这主要是指赔偿停产停业期间必要的经常性费用开支，包括各种税费、水电费、仓储保管费、职工的基本工资等。

(5) 对财产权造成其他损害的，按照直接损失给予赔偿。

除上述财产权损害外，还有其他损害财产权的情况，如对商标权、专利权造成侵害，不履行保护公民财产权的职责而造成的侵害等。对这类损害，国家赔偿直接损失。

五、案例分析题

答案：不合法。按照《国家赔偿法》的规定，吊销许可证和执照、责令停产停业的，赔偿停产停业期间必要的经常性费用开支，也就是说只对直接损失进行赔偿，对可得利益损失不予赔偿。熊某提出的3660元的损害赔偿包括了可得利益的损失，于法无据，不应予以支持。

第三十六章　行政赔偿程序

基础知识图解

- 行政赔偿程序
  - 行政赔偿请求的提出
    - 要件
    - 请求方式
    - 单独提出行政赔偿请求及先行程序
    - 一并（附带）提出行政赔偿请求
    - 申请人可以提出数项赔偿请求
  - 行政赔偿义务机关的受案与处理
    - 受案
    - 处理
  - 行政赔偿诉讼
    - 提起
    - 受理
    - 管辖
    - 当事人
    - 审理与判决
    - 执行与期间
  - 行政追偿程序
    - 概述
    - 性质和形式
    - 条件、范围和标准
    - 行政追偿人与被追偿人

配套测试

一、单项选择题

1. 下列关于赔偿请求人要求行政赔偿程序的说法中正确的是（　　）。

A. 赔偿请求人要求赔偿必须先向赔偿义务机关提出，不允许在申请行政复议和提起行政诉讼时一并提出

B. 赔偿请求人在行政诉讼中不能一并提出赔偿申请，赔偿申请须先向赔偿义务机关提出，这是行政先行处理原则

C. 赔偿请求人要求赔偿应当先向赔偿义务机关提出，也可以在申请行政复议和提起行政诉讼时一并提出

D. 赔偿请求人不必先向赔偿义务机关提出，也可以向人民法院直接提出赔偿申请

2. 行政赔偿的请求时效为（　　）。

A. 3 个月　　B. 6 个月

C. 1 年　　D. 2 年

3. 行政赔偿诉讼，（　　）调解。

A. 可以适用　　B. 应当先行

C. 必须先行　　D. 不能适用

4. 行政赔偿请求人对赔偿义务机关不予赔偿的决定不服，向人民法院提起行政赔偿诉讼的期限为收到赔偿义务机关不予赔偿的决定书之日起（　　）。

A. 15 日内　　B. 1 个月内

C. 3 个月内　　D. 6 个月内

二、多项选择题

1. 民办教师江某因不交村委会乱摊派的费

用，被乡公安派出所用警棍打伤并处罚 50 元，则江某应通过下列哪种途径请求国家赔偿？（　　）

A. 应先向派出所请求行政赔偿，对派出所的决定不服再向法院提起行政赔偿诉讼

B. 可向县人民政府或县公安局申请复议时一并提出

C. 可在向县法院提起行政诉讼时一并提出诉讼请求

D. 可向村委会和公安派出所中的任何一个要求赔偿。二者都是赔偿义务机关

2. 可设立赔偿委员会的人民法院包括（　　）。

A. 县人民法院

B. 地区中级人民法院

C. 省高级人民法院

D. 最高人民法院

3. 赔偿请求人要求国家赔偿的，（　　）不得向赔偿请求人收取任何费用。

A. 人民法院

B. 人民检察院

C. 复议机关

D. 赔偿义务机关

三、不定项选择题

2009 年 10 月 11 日晚，丁某酒后在某饮食店酗酒闹事，砸碎店里玻璃数块。后经人劝说，丁某承认错误并表示愿意赔偿，此时恰巧碰上某区公安局任某、赵某执勤到店里，任某对丁某又推又打，欲将丁某带回派出所处理，在扭推过程中，致丁某跌倒，头撞在水泥地上，造成颅内出血死亡。2010 年 12 月 20 日，丁某之父向某区公安局提起行政侵权赔偿。

（1）丁某之父的赔偿请求权时效如何计算？（　　）

A. 从丁某受到违法行使职权侵害时起 2 年

B. 从任某行使职权行为被依法确认为违法之日起 2 年

C. 从丁某之父第一次提起行政赔偿请求起 2 年

D. 从公安局工作人员行使职权行为被确认为违法之日起 3 个月

（2）赔偿义务机关应以什么赔偿方式赔偿？（　　）

A. 公安局应当支付死亡赔偿金、丧葬费，对死者生前抚养的无劳动能力的人，还应当支付生活费

B. 公安局应支付医疗费、残疾赔偿金，对其抚养的无劳动能力的人还应当支付生活费

C. 公安局应支付医疗费以及丁某之父申请赔偿的车旅费

D. 公安局应支付死亡赔偿金、丧葬费，总额为国家上年度职工年平均工资的 10 倍

（3）公安局对受害人赔偿后，可以如何处理？（　　）

A. 可以进行追偿

B. 不可以追偿

C. 可以要求任某承担部分或全部赔偿费用

D. 可以要求任某和赵某共同承担部分或全部赔偿费用

四、名词解释

1. 行政赔偿程序

2. 行政追偿（中国人民大学 2008 年考研真题）

3. 行政追偿的形式

五、简答题

1. 简述请求人提出行政赔偿请求的形式要件。

2. 简述国家行政机关行使行政追偿权应具备的条件。

六、论述题

试述行政赔偿诉讼。

七、案例分析题

村民林某、黄某因拒绝缴纳所在乡政府摊派款，被通知参加乡政府举办的“学习班”。学习期间，不准回家，不准亲友探视，不准与外界通信或电话联系。10 天后，林某、黄某答应缴纳摊款，才准许学习结业回家。

问：（1）林某、黄某如不服乡政府办“学习班”的行为，对其权益所受损害可否

请求行政赔偿？为什么？

（2）林某、黄某如请求行政赔偿，应向哪个机关提出？如被拒绝，还有何救济途径？

（3）林某、黄某依法可以获得哪些赔偿？

参考答案

一、单项选择题

1. **答案**：C。参见《国家赔偿法》第9条的规定："赔偿义务机关有本法第三条、第四条规定情形之一的，应当给予赔偿。赔偿请求人要求赔偿，应当先向赔偿义务机关提出，也可以在申请行政复议或者提起行政诉讼时一并提出。"
2. **答案**：D。参见《国家赔偿法》第39条的规定："赔偿请求人请求国家赔偿的时效为两年，自其知道或者应当知道国家机关及其工作人员行使职权时的行为侵犯其人身权、财产权之日起计算，但被羁押等限制人身自由期间不计算在内。在申请行政复议或者提起行政诉讼时一并提出赔偿请求的，适用行政复议法、行政诉讼法有关时效的规定。赔偿请求人在赔偿请求时效的最后六个月内，因不可抗力或者其他障碍不能行使请求权的，时效中止。从中止时效的原因消除之日起，赔偿请求时效期间继续计算。"
3. **答案**：A。《行政诉讼法》第60条第1款规定："人民法院审理行政案件，不适用调解。但是，行政赔偿、补偿以及行政机关行使法律、法规规定的自由裁量权的案件可以调解。"
4. **答案**：C。参见《国家赔偿法》第13条、第14条的规定。

二、多项选择题

1. **答案**：ABC。《国家赔偿法》第9条规定："赔偿义务机关有本法第三条、第四条规定情形之一的，应当给予赔偿。赔偿请求人要求赔偿，应当先向赔偿义务机关提出，也可以在申请行政复议或者提起行政诉讼时一并提出。"
2. **答案**：BCD。《国家赔偿法》第29条规定："中级以上的人民法院设立赔偿委员会，由人民法院三名以上审判员组成，组成人员的人数应当为单数。赔偿委员会作赔偿决定，实行少数服从多数的原则。赔偿委员会作出的赔偿决定，是发生法律效力的决定，必须执行。"
3. **答案**：ACD。《国家赔偿法》第41条规定："赔偿请求人要求国家赔偿的，赔偿义务机关、复议机关和人民法院不得向赔偿请求人收取任何费用。对赔偿请求人取得的赔偿金不予征税。"

三、不定项选择题

答案：（1）A。本小题考查请求国家赔偿的时效。《国家赔偿法》第39条第1款规定："赔偿请求人请求国家赔偿的时效为两年，自其知道或者应当知道国家机关及其工作人员行使职权时的行为侵犯其人身权、财产权之日起计算……"

（2）A。本小题考查行政赔偿的方式。《国家赔偿法》第34条第1款规定："侵犯公民生命健康权的，赔偿金按照下列规定计算：……（三）造成死亡的，应当支付死亡赔偿金、丧葬费，总额为国家上年度职工年平均工资的二十倍。对死者生前扶养的无劳动能力的人，还应当支付生活费。"

（3）AC。本小题考查国家赔偿后的追偿。AC对，B错，《国家赔偿法》第16条第1款规定："赔偿义务机关赔偿损失后，应当责令有故意或者重大过失的工作人员或者受委托的组织或者个人承担部分或者全部赔偿费用。"D错，本题中赵某并无过错，不应向赵某追偿。

四、名词解释

1. **答案**：行政赔偿程序是指受害人提出赔偿请求，赔偿义务机关履行赔偿义务的步骤、方法、顺序、形式等要求。根据《行政诉讼法》和《国家赔偿法》等法律规定，我国行政赔偿分为两种途径：一种是单独就赔偿问题向行政机关和人民法院提出；另一种是在行政复议、行政诉讼中一并提起。

2. **答案**：行政追偿又称求偿，指国家行政机关向请求人支付赔偿费用或履行赔偿义务后，依法责令有故意或重大过失的公务员或受委托的组织或个人，承担部分或者全部赔偿费用的制度。该制度是国家基于行政机关与工作人员之间的特别权力关系而对公务员等实施的制裁形式。追偿责任构成要件：（1）行政赔偿义务机关已向赔偿请求人，即受到损害的公民、法人或者其他组织支付了赔偿金。（2）行政机关工作人员或者受行政机关委托的组织或者个人违法行使行政职权造成了受害人合法权益的损失并且在主观上有故意或重大过失。

3. **答案**：行政追偿的形式有两种：一是违法行使行政职权的工作人员先向受害人赔偿损失，然后，请求国家折算补偿，即“公务员先赔偿，然后向国家追偿”。二是国家先向受害人赔偿，然后根据法定条件和情况责令致害的行政机关工作人员支付赔偿费用，即“国家先赔偿，然后向公务员追偿”。这种方式的优点在于受害人能得到及时的行政赔偿，避免了因行政机关工作人员个人财力薄弱使受害人很难取得赔偿的问题，有利于保护受害人的合法权益。目前，世界上大多数国家，包括我国，都采用第二种追偿形式。

五、简答题

1. **答案**：行政赔偿请求的提出必须符合一定的要件，只有当具备了这些要件时，行政赔偿请求人方可以一定的请求方式单独提出行政赔偿请求或在行政复议、行政诉讼中一并提出请求。提出行政赔偿请求的要件有：

（1）请求人必须具有行政赔偿请求权。有行政赔偿请求权的公民死亡的，该请求权转移给其继承人和其他有扶养关系的亲属；有行政赔偿请求权的法人或其他组织终止的，继续承受其权利的法人或其他组织有权请求赔偿。

（2）必须有明确的行政赔偿义务机关。

（3）必须在法定期限内提出行政赔偿请求。

（4）其请求必须是在《国家赔偿法》明确规定的应该赔偿范围之内。

2. **答案**：追偿制度的实质就是行政机关代表国家对有故意或重大过失的行政机关工作人员及受委托的组织和个人行使追偿权。国家行政机关行使行政追偿权的构成条件有：

（1）赔偿义务机关已经向赔偿请求人，即受到损害的公民、法人或其他组织支付了赔偿金。

（2）行政机关工作人员或者受行政机关委托的组织或个人违法行使行政职权造成了受害人合法权益的损失，且其在主观上有故意或者重大过失。

六、论述题

答案：行政赔偿诉讼是一种独立的特殊形式的诉讼，是人民法院根据赔偿请求人的诉讼请求，依照行政诉讼程序和国家赔偿的基本规则和原则裁判赔偿争议的活动。在起诉条件、审理形式、证据规则及适用程序诸方面有其自身特点：

（1）从起诉条件看，在单独提起赔偿诉讼时，要以行政赔偿义务机关先行处理为前提条件。在一并提起行政赔偿请求时，通常以行政复议或行政诉讼确认行政职权行为违法为赔偿先决条件。

（2）从诉讼当事人看，行政赔偿诉讼中，行政赔偿义务机关为诉讼被告，实行“国家责任，机关赔偿”制度，致害的公务员或行政机关的工作人员不作为诉讼被告。

（3）从审理形式看，行政赔偿诉讼审理过程中，可以适用调解作为结案方式。

（4）从证据规则看，行政赔偿诉讼不完全采取“被告负举证责任”的原则，而是参照民事诉讼规则，要求行政赔偿请求人对其主张进行举证。行政赔偿诉讼原则上适用《行政诉讼法》规定的程序，《行政诉讼法》没有规定的，还可以参照适用相应的民事诉讼程序。

七、案例分析题

答案：（1）林、黄对其人身自由所受到的侵犯，可请求行政赔偿。因为乡政府以办“学习班”的方法非法限制、剥夺公民人身自由的行为属于法院受理行政赔偿诉讼案件的情形之一。

(2) 林某、黄某请求行政赔偿，应先向所在乡人民政府提出，如乡政府拒绝赔偿，可向人民法院提起行政赔偿诉讼。

(3) 林某、黄某依法应获得办“学习班”期间（10天）人身自由被侵犯的赔偿金。每日赔偿金按国家上年度职工日平均工资计算。

第三十七章　行政补偿

基础知识图解

- 行政补偿
  - 概述：概念及种类
  - 行政补偿制度的历史发展
  - 行政补偿的理论基础
  - 行政补偿的范围与方式
    - 范围
    - 方式
  - 行政补偿的标准与程序
    - 标准
    - 程序

配套测试

一、名词解释

1. 法定行政补偿
2. 裁量行政补偿
3. 事前行政补偿
4. 事后行政补偿
5. 直接行政补偿
6. 间接行政补偿
7. 有约定的行政补偿
8. 政策性行政补偿
9. 行政补偿责任

二、简答题

1. 行政赔偿与行政补偿的区别。
2. 简述我国承担行政补偿的方式。

三、论述题

1. 分析行政补偿的理论基础。
2. 试论行政补偿。

参考答案

一、名词解释

1. **答案**：法定行政补偿是行政机关以及其他行政主体依照法律、法规和规章的明确规定给予个人、组织的补偿。法定补偿包括三种形式：(1) 应否补偿以及补偿的方式与数额均由法律、法规和规章作出明确规定，行政补偿义务机关没有裁量余地，只能严格依法进行；(2) 法律、法规或规章明确规定应予补偿，但对如何补偿未作规定，留由行政补偿义务机关自由裁量；(3) 法律、法规或规章明确规定应予补偿，并规定了补偿的界限和标准，但行政补偿义务机关在如何补偿方面有一定的自由裁量余地。

2. **答案**：裁量行政补偿是指法律、法规和规章对合法行政行为造成的损害是否应作补偿未作规定，而由当事的行政机关或其他行政主体根据公平合理原则自由裁量作出决定。

3. **答案**：事前行政补偿指在实际损失发生之前实施的补偿，包括行政补偿决定及实施行为均发生在损失产生之前，以及行政补偿决定作出在实际损失发生之前而补偿的给付行为发生在损害过程之中或损害发生之后两种形式。

4. **答案**：事后行政补偿指补偿决定及补偿的给付行为均发生在实际损失产生之后的行政补偿。

5. **答案**：直接行政补偿指行政主体以金钱或实物的方式直接弥补受害人所受损失的一种行政补偿，其特点是补偿效果直接、快速，补偿义务机关的给付行为一旦完成，补偿的效果即可实现，无须借助受害人的行为。

6. **答案**：间接行政补偿指行政主体通过授予某种特殊权利或利益，间接弥补受害人所受损害的一种行政赔偿，其特点是补偿义务机关不是通过积极主动的给付行为直接补偿受害人所受之损害，而是通过在其他方面给予受害人好处的方法间接补偿受害人所受的损害，并且受害人必须作出享受补偿义务机关所给予之特殊利益的行为才能实现补偿效果。

7. **答案**：有约定的行政补偿指行政补偿义务机关与被补偿人在损失发生之前或之后已就补偿问题达成协议的行政补偿。有约定补偿具有双方性，被补偿人一般不得对已约定的补偿数额提出异议。

8. **答案**：政策性行政补偿指国家对因其实行公用征收、征用或其他政策所造成的特定损失而给予行政相对人的补偿。政策性补偿是执行国家事先已决定给予补偿的国家政策的必然结果，补偿对象一般具有一定的普遍性。

9. **答案**：行政补偿责任指行政主体及其行政人员因合法职务行为造成相对人财产损失，为此依法对后者实施财产上弥补的一种法律义务。又称损害补偿责任，是行政损害责任的一种。其构成要件是：(1) 引起行政补偿责任的行为人限于行政主体及其行政人员。(2) 行政主体及其行政人员的职务行为是合法的。行政主体及其行政人员的职务行为违法只导致行政赔偿，而不产生行政补偿。(3) 该行政行为确有财产损害结果的发生。(4) 该财产损害事实与行政主体及其行政人员的合法行政行为之间有直接因果关系。

二、简答题

1. **答案**：(1) 原因不同；(2) 赔偿与补偿方式不同；(3) 赔偿与补偿范围和标准也不尽相同；(4) 赔偿的程序不同。

2. **答案**：从我国行政补偿的实践看，行政补偿的方式有直接与间接补偿两种。

直接补偿的方式包括：(1) 金钱补偿；(2) 返还财产；(3) 恢复原状。行政主体在运用直接补偿方式时应以金钱补偿为主，但能够返还财产或恢复原状的，应予返还财产或恢复原状。

间接补偿方式常见的有：(1) 在人、财、物的调配上给予优惠；(2) 减、免税费；(3) 授予某种能给受损失人带来利益的特许权；(4) 给予额外的带薪休假、旅游和疗养等；(5) 在晋级晋职、增加工资、安排就业、分配住房和解决农转非的户口指标等事情上给予照顾等。

间接补偿方式可与直接补偿方式配合使用。间接补偿方式的存在使行政补偿具有很大灵活性，可以节约国家财力。

三、论述题

1. **答案**：行政补偿的理论基础是指国家为什么要对合法的行政行为造成的损失给予补偿，其理由或理论依据何在。主要有以下观点：①

(1) 公共负担平等说。该学说认为，政府的活动是为了公共利益而实施的，因而其成本或费用应由社会全体成员平等分担。

(2) 结果责任说。该学说认为，无论行政行为合法或违法，以及行为人有无故意或过失，只要行政活动导致的损害为一般社会观念所不允许，国家就必须承担补偿责任。这是基于结果责任的国家补偿。

(3) 特别牺牲说。该学说认为任何财产权的行使者都要受到一定内在的、社会的限制，当财产的征用和限制超出这些内在限制时，即产生补偿问题。

(4) 社会保险论。该理论将国家视为全社会的保险人，社会成员向国家纳税，等于向保险公司投保。由于国库收入的主要来源是税收，因此国家补偿社会成员的损失就等于社会集资弥补个人的意外损害。据此，社会成员不管因何原因而使其合法权益受损，均可以向国家寻求救济。

---

① 编者注：行政补偿是常考知识点，中国人民大学2005年考研真题就考查过此考点的名词解释。

（5）社会协作论。该理论认为人与人之间存在着一种社会协作关系，此关系是国家和法律的基础。社会成员应当为社会的存在和发展牺牲部分权利和自由，而社会则应以其整体的力量保障社会成员的生存和发展，对其合法权益遭受的损失或损害给予救济。

（6）人权保障论。该理论认为，保障人权是民主国家的基本目标和重要任务之一，当公民受到其他公民或组织的侵害，或是受到国家的侵害时，都应得到赔偿，或对其受到的损失或损害给予补偿。

社会保险论、社会协作论与人权保障论三种理论虽有一定道理，但也有一定缺陷，根据该理论，对于个人、组织合法权益所遭受的损失或损害不管其形成原因是否与国家有关，国家均应给予同等救济。我国所集中的财力有限，而且还必须把主要力量集中投入国家建设中去。所以，不能单靠救济主义原则，而只能根据社会现行的公平意识，区分行政赔偿、行政补偿以及行政救助等各种形式，依照损失或损害的形成原因是否与国家行政机关的公务活动有关，以及这种活动是否具有应予责难的性质，从而对各种损失和损害加以区别对待。公共负担平等说相对于前三种理论，具有灵活性，即并非机械地要求国家对特定个人、组织因国家机关以及其他公务组织的活动所受到的一切损失或损害负责。而且，它还为受损人自负一定责任提供了依据。所以它较符合行政补偿的实际情况。但它不能解释行政补偿费用有的来自国家财政，有的来自各级地方财政的原因，即只注重了损失的分摊，而没有顾及利益的所得。所以，我国行政补偿理论基础应是在“谁得益，谁补偿”原则指导下的公共负担平等说。

2. **答案**：行政补偿是指行政主体的合法行政行为给行政相对人的合法权益造成损失，依法由行政主体对相对人所受的损失予以补偿的制度。对于行政补偿可以从行为和制度两个层面来界定，从行为层面上讲，它是行政主体的合法行政行为使相对人的合法权益受到损失，由国家通过行政机关予以补偿救济的行为。从制度层面上讲，它是行政主体的合法行为给相对人合法权益造成损失，由国家通过行政机关予以补偿救济的制度。其主要特征如下：

（1）行政补偿的前提是国家行政主体及其工作人员依法履行职责、执行公务的行为导致特定个人、组织的合法权益受到损失，或特定个人、组织为维护和促进国家、社会公共利益而使自己的利益受到损失。

（2）行政补偿主体是国家，而补偿义务机关是国家行政机关或其他行政主体，任何个人均不负有以自己的名义和财产给付行政补偿的义务，且不发生行政追偿问题。

（3）行政补偿的对象是特定的公民或组织。补偿对象的特定性是行政补偿得以成立的一个要件。社会成员对国家和社会负有平等责任，如果社会成员的合法权益因国家的合法行为平等地受到损失，则不存在行政补偿的问题，只有当个别和少数公民、组织因国家合法行为受到额外损失或特别损失，而其他社会成员却因此获益时，才有行政补偿的必要。

（4）行政补偿的依据具有多样式性，除法律、法规外，也可依照政策。

（5）行政补偿可以在实际损失发生之后进行，也可以在实际损失发生之前，依照法律规定或依当事人双方的约定预先进行。

（6）行政补偿以个人、组织所受的直接损失为限，合法权益受损的个人、组织不得根据其受损权益大小或国家、社会因之避免损失或获益大小提出超出其现实损失之外的补偿要求。

（7）行政补偿的数额标准，大多采用“公正”“相当”“适当”等规定。在许多情况下，法律规定的补偿额往往小于直接损失额。

（8）行政补偿的方式是多种多样的，除经济补偿外，还可以是生产、生活和就业方式的优待或优惠。

（9）行政补偿费一般不单独在财政中列支，也不实行集中管理，而由具体行政补偿义务机关分散管理。

期末测试题一

一、单项选择题

1. 下列哪一项不是行政法的法源（　　）。
   A. 宪法　　B. 行政合同
   C. 部门规章　　D. 条约
2. 下述社会关系中属行政法调整范围的是（　　）。
   A. 各社会组织内部的管理关系
   B. 行政机关缔结买卖合同而形成的关系
   C. 法律法规授权的组织行使某一行政管理权所发生的社会关系
   D. 行政机关与相对方当事人之间发生的民事关系
3. 行政处罚只能（　　）。
   A. 对有行政隶属关系的人实施
   B. 由公安机关执行
   C. 处罚公务员或公民个人，而不能处罚单位或组织
   D. 是国家特定行政机关对违反行政法的个人或组织依法采取的惩戒措施
4. 在行政强制执行过程中，行政机关依法与甲达成执行协议。事后，甲应当履行协议而不履行，行政机关可采取下列哪一措施？（　　）
   A. 申请法院强制执行
   B. 恢复强制执行
   C. 以甲为被告提起民事诉讼
   D. 以甲为被告提起行政诉讼
5. 甲向法院提起行政诉讼，诉称某公安分局在他不在家的情况下，撬锁对其租住的房屋进行治安检查，之后未采取任何保护措施即离开，致使其丢失现金5000元，要求被告赔偿损失。甲向法院提供了其工资收入证明、银行取款凭单复印件、家中存有现金的同乡证言和房东听到其丢失现金的证言。下列说法哪一个是正确的？（　　）
   A. 上述证据均系直接证据
   B. 银行取款凭单复印件应加盖银行的印章
   C. 房东的证言必须有房东的签名和租房协议原件
   D. 上述证据在开庭审理前提交法院才有效

二、多项选择题

1. 限制人身自由的行政强制措施有（　　）。
   A. 行政拘留　　B. 收容教育
   C. 强制隔离戒毒　　D. 吊销营业执照
2. 下列关于国家公务员法律地位的正确表述有（　　）。
   A. 公务员在代表行政机关行使国家行政权时，为一方当事人，具有当事人资格
   B. 具有公务员身份的人可以成为行政管理相对人
   C. 在行政诉讼法律关系中，行使行政权的国家公务员不具有当事人地位
   D. 国家公务员以公务员的名义作为一方当事人与行政机关发生的法律关系，不属于行政法律关系
3. 可以提起复议申请的行政行为有（　　）。
   A. 对责令停产停业不服的
   B. 对限制人身自由不服的
   C. 认为行政机关没有依法发给抚恤金的
   D. 对财产的查封不服的
4. 行政诉讼中，对（　　）情形，人民法院可以按撤诉处理。
   A. 原告并未明确表示撤诉，但经传票传唤无正当理由拒不到庭的
   B. 原告并未明确表示撤诉，但未经法庭同意而中途退庭的
   C. 原告申请撤诉未获法院准许而拒不到庭的
   D. 被告已经改变原具体行政行为，但原告坚持不撤诉的
5. 下列情况属于或可以视为行政诉讼中被告

改变被诉行政行为的是（　　）。

A. 被诉公安局把拘留3日的处罚决定改为罚款500元

B. 被诉市场监管局更正被诉处罚决定中不影响决定性质和内容的文字错误

C. 被诉市场监督管理局未在法定期限答复原告的请求，在二审期间作出书面答复

D. 县政府针对甲、乙两村土地使用权争议作出的处理决定被诉后，甲、乙两村达成和解，县政府书面予以认可

6. 甲、乙两村因某一土地所有权发生争议，县人民政府将该土地确定为甲村所有，乙村在法定期限内没有向法院起诉，但仍继续占有并使用该片土地。下列说法哪些是正确的？（　　）

A. 甲村无权向人民法院申请强制执行

B. 县政府可以向人民法院申请强制执行

C. 甲村可以要求县政府履行法定职责

D. 甲村可以对乙村提起民事诉讼

7. 甲厂经某市采砂许可证的法定发放机关地质矿产局批准取得了为期5年的采砂许可证，并经某区水电局等部门批准，在区江河管理站划定的区域内采砂。后因缴纳管理费问题与水电局发生纠纷。随后，该水电局越权向乙厂颁发了采砂许可证，准予乙厂在甲厂已被划定的区域内采砂。下列说法正确的是（　　）。

A. 根据甲厂的申请，某市地质矿产局可以撤销水电局发给乙厂的采砂许可证。

B. 水电局应当撤销给乙厂发放的采砂许可证

C. 若乙厂的采砂许可证被撤销，发放许可证的水电局应承担乙厂相应的经济损失

D. 甲厂可以要求水电局赔偿因向乙厂颁发许可证给自己造成的经济损失

8. 关于行政处罚和行政许可行为，下列哪些说法是不正确的？（　　）

A. 行政处罚和行政许可的设定机关均应定期对其设定的行政处罚和行政许可进行评价

B. 法律、法规授权的具有管理公共事务职能的组织，可依职权行使行政处罚权和行政许可权

C. 行政机关委托实施行政处罚和行政许可的组织应当是依法成立的管理公共事务的事业组织

D. 行政机关依法举行听证的，应当根据听证笔记作出行政处罚决定和行政许可决定

9. 甲公司与乙公司签订建设工程施工合同，甲公司向乙公司支付工程保证金30万元。后由于情况发生变化，原合同约定的工程项目被取消，乙公司也无资金退还甲公司，甲公司向县公安局报案称被乙公司法定代表人王某诈骗30万元。公安机关立案后，将王某传唤到公安局，要求王某与甲公司签订了还款协议书，并将扣押的乙公司和王某的财产移交给甲公司后将王某释放。下列哪些说法是正确的？（　　）

A. 县公安局的行为有刑事诉讼法明确授权，依法不属于行政诉讼的受案范围

B. 县公安局的行为属于以办理刑事案件为名插手经济纠纷，依法属于行政诉讼的受案范围

C. 乙公司有权提起行政诉讼，请求确认县公安局行为违法并请求国家赔偿，法院应当受理

D. 甲公司获得乙公司还款是基于两公司之间的债权债务关系，乙公司的还款行为有效

三、简答题

1. 简述行政法上比例原则的内涵。
2. 简述接受委托行使行政处罚权的组织应当具备的条件。

四、论述题

试论述行政行为的效力及其效力变动。

参考答案

一、单项选择题

1. B；2. C；3. D；4. B；5. B。

二、多项选择题

1. BC；2. BC；3. ABCD；4. AB；5. ACD；6. BCD；7. ABCD；8. ACD；9. BC。

三、简答题

1. 答案： 比例原则是行政机关实施行政行为应兼顾行政目标的实现和保护相对人的权益，如为实现行政目标可能对相对人权益造成某种不利影响时，应使这种不利影响限制在尽可能小的范围和限度内，保持二者处于适度的比例。它包括三个子原则：必要性、适当性和狭义的比例性。必要性强调某一行政手段对于实现某一行政目的是必要的；适当性强调不同行政手段之间的比较之下选择的某一手段是适当的；狭义的比例性强调选择的行政手段与可能的法律效果相比必须是成本小于收益。

2. 答案： 答案具体参见《行政处罚法》第21条。

四、论述题

答案： 行政行为的效力指行政行为作出后对于行政主体和行政相对人产生的法律上的约束力或者强制力。行政行为的效力包括公定力、确定力、拘束力和执行力。行政行为的无效、撤销、变更、废止、转换和治愈都是行政行为效力变动的具体表现。无效指行政行为因重大或者明显违法而不产生法律效力；撤销指行政行为已生效，但因实体或者程序违法而被有权机关否定；变更指行政行为已生效，但因法定情形（行政处罚显失公正、法律法规变化、行政环境变化）而被有权机关部分调整；废止指行政行为已生效，但因法定情形（法律法规或者行政环境的变化）而被有权机关宣布取消。

期末测试题二

一、单项选择题

1. 下列关于行政法规的解释哪种说法是正确的？（　　）
   A. 国务院各部门可以根据国务院授权解释行政法规
   B. 行政法规条文本身需要作出补充规定的，由国务院解释
   C. 在审判活动中行政法规条文本身需要进一步明确界限的，由最高人民法院解释
   D. 对具体应用行政法规的问题，各级政府可以请求国务院法制机构解释
2. 根据法理和法律规定，有些行政职权只能由行政机关行使，不允许委托给非行政机关的组织行使。以下属于法律明确规定不能委托的行政职权是（　　）。
   A. 3万元以上的罚款权
   B. 行政拘留权
   C. 颁发水泥生产许可权
   D. 制定产品行业技术标准权
3. 《行政处罚法》规定，行政处罚通常由（　　）的行政主体管辖。
   A. 违法行为人住所地
   B. 违法行为人经常居住地
   C. 违法行为损害发生地
   D. 违法行为发生地
4. 李某和钱某参加省教委组织的“省中小学教师自学考试”。后省教委以“通报”形式，对李某、钱某等4名作弊考生进行了处理，并通知当次考试各科成绩作废，3年之内不准报考。李某、钱某等均得知该通报内容。李某向省政府递交了行政复议申请书，省政府未予答复。李某诉至法院。下列哪一选项是错误的？（　　）
   A. 法院应当受理李某对通报不服提起的诉讼
   B. 李某对省教委提起诉讼后，法院可以通知钱某作为第三人参加诉讼
   C. 法院应当受理李某对省政府不予答复行为提起的诉讼
   D. 钱某在诉讼程序中提供的、被告在行政程序中未作为处理依据的证据可以作为认定被诉处理决定合法的依据

二、多项选择题

1. 可以提起复议申请的具体行政行为有（　　）。
   A. 认为行政机关侵犯合法经营自主权的
   B. 对限制人身自由不服的
   C. 认为行政机关没有依法发给抚恤金的
   D. 对财产的查封不服的
2. 王某为某县劳动与社保局的一名科长，因违纪受到降职处分，下列何种说法不符合《公务员法》规定？（　　）
   A. 王某对处分不服，可自接到处分决定之日起30日内向某县人事局提出申诉
   B. 王某对处分不服申请复核时，复核期间应暂停对王某的处分
   C. 王某受处分期间，不得晋升级别和享受年终奖金
   D. 处分解除后，王某的原级别即自行恢复
3. 以下属于地方行政机关的派出机关的是（　　）。
   A. 行政公署　　B. 街道办事处
   C. 居民委员会　　D. 税务稽查大队
4. 对决定给予行政拘留的人，在处罚前已经采取强制措施限制人身自由的时间，下列哪些选项表述是正确的？（　　）
   A. 不予折抵
   B. 应当折抵
   C. 限制人身自由1日，折抵行政拘留1日
   D. 限制人身自由1日，折抵行政拘留2日

5. 市规划局批准房地产企业大力公司在一片旧居民区开发商品房，规划范围内的居民认为自己由于历史原因没有办理土地使用权证，但已经在该片土地上居住 40 年，规划局在大力公司尚未取得土地使用权证的情况下批准建房是违法的。如果居民不服提起诉讼，下列有关本案原告资格的说法，哪些是错误的？（　　）
   A. 居民不是土地合法使用权人，不具备原告资格
   B. 法院审查的对象是行政行为的合法性，居民权益是否合法不影响其享有原告资格
   C. 规划行为是针对大力公司的，居民不是规划行为的相对人，故不具备原告资格
   D. 居民在批准规划阶段不具备原告资格，一旦实施强制拆迁行为便享有原告资格
6. 卫生防疫站对王某经营的餐馆进行卫生检查，发现厨师在操作间未戴帽子，备用餐具有油腻及小飞虫，当场制作了检查笔录。两天后对王某处以 200 元罚款。王某不服向法院起诉，卫生防疫站向法院提供了检查笔录。下列哪些说法是错误的？（　　）
   A. 检查笔录应至少有 2 名执法人员的签名
   B. 检查笔录应加盖卫生防疫站的公章
   C. 检查笔录必须有当事人的签名
   D. 法院对检查笔录进行审查时，制作笔录的执法人员必须出庭

三、简答题

1. 简述行政复议机构审查具体行政行为的合法性应从哪些方面着手。
2. 简述原告在行政诉讼中承担举证责任的事项。

四、案例分析题

案情：经市场监督管理局核准，甲公司取得企业法人营业执照，经营范围为木材切片加工。甲公司与乙公司签订合同，由乙公司供应加工木材 1 万吨。不久，省林业局致函甲公司，告知按照本省地方性法规的规定，新建木材加工企业必须经省林业局办理木材加工许可证后，方能向市场监管部门申请企业登记，违者将受到处罚。1 个月后，省林业局以甲公司无证加工木材为由没收其加工的全部木片，并处以 30 万元罚款。其间，省林业公安局曾传唤甲公司人员李某到公安局询问该公司木材加工情况。甲公司向法院起诉要求撤销省林业局的处罚决定。

因甲公司停产，无法履行与乙公司签订的合同，乙公司要求支付货款并赔偿损失，甲公司表示无力支付和赔偿，乙公司向当地公安局报案。2010 年 10 月 8 日，公安局以涉嫌诈骗为由将甲公司法定代表人张某刑事拘留，1 个月后，张某被批捕。2011 年 4 月 1 日，检察院以证据不足为由作出不起诉决定，张某被释放。张某遂向乙公司所在地公安局提出国家赔偿请求，公安局以未经确认程序为由拒绝张某请求。张某又向检察院提出赔偿请求，检察院以本案应当适用修正前的《国家赔偿法》，此种情形不属于国家赔偿范围为由拒绝张某请求。

1. 甲公司向法院提起行政诉讼，如何确定本案的地域管辖？
2. 对省林业局的处罚决定，乙公司是否有原告资格？为什么？
3. 甲公司对省林业局的致函能否提起行政诉讼？为什么？
4. 省林业公安局对李某的传唤能否成为本案的审理对象？为什么？李某能否成为传唤对象？为什么？
5. 省林业局要求甲公司办理的木材加工许可证属于何种性质的许可？地方性法规是否有权创设？
6. 对张某被羁押是否应当给予国家赔偿？为什么？
7. 公安局拒绝赔偿的理由是否成立？为什么？
8. 检察院拒绝赔偿的理由是否成立？为什么？

参考答案

一、单项选择题

1. B；2. B；3. D；4. D。

二、多项选择题

1. ABCD；2. ABCD；3. AB；4. BC；5. ACD；6. BCD。

三、简答题

1. 答案：行政复议机构审查具体行政行为的合法性，主要应从以下几个方面进行：

（1）行为的主体是否合法。这包括：①实施行政行为的行政机关是否合法。②代表行政机关实施行政行为的人员是否合法，即实施行政行为的人员是否在行政机关内具有法定职务、法定的资格并能代表行政机关对外行使职权的工作人员。③行政机关及其工作人员是否在其职权范围内实施行政行为。具体是指行政机关及其工作人员是否在其管辖的事务范围、地域范围和级别范围内实施行政行为，有无越权的现象。④授权与委托是否合法。这主要是指被授权的组织和被委托的组织是否在授权和委托的范围内实施行政行为。

（2）行为的内容是否合法。这包括：①行为的实施是否具有事实根据。②行为的实施是否有法律依据及是否按法律的规定办事。

（3）行为的程序与形式是否合法。这包括：①行为是否符合法定的行政程序，如行政处罚行为是否符合《行政处罚法》规定的行政处罚的程序。②行政行为是否符合法定的形式。这主要是指要式行政行为必须具备法律所要求的形式。

2. 答案：《行政诉讼法》第34条的规定并不意味着原告不承担任何举证责任。一般而言，其承担举证责任的事项包括：（1）其起诉符合行政诉讼要件（或者行政诉讼受理条件）的事实；（2）主张行政机关不作为违法的，其已提出申请的事实；（3）主张行政机关滥用职权的，行政机关滥用职权的事实；（4）在侵权赔偿诉讼中，证明其所受到的损害的事实。

四、案例分析题

答案：1. 由省林业局所在地的法院管辖。因为本案被诉行为为省林业局直接作出的没收和罚款的行政处罚，且不属于行政诉讼特殊地域管辖的情形，故应由最初作出具体行政行为的行政机关所在地法院管辖。

2. 没有。因为乙公司与省林业局的处罚行为无直接的、实质性的利害关系，对甲公司不履行合同及给乙公司带来的损失，乙公司可以通过对甲公司提起民事诉讼等途径获得救济。

3. 不能。因为致函是一种告知、劝告行为，并未确认、改变或消灭甲公司法律上的权利义务，是对甲公司的权利义务不产生实际影响的行为。根据《行政诉讼法》及最高法院的司法解释，致函不属于行政诉讼受案范围。

4. （1）不能。因为本案原告的诉讼请求是撤销省林业局的处罚行为，传唤行为由省林业公安局采取，与本案诉求无关，不能作为本案审理对象。

（2）不能。因为根据《治安管理处罚法》的规定，治安传唤适用的对象是违反治安管理行为人，李某并未违反治安管理规定，故省林业公安局不得对李某进行治安传唤。

5. 属于企业设立的前置性行政许可。根据《行政许可法》的规定，地方性法规不得设定企业或其他组织的设立登记及其前置性行政许可。

6. 应当。因为根据《国家赔偿法》的规定，对公民采取逮捕措施后，决定不起诉终止追究刑事责任的，受害人有取得国家赔偿的权利。

7. 不成立。因为修正后的《国家赔偿法》已经取消了司法赔偿的确认程序，以此为由拒绝赔偿缺乏法律依据。

8. 不成立。因为本案侵权行为持续到2010年12月1日以后，按照最高人民法院的司法解释，应当适用修正后的《国家赔偿法》。

附录一：全国部分高校研究生入学考试行政法与行政诉讼法学部分历年真题

北京大学

2020 年

简答题

1. 简述法律保留原则及其在立法中的体现。

2. 公民 A 申请政府信息公开涉及公民 B 的隐私，此时行政机关应如何处理？

2019 年

简答题

1. 简述行政处罚听证程序的组织规则。

2. 简述行政确认违法判决的适用形式。

2018 年

简答题

1. 根据我国《行政诉讼法》的规定，人民法院是否可以对具有普遍约束力的规范性文件进行审查？如果可以，如何进行审查？

2. 什么是行政许可的信赖利益保护原则？具体要求有哪些？

2017 年

简答题

1. 立法法中规定的国务院不能设定的事项有哪些？

2. 论述比例原则，并举例说明。

3. 试述行政许可与行政强制的设定规则。

2016 年

简答题

1. 如何从法律角度理解公务员与相对人的法律关系？

2. 国家赔偿的构成要件是什么？行政不作为或作为不当是否也应国家赔偿？

2015 年

简答题

1. 重大的行政决策的作出需要经过哪些程序？

2. 新修订的行政诉讼法规定对于明显不当的行政行为，人民法院可以判决撤销，请对此进行分析。

2014 年

简答题

1. 什么是行政法上的比例原则？它的基本含义是什么？

2. 简述具体行政行为的形式确定力，它有什么意义？

3. 行政强制法上规定可以设定行政强制措施的法律文件有哪些？它们分别有哪些设定权限？

2013 年

分析题

1. 其他规范性法律文件是不是行政法的法

源，为什么？

2. 行政诉讼中判决标准中有一项是“滥用职权”，请问这是合理性审查还是合法性审查？为什么？

3. 对于不及时交纳罚款的，每天在罚款的基础上加处3%的罚款，请问这是行政处罚还是行政强制？为什么？

4. A区人民政府发出一个通告，计划建一个经济开发区，鼓励投资兴办厂区。甲、乙、丙等办理了除土地使用权外的所有手续，开始办厂。10年后A区政府又发出一个通告，因为土地性质未改变，需要所有的企业迁出，如果未迁出则进行强制拆除。就此，甲、乙、丙申请了行政复议，要求公开当时建立经济开发区的会议记录，特别是有关土地性质变更的。但是政府拒绝公开，理由是这些都是“过程性信息”，公开了不利于与会者发言。

问题：

（1）政府不公开信息的理由是否合理？是否需要区别“过程性信息”中有关的讨论观点和最终决策支持理由？

（2）请用信赖保护原则分析此案例。

（3）如果甲是知情土地性质未办理手续的情况下，能否得到全部的赔偿？

（4）甲、乙、丙企业污染了A区一条全国著名的河流，当地居民去举报，但是环保局迟迟没有行动。某高校环境法教授提起了行政诉讼，而环保局称并不是不予行动，其是进行了选择性的执法。有报道称该教授是“行政公益性诉讼”，请问教授的诉讼主体资格如何？对环保局不作为是否可以进行行政诉讼？

2012年

简答题

1. 试述行政法的效力有哪些？

2. 试述《行政诉讼法》的受案范围及其立法特点。

3. 修订后的国家赔偿法归责原则及分析评价。

4. 行政诉讼和行政复议不停止执行的分析评价。

2010年

简答题

1. 请评述我国对抽象行政行为的监督。

2. 行政听取意见程序和行政听证程序的联系。

2009年

分析题

1. 湖南省颁布行政程序法，请结合该法的内容和行政法原理，评析我国行政程序立法的基本原则和制度。

2. 结合国家赔偿制度的修改动态，分析我国国家赔偿法现行的归责原则，并谈谈你认为修改后的国家赔偿法应该使用什么归责原则？

3. 根据新的政府采购法，有人认为，政府采购是行政合同，有人却认为是民事合同。结合政府采购法的内容，你认为我国政府采购是行政合同还是民事合同？

2008年

简答题

1. 简述行政法上“比例原则”及其基本要求。

2. 简述行政许可法上有关行政许可设定的规定。

2007年

分析题

1.《全面推进依法行政实施纲要》里规定了“诚实守信”的原则，请回答：（1）诚实守信原则的基本价值和目标是什么。（2）诚实守信原则的基本内涵。

2. 行政诉讼法规定，对于“滥用职权”的行政行为，法院可以判决撤销。请回答：（1）法院规定可以撤销“滥用职权”的行政行为，是否意味着法院可以审查行政行为的合理性？（2）试列举“滥用职权”的主要表现形式，并分析为什么构成“滥用职权”。

2006 年

简答题

1. 行政法上的信赖保护原则的含义及要求。

2. 行政诉讼法规定中级人民法院管辖哪些案件。

中国人民大学

2010 年

一、简答题

1. 行政诉讼起诉期限制度。
2. 行政裁决种类。

二、论述题

1. 论行政参与。
2. 论社会权和社会建设的关系。

2009 年

一、简答题

1. 简述选举权的平等性原则。
2. 简述行政相对人程序性权利。

二、论述题

1. 论自由权与社会权的联系与区别。
2. 论政府信息公开与公民知情权的保证。

2008 年

名词解释

1. 行政指导。
2. 行政追偿。
3. 行政诉讼起诉期限制度。
4. 行政裁决种类。

2007 年

简答题

1. 行政强制执行。
2. 行政相对人参与权的内容。
3. 试析政府信赖利益保护原则。

2006 年

简答题

1. 行政裁决。
2. 简述行政法上的比例原则。

2005 年

简答题

1. 行政补偿。
2. 行政相对人的权利义务。
3. 行政执法的基本程序。
4. 行政许可的设定范围与意义。

中国政法大学

2023 年

行政法部分

一、简答题

1. 行政许可的委托制度。

2. 《行政强制法》中代履行的条件和应遵守的规定。

二、论述题

行政效能原则。

行政诉讼法部分

一、简答题

1. 行政诉讼的合法性审查原则。

2. 法院做出行政履行判决和给付判决的条件和差异。

二、论述题

行政协议签订后，如果行政相对人没有履行义务，行政主体应该如何处理？

三、案例分析题

李某袁某结婚后获得 82 亩林地并公证，二者离婚后双方协定林地归李某。袁某把林地卖给范某，范某以他人名义向县林业局申请《林木采伐许可证》获批，次年李某向县政府申请复议，要求撤销许可证以及国家赔偿，县政府复议决定：1. 撤销许可证；2. 驳回国家赔偿申请，因为是个人问题。

问：

（1）李某不满县政府的复议决定应当起诉谁，在什么级别的法院起诉？

（2）李某申请国家赔偿的赔偿义务人是谁，为什么？

（3）李某申请国家赔偿的请求是否得到支持，为什么？

2022 年

简答题

1. 法律保留原则内涵和实体法中体现。

2. 可以不设定行政许可的情形。

二、论述题

行政处罚法新修改的补充设定权。

2021 年

简答题

1. 政府信息公开条例中不予公开的情形。

2. 行政诉讼案件中原告承担举证责任的情形。

二、论述题

1. 信赖保护原则。

2. 论述行政诉讼案件对规范性文件一并审查制度。

2020 年

简答题

1. 论述我国城乡选举比例的发展变化。

2. 行政法的调整对象和行政法律关系。

3. 论行政诉讼的法律适用。

2019 年

一、简答题

行政委托和行政授权的区别。

二、论述题

论述行政法的比例原则。

2015 年

论述题

请论述审查行政行为是否合法的标准。

2014 年

论述题

试论行政组织法的基本内容。

2012 年

一、简答题

1.《行政许可法》规定的“可以不设立行政许可”事项。

2. 行政合同的概念与特征。

3. 代履行的概念与特征。

4. 许可与特许的区别。

二、论述题

1. 述评我国法律关于行政诉讼受案范围的规定。

2. 如何判断当事人是否具有原告资格。

2011 年

分析题

某市有甲、乙、丙、丁四个屠宰场，各种证照齐全，1997 年国务院颁布《定点屠宰条例》，该市政府根据其中确认颁发定点屠宰标志牌的规定发出通告，只授予甲屠宰场资格，后来市工商局和卫生局吊销了乙、丙的相关执照，乙、丙、丁不服，向政府提出请求，政府以通告是抽象行政行为为由不予理会，其向法院起诉。

（1）该通告属于什么行政行为？理由。

（2）该行政诉讼被告是谁？理由。

（3）乙、丙、丁是否有权提出诉讼？理由。

（4）颁发标志牌的行为属于何种行为？工商局，卫生局能否据此吊销乙、丙的相关执照？

2010 年

论述题

试论依法行政原则。

2008 年

一、辨析题

1. 审计局是专业性的行政机关。

2. 即时强制实施的前提是行政相对人不履行应履行的义务。

3. 行政合同是双方性行政行为。

4. 被告改变具体行政行为，原告仍不撤诉的，法院应视为撤诉处理。

二、简答题

1. 简述行政法律关系的主要方面（或类型）。

2. 无效和撤销的区别

3.《行政许可法》中规定“可以不设定行政许可”的事项。

4. 简述行政复议基本制度。

5. 简述行政诉讼中原告需要举证的事项。

三、论述题

1. 试论依法行政原则。

2. 试论具体行政行为合法性审查。

2007 年

简答题

行政授权和行政委托的区别。

2006 年

一、名词解释

1. 比例原则

2. 抽象行政行为

3. 行政征收

4. 行政诉讼中的举证责任

二、简答题

1. 结合行政处罚法和行政许可法的有关内容，简述行政听证程序制度的适用范围。

2. 简述行政行为的效力。

三、论述题

1. 结合依法行政原则的要求，论述你对法治政府的认识。

2. 论述国家赔偿责任的构成要件。

清华大学

2021 年

论述题

1. 行政法上援用民法的方式。
2. 具体行政行为和抽象行政行为的区别。
3. 执行罚和行政处罚的区别。
4. 行政违法行为的构成。
5. 行政法上的比例原则。

2020 年

论述题

1. 论述行政行为的公定力。
2. 论述《政府信息公开条例》中不予公开的情形。

2019 年

一、名词解释

1. 行政审批
2. 收容教育
3. 行政强制
4. 信赖利益保护
5. 行政诉讼法的立法宗旨

二、论述题

1. 对公开公民的违法信息的法律问题进行分析。
2. 行政约谈的性质和规制。

2015 年

论述题

1. 法治政府建设在法治国家建设中的地位、作用是什么？如何建设法治政府？
2. 《行政诉讼法》修改的理念和问题。
3. 论行政审批制度改革。

2012 年

分析题

1. 请结合具体规定说明，《行政强制法》是如何体现法律保留原则的？

2. 地方人民政府的工作部门为执行法律、法规、规章而制定并印发给该部门工作人员的裁量基准，对该行政机关及其工作人员具有约束力吗？

3. 《行政复议法》的修改已经提上议事日程，有人认为，中国解决行政纠纷的各种机制中，应当使行政复议成为行政纠纷解决的主要渠道。你是怎么看的？

4. 某大学生作弊被学校开除而提起诉讼，法院撤销学校的决定。请问：大学不是行政机关，学生也不是一般公民，为什么大学对学生所作的开除学籍处分可以作为行政案件起诉？

2009 年

论述题

1. 国家行政赔偿“违法归责”原则。
2. 行政裁决的范围及其救济。
3. 举一正一反两例分析预防行政。

中南财经政法大学

2020 年

论述题

1. 行政行为的成立要件、合法要件、效力。

2. 行政复议与行政诉讼的异同、利弊、衔接关系。

3. 结合宪法和行政法原理，说明如何推进国家治理体系和治理能力现代化。

2019 年

一、辨析题

1. 法的概念与法律概念

2. 法律责任与法律义务

3. 法律渊源与法律形式

二、简答题

1. 简述程序的作用方式。

2. 简述法律规则的确定性。

2018 年

一、辨析题

1. 行政诉讼维持判决与驳回诉讼请求判决

2. 成文宪法与不成文宪法

二、简答题

1. 选举权的平等性在我国体现在哪些方面。

2. 简述行政法律关系的概念与特征。

2017 年

论述题

1. 行政行为与行政诉讼的异同、利弊、衔接关系。

2. 结合宪法和行政法原理，说明如何推进国家治理体系和治理能力现代化。

2009 年

一、名词解释

行政合同

二、辨析题

行政行为的撤销与行政行为的废止

三、简答题

1. 简述行政复议的范围。

2. 简述行政诉讼变更判决和履行判决各自的适用条件。

四、论述题

行政法的平衡论述评。

2007 年

一、名词解释

1. 行政违法

2. 行政自由裁量权

3. 行政委托

4. 其他规范性文件

5. 行政指导

二、简答题

1. 简述依法行政原则。

2. 简述行政许可的实施程序。

三、论述题

试论行政程序法的基本原则和基本制度。

2006 年

一、概念辨析题

1. 行政主体与行政机关。

2. 行政处罚与行政处分。

3. 行政许可与行政确认。

4. 行政征收与行政征用。

5. 行政裁决与行政复议。

二、简答题

1. 简述行政行为及其几种（3 种以上）重要

分类。

2. 简述行政许可的特征及其种类。

三、论述题

试论行政处罚的原则。

2005 年

一、名词解释

1. 给付行政
2. 行政委托
3. 行政听证
4. 行政事实行为
5. 行政补偿

二、简答题

1. 大陆法系和英美法系行政法的主要区别是什么?

2. 行政赔偿责任的构成要件是什么?

三、论述题

试论行政许可法的基本原则。

2004 年

一、概念辨析题

1. 行政主体和行政法（或行政法律关系）主体。

2. 行政确认和行政裁决。

3. 行政即时强制和行政强制执行。

二、简答题

1. 行政许可制度的积极作用及其可能导致的消极影响是什么?

2. 我国行政赔偿法所采用的赔偿责任归责原则是什么? 国家承担行政赔偿责任的主要构成要件原则有哪些?

三、论述题

行政程序所应包含和具备的基本制度及其法律价值。

2003 年

一、概念辨析题

1. 行政检查和行政调查
2. 行政赔偿和行政补偿
3. 行政处罚和行政处分

二、简答题

1. 行政主体的含义及其概念确立的法律意义。

2. 抽象行政行为的特征及其种类。

三、论述题

行政公开原则。

武汉大学

2020 年

简答题

1. 人大监督。
2. 宪法和法律委员会。

2019 年

简答题

1. 行政不作为的构成要件。
2. 行政复议的程序。
3. 行政程序中的回避制度。

2018 年

简答题

1. 简述行政法之品格。
2. 简述行政决策之类型。
3. 简述信息公开之法理。

2012 年

一、辨析题

1. 行政公正原则与行政公开原则。

2. 行政行为的确定力和行政行为的约

束力。

3. 行政许可与行政确认。

4. 行政强制与行政处罚。

二、简答题

1. 行政规章指定的具体程序。

2. 具体行政行为的程序。

2008 年

辨析题

1. 行政规范与行政法规范

2. 行政关系与行政法关系

3. 行政职位与行政品位

4. 行政许可与行政审批

5. 行政救济与行政制裁

2007 年

辨析题

1. 行政职责、行政责任

2. 行政行为、国家行为

3. 法律优先、法律保留

4. 行政申诉、行政诉讼

5. 行政许可、行政证明

6. 行政征收、行政征用

中山大学

2008 年

论述题

试述我国行政程序制度的主要发展和完善。

2007 年

论述题

论行政法的原则。

复旦大学

2020 年

一、简答题

1. 我国选举制度基本原则。

2. 特别行政区的内涵。

3. 行政处罚的设定权（配置权）。

4. 行政行为的成立与合法要件。

二、分析题

1. 比较宪法解释和法律解释的区别。

2. 阐述行政主体的概念，并阐述行政主体和行政机关的关系、行政主体与公务员的关系。

三、论述题

1. 试述我国合宪性审查制度。

2. 结合实例评述：行政法是调整行政关系和监督行政关系的规范与原则的总称。

2018 年

一、简答题

行政许可的含义与特征。

二、分析题

1. 行政法是调整行政活动的国内公法。

2. 行政诉讼只审查具体行政行为。

三、论述题

行政行为的合法性要件。

2016 年

名词解释

行政立法

2015 年

简答题

简述行政行为有效成立的法定要件。

2014 年

名词解释

行政裁决

2012 年

一、简答题

1. 行政法律关系的构成要素。
2. 行政行为的效力。

二、论述题

1. 行政诉讼中行政决定不停止执行原则。
2. 行政合法性原则。

附录二：行政法与行政诉讼法学习所涉及的主要法律文件

行政立法

中华人民共和国立法法
（2023 年 3 月 15 日）
行政法规制定程序条例
（2018 年 5 月 1 日）
规章制定程序条例
（2018 年 5 月 1 日）

行政许可

中华人民共和国行政许可法
（2019 年 4 月 23 日）
最高人民法院关于审理行政许可案件若干问题的规定
（2010 年 1 月 4 日）

行政处罚

中华人民共和国行政处罚法
（2021 年 7 月 15 日）
中华人民共和国治安管理处罚法
（2013 年 1 月 1 日）

行政强制

中华人民共和国行政强制法
（2012 年 1 月 1 日）

行政复议

中华人民共和国行政复议法
（2023 年 9 月 1 日）
中华人民共和国行政复议法实施条例
（2007 年 8 月 1 日）

行政诉讼

中华人民共和国行政诉讼法
（2017 年 7 月 1 日）
中华人民共和国刑事诉讼法
（2018 年 10 月 26 日）
中华人民共和国民事诉讼法
（2023 年 9 月 1 日）
最高人民法院关于适用《中华人民共和国行政诉讼法》的解释
（2018 年 2 月 8 日）
最高人民法院关于行政诉讼证据若干问题的规定
（2002 年 10 月 1 日）
最高人民法院关于行政诉讼撤诉若干问题的规定
（2008 年 2 月 1 日）

国家机构

中华人民共和国国务院组织法
（1982 年 12 月 10 日）
中华人民共和国地方各级人民代表大会和地方各级人民政府组织法
（2022 年 3 月 12 日）
国务院行政机构设置和编制管理条例
（1997 年 8 月 3 日）
地方各级人民政府机构设置和编制管理条例
（2007 年 5 月 1 日）

公务员

中华人民共和国公务员法
（2019 年 6 月 1 日）
行政机关公务员处分条例
（2007 年 6 月 1 日）

信息公开

政府信息公开条例
（2019 年 5 月 15 日）
最高人民法院关于审理政府信息公开行政案件若干问题的规定
（2011 年 8 月 13 日）

国家赔偿

中华人民共和国国家赔偿法
（2013 年 1 月 1 日）
最高人民法院关于适用《中华人民共和国国家赔偿法》若干问题的解释（一）
（2011 年 3 月 18 日）
最高人民法院关于人民法院执行《中华人民共和国国家赔偿法》几个问题的解释
（1996 年 5 月 6 日）
最高人民法院关于审理民事、行政诉讼中司法赔偿案件适用法律若干问题的解释
（2016 年 10 月 1 日）
最高人民法院关于人民法院赔偿委员会适用质证程序审理国家赔偿案件的规定
（2014 年 3 月 1 日）

附录三：行政法与行政诉讼法参考书目

1.《行政法与行政诉讼法学》编写组：《行政法与行政诉讼法学》（第二版），高等教育出版社 2018 年版。

2. 姜明安主编：行政法与行政诉讼法（第七版），北京大学出版社、高等教育出版社 2019 年版。

3. 应松年主编：《行政诉讼法学》（第七版），中国政法大学出版社 2018 年版。

4. 罗豪才、湛中乐：《行政法学》（第四版）（21 世纪法学系列教材），中国政法大学出版社 2016 年版。

5. 杨伟东主编：《中华人民共和国行政处罚法理解与适用》，中国法制出版社 2021 年版。

6. 法规应用研究中心编：《行政复议法、行政诉讼法一本通》，中国法制出版社 2023 年版。

7. 国家法官学院、最高人民法院司法案例研究院：《中国法院 2023 年度案例 · 行政纠纷》，中国法制出版社 2023 年版。

8. 国家法官学院、最高人民法院司法案例研究院：《行政纠纷裁判规则理解与适用》，中国法制出版社 2023 年版。

9. 黄辉、马琳昆：《行政法与行政诉讼法图释》，北京大学出版社 2022 年版。

10. 王敬波：《中国政法大学法律硕士案例研究丛书 · 行政法与行政诉讼法学案例研究指导》，中国政法大学出版社 2021 年版。

图书在版编目（CIP）数据

行政法与行政诉讼法配套测试／教学辅导中心组编
.—11 版.—北京：中国法制出版社，2023.9
高校法学专业核心课程配套测试
ISBN 978-7-5216-3577-5

Ⅰ.①行… Ⅱ.①教… Ⅲ.①行政法-中国-高等学校-习题集②行政诉讼法-中国-高等学校-习题集
Ⅳ.①D922.1-44②D925.3-44

中国国家版本馆 CIP 数据核字（2023）第 093785 号

责任编辑：谢雯　　封面设计：杨泽江　周黎明

行政法与行政诉讼法配套测试

XINGZHENGFA YU XINGZHENG SUSONGFA PEITAO CESHI

组编/教学辅导中心
经销/新华书店
印刷/三河市国英印务有限公司
开本/787 毫米×1092 毫米　16 开　　印张/ 21.25　字数/ 475 千
版次/2023 年 9 月第 11 版　　2023 年 9 月第 1 次印刷

中国法制出版社出版
书号 ISBN 978-7-5216-3577-5　　定价：59.00 元

北京市西城区西便门西里甲 16 号西便门办公区
邮政编码：100053　　传真：010-63141600
网址：http：//www.zgfzs.com　　**编辑部电话：010-63141784**
市场营销部电话：010-63141612　　**印务部电话：010-63141606**

（如有印装质量问题，请与本社印务部联系。）